国家社科基金项目优秀结题成果

农村公共产品供给问题论

——基于新供给经济学的效率问题再认识

李燕凌◇著

中国社会科学出版社

图书在版编目（CIP）数据

农村公共产品供给问题论：基于新供给经济学的效率问题再认识/李燕凌著．—北京：中国社会科学出版社，2016.1
ISBN 978 - 7 - 5161 - 7705 - 1

Ⅰ.①农… Ⅱ.①李… Ⅲ.①农村—公共物品—供给制—研究—中国 Ⅳ.①F299.241

中国版本图书馆 CIP 数据核字（2016）第 040013 号

出 版 人	赵剑英	
责任编辑	王　曦	
责任校对	周晓东	
责任印制	戴　宽	

出　　版	中国社会科学出版社	
社　　址	北京鼓楼西大街甲 158 号	
邮　　编	100720	
网　　址	http：//www.csspw.cn	
发 行 部	010 - 84083685	
门 市 部	010 - 84029450	
经　　销	新华书店及其他书店	

印刷装订	北京君升印刷有限公司	
版　　次	2016 年 1 月第 1 版	
印　　次	2016 年 1 月第 1 次印刷	

开　　本	710×1000　1/16	
印　　张	29.5	
插　　页	2	
字　　数	503 千字	
定　　价	108.00 元	

凡购买中国社会科学出版社图书，如有质量问题请与本社营销中心联系调换
电话：010 - 84083683

序

  国务院刚刚印发《关于积极发挥新消费引领作用、加快培育形成新供给新动力的指导意见》，人们期待已久的新供给改革"供侧改"大幕正式拉开。最近召开的中央经济工作会议又明确提出要"更加注重供给侧结构性改革"；中央农村工作会议则进一步提出要"着力加强农业供给侧结构性改革"。在此改革大潮漫涨之际，李燕凌教授主持的国家社科基金项目"县乡政府农村公共产品供给效率问题研究"顺利结题并获得优秀鉴定结果。我十分赞赏这一优秀课题研究中所体现的坚持不懈的实地调查作风，尤其欣赏这一优秀课题所坚持的积极培育新供给新动力来加快解决县乡政府农村公共产品供给不足和效率不高问题的根本办法。李燕凌教授的课题结题成果《农村公共产品供给问题论——基于新供给经济学的效率问题再认识》，是一部50万字的大作。最近他将这部著作的打样稿送给我看，并嘱托我为之写序。

  这部书以"农村公共产品供给问题论"命题，其内容实际上是以县乡政府农村公共产品有效供给为研究对象，在当前中央与地方政府间权力配置格局下，基于县乡政府提供绝大多数农村公共产品的现实国情，遵循全面取消农业税后农村公共产品需求约束弱化与农村公共产品供给严重不足的矛盾运动规律，从供给侧对县乡政府农村公共产品的供给目标、供给决策体制、供给结构、供给模式和供给绩效等供给效率基本问题展开全面深入的探索，具有一定的超前性。

  从均衡的角度看，是供给决定效率还是需求决定效率，这是一个难解的问题，因为，在经济周期的不同阶段会产生不一样的结果。不过，李燕凌教授在这部书中强调"供给决定效率"。我仔细分析他的观点，他认为：中国全面取消农业税之后，县乡政府农村公共产品供求关系内在的"林达尔均衡"被彻底打破，广大农民从根本上放弃了对县乡区域性农村公共产品表达需求的"价格支付权"。按照林达尔"税收价格论"对公共产品价格的规定，在全面取消农业税之后，中国县乡区域内农民对公共产品的需求反应不敏感。从理论上讲，县乡政府农村公共产品的价格只可能是全社会公共产品的平均价格；从实践上讲，县乡政府只有推进城乡统筹的公共政策，通过调节各种供给因素来提高农村公共产品供给效率，以满足农民对县乡政府农村公共产品的现实需求。也就是说，县乡政府农村公共产品供给效率主要由供给来决定。

李燕凌教授引用了西方供应学派的著名代表人物乔治·吉尔德的理论以进一步论证"供给"对效率的决定作用，"在社会经济活动中，首先是生产因素的投入，然后才有产出"。不过，李燕凌教授对"萨伊定律"和乔治·吉尔德的理论都有检讨，他更趋向于中国大陆学者们最近流行的"新供给经济学派"理论。在这里，李燕凌教授明确提出："从供求交替变化周期来看，并非在周期的每一个阶段都有'供给自动创造需求'机制，也就是说，并不是在每一个阶段里'供给'都能决定'效率'。"与此同时，李燕凌教授特别强调：从中国现实情况来看，县乡政府农村公共产品供给正处于新供给形成阶段。在这个阶段，农村社会经济进入一个新周期的导入期，中国农村公共产品供求关系表现出四大特征，即县乡政府提供大量农村公共产品新的供给、县乡政府农村公共产品新供给自动创造新需求、大量农村公共投入转变为要素报酬引致新需求、县乡政府农村公共产品新供给促进需求再升级。总之，从中国县乡政府农村公共产品供给所处的现实经济周期来看，农村公共产品供求关系正处于新供给形成阶段并有向供给扩张阶段转进的迹象。在这个阶段，供给对需求产生强烈的牵引作用，有时会出现供给短期大于需求（或称为"被供给"）的现象，供给与需求动态均衡的打破仍属于农村公共产品经济增长过程中的阶段性、局部性问题，它与技术扩散和公共产品供求周期密不可分。生产的过剩是相对的，阶段性和局部性领域的供需矛盾可以随着公共资源逐步向新的公共产品或公共服务领域配置而消解。可以肯定地说，作者对中国县乡政府农村公共产品供给决定效率的理论分析，是具有建设性的，也是非常严谨的。

在这部著作中，作者用了大部分篇幅分别从供给目标、供给决策体制、供给结构、供给模式和供给绩效等五个方面对农村公共产品供给效率基本问题进行了实证分析。著作实证分析中采用了大量调查数据，虽然从严格的抽样调查来看似乎不那么规范，或者说，我本人对作者的实证研究结果还有微弱的保留；但是，在这么长时间的研究过程中，李燕凌教授能够保持"农村调查"研究习惯，这是很可贵的。

在实证研究的基础上，李燕凌教授还对解决当下中国农村公共产品供给效率问题，提出了明确的"新起点、三步走"改革路径。"新起点"指在"十二五"期末基本建成县乡政府农村公共产品"应保尽保、全面覆盖、财政兜底、全面达标"的供给体系。"三步走"的第一步是到2020年实现城乡统筹。第二步是到2030年实现全国农村公共产品供给"四统一、两无分"的地区统筹。第三步是到2050年实现公共财政保障有力、市场机制灵活多样并与国际接轨的高水平全面均等化。同时，李燕凌教授在书中还提出了"五扩三增，普惠共治"的政策架构，强调扩大农村公共产品供给内容范围，扩大农村公共产品供给主体范围，扩大一般性财政转移支付的规模，扩大地方财政农村公共产品支出，扩大城市公共基础设施建设容量。增多供给模式，增加监督环节，增大责任考核，加快推进农村公共产品普惠制度，渐近推进农村公共产品多元共治。我个人认为，这些改革见解至少可谓"仁者见仁、智者见智"吧。

李燕凌教授一直热心于经济学研究，特别是对中国农民的福利经济学与公共政策问题研究十分执着。李燕凌教授是中国社会科学院农村发展研究所培养的优秀博士后之一，并与我所长期保持有良好的合作研究关系。我刚到农村发展研究所履新即有机会拜读如此一部佳作，真可谓缘分深厚。为鼓励新人新作，写下这些文字，是为序。

中国社会科学院农村发展研究所所长、研究员

2015 年 12 月 29 日于北京

目　　录

图表目录

第一章　导论

从政策层面看，中国的农村公共产品供给效率问题，与县乡政府紧密联系在一起；从实践层面看，解决中国的农村公共产品供给效率问题，一开始就特别重视供给侧管理，强调从供给端入手对农村公共产品供给效率进行观察和分析。改革开放三十多年来，国家高度重视农村问题，1982—1986 年、2004—2014 年，先后发布了 16 个以农业、农村和农民为主题的中央一号文件，堪称当时和以后一段时期内国家指导农村改革和农业发展的纲领性文件。这 16 个纲领性文件，先后三次提及农村公共产品。中共中央和国务院发布的 2006 年中央一号文件，首次提出农村"公共产品"概念，文件要求在社会主义新农村建设过程中，"着力发展县城和在建制的重点镇，从财政、金融、税收和公共产品投入等方面为小城镇发展创造有利条件"。2007 年的中央一号文件，首次出现"农村公共产品"提法，文件要求在创新推动现代农业发展的体制机制改革进程中，"建立健全财力与事权相匹配的省以下财政管理体制，进一步完善财政转移支付制度，增强基层政府公共产品和公共服务的供给能力"。2008 年的中央一号文件，再次强调在推进城乡基本公共服务均等化、构建社会主义和谐社会进程中，"必须加快发展农村公共事业，提高农村公共产品供给水平"。在这三个中央一号文件中，每次提及农村公共产品，都是与农村"基层政府"和公共产品"供给"紧密相连的。本书将以县乡政府农村公共产品供给效率为对象，在新供给经济学理论框架下，从供给侧入手，对农村公共产品的供给效率目标、供给决策体制、供给结构、供给模式和供给绩效进行深入分析，以发现县乡政府农村公共产品供给效率存在的主要问题，探讨改进供给效率的政策"路径设计"和系统改革的实践途径。

第一节 问题的提出与研究意义

一 问题的提出

县乡政府农村公共产品供给效率问题，不仅是促进城乡公共资源均衡配置、推进城乡基本公共服务均等化、加快建设社会主义新农村的重要任务，也是事关我国全面深化改革、健全城乡发展一体化体制机制、让发展成果更多更公平地惠及全体人民的重大问题。当前，我国发展进入新阶段，改革进入攻坚期和深水区。在经济分权和政治集权相结合的转型背景下，加快政府职能转变和提高公共产品供给能力，已然成为推进国家治理体系和治理能力现代化的两大艰巨任务。研究县乡政府农村公共产品供给效率问题应当如何破题？本书认为，必须牢牢抓住效率这个中心、紧紧扣住县乡政府这个关键，始终坚持从供给侧解决县乡政府农村公共产品供给效率问题的根本方法。正是基于我国全面深化改革的现实考虑，笔者认为，县乡政府农村公共产品供给效率的基本问题就是供给问题。

县乡政府农村公共产品供给问题研究离不开"效率"这一中心。供给公共产品是政府职能的起源之一，政府总是希望尽可能公平地向社会提供公共产品和公共服务。但是，由于政府赖以提供公共产品的基础即公共资源总是稀缺的，因此，政府职能理念变迁的每一个阶段都蕴涵着公平与效率的权衡与选择，政府总是纠结在公平提供公共产品和不断提高公共产品供给效率的矛盾之中，并不断通过调节公共产品供给和公共服务的规模来实现化解这种矛盾的目标。政府在不同时期对公平与效率的不同侧重必然导致不同公共产品供给方式的选择，但受公共资源稀缺性约束，公平与效率矛盾运动的焦点最终总会落在效率一方。因为，在公共产品供给过程中，公平是相对的，而公共资源稀缺总是绝对的。

县乡政府是农村公共产品最重要的供给主体，也是决定农村公共产品供给效率的关键。改革开放三十多年来，中国现代化建设进程中农业的基础地位坚如磐石，"把饭碗端在自己手里"的粮食安全战略一直是党和政府高度重视农村发展的基本战略。三十多年来，虽然我国一直致力于建设社会主义市场经济，农村的市场化程度、农业的市场化水平都日渐提高，但在确保 13 亿人口大国粮食和食品安全这样的重大战略上，发育尚不健全的中国农村市场经济明显表现出力量薄弱，长期需要"粮食安全"省长工程、"菜篮子"市长工程、粮食和生猪调出大县"奖补政策"等发挥极其重要的支撑作用。改革开放三十多年来，城镇化快速发展，特别是小城镇建设星火密布，无疑是中国改革开放的一道亮丽风景。2013 年与 1978 年相比，中国的城市化水平足足提高了三倍，城镇人口所占比例 2013 年超过了 53%，而 1978 年不足 18%。伴随着中国城镇化进程，城镇基础设施建设滞后和生态环境破坏的矛盾不断加剧，城乡二元结构固化导致城乡居民公共服务差距形成的矛盾日益凸显，农民工、失地农民、留守农民（儿童、妇女和老人）所面临的民生问题也日益增多，这些矛盾和问题，仅仅依赖严重不足的农村社会内部资源更是无法解决。农村市场经济发展水平不高、农村社会内部资源严重不足，为政府干预农村经济和社会发展提供了基本的理论依据与紧迫的政策需求。地方政府干预农村经济的目的是弥补区域市场失灵，主要手段是提供农村地方公共产品，特别是与生产性公共产品相关的供给。为了缩小城乡差距、促进城乡统筹发展，政府加大对农村公共产品的供给、加大公共财政覆盖农村社区公共服务范围，既符合广大农民的利益诉求，也符合整体社会利益诉求，正逐渐演变为一种社会共识。[①] 在经济分权的财政体制下，日益庞大的地方政府公共支出中，用于提供农村公共产品的财政支出规模越来越大。地方公共投资作为地方政府公共支出的一个组成部分，在提供县乡政府农村公共产品方面发挥着越来越重要的、关键性的作用。农村公共产品和公共服务支出占公共财政支出的比例越来越高、规模越来越大，几乎涵盖了大部分生产性公共产品和民生性公共服务领域。近年来，我国地方财政支出占国家财政支出的比重迅速增长。2007 年国家财政总支出 4.98 万亿元，地方财政支出占 77%，达到 3.83 万亿元。2012 年国家财政总支出 12.59 万亿元，地方财政支出占 85.15%，达到 10.72 万亿元。与此同时，国家财政用于农村公共产品和公共服务的支出占比更是节节攀升。2007 年国家财政用于"三农"的支出达 4318.3 亿元，占国家财政支出的 8.67%。2012 年国家财政用于"三农"的支出达 12387.6 亿元，占国家

---

① 刘鸿渊：《农村社区性公共产品供给合作行为研究》，《社会科学研究》2012 年第 6 期。

财政支出的 9.84%。① 五年中，国家财政用于"三农"的支出增长了 2.87 倍，其中，用于支持农业生产的财政支出增长 2.66 倍，粮食、农资、良种和农机具四项补贴的财政支出增长 3.2 倍，农村社会事业发展的财政支出增长了 3.77 倍。从我国农村公共产品和公共服务的现实情况看，包括农业生产领域的病虫害防治、土壤肥力保护、动物防疫与卫生监督、森林保护、水利灌溉系统、农产品质量安全监测检测系统、农业信息系统、农业科技基础研究及重大技术成果的中试和推广示范等在内的农村生产性公共产品，包括为保障粮食和大宗农产品供给安全的粮食、农资、良种、农机具四项生产辅助性公共服务，以及包括农村基层政府和村组织的行政服务、农村基础教育、新型农村合作医疗和农村医疗救助、农村公共卫生防疫、农村社会保障、农村科技文化、乡村道路和清洁饮水等基础设施、生态环境建设和保护、大江大河治理、农村抗灾救灾、农村扶贫开发等民生性公共产品和公共服务，绝大部分均由地方财政提供。初步概算不难发现，县乡政府农村公共产品供给占农村公共产品和公共服务供给总量的 85% 以上。

供给因素从根本上主导县乡政府农村公共产品供给效率水平。1919年产生的林达尔"税收价格论"是公共产品理论最早的成果之一。林达尔认为在高度发达的市场经济、浓厚的民主政治与社会契约观念盛行的条件下，税收成为公民为了获得政府提供公共产品而支付的价格。纳税人只有为了获得政府提供的公共产品才支付税收，税收支付的数量即税收"价格"体现了纳税人作为购买者的根本利益。林达尔"税收价格论"深刻反映了社会中的个人对公共产品的供给水平以及他们之间的成本分配，与政府进行讨价还价并实现林达尔均衡的实质。林达尔"税收价格论"同时指出另一个重要的社会现实，即在市场经济条件下，政府也是一个独立主体，拥有自己相对独立的利益和意志。如果政府不受税收价格的内在约束，那么，游离于"税收价格"之外的公共产品需求因素，就根本不可能发挥调节政府实现"林达尔均衡"的功能。2005 年 12 月，十届全国人大常委会第十九次会议通过了废止农业税条例的决定草案，中国存续

---

① 笔者 2007 年曾经预计："到 2007 年底，我国财政收入可接近或超过 5 万亿元，财政支农支出至少应在 6500 亿至 8000 亿水平上，2010 年可跨上 1 万亿元新台阶。"事实上，国家财政用于"三农"的实际支出规模均比笔者当时的预测滞后了一年。参见李燕凌《农村公共产品供给效率论》，中国社会科学出版社 2007 年版，第 252 页。

2600 年之久的农业税终于被全面取消。全面取消农业税对于减轻农民负担、扶持农业发展、建设社会主义新农村来说，无疑是一件功在当代、利在千秋的大好事。但与此同时，县乡政府的农村公共产品供求关系内在的"林达尔均衡"被彻底打破，广大农民从根本上放弃了对县乡区域性农村公共产品表达需求的"价格支付权"。按照林达尔"税收价格论"对公共产品价格的规定，在全面取消农业税之后，中国县乡区域内农民对公共产品的需求反应不敏感。从理论上讲，县乡政府农村公共产品的价格只可能是全社会公共产品的平均价格；从实践上讲，县乡政府推进城乡统筹的公共政策，通过调节各种供给因素来提高农村公共产品供给效率，以满足农民对县乡政府农村公共产品的现实需求，这也就是说，县乡政府农村公共产品供给效率主要由供给来决定。

强化县乡政府农村公共产品供给管理是解决供给效率问题的治本之策。当前，中国政府供给公共产品的最大特点在于经济分权和政治集权相结合的转型背景。[①] 经济分权和政治集权相结合的政府权力配置体系，决定着供给在县乡政府农村公共产品供给效率管理中的核心地位。一方面主要由县乡政府而不是中央政府来分散供给农村公共产品，社会对农村公共产品的需求必须与县乡政府供给农村公共产品的具体部门经济利益相统一，最大限度地满足县乡政府"以经济建设为中心"并最终实现经济利益的目标和意愿。即使受蒂布特效应影响，县乡政府也更愿意提供生产性公共产品而偏离一般民生性公共服务投资。另一方面，地方政府的双重竞争（即官员晋升"政治锦标赛"和地方政府间"GDP 争先赛"），刺激了公共产品供给无限扩大的积极性。在农村公共产品和公共服务供需平衡过程中，受政治集权体制的影响，县乡政府主要受地方官员政治晋升机制的影响，而并不受辖区居民的公共产品需求意愿的制约。以 GDP 为考察指标的政府间"包干制"使得地方官员在"政治锦标赛"模式下发展地方经济的激励大大增强。[②] 政治集权体制不仅体现为地方政府官员晋升主要由中央政府决定，而且还体现在地方政府行政首长对公共产品供给拥有极大决策权。地方政府的"红头文件"或"领导讲话"，往往成为县乡政府农村公共产品供给项目、数量的决策依据。农民对公共产品的需求，几乎

---

① 高彦彦、周勤、郑江淮：《为什么中国农村公共产品供给不足？》，《中国农村观察》2012 年第 6 期。

② 朱浩祯：《关于中央与地方权力关系的研究综述》，《当代经济》2013 年第 8 期。

很难形成对县乡政府农村公共产品效率的硬约束。也就是说，从供给侧入手分析农村公共产品供需关系，更能准确把握农村公共产品供给效率的本质面貌。

概而言之，县乡政府农村公共产品的有效供给，是实现城乡统筹发展目标绕不开的问题。本书研究县乡政府农村公共产品供给效率问题，就是在中国经济分权和政治集权相结合的政府权力配置条件下，基于县乡政府提供绝大多数农村公共产品的现实国情，遵循全面取消农业税后农村公共产品需求约束弱化与农村公共产品供给严重不足的矛盾运动规律，从供给侧把握这对矛盾的主要方面，对县乡政府农村公共产品的供给目标、供给决策体制、供给结构、供给模式和供给绩效等供给效率的基本问题，展开全面深入的探索。

二 研究背景及意义

改革开放三十多年来，农村公共产品供给短缺成为制约农民增收、农业发展和农村繁荣稳定的一个重要原因。有效提供农村公共产品，是事关发展农业生产、改善农民生活、调节居民收入分配、促进农民增收、缩小城乡差距、建设社会主义新农村的重大问题。三十多年来，党和政府高度重视县乡政府农村公共产品供给，我国农村公共产品供给制度逐渐演变、供给规模不断扩大、质量日益提高，实现公共产品供给城乡统筹发展正在成为伟大"中国梦"的现实追求。近年来，以"优化供给结构、创造更多需求"为基本价值目标的新供给经济学的兴起，对扩大农村公共产品有效供给产生深远影响。增强县乡政府农村公共产品供给能力、提高县乡政府农村公共产品供给效率，日益成为全面深化农村改革、加快推进中国特色农业现代化的核心政策主张。

1. 党和政府高度重视县乡政府农村公共产品供给

1982—1986 年、2004—2014 年，中共中央、国务院以农业、农村和农民为主题，先后发布 16 个中央一号文件，成为当时和以后一段时期内国家指导农村改革和农业发展的纲领性文件。自此之后，中央一号文件逐渐成为中共中央重视农村问题的专有名词。[①] 在这 16 个中央一号文件中，加强县乡政府农村公共产品供给的指导地位越来越高、政策内涵越来越

---

① 冯海发：《对十八届三中全会〈决定〉有关农村改革几个重大问题的理解》，《农业经济问题》2013 年第 11 期。

丰富。

1982 年，中央发出第一个"一号文件"——《一九八二年一月一日全国农村工作会议纪要》。文件高度重视基层农业技术推广、农村中学和职业教育。文件明确要求："要恢复和健全各级农业技术推广机构，重点办好县一级推广机构，逐步把技术推广、植保、土肥等农业技术机构结合起来，实行统一领导"，"县级以及县以下农村的中学要设置农业课程，有的可以改为农业专科学校"，"要积极创造条件，加强农民教育"。1983 年中央一号文件《当前农村经济政策的若干问题》，明确实施"生产责任制，特别是联产承包制"及"政社分设"的人民公社体制改革，为当时我国农村生产经营制度改革指明了方向。1983 年中央一号文件十分重视农村道路、水电、文化、卫生等基础设施建设投资体制改革，强调"逐步增加对农业的投资"的同时，要"广辟资金来源、解决资金问题"，"切不可重复过去一切大办的错误做法"。文件明确提出，"小型农田基本建设和服务设施所需要的投资主要依靠农业本身的资金积累和劳动积累"，"农村有些基础设施，如仓库、公路、小水电等，可鼓励农民个人或合股集资兴办，并实行有偿使用制度，谁兴建谁得益"，"农村各种文化、卫生设施建设，国家办，集体办，更要鼓励和扶持农民自己办"。1984 年的中央一号文件《一九八四年农村工作的通知》，着重阐述了"在稳定和完善生产责任制的基础上，提高生产力水平，疏理流通渠道，发展商品生产"的农村工作重点。1985 年中央一号文件《关于进一步活跃农村经济的十项政策》，着重部署进一步解放农村生产力、搞活农村经济、改革农村经济体制的政策，其中第四条强调"积极兴办交通事业"，第六条强调"鼓励技术转移和人才流动"。特别值得注意的是，文件第九条"加强对小城镇建设的指导"，明确提出县和县以下小城镇的发展，要"注意避免盲目性，防止工业污染"。1986 年中央一号文件《关于一九八六年农村工作的部署》，提出"发展农村经济必须依靠科学技术"的重要方针，明确要求"调整农业科研机构的方向、任务和布局，发展县的试验示范、推广、培训相结合的农业技术推广中心，加强农业第一线的技术推广工作"。文件批准将国家科委组织实施的"星火计划"，作为乡镇发展科技服务的一种好形式。

中共中央、国务院从 1982 年至 1986 年连续五年发布的以农业、农村和农民为主题的中央一号文件，在中国农村改革史上成为专有名词，即

"五个一号文件"。针对农村公共产品、特别是县乡范围内的农村公共产品，"五个一号文件"对基层农业技术推广和农村教育事业发展，对农村各类基础设施、各种文化卫生设施建设的多元化投资体系改革进行了重点部署。在"五个一号文件"的指导下，我国农业专科学校、农村职业教育和农民教育迎来了一个新高潮，取得了可喜成绩。但遗憾的是，受后来计划经济体制向市场经济体制转型的强劲冲击，基层农业技术推广体系遭受重创，没有发挥好农业技术推广的作用，直至滑入"人散、线断、网破"的困局。虽然农村集体和农民对农业农村各项事业的投资有所增加，但国家作为最重要的投资主体，其对农业的投资明显减弱。1978年农业支出占国家财政支出的比重为13.4%，1980年仍保持12.2%，而1985年下降到7.7%，后来虽有所回升，但直到2004年这个比重仍只有8.2%，并长期徘徊在10%以下。

时隔18年中央一号文件再次回归"三农"发展。2004年中央发出第六个"一号文件"——《关于促进农民增加收入若干政策的意见》。文件强调"加强农村基础设施建设，为农民增收创造条件"，并提出"建立健全财政支农资金的稳定增长机制，要切实把发展农村社会事业作为工作重点，落实好新增教育、卫生、文化等事业经费主要用于农村的政策规定"。2005年的中央一号文件，明确规定新增教育、卫生、文化、计划生育等事业经费"用于县以下的比例不低于70%"，并要求扩大"农村劳动力转移培训阳光工程"实施规模、"积极稳妥推进新型农村合作医疗试点和农村医疗救助工作，提高农村医疗服务水平和应对突发公共卫生事件的能力"、"有条件的地方可以探索建立农村社会保障制度"、"加大农村重大文化建设项目实施力度"、"切实提高农村广播电视'村村通'水平"等。文件还特别提出，"要按照强化公益性职能的要求"，落实对公益性农业技术推广工作的财政经费保证。2006年中央一号文件《关于推进社会主义新农村建设的若干意见》，是在党的十六届五中全会通过《中共中央关于制定国民经济和社会发展第十一个五年规划的建议》历史背景下出台的。2006年中央一号文件首次采用了"公共产品"、"公共服务"和"公共财政"的提法，为当时和以后逐渐形成建设现代农业的公共服务政策支撑体系，开启了理论创新之门。自此之后，中央连续9年发布9个中央一号文件，先后3次使用"公共产品（公共产品）"、43次使用"公共服务"、8次使用"公共财政"、9次使用"基本公共服务"、4次使用

"基本公共服务均等化"，持续要求扩大农村公共产品供给、提高县乡政府农村公共产品和公共服务效率，从理论、制度和道路三个方面，基本形成了日臻完善的"以工促农、以城带乡"制度框架和城乡统筹发展政策体系，初步探索出一条中国特色农业现代化道路。2007 年中央一号文件要求，"建立健全财力与事权相匹配的省以下财政管理体制，进一步完善财政转移支付制度，增强基层政府公共产品和公共服务的供给能力"。2008 年中央一号文件提出"加快发展农村公共事业，提高农村公共产品供给水平"、"加快转变乡镇政府职能，着力强化公共服务和社会管理"。

从 2004 年到 2008 年的 5 个中央一号文件，针对农村公共产品和公共服务，做出了一系列重要的制度安排和政策设计，加强政府对农村公共服务的投入，支农惠农措施真打实干，政策实施效果亮点纷呈，凸显党和政府对县乡政府农村公共产品有效供给的高度重视。这一时期 5 个中央一号文件有一个共同的显著特点，就是加大农村公共产品的财政投入，强调"扩大公共财政覆盖农村的范围"，体现"改善农村民生"的政策导向，坚持"多予少取放活"的方针，重点在"多予"上下工夫。

2009 年中央一号文件，是落实党的十七届三中全会《中共中央关于推进农村改革发展若干重大问题决定》的历史产物。党的十七届三中全会系统地总结我国农村改革发展三十年的光辉历程和宝贵经验，做出《中共中央关于推进农村改革发展若干重大问题决定》，对新形势下推进农村改革发展进行了总体部署。《决定》将"城乡基本公共服务均等化明显推进，农村文化进一步繁荣，农民基本文化权益得到更好落实，农村人人享有接受良好教育的机会，农村基本生活保障、基本医疗卫生制度更加健全，农村社会管理体系进一步完善"等基本内容，清晰地列入 2020 年我国农村改革发展的基本目标任务之中。2009 年中央一号文件提出，"按照 3 年内在全国普遍健全乡镇或区域性农业技术推广、动植物疫病防控、农产品质量监管等公共服务机构的要求"，推进基层农业公共服务机构建设。并首次提出"建立个人缴费、集体补助、政府补贴的新型农村社会养老保险制度"。2010 年中央一号文件在"加大统筹城乡发展力度"制度顶层设计的同时，注重政策细化，提出"发展农村远程教育、远程医疗，完善农村三级医疗卫生服务网络"、"推进农村重点文化惠民工程建设和综合利用"、"提高农村社会保障水平"、"加强农村水电路气房建设"等一系列实实在在的惠农措施。2011 年中央一号文件《关于加快水利改革发展的决定》，是 16 个中央一号文件中唯一专门就一个具体农村公共产品的改革发展发布的中央一号文件。文件从"大兴农田水利建设，加快推进小型农田水利重点县建设"、"加快中小河流治理和小型水库除险加固"、"提高防汛抗旱应急能力"、"将水利作为公共财政投入的重点领域"等 30 个方面，对加快水利改革发展进行了全面部署。2012 年的中央一号文件充分肯定农业科技在确保国家粮食安全、突破资源环境约束和加快现代农业建设进程中，"具有显著的公共性、基础性、社会性"，要求"进一步完善乡镇农业公共服务机构管理体制"，并"加快国家农村信息化示范省建设，重点加强面向基层的涉农信息服务站点和信息示范村建设"。

从 2009 年到 2012 年的 4 个中央一号文件具有 3 大明显特征，即建设社会主义新农村、促进城乡统筹发展、扩大和加强县乡基层农村公共产品供给的财政投入和覆盖范围。政策体系既有对加快发展农村文化、教育、医疗卫生、社会保障、基础设施和环境、扶贫开发、防灾减灾、农村社会管理等公共事业、促进农村社会全面进步进行的"顶层设计"，又有对"农村中等职业教育和县域职业教育培训网络"、"重点办好县级医院并在每个乡镇办好一所卫生院，支持村卫生室建设"、"建立新型农村社会养老保险制度"等一系列重要的农村公共产品和公共服务有效供给进行的"系统改革"部署。在此期间，国务院还通过了《国家基本公共服务体系"十二五"规划》，充分考虑了城乡之间、区域之间公共产品和公共服务提供上的既有差距和差异，从国家职能的角度明确了"十二五"时期政府提供公共产品和公共服务的理念、目标及路径与政策选择。据笔者初步统计，《规划》中 14 次专门提到对"农民"的公共服务，66 次专门提到"农村"公共产品或公共服务，47 次强调加强县乡"基层"公共产品和公共服务有效供给，40 次提到公共服务"均等化"。《规划》将"统筹城乡、强化基层的原则，增强公共服务供给能力"，明确纳入国家基本公共服务体系"十二五"规划的基本目标，充分体现出党和政府对县乡政府农村公共产品有效供给的高度重视。

党的十八大以来，中央相继出台了两个一号文件。2013 年中央一号文件十分重视在建设中国特色现代农业的过程中充分发挥公共服务机构的作用。文件明确提出，"不断提升乡镇或区域性农业技术推广、动植物疫病防控、农产品质量监管等公共服务机构的服务能力"、"积极推进城乡公共资源均衡配置，加快实现城乡基本公共服务均等化"、"健全村级组织运转和基本公共服务经费保障机制"、"巩固乡镇机构改革成果，加强社会管理和公共服务职能"。2014 年的中央一号文件，从 33 个方面对全面深化农村改革、走出一条中国特色新型农业现代化道路进行了全面部署。文件从县乡基层农村教育、文化体育、卫生与计生、社会养老、最低生活保障、扶贫开发等领域，全方位提出稳定农业公共服务机构、推进城乡基本公共服务均等化，并要求开展农村公共服务标准化试点工作。2014 年中央一号文件也是首个直接、明确关注县乡基层政府农村公共产品供给效率的中央一号文件。在 16 个中央一号文件中，该文件第一次正式提出，"按照提高公共资源配置效率的原则，健全农村基层管理服务体系"，"扩大小城镇对农村基本公共服务供给的有效覆盖，统筹推进农村基层公共服务资源有效整合和设施共建共享"。为提高县乡政府农村公共产品供给效率，文件还首次提出"开展农村公共服务标准化试点工作"。党的十八大、特别是党的十八届三中全会以后，我国"三农"工作承继党的十七届三中全会"推进农村改革发展"的政策，进入全面深化农村改革、建设中国特色现代农业的新时期。2014 年中央一号文件的发布，成为我国从"农村改革"到"全面深化农村改革"的历史演进新起点，县乡政府农村公共产品的有效供给由此迎来新的春天。

2. 县乡政府农村公共产品供给范围和规模扩大

改革开放以来，县乡政府农村公共产品有效供给地位不断提高，公共财政覆盖农村的范围逐渐扩大。早在 1982 年，中央一号文件就高度重视对农业生产性公共产品、农民生活和农村发展公共事务的科学规划。1982 年中央要求把山、水、田、林、路的治理，生产、生活、科学、教育、文化、卫生、体育等设施的建设和农村小城镇的建设全面规划好。1983 年中央一号文件在明确"从两方面对人民公社的体制进行改革"的同时，仍然强调公社一级的各种事业机构，原有的事业费照常拨付。要注意把从事农业科研、技术推广、教育培训等各方面的力量组织起来，形成一个合理分工、协调一致的工作体系，为农村建设提供富有成效的服务。1984 年中央在严令禁止"对农民的不合理摊派"的同时，明确要求保证农村合理的公共事业经费，并规定中央、国务院各有关部门部署的农村教育、计划生育、民兵训练、优抚、交通等各项民办公助事业，各地可根据农民的经济状况，由乡人民代表大会定项限额提出预算，报县人民政府批准，由基层统筹使用，一年定一次。1985年继续强调坚持"定项限额"，同时对农村兴办交通事业提出修建公路继续实行民工建勤、民办公助的办法：在经济比较发达的地区，提倡社会集资修建公路，谁投资，谁受益。在山区和困难地区，由地方集资、农民出劳力修建公路，国家发放一部分粮、棉、布，作为修筑公路的投资，并支援一部分钢钎、炸药等物资。1986年中央要求农村建设资金，除国家增加农业投资外，主要靠农村自身的积累，并建立必要的劳动积累制度，完善互助互利、协作兴办农田建设的办法。文件要求落实"星火计划"，在"七五"期间开发一百类适用于乡镇企业的成套技术装备并组织大批量生产，建立五百个技术示范性乡镇企业。1982年到1986年的5个中央一号文件，针对农村公共产品供给的政策改革，注重农业生产性公共产品及农村基础设施建设的公益性、长远性和整体性，保护和加强对这些公共产品的财政支持地位。这一时期的中央一号文件，基本形成了县乡政府农村公共产品主要由地方政府、特别是由农民自己"出资出劳"、"集体积累"等方式进行投入的投资体系，明确了事权事责、财权财责向县乡政府和农民"下移"的基本供给体制。

1994年我国实施"财政包干体制"向"财政分税制"改革，中央财政收入占全国财政收入的比重从1993年的22%上升到1994年的57%，财政集中度明显提高。① 此后，中央财政加大了对农村公共产品供给的投入力度。在这种财政体制背景下，2004年以后连续出台11个中央一号文件，公共财政支持县乡政府农村公共产品供给的范围不断扩大。这11个中央一号文件，针对农村公共产品供给的改革政策体现出五个显著特征：一是坚持扩大农业生产性公共产品及基础设施财政投入。2004年增大节水灌溉、人畜饮水、乡村道路、农村沼气、农村水电、草场围栏"六小工程"基础设施建设投资规模。2005年加强农业发展的综合配套建设"七大体系"。2011年以乡镇或小流域为单元，健全基层水利服务机构，支持山丘区小水窖、小水池、小塘坝、小泵站、小水渠"五小水利"工程建设。二是加强粮食安全及大宗农产品综合生产能力财政支持。2004年全面实施粮食直补政策。2005年设立超级稻推广项目、搞好"沃土工程"建设、实施奶牛良种繁育项目补贴并予以财政支持。2009年推进全国新增千亿斤粮食生产能力计划。2012年切实落实"米袋子"省长负责

---

① 刘卓珺、于长革：《中国财政分权演进轨迹及其创新路径》，《改革》2010年第6期。

制、落实"菜篮子"市长负责制。2013 年开展农作物制种、渔业、农机、农房保险和重点国有林区森林保险保费补贴试点，实施"北粮南运"、"南菜北运"、"西果东送"、万村千乡市场工程、新农村现代流通网络工程，启动农产品现代流通综合示范区创建等。三是积极发挥公共财政对农民增收和基层公共服务的财政转移支付功能。2006 年全面取消了包括农业税、屠宰税、牧业税、农林特产税在内的四大"农业税"，终止了中国历史上延续千年的农业税制度，当年减轻农民税费负担 1200 多亿元。这一年还在乡镇"根据产业发展实际设立公共服务岗位"。2013 年强化村干部"一定三有"政策，健全村级组织运转和基本公共服务经费保障机制。四是大力支持农村社会事业和公共服务发展。2005 年扩大"农村劳动力转移培训阳光工程"规模，实施整村推进扶贫规划。2008 年提高国家补助标准，在全国普遍建立新型农村合作医疗制度。这一年全国农村提前实现新型农村合作医疗制度全覆盖。2009 年全国各地启动新型农村社会养老保险试点工作。2010 年合理确定农村最低生活保障标准和补助水平，全国启动最低生活保障制度。五是提高中央财政对县乡基层农村公共产品和公共服务的财政支持力度。2005 年中央下决心调整国民收入分配结构，建立稳定增长的支农资金渠道，首次提出"要尽快立法，把国家的重大支农政策制度化、规范化"。2007 年建立健全财力与事权相匹配的省以下财政管理体制，增强基层政府公共产品和公共服务的供给能力。2012 年推行专家大院、校市联建、院县共建等农技推广服务模式。加快国家农村信息化示范省建设，重点加强面向基层的涉农信息服务站点和信息示范村建设。

改革开放以来，我国县乡政府农村公共产品供给规模日益扩大，对农业生产、农民生活和农村发展产生了显著效果。从国家财政对农业的投入来看，2012 年财政"三农"支出 12387.6 亿元，比 1985 年增长 80 倍；2012 年农业支出占财政支出的比重为 9.8%，1985 年只有 7.7%，2007 年以前的 8 年中，这个比重一直徘徊在 7%—8%之间，2008 年以来，这个比重始终保持在 9.5%以上。在国家财政用于农业的支出中，农村社会事业发展支出所占比重增长最快。2007 年农村社会事业发展支出为 1415.8 亿元，占国家财政"三农"支出总额的 32.79%；2012 年农村社会事业发展支出达 5339.1 亿元，占国家财政"三农"支出总额的 43.1%，6 年间提高了 10.3 个百分点。从农村电力和农田水利等生产性公共产品供给来看，1995 年全国乡村水电站总装机容量为 519.5 万千瓦、发电量为 134.1 亿千瓦时、全国农田水利有效灌溉面积为 49281.2 千公顷；2012 年分别为 698.5 万千瓦、205.0 亿千瓦时和 63036.4 千公顷，比 1995 年分别增长 1.34 倍、1.53 倍和 1.28 倍。从生态环境保护和农民生活环境改善公共产品供给来看，1997 年全国有县级自然保护区 326 个、面积为 379 万公顷；2010 年分别为 992 个、1033 万公顷。2001 年全国农村改水累计受益人口为 86113 万人、累计使用卫生公厕户数为 852.8 万户、农村沼气池产气量 29.8 亿立方米、太阳能热水器 1319.4 万平方米；2012 年分别为 91208 万人、2896.6 万户、157.6 亿立方米、6801.8 万平方米，与 2001 年相比均有大幅增长。从农村文化、教育、卫生及社会服务等民生性公共产品和公共服务来看，虽然自 1995 年以来，受乡（镇）区划调整影响，乡（镇）个数锐减，乡（镇）卫生院个数从 1995 年的 51797 个减少到 2012 年的 37097 个，减幅超过 28%。但是，全国乡（镇）卫生人员数大幅增多、乡（镇）卫生院拥有的床位数大幅增多。1995 年全国乡（镇）卫生人员数只有 105.18 万人、床位数为 73.3 万张，2012 年分别增长到 120.5 万人、109.93 万张。1995 年设置卫生室的村数占行政村的比例为 88.9%，2012 年达到 93.3%。1995 年全国群众文化馆办文艺团体单位有 7191 个，2012 年增长到 8750 个。农村养老服务机构增长迅速，1995 年全国农村养老服务机构年末收养人员仅有 60.3 万人，其中收养老人 56.3 万人，2012 年年末收养人员增至 200 万人，其中收养老人 193 万人，分别增长 3.3 倍和 3.4 倍。1995 年农村社会救济费财政支出为 3.04 亿元，占全国民政事业费支出总额的比重为 2.9%，2012 年为 995.83 亿元，占全国民政事业费支出总额的比重为 27.0%。与 1995 年相比，全国 2012 年农村社会救济费财政支出增长约 328 倍。① 县乡政府农村公共产品供给规模日益增大，为近十年来我国粮食产量实现"十连增"、农业综合生产能力迈上新台阶，特别是农民增收实现"十连快"，提供了公共产品和公共服务的强劲支撑。2004 年我国农村居民纯收入水平人均为 2936.4 元，

---

① 国家统计局农村社会经济调查司编：《中国农村统计年鉴》，中国统计出版社 2013 年版。由于乡（镇）、村区划调整、农村人口数据大量减少等导致跨年度不具可比性的原因，本书没有对农村普通中学、小学的个数及教师人数、乡镇综合文化站个数等进行年度变化比较。

2013 年增长到 8896 元，为 2004 年的 3 倍。[1]

尽管近年来中国财政收入增长较快，县乡政府农村公共产品供给数量不断扩大，从而使得解决农村公共产品短缺、满足农村社会事业发展数量需要变得相对较为容易。但是，农村公共产品供给质量、结构和效果仍然不容乐观，县乡政府农村公共产品供给效率问题仍然十分突出、压力依然十分巨大。从供给范围来说，城乡居民享受公共产品和公共服务的差距还在扩大。例如，农民参加医疗保险的住院报销比例、报账上限等都远远低于城镇居民。[2] 与城镇居民医疗保障制度相比，新型农村合作医疗无论是制度的保障水平还是制度的公平性都存很大的差距。显然新农合制度初期制定的目标已落后于现实发展的需要。[3] 从供给规模来说，公共财政用于"三农"支出的比重与我国农、林、牧、渔业对国民经济发展的实际贡献，与我国农村人口占全国人口总数的比重相比都不相适应，县乡政府农村公共产品和公共服务的供给规模明显不足。2012 年我国农、林、牧、渔业总产值占全国 GDP 的比重为 17.2%、乡村人口占全国人口的比重为 47.43%，而农业支出占国家财政支出的比重却只有 9.8%。[4]

3. 农村公共产品的城乡统筹发展枢纽作用凸显

早在 2002 年，党的十六大就提出了统筹城乡经济社会发展的战略构想。2003 年中央经济工作会议提出"统筹城乡经济社会发展，发挥城市对农村的带动作用"。党的十六届三中全会将统筹城乡发展放在科学发展总要求的"五个统筹"之首。党的十六届四中全会提出工业反哺农业、城乡带动农村的"两个趋向"重要论断。党的十七届三中全会强调把构建新型工农、城乡关系作为加快推进现代化的重大战略。2010 年的政府工作报告再次强调加大统筹城乡发展力度。在此期间，新世纪的七个中央一号文件，都高度重视加大统筹城乡发展力度，并根据"三农"工作实

---

① 国家统计局：《国家统计局发布 2013 年全国居民收入数据》，http：//news. hexun. com/ 2014 - 01 - 20/161578957. html。

② 周贤君、杨远吉、李立清：《新农合"乡镇住院全报销模式"效果评估——基于桑植县的调查数据》，《湖南农业大学学报》（社科版）2013 年第 6 期。

③ 李立清、危薇：《新型农村合作医疗制度绩效评价的研究新进展》，《理论探讨》2014 年第 1 期。

④ 国家统计局编：《中国统计年鉴》（2013），中国统计出版社 2013 年版。国家统计局农村社会经济调查司编：《中国农村统计年鉴》（2013），中国统计出版社 2013 年版。

际状况逐步调整政策总体要求，深化统筹城乡发展战略。[①] 这七个中央一号文件，作为当时指导"三农"工作的"顶层设计"，不断强化公共财政在统筹城乡发展过程中对农村公共产品投入的政策支持，也凸显出农村公共产品有效供给在城乡统筹进程中的重要地位。

2012 年通过的《国家基本公共服务体系"十二五"规划》（以下简称《规划》），针对我国基本公共服务供给不足、发展不平衡的突出矛盾，将"统筹城乡，强化基层。打破行业分割和地区分割，加快城乡基本公共服务制度一体化建设，大力推进区域间制度统筹衔接，加大公共资源向农村、贫困地区和社会弱势群体倾斜力度，实现基本公共服务制度覆盖全民"作为规划实施的重要指导思想。《规划》为保障基本社会服务的规模和质量，制定了"十二五"时期基本社会服务国家标准体系。针对农村公共产品在城乡统筹中发挥越来越重要的作用，《规划》提出省、市级财政要按照本行政区划内基本公共服务均等化的要求，提升社区基本公共服务能力，构建以社区为基础的城乡基层社会管理和公共服务平台。《规划》针对城乡居民享受公共服务的差距日益扩大的现实，为积极消除其对统筹城乡发展的客观阻碍，首次规定"提供基本公共服务是政府的职责"，并明确我国公民有权享受政府提供的基本公共服务项目及其标准。《规划》对保障人人享有基本公共服务作出了总体规划和全面部署，标志着我国基本公共服务均等化从基本理念上升为国家实践。

党的十八届三中全会做出的《中共中央关于全面深化改革若干重大问题的决定》（以下简称《决定》），16 次提到"农村"问题，[②] 始终贯穿着城乡统筹发展的指导思想，并提出一系列全面深化农村公共产品供给和农村公共服务改革的新思路、新办法、新政策。《决定》从三个方面，更加明确地要求在建设现代农业进程中，充分发挥好县乡政府农村公共产品对城乡统筹发展的枢纽作用。一是推进城乡要素平等交换和公共资源均衡配置。《决定》保障农民公平分享土地增值收益，允许农村集体经营性建设用地出让、租赁、入股，实行与国有土地同等入市、同权同价，建立城乡统一的建设用地市场。赋予农民对承包地占有、使用、收益、流转及

---

① 孔祥智、何安华：《城乡统筹与农业增长方式转变：2001—2010 年的中国农业政策》，《教学与研究》2011 年第 2 期。

② 《中共中央关于全面深化改革若干重大问题的决定》，http：//www.china.com.cn/news/2013－11/15/content_ 30615132_ 6. htm。

承包经营权抵押、担保权能，允许农民以承包经营权入股发展农业产业化经营。鼓励和引导工商资本到农村发展适合企业化经营的现代种养业，向农业输入现代生产要素和经营模式。选择若干试点，慎重稳妥推进农民住房财产权抵押、担保、转让。保障金融机构的农村存款主要用于农业、农村、农民，鼓励社会资本投向农村建设。《决定》要求消除城乡、行业、身份、性别等一切影响平等就业的制度障碍和就业歧视，完善城乡均等的公共就业创业服务体系。二是加强对城乡居民社会保障与市民化地位的公共财政支持。整合城乡居民基本养老保险制度、基本医疗保险制度。推进城乡最低生活保障制度统筹发展，健全网络化城乡基层医疗卫生服务运行机制。加快建立社会养老服务体系和发展老年服务产业，健全农村留守儿童、妇女、老年人关爱服务体系。推进农业转移人口市民化，逐步把符合条件的农业转移人口转为城镇居民。稳步推进城镇基本公共服务常住人口全覆盖，把进城落户农民完全纳入城镇住房和社会保障体系，在农村参加的养老保险和医疗保险规范接入城镇社保体系。建立财政转移支付同农业转移人口市民化挂钩机制。三是破除城乡统筹障碍，加快城镇化与城市空间发展。坚持走中国特色新型城镇化道路，加快户籍制度改革，全面放开建制镇和小城市落户限制，有序放开中等城市落户限制，合理确定大城市落户条件，严格控制特大城市人口规模。推动大中小城市和小城镇协调发展、产业和城镇融合发展，促进城镇化和新农村建设协调推进。从严合理供给城市建设用地，优化城市空间结构和管理格局，增强城市综合承载能力。完善促进基本公共服务均等化和主体功能区建设的公共财政体系，加快完善城乡发展一体化体制机制，着力在城乡规划、基础设施、公共服务等方面推进一体化。

4. 农村公共产品供给的新供给经济学政策影响

目前，我国县乡政府承担了85%以上的农村公共产品供给责任，并几乎是全部农村公共产品生产的直接组织实施者。县乡政府既是农村公共产品供给"财责"与"事权"统一的接合部，又能较好处理农民对公共产品需求短期目标与政府对公共产品供给长期目标之间的矛盾。从供给侧管理入手，将县乡政府农村公共产品供给作为解决供给效率问题研究的着眼点，有利于改进农村公共产品供给机制，增强供给能力，凸显社会主义新农村建设时期"强基础、重民生"的政策主题，具有极强的政策含义和实践指导价值。

20 世纪七八十年代，美国经济学界出现了一个新的流派即供给学派。里根总统把这一理论作为美国政府制定官方经济政策的主要依据。供给学派宣扬经济自由放任，由市场机制自行调节经济，强调自由的市场在资源配置过程中发挥决定性作用。供给学派将经济滞胀的根源，归之于凯恩斯主义对市场经济干预的主张。因此，供给学派的主要政策，就是大幅度降低税率、削减政府开支、刺激储蓄和投资，从而增加商品和劳务的供给以促进经济稳定增长。有人甚至认为，所谓里根经济学的主要政策主张，实质上都来源于供给学派经济学。从里根政府以来，供给学派理论经历了三十多年的实践检验，它在批判凯恩斯经济学对经济干预的同时，也暴露出自身的一些问题，特别是供给学派的通过减税来刺激供给的政策主张，并没有成为包治百病的灵丹妙药。

近年来，以中国经济改革为研究对象，在探索中国经济改革成功之路的实践基础上，新供给经济学理论受到越来越多的关注。新供给经济学认为，任何一个国家的长期持续经济增长动力均来自供给端的革命性突破，而绝非现有经济结构下的总需求管理。① 新供给经济学在古典供给经济学"供给自动创造需求"，以及传统供给学派"从供给端干预经济"的理论基础上，提出了"刺激新供给、创造新需求"的新主张。新供给经济学的主要政策包括以"放松供给约束"为核心的短期改革主张，例如大规模减税、降低社会福利成本、放松垄断、减少管制等措施；以"解除供给抑制"为核心的长期经济改革主张，例如解除对人口和劳动力、制度和管理、土地和资源、资本和金融、技术和创新等方面的抑制。新供给经济学继承并发展了"供给创造自己的需求"这一萨伊市场定律，积极主张让市场在资源配置中发挥决定性作用，并在具体改革政策中提出放松人口生育控制、放松户籍制度、减少资本与金融管制、优化土地与资源产权结构、推动农村土地流转、缩减财政转移支付规模、加大税收减免规模等一系列措施，已经或正在进入中国全面深化农村改革的政策程序，必将对农村公共产品供给及其供给效率产生重要而深远的影响。新供给经济学的政策主张，不仅对改革开放三十多年来中国的农村经济发展，而且对中国农村公共产品供给产生了重要影响。这种影响不只是数量上的，而且是质量上的、结构方面的。从放松供给约束来看，2006 年我国全面取消包括

---

① 滕泰：《新供给主义宣言》，《中国经济报告》2013 年第 1 期。

农业税、屠宰税、牧业税、农林特产税在内的四大"农业税",近年来国家财政快速增大对"三农"的财政投入,特别是实施"种粮补贴"等多种农业补贴政策,都刺激了农业生产积极性,有效扩大了粮食和大宗农产品供给,促进了农村经济增长。从解除供给抑制来看,农村实施联产承包责任制和农产品市场开放,使得长期受到抑制的生产要素潜力得到释放,农村劳动力流动、工商资本进入农村、农村金融改革不断创新,都可归结为解除供给抑制。但是,由于城乡二元结构从根本上对人口和劳动力供给的抑制作用仍然未能解除,针对农村公共产品供给的公共投资或财政转移支付,长期来看也是低效率的。特别是在城乡统筹发展过程中,还没有真正打破城乡体制机制制约,农村公共产品供给的"事权"还没有很好落实其"财责",供给规模迅速增长与供给总量严重不足、供给结构不合理与个别公共产品供给相对过剩的矛盾仍然存在。在供给体制方面,客观上存在许多不合理因素,严重制约着农村公共产品供给工作的开展。在供给决策方面,长期以来"自上而下"的决策程序,导致其供给具有一定的盲目性,怎么供给、供给多少都由上级政府说了算。[①] 公共产品的供给缺乏有效的监督和激励机制。供给主体较为单一,目前公共产品供给主要依靠国家财政。全面取消农业税之后,地方政府供给农村公共产品的财政压力进一步增大,增加了国家财政的压力。[②] 此外,农村公共产品供给成本过高,也对农民参与公共产品供给产生较大消极影响。总之,虽然新供给经济学主张实施扩大农村公共产品供给的政策,但农村公共产品供给矛盾仍然复杂,进一步提高农村公共产品供给效率始终是政策和实践层面亟待解决的重要问题。

第二节 国内外研究文献综述

从公共产品供给效率实现途径来看,对实际经济决策产生重大影响的供给学派认为,总供给与总需求总是平衡的,因为"供给创造需求"。[③]

---

① 高琳:《分权与民生:财政自主权影响公共服务满意度的经验研究》,《经济研究》2012年第7期。

② 王方、段豫川:《农村公共产品供给体系的构建与完善》,《光明日报》2013年7月8日。

③ 章嘉琳:《供应学派》,经济科学出版社1984年版。

供给学派反对凯恩斯主义政府过度干预市场的政策，主张政府的政策主要应该想办法发挥市场活力和供给方面的活力。① 新供给经济学认为政府要做的事就是要通过深化体制机制改革使得供给方面有活力，让市场在资源配置中发挥决定性作用，从而提高市场配置资源的效率。基于新供给经济学的效率问题再认识，我们将有关农村公共产品供给效率基本问题的研究，归纳到供给决定方面的五个主要领域，即供给的效率目标、供给决策机制与方法、供给结构、供给模式和供给绩效评价。

一　国外研究文献及述评

西方发达国家的城乡差距没有我国明显，因此鲜有"农村公共产品"的专门文献。从供给侧研究农村公共产品供给效率的国外文献，概括起来包括五个方面可资借鉴的内容：

1. 农村公共产品供给的效率目标

为什么需要提供农村公共产品，即农村公共产品供给的效率目标是什么，这是农村公共产品供给效率研究中的根本问题。一般研究文献将农村公共产品供给的效率目标概括为政府责任（"回应性目标"）、社会发展和公共资源有效利用三大目标。

Oates 等民主与政府管制理论家们认为，政府提供公共产品的根本目标在于更好地满足选民对公共产品的需求。② Inman 和 Rubinfeld 也指出，在公共产品提供过程中，民主参与能够通过施加制度的硬约束以提高地方政府的回应性。③ Brueckner 通过实证研究发现，政府提供公共产品的目标是实现社会福利最大化，政府能够充分履行选民赋予的政治责任，更可能供给与居民需求匹配的公共产品。④ Tsai 研究发现，在中国，政府根据农民的需求，采取公共财政转移支付和村级组织共同供给的方式，提供诸如灌溉、饮用水和道路交通等农村人口所需的最基本的公共

① ［美］保罗·克雷·罗伯茨：《供应学派革命"华盛顿决策内幕"》，上海译文出版社1987 年版。

② Oates, W. E., "Toward A Second Generation Theory of Fiscal Federalism", *International Tax and Public Finance*, 2005, 12, pp. 349—373.

③ Inman, R. P., Rubinfeld, D. L., "Rethinking Federalism", *Journal of Economic Perspective*, 1997, Vol. 11, pp. 43—64.

④ Brueckner, J. K., "A Test of Allocate Efficiency in The Local Public Sector", *Journal of Public Economics*, 1982, Vol. 19, pp. 311—331.

服务。①

满足社会发展需要一直是公共产品供给的主要目标之一。欧盟各国政府制定共同农业政策提供的很多农村环境类公共产品都对社会发展具有重要作用（Cooper，Hart & Baldock，2009）。② 由于与农业密切相关的环境类农村公共产品供给不足，欧盟通过共同农业政策（CAP）进行干预，政府在制定公共政策时更是重点关注水质、土壤功能、气候稳定、空气质量、食品安全、农业景观、洪水及火灾防护、生物多样性、动植物福利和健康等农业部门提供的环境类公共产品的供给（ENRD，2011）。③ 欧盟委员会制定的共同农业政策坚持认为：许多农业实践对环境都产生了潜在压力，导致土壤流失、水资源短缺和污染以及野生动物栖息地和生物多样性损失。因此，农业和林业必须在生产农村公共产品中发挥关键作用，尤其是在景观、农田生物多样性、气候稳定性等环境和抵御洪水、干旱和火灾等自然灾害方面。（EC，2010）④⑤ 事实上，在欧盟的农业及农村发展相关政策体系中，已有很多直接关于农村环境类公共产品治理的政策措施，即使那些间接措施也对农村环境类公共产品供给带来一定的积极影响。⑥

经典文献对将有效利用公共资源作为公共产品供给效率的目标存在较大争议。一种观点认为，公共产品供给效率是工具主义概念，"效率是指以最少的可得资源追求投入与产出之比的最大化。实现更平等地分配经济福利的政策时，虽然对实现更大的平等有好处，但它以降低效率为代价"

---

① Tsai，L.，Strategies of Rule or Ruin? Governance and Public Good Provisions in Rural China，paper presented at the International Symposium "Villager Self – government and Rural Social Development in China"，September 2 – 5，Beijing，2000.

② Cooper T.，Hart K. and Baldock D.，Provision of Public Goods through Agriculture in the European Union. Report Prepared for DG Agriculture and Rural Development，Institute for European Environmental Policy：London，2009.

③ ENRD，"Public Goods and Rural Development." *EU Rural Review*，the Publications Office of European Union，Brussels，Belgium，2011，（07）.

④ EC – European Commission（2010），The CAP towards 2020：meeting the food，natural resource and territorial challenges of the future. Brussels：COM 672.

⑤ 转引自刘靖《新农村建设背景下政府保障农村公共物品有效供给的对策研究》，博士学位论文，吉林大学，2010 年。

⑥ 张义方、路征、邓翔：《欧盟农村公共产品治理经验及启发》，《经济体制改革》2013 年第 3 期。

（尼古拉斯·亨利）。① 萨缪尔森认为，当公共产品与每一种私人品的边际
转换率等于所有私人品边际替代率之和时，就实现了公共产品的帕累托最
优供给，即公共产品供给有效率。② 另一种观点认为，公共部门的公共性
质必然带来公共产品供给效率与公平之间的选择和取舍问题，公共产品最
公平的供给就是最有效率的，即"实现最大多数人的最大幸福"（休
谟）。③ 阿罗（K. Arrow）提出所谓的"不可能定理"，其基本观点是无数
的个人偏好不可能凝结为共同偏好，因此，公共产品供给的公平与效率总
是难以调和的矛盾。④ 斯蒂格利茨（J. E. Stiglitz）认为，由于公共产品供
给方面存在的偏好显示、社会选择和公共产品管理困难，所以通过改进公
共产品供给来实现有效利用公共资源的目标也非常困难。⑤

2. 农村公共产品供给的决策机制与方法

与中国农村公共产品供给主要采取自上而下的决策机制所不同，国外
更强调农村公共产品供给由地方政府自主决策。Lewis 等研究认为，地方
财政拥有较大的自主权，这是确保地方政府根据辖区居民对公共服务的满
意度进行供给决策的基础。当然，地方政府进行公共服务提供决策时还可
能考虑诸如地区经济发展、人口密度等其他地区经济社会因素。⑥ Weigan-
st 认为，地方政府享有财政自主权意味着能够促成分权的配置效率。在地
方政府主要依靠自有收入提供公共产品的条件下，农村公共产品供给将主
要根据辖区居民的需求与偏好来做出决策，从而保障分权的配置效率。不
过，Weiganst 同时发现，当地方政府大规模依赖上级转移支付提供公共产
品时，也会诱导地方政府将注意力转向转移支付规则，追求寻租与部门利

---

① ［美］尼古拉斯·亨利：《公共行政与公共事务》（第八版），张昕等译，中国人民大学
出版社 2002 年版。

② ［美］保罗·萨缪尔森、威廉·诺德豪斯：《经济学》（第十八版），萧琛、蒋景媛等译，
人民邮电出版社 2007 年版。

③ David Hume, *An Enquiry Concerning the Principles of Morals*, ed. By L. A. Selby – Bigge, 3rd.
Revised by P. H. Nidditch（Oxford University Press, 1975）.

④ K. Arrow, A difficulty in the concept of social welfare, *Journal of Political Economy*, 58,
pp. 328 – 346.

⑤ J. E. Stiglitz, The Theory of Local Public Goods, *in The Economics of Public Services*,
M. S. Feldstein and R. P. Inman（eds.）, London: Macmillan Press, 1977.

⑥ Lewis, B. D. and D. Pattinasarany, Determining Citizen Satisfaction with Local Public Education
in Indonesia: The Significance of Actual Service Quality and Governance Conditions, *Growth and
Change*, 2009, 40（1）, 85 – 115.

益，这在转移支付体系不规范的情况下更为严重。[1]

Buchanan 针对公共财政民主决策机制，深入考察了公共财政制度受个人参加民主决策过程影响的情况。Buchanan 认为，公共产品供给效率只是一种个人主观感受，公共产品供给效率在于供给过程之中，独立于结果之外。在公共产品供给过程中，人们对供给活动做出一致同意或自愿交换的决策就是有效率的资源配置，即"一致同意的公共选择理论"[2]。一些文献进行了公共产品财政支出的直接民主和间接代理决策形式比较研究，[3][4] Farnham 进一步分析了公共产品供给过程中中间选民对民主决策机制产生影响的实际效果，[5] 但这些文献都只做了规范研究，缺乏实证结果支撑。事实上，实证研究文献针对直接民主和间接代理决策形式的比较结论也不尽相同。Michael 研究美国州政府的综合支出数据后发现，直接民主对人均公共事业支出减少具有积极作用。[6] Fischer 选取具有高度分权体制的美国与瑞士作为典型样本，对直接民主与教育投入的关联性加以研究后发现，直接民主不利于教育的总体支出水平，并对公共教育的支出结构产生消极影响。[7] Dawes 和 Anderson 等学者对社区内居民共同参与公共产品供给决策的"集体行动过程"展开了深入研究，他们认为，达成居民共同决策的前提是社区成员之间的相互信任和充分交流。[8][9] Ostrom 在

① Weiganst, Barry R., *The Theory of Comparative Federalism and the Emergence of Economic Liberalization in Mexico, China, and India*, Memo, 2000.

② Buchanan, J. M., Barro on the Ricardian equivalence theorem, *Journal of Political Economy* (1976), 84, pp. 337 – 342.

③ Steven C. Deller and David L. Chicoine, Representative Versus Direct Democracy a Tiebout Test of Relative Performance: Comment, *Public Choice*, 1988, 56, pp. 69 – 72.

④ Rexford E. Santerre, *Representative Versus Direct Democracy: Are There Any Expenditure Differences?*, *Public Choice*, 1989, 60, pp. 145 – 154.

⑤ Paul G. Farnham, The Impact of Citizen Influence on Local Government Expenditure, *Public Choice*, 1990, 64, pp. 201 – 212.

⑥ Michael New, Limiting Government through Direct Democracy: The Case of State Tax and Expenditure Limitations, *Policy Analysis*, 2001, Vol. 13, No. 420.

⑦ Justina A. V. Fischer, *Do Institutions of Direct Democracy Tame the Leviathan? Swiss Evidence on the Structure of Expenditure for Public Education*, Cesifo Working Paper, No. 1628, 2005.

⑧ Dawes R. M., Tavish J. M., Shklee H., Behavior, Communication, and Assumptions about Other Peoples Behaviorin a Commons Dilemma Situation, *Journal of Personality and Social Psychology*, 1977, 35 (1).

⑨ Anderson L. R., Mellor J. M., Milyo J., Social Capital and Con tributionsin a Public – Goods Experiment. *The American Economic Review*, 2004, 94 (2).

Olson 的"集体行动逻辑"理论基础上，进一步探讨了村民参与农村社区公共产品供给的"集体行动决策形成"过程。Ostrom 的研究以公共池塘为例，他认为，当人际关系网络与社会规范存在时，建立在信任基础上的村庄已有的社会资本能达成村民之间的合作，促成集体行动的形成，从而比强制性或自上而下的公共产品供给更有效。①

有关农村公共产品供给决策方法研究文献并不多见，少有的文献主要围绕影响农村公共产品供给决策的需求表达方法展开研究。近年来，人们开始关注农村公共产品需求直接表达方式。直接表达方式是通过调查问卷等方式直接发现受访者的公共产品需求偏好，比如通常采用的或有估价法（Contingent Valuation Method，简称 CVM）。CVM 方法一般通过调查问卷的形式来判断纳税人对地方公共产品的真实支付意愿。Vossler 和 Kerkvliet 验证了或有估价法的预测结果与实际结果没有显著差异。② Fujii 和 Kitamura 等发现，或有估价法提高了公共决策程序的公正性和税收的可接受性。③

3. 农村公共产品的供给结构

农村公共产品供给的结构问题包括公共产品供给的主体结构、内容结构和层次结构三方面内容，即由谁来供给、供给什么、不同层次的供给主体相应提供哪些公共产品等。发达国家普遍拥有高度的分权体制，非政府组织参与公共产品供给的渠道和积极性也比较高，民主决策机制在公共产品供给决策中发挥着决定性作用，因此，公共产品供给的主体结构、供给内容一般不是西方学者研究的重点。围绕公共产品供给层次结构的研究，其理论支撑是公共产品供给决策中的"分权理论"。Oates 证明了著名的"分权定理"，即只要辖区间存在着地方公共服务的需求差异，那么，在更好地满足辖区间居民的异质性偏好上，地方政府就比中央政府更有效率。理论文献还从选民监督、地方政府竞争以及腐败等方面，论述了分权

① Ostrom E., Collective Action and The Evolution of Socia Norms. *The Journal of Economic Perspectives*, 2000, 14 (3).

② Vossler, C. A. and Kerkvliet, J., A Criterion Validity Test of the Contingent Valuation Method: Comparing Hypothetical and Actual Voting Behavior for A Public Referendum, *Journal of Environmental Economics and Management*, 2003, (45): 631 – 649.

③ Fujii, S., and Kitamura, R. & Suda, H., Contingent Valuation Method can Increase Procedural Justice, *Journal of Economic Psychology*, 2004, (25): 877 – 889.

如何影响公共服务提供的技术效率（Barankay and Lockwood，2007）。[1]

　　分权可以提升公共产品供给效率是分权理论的基本假设。经典文献中，哈耶克（Hayek，1945）[2] 和斯蒂格勒（Stigler，1957）[3] 都论证了地方政府在公共产品供给中获取地方性信息（比如地方性偏好）的优势。Tresch 针对以往分权理论中的不足，提出了"偏好误识"理论。他认为中央政府难以确立完整信息的全体居民消费偏好，分权的必要性在于假定地方政府更具识别居民需求的能力，进而地方政府在公共产品供给方面具有更高效率。在 Tresch 看来，中央政府自上而下的公共产品供给只适应于全体居民消费信息充足的极少数领域。[4] Tiebout 提出严格的"Tiebout 模型"以证明分权的必要性。Tiebout 模型将竞争引入政府部门，他认为，当居民能够通过迁移显示出对社区公共产品的真实偏好时，居民流动的"用脚投票"机制能够保证公共产品和居民偏好更好地匹配，从而缓解公共部门的"搭便车"行为，分权下的地方竞争可以激励地方政府提高公共产品的供给效率。[5] Musgrave 对 Tiebout 模型进行了正面修正，他认为，只有税收和支出责任相对应时，分权才能够改善公共福利。[6]

　　大量文献研究结果显示，主流公共经济学支持分权能够促进公共产品供给的结论。Oates 较早地研究了最优分权的条件。[7] Besley 等人从政治经济学的视角证明了分权供给公共产品的优势。[8] Dethier 不仅论证了分权对地方政府直接置于居民监督之下的必要性，而且强调分权为公共产品供给

　　[1]　Barankay, I., and B. Lockwood, Decentralization and the Productive Efficiency of Government: Evidence from SwissCantons, *Journal of Public Economics*, 2007, 91 (5－6), 1197－1218.

　　[2]　Hayek, Friedrich A., The Use of Knowledge in Society, *American Economic Review*, 1945, 35, pp. 519－530.

　　[3]　Stigler, George, The Tenable Range of Functions of Local Government, in *Federal Expenditure Policy for Economic Growth and Stability*, Washington D. C., Joint Economic Committee, Subcommittee on Fiscal Politics, 1957, pp. 213－219.

　　[4]　Ricard W. Tresch, *Public Finance*, Business Publications, Inc, 1981.

　　[5]　Tiebout, C., A Pure Theory of Local Expenditures, *Journal of Political Economy*, 1956, 64 (5), pp. 416－424.

　　[6]　Musgrave, R. A., *The Theory of Public Finance*, 1959, McGraw－Hill.

　　[7]　Oates, W., *Fiscal Federalism*, 1972. Harcourt Brace, New York.

　　[8]　Besley, Timothy, and Stephen Coate, Centralized versus Decentralized Provision of Local Public Goods: a Political Economy Approach, *Journal of Public Economics*, 2003, 87, pp. 2611－2637.

带来的信息优势。[1] Baicker 认为，分权体制下地方政府之间的"标尺竞争"使得选民可以参考其他地区评价本地区的政府效率。[2] 值得注意的是，近年来，也有一些文献开始关注分权的负面效应。Keen、Bardhan、Faguet、Bucovetsky 等学者反思发展中国家（甚至是发达国家）并不令人满意的分权实践成果后认为，Tiebout 模型所描述的机制并不能很好地运作，分权并没有普遍地提升公共产品的供给效率。在经济发达的欧洲，由于国内人口迁移率极低，很难保证 Tiebout "用脚投票"的机制发挥作用。而在发展中国家，就业、住房、种族和生活习惯差异等因素对人口迁移的影响作用更为明显，因此，社区居民并不会因公共服务的差异而完全流动。有学者甚至认为，公共服务的差异并不是社区居民人口流动的主要因素。[3][4][5][6] 与 Dethier 的观点有所不同，Treisman 认为，发展中国家的地方政府通常监督乏力、比中央政府更易被利益集团俘获，而且发展中国家的地方政府在供给公共产品时，会更多地考虑收入分配以及反贫困等非效率目标，因此，分权并不符合公共产品供给的效率原则。[7] Bardhan 通过实证研究证明，地方政府与中央政府相比，在公共产品供给管理过程中人员素质、技术水平和管理能力都存在明显差距，分权反而会降低公共产品供给效率。[8] Cai 等人研究发现，由于各地方在地理位置、人力或自然资源等初始禀赋方面存在较大差异，分权可能导致落后地区放弃与发达的地方

---

① Dethier, Jean – Jacques, Governance and Economic Performance: A Survey, ZEF Discussion Paper on Development Policy. Bonn: Center for Development Research, 1999.

② Baicker K., The Spillover Effect s of St ate Spending, *Journal of Public Economics*, 2005, 89, pp. 529 –544.

③ Keen, Michael and Marchand, Maurice, Fiscal Competition and the Pattern of Public Spending, *Journal of Public Economics*, 1996, 66 (1), pp. 33 –53.

④ Bardhan, Pranab, Decentralization of Governance and Development, *Journal of Economic Perspectives*, 2002, Vol. 16, No. 4. Autumn, pp. 185 –205.

⑤ Bucovetsky, S., Public Input Competition, *Journal of Public Economics*, 2005, 89, pp. 1763 –1787.

⑥ Faguet, Jean – Paul, Does Decentralization Increase Government Responsiveness to Local Needs? Evidence form Bolivia, *Journal of Public Economics*, 2004, 88, pp. 867 –893.

⑦ Treisman, Daniel, Decentralization and the Quality of Government, Working Paper, University of California, Los Angeles, November, 2000.

⑧ Bardhan, Pranab, Decentralization of Governance and Development, *Journal of Economic Perspectives*, Vol. 16, No. 4. Autumn, 2002, pp. 185 –205.

政府竞争，最终会削弱公共产品的供给积极性。①

4. 农村公共产品的供给模式

大量文献研究结论认为，公共产品供给模式包括政府供给、市场供给、第三部门供给和上述多元主体"混合供给"等模式。公共经济学经典作家休谟、穆勒、马斯格雷夫、萨缪尔森、奥尔森等学者普遍认为，公共产品的非竞争性或非排他性容易诱发消费者"搭便车"动机，因此政府供给公共产品的模式更有效率。亚当·斯密认为政府投资公共产品可以带来私人品生产效益扩大，从而最终增加政府税收，当然亦可回收公共投资。换言之，政府供给公共产品的模式本身就是为了追求效率的理性行为。② 布坎南对美国农业社区的研究表明，随着农户收入水平的不断提高，即使部分准公共产品越来越多地"私人产品化"，"俱乐部"产品的供给效率也在不断提高，但是，总体而言，地方政府提供公共产品仍然是最佳的供给模式。③ 公共产品市场供给模式一直是学者们热议的话题。Alexander 认为，虽然中央计划和官僚政治决策对公共产品的供给是必需的，但至少存在一些能够被逐利性企业生产和供给的公共产品，在一定条件下通过市场化供给公共产品完全有可能获取更大的效率。④ 已有研究表明，除政府和市场外，第三部门在提供公共产品方面同样发挥着重要功能。不论是私人自愿供给还是非政府组织自愿供给，第三部门供给都是建立于自愿价值目标之上的正外部性供给模式。虽然奥尔森坚定地认为，政府提供公共产品的效率最高。但是，奥尔森也是最早对公共产品自愿供给理论进行开创性研究的先驱者。奥尔森提出的"有条件自愿贡献"理论认为，当他人的"搭便车"行为不可能损害自身利益的条件下，有时为了获得声望、尊敬、友谊以及其他的社会和心理目的，私人也会自愿提供公共产品。⑤ 罗森对美国私家花园的实证研究支持了奥尔森的观点，罗森认为，

① Cai, Hongbin, and Daniel Treisman, Does Competition for Capital Discipline Governments? Decentralization, Globalization, and Public Policy, *American Economic Review*, June, 2005, pp. 817 – 830.

② ［英］亚当·斯密：《国民财富的性质和原因的研究》，商务印书馆 2003 年版。

③ Buchanan, J. M., Federalism and Fiscal equity, *American Econonnic Revierw*, 1950, 40, pp. 583 – 590.

④ Alexander T., *The Private Provision of Public Goods via Dominant Assurance Contracts. Public Choice*, Springer, 1998, 96：345.

⑤ Olson. M., *The Logic of Collective Action*, Cambridge：Harvard University Press Ltd., 1965.

由私人提供的美国大面积的私家花园在一定程度上起到了公园的作用。①
伯格斯汤姆·布鲁梅和瓦里安则探讨了不同程度财富再分配对个人捐赠的
不同影响，他们对私人自愿捐赠非合作一般模型的分析堪称公共产品自愿
供给分析的经典。② 近年来，公共产品混合供给模式受到广泛关注。萨瓦
斯认为，打破政府的垄断地位，是摆脱政府公共服务低效率和资金不足困
境的最好出路，应当积极实行公共服务的民营化，建立起公私机构竞争的
多元供给模式。③ 奥斯特罗姆对城市警察公共服务进行实证分析后发现，
除了政府和市场两种供给模式外，混合供给可能是极有效率的供给模
式。④ 罗森伯姆对非洲、拉丁美洲和亚洲一些发展中国家进行的实证研究
表明，在过去几十年里，政府、企业与社会组织三方合作的公共产品供给
模式发展很快，政府补贴企业去供给公共产品的实践已大量存在。⑤ Kes-
sides 还研究了政府与市场合作提供农村公共产品的混合供给模式。Kes-
sides 认为，小型农田水利设施除了由政府和集体来提供外，还能由市场
主体来提供。在基础设施（包括小型农田水利设施）的经营管理中引入
私人组织和竞争机制，已经成为实行基础设施产权制度改革的重要
措施。⑥

5. 农村公共产品的供给绩效评价

评价农村公共产品的供给效率，主要包括公共产品供给的生产绩效、
消费绩效和社会效益三个方面。Dowding 和 Mergoupis 认为，公共产品的
生产绩效是从投入与产出意义上对公共产品生产绩效进行评价的技术效
率，表明相同的投入能够获得更多、更好的产出水平，即技术效率更

---

① Rosen. H. S. , *Public Finance*（Six Edition），McGraw - HillIrwin，2002.

② Bergstrom. T. , Blume. L. , VarianHR. On the Private Provision of Public Goods. *Journal of Public Economics*，1986，29，pp. 25 – 49.

③ ［美］萨瓦斯：《民营化与公私部门的伙伴关系》，周志忍译，中国人民大学出版社 2002
年版。

④ Ostrom E. , *Governing the Commons*：*The Evolution of Institutions for Collective Action*. New
York：Cambridge University Press. 1990.

⑤ ［美］艾伦·罗森伯姆：《公共服务中的政府、企业与社会三方合作》，孙迎春译，《国
家行政学院学报》2004 年第 5 期。

⑥ Kessides，Ioannis N. , *Reforming Infrastructure*：*Privatization*，*Regulation and Competition*，
World Bank，2004.

高。① 从公共产品消费角度而言，由于公共产品效用的不可分割性、消费的非竞争性和受益的非排他性特点，每个纳税人从政府那儿得到的收益很难衡量。在这种情况下，公共产品的交换公平程度与纳税人对公共产品供给的纳税遵从程度即反映出公共产品供给的消费效率。② King 和 Sheffrin 等学者的研究表明，交换公平与纳税遵从（税收遵从）程度密切相关，政府提供公共产品的效率如何以及纳税人能在多大程度上参与公共产品供给决策，直接关系到纳税人的交换公平感和纳税遵从决策，并直接影响公共产品供给效率。③ Oates 从社会知识的使用角度研究了公共服务的社会效益，Oates 认为，地方政府相对于中央政府能够更好地使用地方性的信息，因而可以更有效地提供地方公共服务，充分发挥公共服务的社会效益。④ Lockwood 研究指出，在 Tiebout 模型中，Tiebout 提出一种与政治渠道"呼吁"的"退出"机制所不同的"用脚投票"机制，说明了"分权"对辖区政府尽可能满足居民的公共服务需求具有积极意义，"分权"可以获得公共产品供给的最大化社会福利。⑤

近年来，有关农村公共产品供给绩效评价的实证研究文献越来越丰富。在生产绩效方面，Gunnar Rongen 利用调研数据，对挪威地方政府 6 种主要地方性公共服务的财政支出投入产出效率进行了研究。⑥ Afonso 和 Fernandes 研究认为，政府生产没有达到最优规模导致公共产品供给效率低下，因此，应当遵循优势互补原则，使强制性供给的农村公共产品和已有公共产品共同作用，以提高农村公共产品供给的生产效率。⑦ Wagstaff 的实证研究表明，中国的新农合增加了农民对医疗服务的利用，但并未给

① Dowding, K., T. Mergoupis, Fragmentation, Fiscal Mobility, and Efficiency, *Journal of Politics*, 2003, 65 (4).

② Alm, J., Compliance Costs and the Tax Avoidance – Tax Evasion Decision, *Public Finance Quarterly*, 1993, 1, pp. 31 – 66.

③ King, S. and Sheffrin, S. M., Tax Evasion and Equity Theory: An Investigative Approach, *International Tax and Public finance*, 2002, 4, pp. 505 – 521.

④ Oates, W. E., On the Evolution of Fiscal Federalism: Theory and Institutions, *National Tax Journal*, 2008, 61 (2), pp. 313 – 334.

⑤ Lockwood, B., The Political Economy of Decentralization, In *Handbook of Fiscal Federalism*, edited by Ehtisham Ahmadand Giorgio Brosio, 33 – 60, Cheltenham, U. K.: Edward Elgar, 2006.

⑥ Gunnar Rongen, Efficiency in the Provision of Local Public Goods in Norway, *European Journal of Political Economy*, 1995, Vol. 11, pp. 253 – 264.

⑦ Ant'onio Afonso, S'onia Fernandes. Assessing and Explaining the Relative Efficiency of Local Government. *The Journal of Socio – Economics*, 2008 (37): 1946 – 1979.

农民的直接医疗支付带来显著下降。不过，由于医疗保险能够通过健康状况、劳动效率、劳动供给、人力资本投资、生产投资等多种渠道作用于农民的收入，因此，从公共产品供给的生产绩效来看，仅仅考虑其通过减少医疗支出而对农民收入产生的影响是不够的。[1] 在消费绩效方面，Rozelle等人通过不少案例研究发现，许多由转移支付提供的公共项目并没有满足纳税人的真实需求。调查发现，中国 2005 年的教育、医疗与社会保障没有获得理想的社会满意度。中央政府虽然实施了农村基础教育"两免一补"、"新农合"等多项惠民政策，但投入到农村和不发达地区的大量转移支付资金的效果却并不理想。[2] 在社会效益方面，John Rawls 从社会分配结果的视角，对公共产品供给的社会效率进行了研究。[3] Lewis 和 Pattinasarany 采用受访者个人婚姻状况、受教育程度、收入水平及其改善境况等个体特征、家庭特征以及地理性的地区特征变量等，运用个体主观评价的方法，从公共产品消费角度研究了公共服务满意度。Lewis 和 Pattinasarany 认为，公共产品供给的社会效益受社会资本的影响程度在不同地区具有明显差异。[4]

二　国内研究文献及述评

有关农村公共产品供给效率的研究十分丰富，也最富争议。较早的文献围绕农村公共产品供给效率问题的讨论，集中在农村公共产品的概念界定、类型区分、效率评价及其影响因素、不同层级政府的供给范围等。[5][6] 例如，关于农村公共产品的概念和类型，有学者主张依据萨缪尔森、马斯格雷夫等的基本定义来界定农村公共产品，即农村公共产品指在农村地域

① Wagstaff A., Lindelow M., Gao J., Xu L., Qian J., Extending Health Insurance to the Rural Population: An Impact Evaluation of China New Cooperative Medical Scheme, *Journal of Health Economics*, 2009, 28, pp. 1 – 191.

② Rozelle, S. J. Huang, and L. Zhang, Rural Fiscal Policy: The Key to China's Development in the 21st Century, ch. 1. 2 in *China's Agricultural and Rural Development in the Early 21st Century*, edited by B. H. Sonntag, J. Huang, S. Rozelle, and J. H. Skerritt, Monograph 116, Canberra: Australian Centre for International Agricultural Research, 2005.

③ B. N. Ray., *John Rawls and the agenda of social justice*, Anamika Publishers & Distributors (P) Lt d., 2000.

④ Lewis, B. D. and D. Pattinasarany, Determining Citizen Satisfaction with Local Public Education in Indonesia: The Significance of Actual Service Quality and Governance Conditions, *Growth and Change*, 2009, 40 (1), pp. 85 – 115.

⑤ 曾福生、李燕凌、匡远配：《农村公共产品供给均衡论》，中国农业出版社 2006 年版。

⑥ 李燕凌：《农村公共产品供给效率论》，中国社会科学出版社 2007 年版。

范畴内具有非排他性、非竞争性且私人不愿提供的社会产品;①② 但也有学者认为应从受益范围和供给主体差异来定义农村公共产品,农村基层政府供给生产性农村公共产品,中央政府主办农村社会事业;③④ 还有学者认为,农村公共产品具有物质形态,农村公共服务则是非物质形态的。⑤ 又如,关于农村公共产品供给效率评价,有学者基于萨缪尔森规则,从农村公共产品投入产出关系构建效率评价理论分析框架,侧重于研究政府的财政支农支出生产效率,以及财政支农资金使用规模、结构、方式、中央和地方两级政府对农业财政投入的行为博弈等对效率的影响;⑥⑦⑧⑨ 也有学者基于农户对农村公共产品需求的满意度评价,从满足农村公共产品供给的公共性、公平性和社会需求角度出发,构建效率评价理论分析框架。⑩ 导致我国农村公共产品供给效率偏低的原因,主要包括政府目标偏差。⑪ 长期以来地方政府将经济增长作为主要发展目的,忽视农村公共产品供给;⑫ 二元经济社会体制下,政府实施重城轻乡的公共政策,导致农村公共产品供给不足;⑬ 在农村公共产品供给决策中采取"自上而下"的决策机制导致供需结构失调,非生产性公共产品供给过多过滥;⑭ 政府垄断社会事业发展,在公共产品供给中忽视发挥市场作用;⑮ 对农村公共产品资源缺乏统一管理,部门逐利、中间环节过多,提高了公共产品供给成

① 宋洪远等:《中国乡村财政与公共管理研究》,中国财政经济出版社 2004 年版。

② 熊巍:《我国农村公共产品供给分析与模式选择》,《中国农村经济》2002 年第 7 期。

③ 叶兴庆:《论农村公共产品供给体制的改革》,《经济研究》1997 年第 6 期。

④ 张红宇:《关于城乡统筹推进过程中若干问题的思考》,《管理世界》2005 年第 9 期。

⑤ 徐小青:《中国农村公共服务》,中国发展出版社 2002 年版。

⑥ 陈锡文、韩俊、赵阳副:《中国农村公共财政制度》,中国发展出版社 2005 年版。

⑦ 崔元锋、严立冬:《基于 DEA 的财政农业支出资金绩效评价》,《农业经济问题》2006 年第 9 期。

⑧ 何振国:《中国财政支农支出的最优规模及其实现》,《中国农村经济》2006 年第 8 期。

⑨ 樊胜根等:《增长、地区差距与贫困——中国农村公共投资研究》,中国农业出版社 2002 年版。

⑩ 何精华等:《农村公共服务满意度及其差距的实证分析》,《中国行政管理》2006 年第 5 期。

⑪ 李焕彰、钱忠好:《财政支农政策与中国农业增长:因果与结构分析》,《中国农村经济》2004 年第 8 期。

⑫ 徐双敏:《提高农村公共产品供给效率研究》,《财政研究》2006 年第 5 期。

⑬ 阎坤:《中国县乡财政体制研究》,经济科学出版社 2006 年版。

⑭ 贾康、孙洁:《农村公共产品与服务提供机制的研究》,《管理世界》2006 年第 12 期。

⑮ 张林秀、罗仁福等:《中国农村社区公共物品投资的决定因素分析》,《经济研究》2005 年第 11 期。

本,加重了农民负担等。① 此外,一些学者还对影响农村公共产品供给效率的具体因素进行了实证研究。例如,村民自治、政府的税收政策、政府公共服务能力与质量等因素,对农村公共产品供给效率产生了重要影响;② 地理因素、农户距县城的距离、农户个体特征变量等对诸如农业技术推广等具体公共服务的供给效率产生显著影响;③ 城市化水平对实现城乡公共产品统筹供给具有显著影响,也是影响农村公共产品供给效率的重要因素;④ 农村公共产品供给决策机制与方法对供给效率的影响十分明显,公共产品供给中决策者和需求者的偏好差异使农村公共产品的供给和需求脱节、供给结构失衡、公共产品供给严重不足。⑤ 政府公共产品供给偏好取决于政府财力状况和政府目标考核制度,县、乡政府偏好于准公共产品。政府偏好于提供那些看得见、摸得着的硬性公共产品的供给,加大与政绩和利益挂钩的公共产品的供给量,追求形象工程建设,而忽视农业科技推广和应用、农村发展规划等无法立竿见影的软性公共产品的提供。⑥ 不少学者认为,只有合理调整不同层级政府的农村公共产品供给范围,才能最好地实现农村公共产品的供给效率。有学者提出,适度扩大农村公共产品供给规模、改进供给模式,通过财政分权明确各级政府对农村公共产品供给的财权与事权,逐步实现公共服务均等化,是提高农村公共产品供给效率的重要途径;⑦ 公共支出具有挤出效应,所以政府向农业部门和农村地区提供的公共物品和准公共物品规模应当适量;⑧ 改善农村公共产品的供给状况应选择均衡化发展路径,第一阶段实现贫困县与周边一般水平的县市农村公共物品协调供给——乡乡平衡,第二阶段实现农村公

---

① 李琴、熊启泉、孙良媛:《利益主体博弈与农村公共产品供给的困境》,《农业经济问题》2005 年第 4 期。

② 罗仁福、张林秀、黄季焜、罗斯高、刘承芳:《村民自治、农村税费改革与农村公共投资》,《经济学》(季刊)2006 年第 3 期。

③ 孔祥智、方松海、庞晓鹏、马九杰:《西部地区农户禀赋对农业技术采纳的影响分析》,《经济研究》2004 年第 12 期。

④ 林万龙:《经济发展水平制约下的城乡公共产品统筹供给:理论分析及其现实含义》,《中国农村观察》2005 年第 2 期。

⑤ 朱钢:《我国财政支农规模问题分析》,《中国农村经济》1998 年第 10 期。

⑥ 李华:《中国农村:公共产品供给与财政制度创新》,经济科学出版社 2005 年版。

⑦ 林万龙:《中国农村公共服务供求的结构性失衡:表现及成因》,《管理世界》2007 年第 9 期。

⑧ 张军、何寒熙:《中国农村的公共产品供给:改革后的变迁》,《改革》1996 年第 5 期。

共产品与城市公共产品协调供给——城乡平衡，最终消除公共产品消费中的"城乡二元结构"。①

近年来，从新供给经济学视角研究县乡政府农村公共产品供给效率基本问题的文献出陈易新。国内学者热衷于从供给侧研究农村公共产品供给效率基本问题，主要是受到我国公共财政制度建设实践以及农村公共产品供给政策变迁的现实影响。我国从计划经济体制向市场经济体制转轨以来，政府职能发生了一系列重大转变，政府提供公共产品的职能越来越重要，公共财政制度逐渐建立并日益覆盖广大农村。学者们普遍认为，农村公共产品供给是与农村公共需求相对应的一个概念。农村的发展、农业的进步和农村社区居民的生产生活都无法离开农村公共产品的供给。农村公共产品供给主要应包括供给主体、供给数量、供给方式、供给成本筹集、供给需求表达机制和决策机制、供给的公平与效率制度，② 以经济学为基础的供给标准以及供给管理和供给评价方面的内容。③ 虽然学术界有关农村公共产品供给效率的研究愈发丰富并日渐成熟。但是，针对政府供给责任的研究，从供给侧探讨如何提高农村公共产品供给能力、规范供给标准、扩大供给范围、优化供给决策机制、创新供给模式并最终改善供给效率的研究，仍然具有广泛的空间。文献检索结果表明，基于新供给经济学视角，从供给侧研究农村公共产品供给效率基本问题的文献主要体现出五个趋势：

1. 目标多重化趋势

在任何社会形态和任何经济体制下，政府履行的公共职能都必然包括生产或提供公共设施和基础设施。有关公共财政的目标，高培勇认为，一些生产建设支出项目（例如城市基础设施、社会福利设施等）属于典型的"公共性"支出。因此，把民生财政等同于公共财政，甚至用财政是否专注于民生事项作为"公共性"与"非公共性"的区分标准，都是一种偏见。从公共财政角度看，改善民生是财政职能但并不是财政的唯一职能，诸如行政管理、国防建设、外交事务、环境保护、社会管理等公共事项，更是典型的公共产品，都属于财政必须担负的"公共性"职能。归

---

① 李秉龙、张立承、曹暕：《中国贫困地区县乡财政不平衡对农村公共物品供给影响程度研究》，《中国农村观察》2003 年第 1 期。

② 石义霞：《中国农村公共产品供给制度研究》，中国财政经济出版社 2011 年版。

③ 罗兴佐：《农村公共物品供给：模式与效率》，学林出版社 2013 年版。

根结底，公共服务是典型的用于满足社会公共需要的载体。① 张茅认为，加快县域医疗卫生发展是解决广大农村和基层群众看病就医问题的基本保障，是加大农村医疗卫生公共产品供给的一项十分紧迫的重要任务，必须强化政府的责任，努力实现提升基本医疗卫生服务的公平性和可及性双重目标。② 有学者采用 2003—2006 年中共中央政策研究室和农业部农村固定观察点数据以及清华大学经管学院 2007 年新型农村合作医疗农户家庭健康状况调查数据进行实证研究发现：新农合不仅具有明显的减贫效果，而且有利于促进农民增收和缩小农村收入差距。③ 一些学者对农村公共产品供给目标的多样化进行了实证研究。卫龙宝、张菲通过对 1509 户样本农户的实证研究发现，基层政府优先供给与农民生产、生活相关的公共物品，不仅有利于提高农民收入水平，而且由于资源分配更加公平，农村公共产品供给还可以提高农户对农村基层治理的满意程度以促进农村社会稳定。④ 苗艳青等运用 Logit 模型、Tobit 模型和江苏、陕西、山西 3 个省份的微观调研数据，对我国政府在农村投入大量财力和物力"改厕"以实现农村生活环境改善的目标进行了实证分析。研究发现，虽然我国农村卫生厕所的普及率有了很大提高，但卫生厕所的使用率并不高。与农村改水项目相比，广大农民更关心政府提供公共产品来促进农民家庭收入增长、个人健康和环境卫生的整体治理状况的改善。⑤ 农村公共产品供给不仅对农业生产力发展具有促进作用，而且还对农村社会和人文发展、改变农村落后面貌产生社会影响。⑥

2. 决策灵活化趋势

农村公共产品供给什么、如何供给以及供给的数量、方式等决定着农村公共产品能否有效供给、供给效率以及满足农民需求的程度，这实质上

① 高培勇：《公共财政：概念界说与演变脉络》，《经济研究》2008 年第 12 期。

② 张茅：《县域医疗卫生改革发展的探索与实践》，《管理世界》2011 年第 2 期。

③ 齐良书：《新型农村合作医疗的减贫、增收和再分配效果研究》，《数量经济技术经济研究》2011 年第 8 期。

④ 卫龙宝、张菲：《农村基层治理满意程度及其影响因素分析——基于公共物品供给的微观视角》，《中国农村经济》2012 年第 6 期。

⑤ 苗艳青、杨振波、周和宇：《农村居民环境卫生改善支付意愿及影响因素研究》，《管理世界》2012 年第 9 期。

⑥ 贺林波、李燕凌：《农村公共产品有效供给的三维目标》，《湖南社会科学》2014 年第 2 期。

是农村公共产品的公共决策问题。① 围绕农村公共产品供给决策机制和方法的研究，一方面集中到中央和地方政府的分权体制机制研究，另一方面集中到以农民参与公共产品供给决策为特点的村民治理机制研究。

赵永亮、杨子晖研究发现，我国民主体制的进步推进了政府部门的决策优化。分权体制下民众通过"人大"和"政协"两会机制，一方面提出了自身的公共产品需求偏好，另一方面行使了对政府公共决策的监督权。对于追求短期绩效的地方政府来说，经济转型期民众的民主参与无疑可以约束其行为模式，并在市场化共同决定机制下，导致地方政府的支出行为更加趋向与民生关联的公共产品供给。② 高琳主要采用 CGSS 2005（中国综合社会调查）的数据，对中国县级行政区地方财政自主权具有提升居民公共服务满意度的积极作用进行了实证研究。研究发现，在财政分权体制下，由县级财政承担基础教育、医疗等地方性公共服务的核心开支责任具有潜在的信息优势。研究表明，分权体制的政府间收入权力的配置至关重要，财政收入自主权是保证县级政府充分发挥信息优势、提高农村公共产品供给效率的制度性基础。③ 也有学者对分权体制是否能够改善公共产品供给提出质疑。傅勇认为，虽然中国的分权体制在基础设施建设等方面带来巨大的推动力，但非经济公共物品领域并不是分权体制的受益者。分权赋予了地方政府很强的自主性，可是由于地方政府将招商引资和 GDP 竞争作为重点，其兴趣并不在于基础教育和城市公用设施等能够提升居民福利的非经济性公共物品，这种自主性反而会导致对公共部门效率的更大偏离。可以说，分权体制也是导致非经济性公共物品供给不足和低效率的重要制度根源。④

农业和农村社会的发展，加强农村公共产品的提供是一个关键点。一个社群内的公共产品提供，其实质是在社群内展开某种集体行动，理解集体行动，对于理解公共产品供给是极其有益的。一种最典型、最重要的集体行动是政府的公共管理行为，现代社会里，政府公共管理的基本任务包

---

① 李克强：《农村公共产品供给与农民发展》，中国社会科学出版社 2013 年版。

② 赵永亮、杨子晖：《民主参与对公共产品支出偏差的影响考察》，《管理世界》2012 年第 6 期。

③ 高琳：《分权与民生：财政自主权影响公共服务满意度的经验研究》，《经济研究》2012 年第 7 期。

④ 傅勇：《财政分权、政府治理与非经济性公共物品供给》，《经济研究》2010 年第 8 期。

括公共产品和公共服务的配置或提供。① 卫龙宝、凌玲、阮建青使用
CGSS 2005 全国 26 个省份 100 多个县的数据，选取样本中"一事一议"
筹款大于零的 68 个村庄作为观察值，在集体行动理论框架下，从村民参
与的角度对农村公共产品供给决策机制的有效性展开了实证研究。研究发
现，通过激励村民，诱致而非强制促使村民形成集体行动参与农村公共产
品供给决策，是提高我国农村公共产品供给效率的长久之计。② 有学者对
村级治理机制影响农村公共产品政策执行的效果进行实证研究。研究发
现，村干部是否是农民选出的真正满意的人、乡镇政府对村级组织与村干
部的干预和控制程度、农村公共产品提供过程中不公开透明和夹杂利益因
素等，都是农民对村干部在提供公共产品过程中评价效果不理想的
原因。③④

3. 供给结构丰富化趋势

供给结构不仅指农村公共产品的供给内容及其相互之间的比例关系，
而且包括不同供给主体承担的供给份额。⑤ 学者们比较统一的观点认为，
根据农村公共产品的效用外溢性程度划分公共产品供给的责任，由中央和
地方政府采取分层次、分级供给农村公共产品的方式将更为有效。中央政
府主要提供涉及整体性、全局性、长期性的农村公共产品，省级政府主要
提供区域性的农村公共产品，地方政府主要提供地方性的农村公共产品，
农村自治组织和农民共同提供社区性的农村公共产品。⑥ 有学者认为，地
方政府在农村公共产品供给中的优势地位是由公共产品的层次性决定的。
提供农村公共产品不仅是中央政府的重要职责，也是地方政府职责的首要
目标，地方政府在供给农村公共产品过程中的地位至关重要。⑦ 有学者指
出，在公共产品供给中，应本着"财权与事权相统一"的原则，建立由
中央、省、地方、农村社区四位一体的农村公共产品供给体制，在目前县

① 苏振华：《公共治理与集体行动效率》，中国社会科学出版社 2013 年版。
② 卫龙宝、凌玲、阮建青：《村庄特征对村民参与农村公共产品供给的影响研究——基于集体行动理论》，《农业经济问题》2011 年第 5 期。
③ 朱玉春、唐娟莉、罗丹：《农村公共产品供给效果评估：来自农户收入差距的响应》，《管理世界》2011 年第 9 期。
④ 巨凡：《农村公共产品的选择和供给机制研究》，《世界经济情况》2010 年第 1 期。
⑤ 鄢奋：《农村公共产品供给的问题与对策》，社会科学文献出版社 2011 年版。
⑥ 朱金鹤：《中国农村公共产品供给：制度与效率研究》，中国农业出版社 2009 年版。
⑦ 梁红梅、丁建微：《对农村公共产品供给效率的再思考》，《南京财经大学学报》2009 年第 1 期。

乡财政比较困难的情况下，主要应采取以中央、省两级政府为主导，地方财政适当配套的方式，着重解决好与当前农业经济发展、农民生活紧密相关的公共产品的供给问题。[①]

我国现行农村公共产品供给制度是人民公社时期供给体制的延续，表现出严重的城市化倾向。城市公共物品的大部分由国家直接通过税收来提供，而对农村公共物品供给则采取政府主导、制度外资金支持的供给体制。我国农村公共产品的供给由集体组织的单一供给主体，逐渐演变为政府特别是县乡政府为主体，私人、慈善组织等民间供给主体参与供给的形势。市场、第三部门等民间供给主体在某些农村公共产品供给领域逐渐参与到供给中来，但其比例并不大。[②]

有学者指出，基层政府仍是农村公共产品供给的主体，要走出农村公共产品供给困境，就要适当调整原有供给格局，打破旧的政府单一的供给制度，将政府、第三部门、私人部门以及农民的利益有机结合起来，力求在"非零和博弈"中达到多赢结果。[③] 董明涛、孙钰认为，由于中国农村的特殊情况，现阶段农村公共产品供给必须首先保证政府的主导和核心地位。政府应为多元供给主体的合作供给营造良好的宏观供给环境。政府的"公立"偏好、不合理的政府干预政策、财政及金融支持的不到位等因素，都会对农村公共产品的多元合作供给起到阻碍作用，不利于农村公共产品供给绩效的改善。[④] 何安华、涂圣伟研究认为，由于各类农村公共产品的外部性强度不同，而且政府、第三部门和营利性组织也有各自的资源获取方式和公共产品生产供给组织方式，所以政府、第三部门和营利性组织会根据各自的比较优势有选择地供给某些农村公共产品。农村公共产品供给过程中可能存在供给遗漏，政府、营利性组织和第三部门都不会供给遗漏区间内的公共产品，这就为农村公共产品供给主体的创新创造了需

---

① 张季、任东梅：《取消农业税后农村公共产品供给问题探析》，《地方财政研究》2009 年第 5 期。

② 董明涛、孙钰：《我国农村公共产品供给制度演变及其完善研究》，《求实》2011 年第 5 期。

③ 于水：《农村公共产品供给与乡村治理：主体、模式及其关系》，《南京农业大学学报》2011 年第 11 期。

④ 董明涛、孙钰：《农村公共产品多元合作供给效应实证研究》，《江西财经大学学报》2011 年第 3 期。

求空间，有可能出现第四部门供给主体。①

4. 模式多样化趋势

从历史来看，中国农村公共产品供给模式从来就不是单一的。李锦伟通过对明清时期吉安商人自发的个人义举或义仓（社仓）有组织的赈济活动进行考察后发现，明清吉安商人捐建慈善机构以行救济之事的内容涉及收养贫病孤寡老人和育婴孤儿、援助寡妇、收留老病流民、施粥施药、施棺代葬、掩埋路尸等。社会提供公共产品客观上既弥补了官方"荒政"的不足，又有利于地方社会经济和社会稳定，尤其是农业生产的恢复和发展。② 还有学者通过实证研究发现，宗教对社会保障具有显著的正向影响，宗教具有风险分担功能的假说基本成立。在社会保障正式制度供给不充分的社会生态系统中，宗教组织也是社会保障供给的一个来源。③

从理论上来说，在农村公共产品的供给问题上，最理想的模式应该是以公平与效率兼得的"无嫉妒主义"公平为特征。为此，政府应采取相应的措施不断地降低"嫉妒指数"或实现"无嫉妒"改进。实证研究反映，从降低农村居民的嫉妒指数的效果来看，我国中央政府的横向转移支付政策似乎更有效力。因此，有学者主张逐渐减少或废除税收返还制度，并考虑各地区财政收入、人口、农村公共产品供给水平、人均收入等方面的实际差异，真正建立并完善以"因素法"为基础的规范的一般性财政转移支付制度，以加大对落后地区农村公共产品的实际支付力度。④ 这也是城乡基本公共服务均等化供给模式最重要的理论支撑之一。

从纵向来看，必须强化农村公共产品供给市场化改革中的政府责任。农村公共产品供给市场化改革的目的是为了弥补政府供给的不足，实现农村公共产品的更充分供给，提高供给效率，更好地满足农民需求。而不是为了推卸政府责任，甩掉政府包袱。因此，应当合理选择农村公共产品供给的市场化改革模式。有学者研究指出，农村公共产品供给市场化改革存在着"市场生产＋政府提供"和"市场生产＋市场提供"两种模式，前

---

① 何安华、涂圣伟：《农村公共产品供给主体及其边界确定：一个分析框架》，《农业经济与管理》2013 年第 1 期。

② 李锦伟：《江右商帮与明清农村公共产品的供给》，《农业考古》2013 年第 4 期。

③ 阮荣平、刘力：《中国农村非正式社会保障供给研究》，《管理世界》2011 年第 4 期。

④ 辛波、牛勇平、严兵：《农村公共产品供给的理论基础与政策选择——基于"无嫉妒主义"公平观念的角度》，《经济学动态》2011 年第 9 期。

者是改革的方向，但后者也具有一定合理性：它可以满足农民对公共产品多样化的需求。需要指出的是，"市场生产＋市场提供"模式的发展应该建立在政府为农民提供均等化公共产品的基础之上。研究认为，并非所有的农村公共产品都具备进行市场化改革的可行性，有的农村公共产品即便不增加农民负担、具备市场化改革可行性，也应慎重进行市场化改革，如农村社会治安。①

针对农村公共产品供给模式创新问题，有学者通过实证研究发现，政府不应简单地企望通过产权制度改革将作为准公共物品的小型农田水利设施的建设与管理责任完全推向市场，而应区分不同类型的小型农田水利设施，对于改革后市场没有承担的部分，政府仍应该承担主要的建设与维修责任。② 农村水利灌溉系统、农田改造、农村道路建设、乡村电网建设等准公共产品纯粹由政府供给难以顾及农户的需求偏好，纯粹由农户私人供给组织成本和排他成本较高，所以最佳的模式应该是政府与私人混合供给。③ 政府要积极发挥主导作用，促进农村公共服务系统中各要素的相互协调、合作与同步运动，与其他主体共同演绎出县域农村公共服务模式嬗变的轨迹——从"国家单方供给"到"社会协同治理"的递进。④

5. 效率评价精细化趋势

较早的文献多从农村公共产品供给效率的内涵、评价方法及其改进、评价结果应用价值等方面展开研究，实证研究主要采用财政支农支出数据进行农村公共服务的一般性效率评估（例如吴森，2007；刘文勇，2008；李燕凌、曾福生，2008；梁红梅、丁建微，2009）。⑤⑥⑦⑧ 这些研究比较

① 曲延春：《农村公共产品供给中的政府责任担当：基于扩大内需视角》，《农业经济问题》2012 年第 3 期。

② 宋洪远、吴仲斌：《盈利能力、社会资源介入与产权制度改革——基于小型农田水利设施建设与管理问题的研究》，《中国农村经济》2009 年第 3 期。

③ 刘华安：《农村公共产品供给：现实困境与机制创新》，《国家行政学院学报》2009 年第 3 期。

④ 方堃：《我国县域农村公共服务变革的模式与路径》，《中共青岛市委党校青岛行政学院学报》2009 年第 4 期。

⑤ 吴森：《基于社会资本的农村公共产品供给效率》，《中国行政管理》2007 年第 10 期。

⑥ 刘文勇：《中国农村公共产品供给效率的制度分析》，《经济与管理》2008 年第 9 期。

⑦ 李燕凌、曾福生：《基于 DEA－Tobit 模型的财政支农效率分析》，《中国农村经济》2008 年第 9 期。

⑧ 梁红梅、丁建微：《对农村公共产品供给效率的再思考——从政府职责划分与支出分配视角的分析》，《南京财经大学学报》2009 年第 1 期。

一致的结论是，财政支农资金对第一产业的贡献、基础教育、农村公共卫生及其综合效率都不太理想，我国农村公共产品投入总量长期不足，其中结构性供给显著不足，供给中技术效率不稳定且规模效率低下，进而使农村公共产品供给呈现显著无效率状态。[①] 近年来，农村公共产品供给效率评价研究越来越朝着"精细化"方向发展，注重对具体农村公共产品（或服务项目）进行实证分析。

如何进行基本公共服务均等化政策效果的评估和提升此项政策的运行效率，让有限的公共资源发挥最大作用，无疑是学者们长期关注的问题。[②] 有学者采用省级面板数据，实证研究了公共教育和医疗投入所产生的居民人力资本存量变化，对促进西部地区农村居民生活消费水平的有效性问题。研究结果表明：知识资本的提升有效促进了西部地区农村居民生活消费倾向，但对东部和中部地区的作用不明显。健康资本的提升有效促进了东部地区农村居民生活消费倾向，但对中部和西部地区的作用不明显。医疗公共支出投入到乡镇医院比直接投入到村卫生所更能有效地促进当地农村居民生活消费倾向。[③] 王延中、江翠萍运用 903 户中国农村居民家庭的调查资料，通过路径分析法对农民医疗服务满意度进行了影响因素研究。研究结果表明，农民医疗服务满意度比较低，作为中间变量的医疗机构评价、医护人员评价、药品评价直接影响了农民医疗服务满意度。[④] 李晓燕对四川省民族地区农村医疗卫生公共服务的实证研究进一步证明，农村医疗卫生机构的效率并不取决于当地经济水平的高低。四川省民族地区的农村卫生机构效率和当地经济水平、卫生投入不存在相关关系。四川省民族地区的卫生投入比其他地区高，但资源利用效率却位于 21 个地区的最后。改善农村卫生机构经营状况，仅靠加大投入等单一措施或过分依赖当地经济的发展，很难从根本上奏效。[⑤]

学者们一般认为，衡量农村公共产品供给效果的基本指标包括两个方

[①]　张鸣鸣：《我国农村公共产品效率评价》，《经济体制改革》2010 年第 1 期。

[②]　贾康主编：《新供给：经济学理论的中国创新》，中国经济出版社 2013 年版。

[③]　杨丽、陈超：《教育医疗公共产品供给对我国农村居民消费的影响分析——基于人力资本提升的视角》，《农业技术经济》2013 年第 9 期。

[④]　王延中、江翠萍：《农村居民医疗服务满意度影响因素分析》，《中国农村经济》2010 年第 8 期。

[⑤]　李晓燕：《新医改背景下农村卫生服务效率问题研究——以四川省为例》，《西北农林科技大学学报》（社会科学版）2012 年第 1 期。

面内容，一是总量指标的投入产出效果。季鸣、王林使用数据包络分析方法，对我国各省市的农村公共产品供给效率进行评估。研究发现：经济发展水平对农村公共产品供给效率起反向作用，城市化水平对农村公共产品供给效率起正向作用，农村机械化水平对农村公共产品供给效率起正向作用。[1] 二是农村公共产品的空间分布效率。空间分布的公平性是衡量公共产品效率非常重要的指标，它包括空间可达性和空间可用性两层含义。前者指区域内任意一点到达最近的公平产品服务中心的时间距离，后者指公共产品本身的服务承载力、服务的有效性等。[2] 农村基础设施的空间有效性一直是公共产品供给效率评价研究的热点。有学者采用中国1999—2009年的省级面板数据，从空间相关性和空间异质性两个角度，对中国农村科教服务类、福利保障类、水电气环保类、交通信息类4种基础设施建设促进农民增收的空间效果进行了实证分析。研究发现，各种农村基础设施投资对本省份和邻省份的农民收入均具有正向促进作用，这说明农村基础设施建设对农民收入的影响存在显著的空间溢出效应。[3]

上述研究成果对深入研究县乡政府农村公共产品供给效率基本问题具有重要借鉴意义。同时有必要指出，强调"供给侧"的供给目标改进、决策体制机制创新、供给结构优化、供给模式转变和提升供给绩效，毕竟是农村公共产品供给效率的基本问题，遗憾的是，此类相关研究文献仍然十分有限。特别是以实现城乡基本公共服务均等化为目标，创新农村公共产品供给效率评价理论与方法，更是此类研究发展的重要方向。

第三节 研究内容与结构安排

新供给经济学认为，由于人们对公共产品的需求一般由公共生产来实现，没有公共投入就无法提供公共产品，因此，就公共产品而言，效率是

---

① 季鸣、王林：《中国农村公共产品供给效率的现状及影响因素研究》，《现代管理科学》2010年第5期。

② 林康、陆玉麒、刘俊、张莉、王亭娜：《基于可达性角度的公共产品空间公平性的定量评价方法》，《地理研究》2009年第1期。

③ 骆永民、樊丽明：《中国农村基础设施增收效应的空间特征》，《管理世界》2012年第5期。

由供给决定的。可见，所谓农村公共产品的供给效率问题，其实质就是农村公共产品的供给问题。本书正是基于"优化供给结构、创造更多需求"为基本价值目标的新供给经济学理论，着力于从供给侧阐释县乡政府农村公共产品供给的目标、决策、结构、模式和效率评价等基本问题，并从全面深化农村改革、统筹城乡发展、加快推进中国特色农业现代化的要求出发，探索解决这些基本问题的路径设计和政策主张，以期从根本上提高县乡政府农村公共产品的供给效率。

一 本书的主要内容

当前我国县乡政府是农村公共产品最重要的供给主体，农村公共产品的直接受益范围也在县乡区域范围之内，县乡政府农村公共产品供给效率问题直接关系到"三农"问题的解决，因而关系到中国改革发展的全局。本书立足于中国农村实际，讨论农村公共产品供给效率的基本问题，着重研究如下主要内容。

1. 县乡政府农村公共产品供给效率的目标问题

效率是一切有目的活动的投入产出结果。中国农村公共产品供给活动的根本目的是什么？这是研究农村公共产品供给效率最首要的基本问题。在社会主义新农村建设和现代农业建设进程中，县乡政府应该提供什么样的农村公共产品和如何提供农村公共产品？这是对农村公共产品供给效率目标的具体回答。从供给侧看，目前中国农村公共产品供给在实现政府回应性责任、公共资源优化配置和社会发展等多重目标方面存在哪些问题？产生这些问题的主要原因是什么？只有搞清楚这些问题，才能最终有效地改进农村公共产品的供给效率。

建设美丽中国必然建设美丽农村。农业发展、农民增收和农村繁荣稳定是实现"中国梦"的题中应有之义。当前，我国农村公共产品供给短缺仍然是制约农业发展、农民增收和农村繁荣稳定的最重要原因之一。提供保障粮食和大宗农产品安全生产及现代农业发展必需的农村基础设施，满足广大农民群众对教育、医疗、科技、文化、社会保障等公共产品日益增长的迫切需要，加快改善农村生态环境、农民居住地饮水和卫生条件、改造农村公路交通基础设施状况、农村商贸服务网点建设等，这既是数亿农民群众的基本诉求，又是现代农业发展和社会主义新农村建设的基本需要，必然成为县乡政府加快实现服务型政府职能转变的基本责任。虽然公共资源具有公共性的根本特征，但从公共资源的数量和规模来看也具有有限性。在农村公共产品和准公共产品供给中，除了政府的公共资源外，还有大量的非政府公共资源参与公共产品和准公共产品的资源配置。因此，优化农村公共产品供给中的公共资源配置，使其获得最佳的资源配置效率，也是县乡政府农村公共产品供给的重要目标。新供给经济学认为，研究县乡政府农村公共产品供给效率的目标，不只是强调增加农村公共产品的公共财政投入规模，而且还要充分发挥民间资本的力量，鼓励社会投资，共同参与县乡范围内农村准公共产品的供给，以获得最大的社会福利。新供给经济学同样认为，公共产品的提供也是调节收入分配的重要手段。虽然城乡公共产品供给的现实与缩小城乡居民实际收入的目标还相差甚远，但推进城乡公共产品统筹发展、实现城乡居民基本公共服务均等化，正在成为全面深化农村改革的重大举措。可以说，县乡政府供给农村公共产品的另一个重要目标，就是通过扩大农村公共产品供给来缩小城乡居民在第一次分配中形成的较大差距。

2. 县乡政府农村公共产品供给的决策机制问题

决策是为了实现特定目标而对未来行动做出决定的过程。农村公共产品供给中的决策机制，是决策系统各要素之间的相互关系和内在机能，它从根本上决定着农村公共产品供给决策行为的有效性。供给决策机制在农村公共产品供给诸机制中处于主要地位，不仅是设计其他机制的基础，而且又贯穿于其他各机制运行的始终。[①] 健全的农村公共产品供给决策机制是实现农村公共产品供给有效决策的必要条件，其主要内容包括决策单元、决策程序和决策系统三个方面。

农村公共产品供给的决策单元，是指能够独立决定一定区域内农村公共产品供给的、具有独立组织能力的区域单元，即农村公共产品供给由谁决策以及在什么范围内做出决策。农村公共产品供给的决策单元既包括明确决策主体的问题，又包括决策权力架构问题。在县乡政府农村公共产品供给决策中，中央政府、地方政府、村民自治组织、其他非政府组织（如企业、志愿者组织）以及农民等，都可能成为农村公共产品或准公共产品的供给决策者。但是，针对不同的农村公共产品或准公共产品，各类决策者拥有不同的决策权。明确不同决策者在不同公共产品供给中的决策权力主体地位，厘清不同决策者之间的责、权、利关系，当然是县乡政府

---

① 董明涛：《农村公共产品供给机制创新研究》，博士学位论文，天津大学，2011 年 5 月。

农村公共产品供给决策机制研究的重要内容。当前，我国县乡政府农村公共产品供给决策程序也是颇受争议的问题，基于政府供给农村公共产品的长期目标与农民对农村公共产品需求的短期现实需要之间的矛盾，究竟是采取分散型决策机制还是采取集中型决策机制？是采取自上而下的层级式决策机制还是采取自下而上的参与式决策机制？这些问题都值得深入研究。为了保证决策的科学性、民主性和有效性，县乡政府农村公共产品供给决策中必须建设一个完善的决策体系，本书将围绕这个决策体系中的决策咨询、决策支持、决策评价、决策监督及决策反馈等主要子系统的运行效果展开定性与定量分析。这方面的研究也是本书研究的重要内容。

3. 县乡政府农村公共产品的供给结构优化问题

供给结构是由组织学引申而来的概念。在组织学中，结构指组织内部各元素之间的功能、位序及其数量等相互关系。农村公共产品供给结构主要回答公共产品由谁来供给、供给什么和供给多少等基本问题。具体来说，它主要包括主体结构、内容结构和层次结构三方面内容。

县乡政府农村公共产品供给的主体结构，主要指政府、私人部门、第三部门等不同的供给主体在农村公共产品供给中各自扮演的角色、功能及其相互关系。新供给经济学主张创新宏观调控思路，明确"市场在资源配置中起决定性作用和更好发挥政府作用"，更加注重调整结构性的供给管理，一切政策的出发点更加着眼于提供长期有效供给，"放松政府管制，优化供给结构，提高经济效率"[1]，促进农村公共产品供给总量增长与结构升级同步。这就要求加快研究深化农村公共产品供给的主体结构改革问题。县乡政府农村公共产品供给的内容结构，是指所供给的各类公共产品的数量及比例构成。关于农村公共产品供给的分类，长期以来并未形成统一意见。几种比较典型的观点，一是将农村公共产品按其在消费过程中的性质不同分为纯公共产品和准公共产品，[2] 或者介于这二者之间的农村混合公共产品;[3][4] 二是按农村公共产品的物质形态不同分为农村公共产品和公共服务;[5] 三是根据农村公共产品的实际用途分为生产性公共产

① 张茉楠：《从供给着手构建中长期稳增长机制》，《经济参考报》2014年4月30日。

② 赵海燕：《基于需求的农村公共产品供给体制研究》，中国农业出版社2013年版。

③ 宋洪远等：《中国乡村财政与公共管理研究》，中国财政经济出版社2004年版。

④ 李华：《中国农村：公共产品供给与财政制度创新》，经济科学出版社2005年版。

⑤ 徐小青主编：《中国农村公共服务》，中国发展出版社2002年版。

品（如农田水利基础设施）和非生产性公共产品（如乡镇医院）；① 四是按受益范围分为全国性公共产品、地方性公共产品和社区性公共产品。② 还有将农村公共产品分为制度内供给和制度外供给的公共产品、有形的和无形的农村公共产品等。③ 那么，农村公共产品的供给范围、供给形态、供给品种究竟如何？不同范围内、不同物质形态、不同制度形式、不同品种的农村公共产品之间的数量关系如何？这些都是本书将要研究的重要内容。此外，不同供给主体根据农村公共产品受益的范围和层次、根据不同的公共产品筹资来源与生产方式所形成的层次划分，即农村公共产品的供给层次结构，也是本书的研究内容。

4. 县乡政府农村公共产品的供给模式创新问题

公共产品的供给模式是指提供公共产品的资金来源及具体生产的、具有典型性的较为固定的方式或方法的总称。一般而言，农村公共产品的供给模式是从提供公共产品的资源渠道来区分的，主要模式有政府供给、市场供给、第三部门供给和多元互动供给模式等。但是，供给并不等同于生产，政府可以提供农村公共产品生产所需的资金（或资源），但未必要由政府直接组织农村公共产品的生产。农村公共产品供给与生产的有效配合，才是其供给模式创新的价值追求。

我国县乡政府农村公共产品供给实践中，长期存在既有供给主体与生产实体之间的"一体化"问题，又有二者之间的"多元化"矛盾现象。④ 虽然诸如结构优化、方式转变等问题多年来已经受到高度重视，但又迟迟没有取得突破性进展，农村公共产品供给模式改革中面临着一系列的"两难"和"多难"式问题。新供给经济学强调以推动机制创新为切入点，以结构优化为侧重点，⑤ 其所关注的农村公共产品供给模式创新，不仅强调从财政政策改革方面扩大农村公共产品的供给规模、调整供给结构，而且强调农村公共产品生产技术方面的自我创新能力，强调研究技术进步对县乡政府农村公共产品生产效率的提高，强调深入分析不同供给主

---

①　李克强：《农村公共产品供给与农民发展》，中国社会科学出版社 2013 年版。

②　鄢奋：《农村公共产品供给的问题与对策》，社会科学文献出版社 2011 年版。

③　朱金鹤：《中国农村公共产品供给：制度与效率研究》，中国农业出版社 2009 年版。

④　周乐．《我国农村公共产品供给主体"一体与多元化"研究》，硕士学位论文，中国电子科技大学，2007 年。

⑤　贾康等：《中国需要构建和发展以改革为核心的新供给经济学》，《财政研究》2013 年第 1 期。

体与不同生产方式的科学匹配，从而达到通过供给模式创新获取更好的农村公共产品供给效率。新供给经济学主张"市场在资源配置中起决定性作用和更好发挥政府作用"，研究在县乡政府农村公共产品供给模式创新中科学合理界定政府职能，更好发挥市场生产主体的功能，让各种要素在农村公共产品供给活动中迸发出其应有的活力。

5. 县乡政府农村公共产品的供给绩效评价问题

从经济学意义来讲，效率是指社会能从其稀缺资源中得到最多的东西。我们在之前已经广泛地讨论过农村公共产品供给效率的内涵。[①] 在此基础上，本书研究的重点是如何评价农村公共产品供给绩效。县乡政府农村公共产品供给绩效可以从三个方面进行评价：一是农村公共产品的生产性绩效，即农村公共产品改善农村生产条件、改善农村投资环境、提高农业生产效率，从而促进农村生产发展的效果。二是农村公共产品的消费性绩效，即农村公共产品满足农民消费需要，提高农民生活水平的效果。三是农村公共产品的社会效益，即农村公共产品供给对社会经济环境的影响。有关农村公共产品供给绩效的评价研究已经十分丰富，目前正朝着评价内容具体化、评价工具定量化、评价结果实用化等更加精细的方向发展。

从新供给经济学角度研究农村公共产品供给绩效，必须树立新观念、采用新方法。新供给主义认为，解放生产力的核心就是"解除供给抑制"。越是供给抑制严重的领域（比如医疗、教育），供给价格就越高，而且供给效率和质量就越低，改革的空间也越大。[②] 研究县乡政府农村公共产品供给绩效，必须从加快政府职能转变的要求出发，按照解除制度和管理供给抑制的要求，转变观念，强调形成以扩大有效供给为基本理念的生产导向型市场观念。要把农村公共产品供给绩效评价放到"公平与效率"兼得的天平上，追求实现城乡居民基本公共服务均等化的目标，努力营造竞争和公平的环境，加强对县乡政府农村公共教育、医疗卫生、科学技术、社会保障、公用事业、劳动就业等基本公共服务的投入产出进行绩效评价，解决好城乡和地区发展不平衡的基本矛盾，促进城乡统筹发展。

---

① 参见李燕凌《农村公共产品供给效率论》，中国社会科学出版社 2007 年版。
② 滕泰：《民富论：新供给主义百年强国路》，东方出版社 2013 年版。

本书将在全面综合以上五个基本问题研究成果的基础上，形成解决县乡政府农村公共产品供给效率基本问题的路径设计与政策主张，并提出旨在建立县乡最低财政支出保障机制、促进基本公共服务均等化的相关政策建议。

二 本书的结构安排

本书分为三个基本部分。第一部分是导论和理论基础，从新供给经济学视角提出问题，并建立全书的理论分析框架；第二部分包括第三章至第七章，分别阐释县乡政府农村公共产品供给效率的五个基本问题；第三部分着力于解决问题。全书九章的结构安排如下：

第一章提出县乡政府农村公共产品供给效率基本问题，进而全面深入地介绍研究的背景及意义。而后介绍全书的研究内容体系、研究思路与方法、可能的创新与不足等。

第二章在理论文献回顾和规范研究的基础上，基于新供给经济学视角提出当前我国县乡政府农村公共产品供给效率的五个基本问题，并进行概念和内涵阐释。五个基本问题具体包括县乡政府农村公共产品供给效率标准、供给决策机制、供给结构、供给模式和供给绩效，界定五个基本问题是本书研究的切入点，分析五个基本问题是本书研究的主要内容。

第三章以县乡政府农村公共产品供给效率标准为全书逻辑起点，探讨县乡政府农村公共产品供给效率目标问题。本书分别从文献综述、理论推演、现状描述和实证研究等多视角阐述农村公共产品供给效率目标问题，将县乡政府农村公共产品供给效率目标界定为政府回应责任、资源配置效率、社会效益三个效率标准。

第四章以县乡政府农村公共产品供给决策机制为切入点，探讨县乡政府农村公共产品供给效率的关键问题。本章分别从农村公共物品供给决策的决策单元、决策程序、决策系统三个基本要素进行分析，重点是以农村公共产品供需结构优先差异的数据资料为基础，分析县乡政府农村公共产品决策程序优化问题。

第五章以农村公共物品供给结构为切入点，探讨了县乡政府农村公共产品供给过程中的供给主体、供给内容和供给层次问题。供给主体研究主要以博弈论观点分析农村公共产品供给多元化主体问题；供给内容研究主要从生产性公共产品和生活性公共产品的分类这一视角展开分析；供给层次研究则以委托—代理理论来分析农村公共产品供给层次之间的关系。

第六章以农村公共物品供给绩效为切入点，采用实证分析方法，利用误差修正模型，探讨了县乡政府农村公共产品投资对农村社会的生产性绩效、消费性绩效以及社会效益。

第七章以农村公共产品供给模式为切入点，通过对市场主导型、政府主导型以及其他类型农村公共产品供给模式的比较研究，探讨了县乡政府农村公共产品供给模式优化对效率的改进问题。

第八章在全面综合以上五个基本问题研究成果的基础上，形成解决县乡政府农村公共产品供给效率基本问题的路径设计与政策主张。

第九章为结论部分，对全书进行总结归纳，并展开对本项研究在将来研究方向的展望。

第四节　研究思路与方法

一　基本研究思路

计划经济体制下，人们习惯于由政府采取大包大揽的方式提供农村公共产品。中国全面取消农业税之后，计划经济时期用以提供农村公共产品的"乡镇统筹"机制，被农村公共事业建设的"一事一议"所取代。历史实践证明，传统的政府"大包大揽"方式提供农村公共产品，根本否定市场的作用，导致农村公共产品供给规模和质量水平都不高，政府作用实际上非常有限。而以农民需求导向为基础的农村公共产品"一事一议"提供机制，由于缺乏其他市场主体对农村公共产品供给的"自由参与"以及政府供给的主导功能作用弱化，因此，市场和政府两方面的作用都没有得到较好的发挥。本书基于新供给经济学的基本观点，明确"市场在资源配置中起决定性作用和更好发挥政府作用"，其根本的政策主张就是要从供给改革入手，发挥市场机制、扩大供给主体、减少国家干预、刺激农村公共产品生产，通过扩大农村公共产品供给规模、改善供给质量、更加合理地利用供给资源，以实现提高供给效率的根本目标。从供给侧研究农村公共产品供给效率，绕不开五个基本问题：一是为什么要供给农村公共产品？即衡量农村公共产品供给的效率目标是什么。二是谁来决定农村公共产品供给？三是供给什么和供给多少农村公共产品？四是由谁来提供、谁来具体生产农村公共产品？五是农村公共产品供给的绩效如何评价？

在大量文献梳理和理论分析的基础上，本书认为：确定以什么样的标准来衡量县乡政府农村公共产品的供给效率，是判断农村公共产品供给是否有效的基本前提，是分析与评估县乡政府农村公共产品供给效率水平并最终确定如何改进效率的基石。因此，它也是本书的逻辑起点。有了目标而要实现目标，面临的第一个难题就是决策问题。诚如决策学派大师赫伯特·西蒙所言，"管理就是决策"。农村公共产品供给决策体制的优劣，从根本上决定着县乡政府农村公共产品的供给效率。根据新供给经济学的理论，要解决当前农村公共产品供给效率偏低的困难，必须突破制度和管理上的"供给抑制"。当前我国县乡政府农村公共产品供给存在的两个最大"供给抑制"：一是供给结构，二是供给模式。这是扼住农村公共产品供给咽喉的"双箭"。从供给结构来看，目前我国县乡政府农村公共产品供给主体过度倚重政府。农村公共产品种类简单，而且不同种类公共产品之间的比例关系严重失调。农村公共产品大多属于地方性公共产品，覆盖城乡并均等供给的公共产品和公共服务，在农村地区少之又少。从供给模式来看，一方面县乡政府农村公共产品供给资金提供主体比较少，市场配置资源的作用没有得到有效发挥。另一方面农村公共产品供给的资金提供主体与具体公共产品的生产主体之间，责权利关系界定不清晰，没有形成优良的效率监督机制。对县乡政府农村公共产品供给结构和供给模式的研究，既是本书的重点研究内容，也是研究农村公共产品供给效率的关键问题。本书研究不只是利用上述分析框架建构县乡政府农村公共产品供给绩效的评价体系，更重要的是，在上述分析与评价基础之上，对解决我国县乡政府农村公共产品供给效率存在的诸多问题提出"一揽子"解决方案。这才是本书的最终目的。

本书基于新供给经济学理论，认为供给是决定农村公共产品供给效率的主要方面，因此，本书首先从供给方面提出县乡政府农村公共产品供给效率的五个基本问题并界定其内涵；其次，按照农村公共产品供给的效率目标、决策体制、供给结构、供给模式和绩效评价的顺序，对县乡政府农村公共产品供给效率基本问题逐一加以讨论；最后，本书将在对上述五个基本问题的分析结论基础上，探索解决五大基本问题、提高农村公共产品供给效率的可能路径。本书的研究思路可用图解显示，详见图1－1。

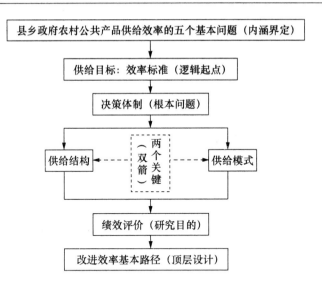

图 1 - 1　农村公共产品供给效率问题研究思路示意图

二　主要研究方法

木书从新供给经济学视角对县乡政府农村公共产品供给效率标准、供给决策体制、供给结构、供给模式和绩效评价五个基本问题展开分析，把解除农村公共产品的"供给抑制"、提高县乡政府农村公共产品供给效率放到整个农村发展大视角中加以考察，探讨实现县乡政府农村公共产品有效供给的方略和可能的路径。

本书在研究方法上力求做到"四个结合"，即规范研究与实证分析相结合、历史研究与现实分析相结合、定性研究与定量分析相结合、比较研究与个案研究相结合。通过不同的研究方法，可以更加深刻、立体地解剖县乡政府农村公共产品供给效率的基本问题。本书采取的主要方法包括以下几个。

1. 规范研究方法

规范研究是建立在一定理论基础之上、以一定的价值观念为基本前提，对经济社会行为结果及产生这一结果的制度或政策进行评判的研究方法，它主要回答的是经济社会行为"应该是什么"的问题。本书基于公共产品理论、市场效率理论、决策理论等理论基础，以新供给经济学政策观点和制度方法为主要依据，坚持市场在资源配置中起决定性作用和更好发挥政府作用、全面深化农村改革加快推进农业现代化和城乡统筹发展、消除县乡政府农村公共产品"供给抑制"努力扩大供给水平等基本观点，通过大量的文献综述、严密的逻辑论证，形成了县乡政府农村公共产品供给效率的五个基本问题这一科学判断，并对五个基本问题的内涵进行了科学界定，提出了县乡政府农村公共产品供给效率标准、供给决策体制、供给结构、供给模式和绩效评价"应该是什么"的基本假设。

2. 实证分析方法

实证分析是建立在一定经验或观察结果基础之上、利用人们普遍认同的科学分析工具（例如某种计量模型），对调查或观察到的具体事例和经验进行科学推理说明的研究方法，它主要回答的是经济社会行为"是什么"的问题。采用数据处理与计量分析的方法是实证分析中最重要的方法之一，也是当前经济学研究的主流方法。本书针对农村基础教育、医疗卫生、科技信息服务、农田基本建设等具体公共产品或公共服务，选择大量调查资料与观察数据，并根据不同问题选用不同的数据处理与计量分析模型，例如有序因变量回归模型（简称 ORM）、数据包络分析法（简称 DEA）、聚类分析法、相关分析法、误差修正模型（ECM）以及博弈分析、模糊矩阵评判法等，对县乡政府农村公共产品供给效率五个基本问题进行了实证分析。

3. 文献分析法

文献分析是通过搜集、鉴别、整理相关文献并对文献进行分类分析，从而形成对事实科学认识的一种研究方法。本书对我国改革开放以来县乡政府农村公共产品供给的历史背景、制度变迁、政策发展等的研究，主要采用了文献分析方法。特别是本书对改革开放以来中央发布的 16 个"一号文件"的分析，更是对文献内容采用了统计分析方法。在采用文献分析法时，本书始终坚持将历史研究与现实分析紧密结合，并且除了从整体上对县乡政府农村公共产品供给效率问题进行了文献综述外，还针对农村公共产品供给效率的五个具体问题，分别在每一章对每个基本问题进行了文献综述。这样使得文献分析方法应用得更加具体、更加丰富、更加细致。

4. 比较研究方法

比较研究是根据属性、目标、数量、时空、范围等标准，对两个或两个以上有联系的事物进行考察，通过发现其异同来揭示事物的普遍规律与特殊规律的一种研究方法。本书采用的比较研究方法是多视角的，包括对县乡政府农村公共产品供给效率五个基本问题在不同时间、不同区域、不同层次的比较研究等。例如，不同时间的比较研究主要有县乡政府农村公共产品供给主体的历史制度变迁，不同区域的比较研究主要有城乡统筹视域下农村公共产品与城市公共产品供给的差异，不同层次的比较研究主要有县乡政府农村公共产品供给层次之间委托—代理关系与博弈的研究。

5. 个案研究方法

个案研究（或称案例研究）是指针对某一具体案例（个体、群体、组织或事件）在较长时期内的经济社会活动情况进行调查，并通过对其行为发展变化过程进行分析，从而揭示其活动规律的一种研究方法。本书以县乡政府农村公共产品供给效率为研究对象，在一般意义上分析研究农村公共产品供给效率的五个基本问题。但是，由于受课题研究时间、经费等资源限制，我们在深入剖析某一具体问题的客观规律性时，常常用到个案研究方法。例如，本书选择湖南省多年的调查资料和观察数据，对湖南省县乡政府农村公共产品供给效率的基本问题进行分析。

第五节　可能的创新与不足之处

一　可能的创新

本书作者长期坚持研究农村公共产品供给效率问题，在近十年中，先后完成了《农村公共产品供求均衡论》[①] 和《农村公共产品供给效率论》[②] 两部研究著作及数十篇相关研究论文。在学习理解大量优秀作者的同类研究文献基础上，对农村公共产品供给效率这一备受关注的问题再进行创新性研究着实艰难。本书在创新方面勉力为之，或有如下收获：

1. 理论上的新突破

现有文献大多从县乡政府农村公共产品投入产出关系来构建效率问题的理论分析框架。实证研究文献总体上分为两类，一类文献侧重于对政府的财政支农支出效率进行研究，将政府视为农村公共产品的供给主体，把

---

① 曾福生、李燕凌、匡远配：《农村公共产品供求均衡论》，中国农业出版社 2006 年版。

② 李燕凌：《农村公共产品供给效率论》，中国社会科学出版社 2007 年版。

财政支农支出效率一般地理解为农村公共产品供给效率。[①] 另一类文献从满足农村公共产品供给的公共性、公平性和社会需求出发，通过测评农户对农村公共产品供给效率的满意度，研究农村公共产品的供给效率及效率分布。[②] 这些研究，前者局限于农村公共产品现有供给制度和政策约束，缺乏从供给体制机制改革的纵深视野去探究农村公共产品供给效率问题的理论创新力度。后者更是侧重于从需求角度分析农村公共产品供给效率问题，这在农村公共产品"自上而下"的现实供给决策体系内，可以说几乎无法解决供求均衡矛盾以达到实现效率改进的根本目标。本书汲取了现有文献的理论精华，同时，从新供给经济学视角对县乡政府农村公共产品供给效率问题展开新的研究。本书基于新供给经济学理论创新成果，提出从供给侧改进农村公共产品供给效率必须解决好五个"基本问题"，在国内外同类文献中最早系统地解析了县乡政府农村公共产品供给效率基本问题，具有一定的理论创新意义。

2. 观点上的新提法

党的十八届三中全会提出，要让市场在资源配置中起决定性作用和更好发挥政府作用。本书忠实地贯彻党的十八届三中全会精神，用新的市场经济理论思想分析农村公共产品供给效率问题。本书提出通过培育农村社区组织、农民和企业等多种农村公共产品供给主体，与政府共同形成县乡政府农村公共产品供给主体体系，削弱对中央政府财政转移支付的过度依赖，充分发挥"市场在资源配置中的决定性作用"，同时"更好发挥政府作用"，以扩大农村公共产品的供给。本书提出应当通过全面深化农村改革，以推动城乡统筹发展和实现城乡居民基本公共服务均等化为根本目标，迅速减少农村公共产品在制度和政策领域内的各种"供给抑制"，为市场释放农村公共产品特别是准公共产品的新供给创造条件，通过引导新供给来创造新的需求，以达到调整供给结构促进农村公共产品供求运行回到"供给自动创造需求"的理想轨道的最终目的，恢复供给与需求的自动平衡机制。

3. 方法上的新应用

本书没有沿袭传统做法将农村公共产品供给效率作为一个孤立的问题

---

① 李燕凌、欧阳万福：《县乡政府财政支农支出效率的实证分析》，《经济研究》2011 年第10 期。

② 赵海燕：《基于需求的农村公共产品供给体制研究》，中国农业出版社 2013 年版。

加以研究，而是从新供给经济学角度，将这一问题分解为五个相互联系、相互作用的"基本问题"，并对这五个问题逐个加以分析和研究，再用系统论的观点把这五个问题结合起来，从顶层设计上提出当前我国县乡政府农村公共产品供给效率的现状、问题及对策建议。本书在方法创新方面最大的特色就是从理论与经验的视角，对农村公共产品供给效率五个基本问题均采用"理论＋实证"的分析方法，理论与实际紧密结合，从而更加全面地把握效率问题的实质。在一些具体问题的研究方法上，本书也跳出了过去的做法寻求新突破。例如，本书作者在《县乡政府农村公共产品供给效率论》中，采取"双层多因素效率分析"方法，实证分析中将农村公共产品供给的多种投入要素与产出结果混合在一起，运用 DEA－Tobit 模型进行农村公共产品供给效率评价及其效率分布分析。本书则按照农村公共产品供给绩效的属性，将效率分解为生产性绩效、消费性绩效和社会效益三个方面，采用单方程的误差修正模型（ECM）和向量误差修正模型（VECM）进行农村公共产品供给效率分析。

二 不足之处

由于研究时间与经费的限制，本书研究的不足也显而易见。一方面，本书虽然以湖南省为例做了大量案例分析，但是，毕竟未能在全国其他省份做更广泛的调查研究。因此，在把握我国县乡政府农村公共产品供给效率基本问题全貌的前提下，对不同省份县乡政府农村公共产品供给效率问题的地区差异研究不够深入，缺乏从国家层面研究不同区域农村公共产品供给协调机制的研究。另一方面，本书提出了一系列解除县乡政府农村公共产品"供给抑制"的制度与政策建议，甚至从宏观、中观、微观三个层面提出了县乡政府供给农村公共产品的基本指标体系。但这些重要的研究成果，由于尚未得到政策实践的检验，因而未必完全正确。毫无疑问，这些都是本书需要进一步探索、修正、深化和完善的新命题。

第二章　农村公共产品供给
效率的基本问题

　　一般认为，公共产品由政府供给具有必然性。政府通过税收和其他强制性融资方式筹措资金，并通过不同于市场机制的需求显示机制了解公共产品需求，提供公众所需的公共产品。然而，政府在某些领域也存在"政府失灵"问题。与此同时，市场和非营利组织在公共产品供给中发挥了重要作用。那么，市场和非营利组织在公共产品供给中发挥了什么样的作用？政府、市场和非营利组织在公共产品供给中应该有什么样的分工和合作关系？回答这些问题，必须要解决农村公共产品供给是如何决策的、农村公共产品的内部结构是什么以及农村公共产品供给的绩效如何评判等问题。如何建立一个科学合理的公共财政体系，首要的任务也是要确定各级政府供给公共产品的效率和边界问题。随着农村公共产品需求量的日益增加和需求结构的变化，农村公共产品供给问题引起了人们广泛的关注。如果能按照一定的效率标准，结合不同类型农村公共产品各自的特点，对不同模式下农村公共产品供给的效率和边界做出合理界定，那么就能确定政府、企业和非营利组织以及农民在农村公共产品供给领域的角色和相互关系，提高农村公共产品供给效率。相应的，本书将农村公共产品供给问题归纳为五个基本问题：即农村公共产品供给效率标准、农村公共产品供给决策、农村公共产品供给结构、农村公共产品供给模式和农村公共产品供给绩效。本章正是从农村公共产品的五个基本问题"破题"，通过总结归纳与分析，界定农村公共产品五个基本问题的研究边界，提出农村公共产品供给效率基本问题的研究逻辑框架，并从理论上对五个基本问题反映的决定因素影响县乡政府农村公共产品供给效率的机制进行规范分析。

第一节　供给效率基本问题的新供给
经济学分析框架

　　萨缪尔森早在 1954 年就定义了公共产品供给效率的实现条件，萨氏提出，"公共产品供给效率就是指公共产品供给的帕累托效率"①。所谓帕累托效率就是指这样一种状况，即当某人无法在不损害他人福利的情况下让自己的福利增加时，他所处的状况就是帕累托最优状态。由于人们很难对两个或两个以上个体之间的效用进行比较，所以，当某个人福利改进时没有让其他人的情况变得更坏，这就是帕累托优化。相反，如果某个人的福利改进同时使得其他人的福利情况变得更差，就不能说已经实现了公共产品供给的帕累托效率。实现帕累托效率是以传统经济学"经济人"理论为前提假设的，"经济人"假设认为每个人都是自利的，同时认为每个人都是理性的，每个人对自己的行为目标都十分清晰并依照目标行事。在实现公共产品帕累托效率的过程中，最大的现实困难在于我们根本无法将受损者的福利与受益者的福利进行性质、数量和质量等方面的客观比较。事实上，人们的行为决策都只是有限条件下的有限理性行为。

　　在萨缪尔森"公共产品供给效率"的基础上，斯蒂格利茨和阿尔金森发展了地方公共产品理论，将公共产品供给效率纳入地方政府公共财政绩效评估体系之中，使公共产品供给效率从纯粹理论进入了可操作的公共政策分析框架。② 根据斯蒂格利茨和阿尔金森的理论，人们一般从三个方面来精确地理解地方公共产品供给效率的含义：一是投入与产出之比。即在既定的投入水平下使产出水平最大化或在既定的产出水平下使投入水平最小化。二是成本与收益之比。即以货币单位为基础、以公共产品价格为分析工具来估算和衡量公共产品的供给效率。三是供给与需求之比。即在要素投入最大或最佳比例状况下，需求目标的实现程度与供给实际水平实现了"供求均衡"，也即处于帕累托最优状况。无论是萨缪尔森，还是斯

---

　　① ［美］哈尔·瓦里安：《微观经济学》，经济科学出版社 1997 年版。
　　② 张小玲：《国外政府绩效评估方法比较研究》，《公共行政》2005 年第 1 期（原载《软科学》2004 年第 5 期）。

蒂格利茨和阿尔金森，虽然他们的观点从不同角度都对公共产品供给效率理论做出了重要贡献，但是，他们有一个共同的失误，抑或说是一种无奈，那就是他们的理论体系里都假设了供给环境，即在供给条件既定的语境中来讨论公共产品供给效率问题。他们强调需求端、需求侧对公共产品供给效率的影响，同时却忽视供给端、供给侧对公共产品供给效率的决定性作用。在他们看来，产出水平的高低最终决定效率水平，需求旺盛直接表现为纳税人的纳税愿望从而推高了公共产品价格，只要能够满足消费者对公共产品的需求目标，就能够获得最大的公共产品供给效率。总之，有需求必定有供给。这其实是一种严重的误判！

本节将着重解决如下三大问题：第一，农村公共产品供给效率是由供给决定的（一般情况下供给怎样决定效率）。第二，县乡政府农村公共产品供给的现实周期（供给决定效率的具体条件是什么）。第三，供给决定效率的具体因素（供给效率的基本问题有哪些）。

一　农村公共产品供给决定效率的理论分析

众所周知，古典经济学、新古典经济学和凯恩斯主义经济学等，都在他们的理论框架中假设了供给环境。在这种供给环境中，主流经济学都以完全竞争的理论假设为始发命题。根据主流经济学理论分析，不难发现，在形成公共产品供给效率的供求关系中有三个假设前提条件：第一，影响供给的资源条件虽然有限，但它是给定的（也称有限资源）。因此，考察效率问题主要强调需求端、需求侧的影响。主流经济学认为，只要通过刺激需求以充分满足需求目标，就能够最大限度提高公共产品的供给效率。换句话说，公共产品供给效率之所以不能实现帕累托最优，根本原因在于需求不足或没有激发出需求动力，从全社会来说，总需求总是小于总供给。第二，完全竞争条件。主流经济学认为，在公共产品供给过程中，政府有能力完全限制供给的垄断行为，并且保证公共产品供给价格灵敏，从而依据需求决定的价格来引导公共产品供给。当需求旺盛之时公共产品的价格上升，表现为人们愿意缴纳更多税收，相反，当需求疲软之时公共产品的价格下降，表现为人们不愿意缴纳相应的税收。根据这一理论假设，政府制定提高公共产品供给效率的政策主要应当考虑需求端、需求侧的因素。第三，假定技术进步和制度供给为外生变量。在古典经济学、新古典经济学和凯恩斯主义经济学中，分析经济的效率问题是以恒定的技术进步率、特定的制度环境为前提条件的。因此，人们对有效供给引导需求的作用缺乏必要的认识，甚至根本否定萨伊的"供给创造自己的需求"。本书认为：在中国的农村公共产品供给过程中，古典经济学、新古典经济学和凯恩斯主义经济学的三个理论假设，不能客观地反映公共资源配置的真实环境，主要由需求决定农村公共产品供给效率的基本判断不能成立。我们可以结合中国的农村实际，从三个新的视角分析农村公共产品供给效率问题，并对农村公共产品供给决定效率进行一般性论证，从而全面提出"农村公共产品供给决定效率"的新的理论观点。

1. 农村公共产品的供给产出效果不易评价

由于农民对农村公共产品的需求目标存在巨大差异性，所以，农村公共产品的供给效率很难从投入产出比例关系中加以判断。从符合需求目标的产出来说，如何衡量产出水平最大化呢？由于人们有隐瞒公共产品需求的偏好，在公共资源既定的条件下，政府采取"自上而下"的农村公共产品供给决策机制，政府部门通常对自己提供的农村公共产品缺少来自市场的反馈信息，也不太可能全面了解广大农民的真实需求偏好，这样使得政府对农村公共产品需求的实现程度极难加以衡量，并出现政府与农民对农村公共产品的产出效果目标"长期一致而短期差异较大"的现象。政府与农民对农村公共产品产出效果产生巨大差异的现实通常表现为两个方面：一方面，政府与农民按照各自不同的方法形成对农村公共产品产出的不同评价结果。这种差异我们称之为"不自觉差异"，它是由效率评价技术原因产生的。例如，政府采用以财政支出效率替代农村公共产品供给效率的方法，认为新型农村合作医疗至少满足了90%以上农民的基本医疗卫生需求（政府早在2010年就宣布农民"参合率"超过了90%）。但是，实际情况是，农民享受新型农村合作医疗报销的费用只占农民全部医疗卫生支出总额的不足20%，至少仍有60%以上的农民选择到县及县以上医院去就诊，广大农民依然认为"看病难、看病贵"。另一方面，政府与农民按照各自不同的价值标准形成对农村公共产品产出的不同评价结果。这种差异我们称之为"自觉差异"，它是由效率评价的价值目标不同而产生的。管制俘虏理论认为，由于公众对政府管制过程知之甚少，而被管制企业却十分清楚管制可能给企业带来的影响，因此，被管制企业会采取各种手段影响政府的政治决策过程。随着时间的推移，政府管制会朝着被管制企业利益的方向改变，而将普通公众的利益置之不顾。① 一个很典型的案例就是，政府通过建立《基本药物目录》以期在新型农村合作医疗中降低农民支付的药物费用，但医药企业却不断申请新药，通过对原先使用的常规药品进行改变剂量、变换包装等办法进行变相提价。受"管制俘虏"的影响，政府不断扩大《基本药物目录》范围。总之，从需求端、需求侧来评价农村公共产品的供给效率存在大量实际困难，而从供给端、供给侧来判断效率则更为现实可靠。

2. 农村公共产品的成本—收益水平难以比较

一般地讲，纯公共产品不能由市场交易获得供给效率。即使在有政府补贴的条件下由私人提供公共产品，也很难达到有效率的数量。② 所以，我们难以按照私人产品的市场交换原则，对农村公共产品进行成本收益的效率比较。按照成本收益水平来判断农村公共产品效率必须以价格为基本依据。根据林达尔均衡理论，税收是公民为了获得政府提供的公共产品而支付的价格。但是，在县乡政府农村公共产品供给过程中，由税收决定的公共产品价格信号也是不完全的。人们甚至怀疑中国农村公共产品是否真的存在一个林达尔均衡价格？林达尔均衡是公共产品理论最早的成果之一。林达尔认为，如果每个公民都按照自己获得的公共产品边际效益自愿纳税来分担自己应该负担的公共产品成本费用的话，那么公共产品的供给量就可以达到最佳水平并实现林达尔均衡条件下的最优效率。不过，在林达尔均衡条件下，虽然税收水平的确定与本人享受公共产品的意愿是相联系的，但是没有人愿意如实说出自己的实际受益情况和愿意分担的成本水平。因此，"搭便车"现象普遍存在从而导致公共产品供给不足。从抽象的意义上讲，一个全能政府完全可以避免"市场失灵"并通过宏观调控来实现资源优化配置。但是，在缺乏公共产品供给民主决策的管制条件下，政府对农村公共产品的供给可能更愿意倾听受管制的企业或公共产品生产部门的利益需求，广大农民的真实需求实际上并不容易得到充分反映，甚至很难真正受到重视。从这个意义上讲，基于农村公共产品消费者需求来确定的公共产品价格，充其量反映了政府强制定价的原则，根本无

① ［美］林德尔·G. 霍尔库姆：《公共经济学——政府在国家经济中的作用》，顾建光译，中国人民大学出版社2012年版。

② Kirchsteiger G. & C. Puppe, On the possiblility of efficient private provision of public goods through government subsidies, *Journal of Public Economics* 66，1997，pp. 489 – 504.

法真实反映需求方对供给的引导，更无法准确反映农村公共产品供给效率水平。严格地遵循林达尔价格理论，在中国农村公共产品供给的现实条件下，运用成本与收益之比来判断农村公共产品的供给效率，必须以货币单位为基础、以公共产品税收价格为分析工具。那么，由于目前我国已经全面取消农业税，因此，农村公共产品反映在需求上对价格不敏感。也就是说，农民在不愿意如实说出自己的实际受益情况和愿意分担的成本水平的同时，将可能无约束地表达出对农村公共产品的需求愿望，从而导致农村公共产品供给的社会福利浪费。总之，无论是政府强制给农村公共产品定价，还是农村公共产品不灵敏的税收价格信号，都说明由需求决定效率缺乏现实支持，中国农村公共产品的供给效率只能由供给来决定。

3. 农村公共产品的供求平衡状态并不存在

古典经济学、新古典经济学和凯恩斯主义经济学是在假定技术与制度不变条件下来讨论供求均衡的。事实上，中国农村公共产品的供给效率只能在技术与制度动态变化中去把握其供求平衡关系。单纯从需求方面分析农村公共产品的供求平衡关系，有两种情况需要审慎考虑，一是相对于公共产品消费能力来说，"需求"不足。例如，提供了有线网络，但农民购买不起电视机和电。二是结构性消费问题，造成"需求"不足。例如，农村提供了很多小学，但中学又不够。[①] 不难发现，在技术与制度动态变化中把握农村公共产品供求平衡关系，农村公共产品的供给可以创造自己的需求。我们认为，只要农村公共产品的供给能够创造需求，这种供给就是有效率的。农村公共产品供给创造的需求越多，就越有效率。例如，由于学生上学的交通技术条件得到改善，农民子弟可以跨村、乡（镇）甚至跨县就学，这时我们在农村兴建一所中学，使得农村孩子感到升学有了希望，更多孩子上小学的热情大增，从而增加了对农村中学乃至整个教育的需求。我们就说兴建的这所中学极大地提高了农村教育公共服务的效率。还有一种情况是制度变迁将打破公共产品供求平衡状态。例如，政府在农村实行"寄宿生补贴"政策。这样可以增大农村小学生寄宿的需求，从而使得在校读书的学生规模得以稳定，提高了农村义务教育的公共服务效率。

综上所述，针对农村公共产品而言，效率是由供给决定的。因此，所谓县乡政府农村公共产品的供给效率问题，实质上就是农村公共产品的供

[①] 李燕凌：《农村公共产品供给效率论》，中国社会科学出版社 2007 年版。

给问题，即"供给决定效率"。

二　县乡政府农村公共产品供给的现实周期

在公共产品供给效率实现途径方面，对实际经济决策产生重大影响的供给学派，反对凯恩斯主义。他们反对政府过度干预市场的政策，主张政府的政策主要应该想办法发挥市场活力和供给方面的活力，提高市场配置资源的效率。① 西方供应学派的著名代表人物乔治·吉尔德在 30 年前就指出：虽然萨伊定律有其缺陷，但是它始终把注意力集中在供应即生产方面，这一点是相当重要的。因为在社会经济活动中，首先是生产因素的投入，然后才有产出。有出售这一产品的投入，才有购买其他产品的需求。需求的量是由供给的量决定的，供给对需求具有决定作用，因而也是决定效率的根本因素。② 但是，是不是说我们就可以完全否认需求对公共产品供给效率的影响呢？或者说，是不是在资源配置的供求周期性变化过程的每个阶段上，需求都对效率不产生作用呢？我们的回答是否定的。需求在资源配置中的原生意义是不可回避的——人有需求才有动力、才要去追求各种各样的可用资源。但是在经济学角度上，对于有效供给对需求引导方面的作用过去认识不足。③ 我们想从供给能力在不同阶段上的决定特征这样一个视角，如实地强调不同发展时代的划分和供给能力以及与供给能力形成相关的制度供给问题，这有极其值得重视、值得我们进一步分析认识的意义。④

新供给经济学认为，供给与需求循环往复的交互作用是形成经济周期波动的主要力量，一个完整的经济周期可以由此划分为四个基本阶段（参见图 2 - 1）。

第一阶段，新供给形成阶段：当新供给随着技术进步孕育产生，社会旧有需求结构仍在延续，经济处在新周期的导入期，经济潜在增长率开始回升；

第二阶段，供给扩张阶段：当新供给内容被社会普遍接受，新的需求被创造出来，新供给与新需求形成良性促进，经济进入快速增长阶段，潜在增速不断提高；⑤

---

①　[美] 保罗·克雷·罗伯茨：《供应学派革命：华盛顿决策内幕》，上海译文出版社 1987 年版。

②　[美] 乔治·吉尔德：《财富与贫困》，上海译文出版社 1985 年版。

③　贾康：《"新供给经济学"有破有立的创新诉求》，《企业家日报》2013 年 10 月 12 日。

④　贾康：《新供给：经济学理论的中国创新》，中国经济出版社 2013 年版。

⑤　高连奎：《中国式供给主义：全面改革而非全面减税》，《证券日报》2013 年 12 月 23 日。

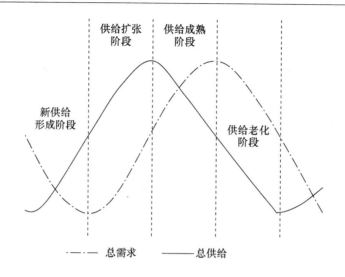

图 2 - 1　新供给经济周期示意图

第三阶段，供给成熟阶段：该阶段的生产技术进一步普及，社会资源纷纷涌向该项供给领域，则供给数量在迅猛增加达到短期高峰后开始回落，供给自动创造需求的机制出现中断，但需求仍然维持惯性增长，社会资源配置效率开始降低，经济出现滞胀且潜在增速回落；[1]

第四阶段，供给老化阶段：过剩供给短期难以消化，过剩产业资本沉淀不能退出，老供给不能创造需求，造成总需求持续下降，新的供给力量尚未产生，经济陷入萧条。[2][3]

新供给经济学认为，在新供给形成阶段和供给扩张阶段，新供给不但能够自动创造需求，而且所有产品销售收入最终都会变为要素报酬，资本、劳动和资源等要素报酬要么转化为消费，要么形成储蓄并转化为投资，形成新的需求。[4] 然而，一旦一种产业的生产技术普及到一定程度，进入供给成熟和供给老化阶段，形成产能和产量过剩，不但原投入的生产

---

① 关于"供给成熟阶段"的供求关系，本书的解释与滕泰有所不同。滕泰的解释是"该阶段……供给数量迅猛增加，而需求回落，供给自动创造需求的机制出现中断，但供给仍然维持惯性增长"。有兴趣的读者可参阅滕泰著《民富论：新供给主义百年强国路》，东方出版社 2013年版，第 229 页。

② 滕泰、冯磊：《新供给主义经济理论和改革思想》，《经济研究参考》2014 年第 1 期。

③ 朱敏：《新财富寻找新良方》，《中国新时代》2013 年第 11 期。

④ 滕泰、冯磊：《从供给着手重启经济改革》，《经济观察报》2013 年 5 月 27 日。

要素报酬不能及时回收，而且大量生产要素无法充分利用，供给自动创造需求的过程就会中断。①② 可见，从新供给经济学所描述的供求交替变化周期来看，并非在周期的每一个阶段都有"供给自动创造需求"机制，也就是说，并不是在每一个阶段里"供给"都能决定"效率"。

从中国现实情况来看，县乡政府农村公共产品供给正处于新供给形成阶段。在这个阶段里，农村社会经济进入一个新周期的导入期，中国农村公共产品供求关系表现出四大特征。

（1）县乡政府提供大量农村公共产品新的供给。

当前，中国农村的社会经济正在进入统筹城乡发展和推进现代农业建设的重大历史转型期。伴随着一系列技术进步和制度改革，县乡政府农村公共产品孕育产生着一系列新供给。例如，农村医疗卫生公共服务从传统的"赤脚医生"合作医疗，向新型农村合作医疗制度和"新医改"转变，扩大了农村医疗卫生公共服务的范围。又如，中国农村数千年传统的"家庭式养老"保障正在向"家庭养老＋新农保"结合的模式转变，创新了农村养老社会保障公共服务内容。

（2）县乡政府农村公共产品新供给自动创造新需求。

除了不断新增大量新的农村公共产品供给，新供给还不断地自动创造新需求。例如，国家在推进农村农业信息化公共服务过程中，投入大量财力物力建设农村信息网络，通过加强宽带进村入户工程建设，努力解决农村信息化"最后一公里"问题。当这种硬的农村公共产品供给水平达到一定程度后，农村信息网络公共产品供给本身又创造出对农村信息源的新需求，农村农业信息化公共服务进一步要求着力解决"最初一公里"的问题。而在国家加强农村农业信息化公共服务的同时，信息化快速发展对同步推进农业现代化的要求更为紧迫。

（3）大量农村公共投入转变为要素报酬引致新需求。

在计划经济向市场经济的转轨时期，党和政府实施一系列强农惠农政策，以增加县乡政府农村公共产品和公共服务投入。近年来，国家逐步实行粮食直补、农资综合直补、粮油千亿产业工程、良种补贴、农机具补贴、能繁母猪补贴、农业保险、少数民族地区高寒山区扶贫解困资助、基

---

① 滕泰：《民富论：新供给主义百年强国路》，东方出版社2013年版。

② 文昌：《本刊执行总编朱敏对话经济学家滕泰（下）：新供给主义为什么有效?》，《新经济导刊》2013年第10期。

层动物防疫员劳务补贴、生态公益林补偿、生态移民补助等一系列扶持"三农"发展的公共服务财政补助。这些以货币支付为基本手段的公共产品或公共服务，其补助金最终大都转变为消费或储蓄，进而产生新的需求。而政府在农村教育科技、文体广播、社会保障、保障性住房、医疗卫生、节能环保和其他领域投入的农村公共产品和公共服务财政资金，又基本上以资本、劳动和资源等要素报酬形式转变为消费和储蓄，并通过消费和储蓄环节进一步转化为新的投资，且形成新的需求。

（4）县乡政府农村公共产品新供给促进需求再升级。

目前我国农村改革发展面临的环境十分复杂、困难挑战增多。从整个国家来看，工业化、信息化、城镇化快速发展对同步推进农业现代化的要求更为紧迫，保障粮食等重要农产品供给与资源环境承载能力的矛盾日益尖锐，经济社会结构深刻变化对创新农村社会管理提出了亟待破解的课题。[①] 县乡政府农村公共产品供给适应经济建设、政治建设、文化建设、社会建设、生态文明建设"五位一体"的时代要求，农村公共产品供给的形式、品种、数量和质量，都正在加快从生产领域向社会领域延伸，从物质形态向精神形态公共产品升级，农村公共产品供给的空间迅速打开。在加快推进中国特色农业现代化进程中，调整农村公共产品供求关系，将始终把改革作为根本动力，立足国情农情，顺应时代要求，创新供给体制机制。在充分发挥市场在资源配置中的决定作用和更好发挥政府对"三农"支持保护作用的前提下，县乡政府农村公共产品供给将按照统筹城乡发展的要求，在公有住房、生育保险、失业保险等许多新领域不断提供新供给、创造新需求。

总之，从中国县乡政府农村公共产品供给所处的现实经济周期来看，农村公共产品供求关系正处于新供给形成阶段并有向供给扩张阶段转进的迹象。在这个阶段，供给对需求产生强烈的牵引作用，有时会出现供给短期大于需求（或称为"被供给"）的现象，供给与需求动态均衡的打破仍属于农村公共产品经济增长过程中的阶段性、局部性问题，其与技术扩散和公共产品供求周期密不可分。生产的过剩是相对的，阶段性和局部性领域的供需矛盾可以随着公共资源逐步向新的公共产品或公共服务领域配置

---

① 中共中央、国务院：《关于全面深化农村改革加快推进农业现代化的若干意见》，2014年1月19日。

而消解。①

三　决定因素对农村公共产品供给效率的影响

从新供给经济学视角而言，所谓农村公共产品供给效率就是指在各种社会经济环境中，农村公共产品供给主体为促进"三农"发展，通过推进农村公共产品供给水平的帕累托优化，合理利用各种社会资源并组织生产、经营、监察和管理农村公共产品，以实现农村公共产品的供求均衡状态。我们基于新供给经济学理论研究农村公共产品供给效率，必须清晰地回答为什么供给农村公共产品、谁来供给农村公共产品、如何供给农村公共产品、怎样评价农村公共产品的供给绩效等一系列最基本的问题。可以说，农村公共产品供给效率问题的本质就是供给问题。虽然影响农村公共产品供给效率的因素较多，但其中的效率目标、供给决策、供给结构、供给模式和绩效评价等基本因素，具有基础性地位，在效率形成过程中发挥着决定性作用。本书将着重研究这些决定因素对农村公共产品供给效率的影响作用。

1. 为什么供给农村公共产品？

为什么供给农村公共产品的问题，实质上包含着两重内涵：一是供给的重要性，二是供给的目标是什么。它反映了农村公共产品供给的价值所在。周恩来同志早在新中国成立初期就曾说过，"我们必须了解，增加生产对于我们全体人民，对于我们国家，是具有决定意义的。只有生产不断地增加，不断地扩大，才能逐步地克服我们人民的贫困，才能有我们将来的幸福"②。事实上，直到今天，增加县乡政府农村公共产品生产，对于农村、农业和农民甚至对于我们民族复兴和国家强盛事业来说，仍然具有极其重要的意义。县乡政府农村公共产品的供给具有明显的空间范围，既包括器物性的有形产品，也包括无形的农村公共事务。县乡政府农村公共产品消费过程中既有不完全的非排他性，也具有不完全的非竞争性，其供给水平事关一定范围内的农村社区居民公共利益，是农村社会经济发展的重要基础条件，具有重要的经济和社会功能。在微观层面上，以中国农村经济、社会转型为背景，研究县乡政府农村公共产品供给过程中各主体的目标合作，一直以来是广大理论工作者十分重视的问题。在宏观层面，以

---

① 滕泰、冯磊：《放松供给约束，解除供给抑制》，《中国证券报》2013 年 5 月 27 日。

② 周恩来：《把我国建设成为强大的社会主义的现代化的工业国家》，《周恩来选集》下卷，人民出版社 1984 年版。

农村社会内部资源不足和农村公共产品对农村经济社会发展具有密切关联为前提假设，从城乡统筹发展和城乡要素供求关系角度出发，研究县乡政府农村公共产品供给在缩小城乡差距、促进"三农"发展和直接增进农民切实经济利益方面所具有的经济外部性，以及这种外部性经济的内部化条件，既符合广大农民的利益诉求，也符合整体社会利益诉求。因此，加大对农村公共产品的供给、特别是加大政府公共财政对县乡政府农村公共产品供给的投入，正在成为一种社会共识。①

没有明确的农村公共产品供给目标，就无从讨论农村公共产品供给问题，当然就更不可能妄论县乡政府农村公共产品供给效率。从宏观层面讲，有效供给农村公共产品是不断完善和发展中国特色社会主义制度，推进国家治理体系和治理能力现代化的目标要求。从中观层面讲，有效供给农村公共产品是全面履行政府职责，统筹推进农村基层公共服务资源有效整合和设施共建共享，最终实现城乡基本公共服务均等化的目标要求。从微观层面讲，有效供给农村公共产品是实现广大农民"学有所教、劳有所得、病有所医、老有所养、住有所居"等基本公民权利，着力解决好广大农民群众最为迫切的基本生存与发展问题的目标要求。围绕三个层面的目标，可以确定相应的农村公共产品供给国家标准、地方标准和农村公共产品供给社会服务标准。还可以针对某类具体的农村公共产品，确定相应的供给标准。这些标准是研究县乡政府农村公共产品供给问题的基本前提。

2. 谁来供给农村公共产品？

谁来供给农村公共产品的问题，表现为农村公共产品的供给主体形式，实质上反映了农村公共产品供给的责任所归。新供给经济学认为，我们应当放开县乡政府农村公共产品的供给约束，让一切创造社会财富的源泉充分涌入，允许更多社会主体进入农村公共产品供给领域，促进改革发展成果更多更公平地惠及广大农民。但是，不同的供给主体所承担的农村公共产品供给责任具有明显差异，其供给的农村公共产品品种、数量、受益的范围也明显不同。我们研究县乡政府农村公共产品供给效率，必须深刻认识不同供给主体之间的这些差异，并根据不同主体的不同责任来衡量其供给绩效水平。

---

① 刘鸿渊：《农村社区性公共产品供给合作行为研究》，《社会科学研究》2012 年第 6 期。

县乡政府农村公共产品的供给主体包括政府、非政府社会组织（或称社会组织）和农民。政府供给农村公共产品必须区分中央政府和地方政府。一般而言，中央政府主要履行供给纯公共产品的职责。例如，大型农田水利基本建设工程应当由中央财政转移支付承担出资责任，扑灭跨区域的重大森林火灾也要由中央政府组织实施。地方政府供给农村公共产品既有直接提供一定区域范围内满足"三农"发展需要的纯公共产品或准公共产品（含公共服务）之责任，也有改善农村地区社会经济条件、投资环境和就业机会，并通过这种投资环境的改善以实现全社会更多的劳动、知识、技术、管理、资本等资源向农村地区配置，从而在更大程度上促进发展成果更多更公平地惠及当地农民。

从根本上讲，社会组织供给农村公共产品主要履行其组织自身的社会责任，它并不是本书讨论的重点。但是，我们在讨论社会组织供给县乡政府农村公共产品这一主体因素对供给效率的影响作用时，必须结合政府在农村地区进行公共产品供给或生产的具体情况加以分析。针对农村地区的地方公共投资的主要目的是增加对农村地区的公共产品供给，引导非公共投资流向农村地区。在推进和加快我国社会主义新农村建设过程中，必须明确区分私人投资、政府投资、地方公共投资的权利与责任边界，以深入分析地方公共设施区位选择与地方公共投资目标之间的相互影响关系。[①]

严格意义上讲，农民主要供给俱乐部产品，即农村村级范围内的准公共产品。长期以来我国农村公共产品主要由农民负担其供给成本，"三提五统"和乡村摊派成为农村公共产品的重要资金来源，不仅导致农民负担日益沉重，而且引致乡村债务愈来愈多。中国取消农业税后，农民负担大大减轻，与此同时，县乡政府财政供给农村公共产品的能力也极大削弱。在农村集体经济迅速萎缩的现状下，县乡政府农村公共产品供给问题更加突出。虽然取消农业税后乡村公共产品供给仍然保留"一事一议"的筹资渠道，但是，这种完全以农民需求为目标的公共产品供给，具有典型的区域性特征，应属典型的"俱乐部式"公共产品。由于农民供给村级公共产品既高度注重自身所能获取的经济效益，又具有强烈的隐瞒需求和实际受益的偏好，因此，这种"一事一议"的农村公共产品供给环境

---

① 徐梅：《论财政联邦主义与我国新农村建设中地方公共产品供给的效率条件》，《天府新论》2013 年第 1 期。

变得十分复杂。

3. 如何供给农村公共产品？

如何供给农村公共产品的问题，具体表现为农村公共产品的供给决策机制、结构形式和供给模式，它反映了农村公共产品供给的过程特征。新供给经济学强调从供给侧着手，以"优化供给结构、提高供给效率"为核心，打破公共产品和公共服务行业中广泛存在的各种行政管制以及与此相伴的垄断和既得利益阻碍，鼓励民间资本进入并参与公平、透明的市场竞争，通过增加高效率的供给来满足民众日益增加的对各种社会服务的需求。①

通过县乡政府农村公共产品供给过程研究如何供给农村公共产品，首先，必须分析供给决策机制对供给效率的影响。不同的决策机制对农村公共产品供给效率具有不同的影响，分散型决策可以快速搜集和直接处理信息，反应灵敏，决策快捷。但它受决策者个人能力影响较大，难以全面掌握决策信息，决策成本相对较高。集体决策（也称集中决策）依靠集体多数决策人的智慧，要求全面掌握各种决策信息，更加全面地考虑多数人意见，但它的缺点就是缺乏效率，人多意见多，往往难以快速做出决策，并且不易明确决策责任。在县乡政府农村公共产品供给过程中，采用哪种决策机制对供给效率更有利需要视实际情况而定。其次，应当分析供给结构对供给效率的影响。党的十八大报告强调推进城乡发展一体化，促进公共资源均衡配置。长期以来，我国城乡公共产品和公共服务的结构非均衡发展，导致形成了公共产品在城乡之间供给的"差序格局"。从某种程度上说，农民并没有很好地享受到公共财政的阳光，没有全面、共同地分享改革发展的成果。这种城乡非均衡的公共产品供给结构，导致的直接后果就是农村公共产品供给总量不足，体现在农村基础设施落后、农村社会保障水平较低、农村义务教育与农村公共卫生等社会事业发展与城市差距明显等各个方面，从而极大地降低了县乡政府农村公共产品总的供给效率。② 最后，还需要分析供给模式对供给效率的影响。县乡政府农村公共产品不同的供给与生产配合方式将会产生不同的供给效率水平。社会面临着多种制度安排：一种是政府垄断农村公共产品的供给与生产。政府对私

---

① 滕泰、冯磊、彭振洲：《从供给侧推动中国改革》，英国《金融时报》2013 年 6 月 28 日。

② 曲延春：《增加农村公共产品供给》，《人民日报》2012 年 12 月 31 日。

人部门征税后通过财政对公共部门进行拨款，仍然由公共部门生产农村公共产品，并由农民免费消费农村公共产品，直接将其外部收益内部化。农村义务教育、乡镇卫生院等都属于这类制度安排。另一种是农村公共产品供给与生产分开。政府虽然通过对私人部门征税来转移社会公共资源，但公共部门将农村公共产品的生产交给私人部门。政府可以采取特许经营权方式，也可以按照县乡政府农村公共产品的实际受益范围和排他成本，为私人部门提供足够的激励以调整其收益水平，最终达到有效供给农村公共产品的目的。还有一种制度安排是混合供给。混合供给的制度安排可能集中前两种制度安排的优点，但同时它可能兼具前两种制度安排的缺陷。

4. 怎样评价农村公共产品的供给绩效？

怎样评价农村公共产品供给绩效的问题？关键是准确选择供给效率的测评维度，它反映了农村公共产品供给绩效的综合水平。准确选择县乡政府农村公共产品供给效率的测评维度，既包含测评科学性问题，又包含测评公正性问题。前者指必须兼顾农村公共产品的生产性绩效、消费性绩效和社会效益，后者指应当将农村公共产品供给绩效评价放到"公平与效率"兼得的天平上，追求实现城乡居民基本公共服务均等化目标，谨防"塔西佗陷阱"风险。我们知道，综合运用财政支农支出从宏观层面测算县乡政府农村公共产品供给效率，并结合农民微观层面上对农村公共产品供给的"满意度"评价进行"双层效率"测度，不仅是一种科学的方法，更成为越来越普遍使用的一种方法。[1] 但是近年来，一些机构或媒体屡屡报道农民比城镇居民幸福感更强、农民享受公共服务比城镇居民更实惠。一些地方政府或因"官出数字"，或为"数字出官"，提供一些匪夷所思的农村公共产品供给数据。这些都可能严重影响到农村公共产品供给效率的真实测评。古罗马时期著名历史学家塔西佗曾经这样描述：当政府失去公信力时，无论说真话还是假话、做好事还是坏事，都会被认为是说假话、做坏事。这个卓越的见解后来成为西方政治学里的一个定律，即所谓的"塔西佗陷阱"。进入 21 世纪后，我国农村公共产品供给状况得到了较大改观。但是，我们更应加强对政府花费了大量财力和物力的农村公共产品供给效率进行客观公正、准确真实的科学评价，并在农民需求多样化

---

① 参见李燕凌《县乡政府财政支农支出效率的实证分析》，《经济研究》2011 年第 10 期。

和高标准化情况下保证农村公共产品有效供给。[①]

第二节 农村公共产品供给效率标准[②]

改革开放三十多年来，党中央、国务院高度重视农村公共产品供给问题。早在 2007 年，中央一号文件就明确要求，在创新推动现代农业发展的体制机制改革进程中，"建立健全财力与事权相匹配的省以下财政管理体制，进一步完善财政转移支付制度，增强基层政府公共产品和公共服务的供给能力"。2014 年中央一号文件进一步明确提出，公共财政要坚持把"三农"作为支出重点，中央基建投资继续向"三农"倾斜，优先保证"三农"投入稳定增长。但是，由于我国城乡二元结构的客观存在，农村公共产品供给短缺问题长期以来成为制约农民增收、农业发展和农村繁荣稳定的最重要原因之一。根据国家统计局数据，1978—2012 年，中国财政收入年均增长率高达 13.97%。雄厚的财政实力保证了各级政府在各领域公共支出的增长，但是，不同部门公共支出的增长速度差异很大，其中，农业财政支出比重一直处于较低水平。2007—2012 年，国家财政用于农业的支出份额平均不足 9.5%，远远低于国家财政支出的增长速度。[③]从整个农村来看，尽管农村公共产品供给存在一些结构性过剩问题，但大量宏观和微观研究基本上都支持农村公共产品供给不足的判断。[④]为什么中国农村公共产品长期供给不足？笔者认为，除了县乡政府作为农村公共产品最重要的供给主体，其供给财力严重不足、供给决策体制机制弊端、供给结构和供给模式不合理等因素外，人们对农村公共产品的有效供给目标缺乏统一正确的认识，成为阻碍农村公共产品供给能力提升的重要原因。

有效的公共产品供给包含三层含义：一是基于人们效用或偏好上的成

---

① 刘天军、唐娟莉、霍学喜、朱玉春：《农村公共物品供给效率测度及影响因素研究》，《农业技术经济》2012 年第 2 期。

② 本节内容参阅贺林波、李燕凌《农村公共产品有效供给的三维目标》，《湖南社会科学》2014 年第 2 期，原文作为本课题的阶段性成果已经公开发表，少部分内容有修改，特此说明。

③ 国家统计局农村社会经济调查司编：《中国农村统计年鉴》，中国统计出版 2013 年版。

④ 高彦彦、周勤、郑江淮：《为什么中国农村公共产品供给不足?》，《中国农村观察》2012 年第 6 期。

本与收益比较。它强调个人的主观感受,当人们认为获得的公共产品有用时,公共产品供给就是有效率的;反之,当人们认为获得的公共产品无用时,这种公共产品供给就是无效率的。二是指资源的利用程度。也就是说,在给定技术条件下,对公共资源做了最大程度的利用,资源没有被浪费。通常用资源的投入产出比来衡量。三是指公共产品供给的外溢性或者说外部性。包括公共产品供给对私人投资和消费产生的引致或挤出效应,以及公共产品供给对整个经济社会和人文发展的影响效果。基于公共产品供给效率的三层基本含义,本书认为,应当从回应性、配置效率和宏观效率三个维度,全面深刻地认识农村公共产品有效供给目标,并通过深化财政管理体制改革、建构充满活力的多元投入体系、完善农村公共产品供给决策机制等多种途径,提高和增强基层政府农村公共产品的供给能力。

一 回应性目标

实现农村公共产品有效供给的回应性目标,是服务型政府的基本职能要求之一。所谓回应性,它是指政府对公民诉求的及时有效的回馈与反应。回应性包括两个方面内涵,一是政府对公民诉求的准确及时的理解与识别,二是政府对公民诉求采取有效的行动并加以积极应对,包括满足诉求、转移诉求等。供给是对需求的反应,私人物品的需求可以利用市场机制、通过价格信号自动地、较为及时地传递给供给者,而公共产品的需求则不能通过价格信号自动地传递给供给者,公共产品的需求不是个别的,而是在一定范围内具有整体性。整合公共产品需求是公共产品有效供给的重要前提。回应性标准所测度的就是公共产品供给者对公共产品需求的准确理解和有效整合。

始于 20 世纪 80 年代的新公共管理运动倡导在公共服务的生产和供给过程中,树立"顾客"的观念和价值,以"顾客满意"为宗旨对公共部门进行绩效评估,以使公共行政回应社会的需要、公民的需要,即要求公共行政具有回应性(responsiveness)的能力。按照回应性标准,只有公众认为有用的公共产品才是有效率的,正如私人产品市场,供给主体通过产品价格信号对产品需求做出反应一样。如果农村公共产品的供给主体也通过一定的机制对公共需求做出及时反应,那么,其提供的农村公共产品才是农民所需要和满意的①。因此，农村公共产品供给的终极价值标准是满足公共需求、提升公众满意度。

乔治·伯恩、凯瑟琳·约尔等认为，② 提高公共产品的回应性要深入思考两个问题：提高公共产品"哪些方面"的回应性？"哪些人"应该在政府公共服务规划和决策的回应对象范围内，即政府应重点关注哪些人？不同的利益相关者，是否具有同等权重？乔治·伯恩等人认为，回应的内部评价标准不仅包括支出和效率，还包括产出、成果、诚实和成本效益。在回应对象方面，乔治·伯恩等人将公众划分为若干个利益相关者群体，根据各群体的偏好，来判断各自的回应性水平，因为不同群体的利益需求可能有巨大差异。

回应性标准反映了提供的公共产品与消费者需求的匹配程度，是评价农村公共产品供给效率最重要也是最常用的标准。近年来，许多学者基于回应性标准来评价农村公共产品供给效率。相关研究主要集中在三个方面：一是运用顾客满意度理论评价农村公共产品供给效率。李燕凌、曾福生（2008）采用湖南省 126 个乡镇农户对农村公共产品供给满意度评价的抽样调查数据，运用 CSI - Probit 回归模型对农户的农村公共产品供给满意度及其影响因素进行实证分析，研究认为改进农村公共产品供给绩效必须同时发挥政府与农民两方面积极作用。③ 樊丽明、骆永民（2007）运用结构方程模型，根据对山东省 214 个行政村 670 份调查问卷所得到的调查数据，分析了农民对农村基础设施的满意度及其影响因素的作用力大小。④ 贺文慧、程实（2013）通过安徽省惠农政策实施情况的问卷调查，运用满意度测评方法对安徽省惠农政策实施绩效进行了实证分析，研究认为惠农政策供给与农户需求不均衡是影响政策实施效率的重要因素。⑤ 朱玉春等（2011）采用有序 Probit 模型，从不同收入层次农户的角度出发，

① 项继权、马光选：《回应性制度变迁：政府学习能力的理论解析》，《社会主义研究》2012 年第 2 期。

② 乔治·伯恩、凯瑟琳·约尔等：《公共管理改革评价：理论与实践》，张强等译，清华大学出版社 2008 年版。

③ 李燕凌、曾福生：《农村公共产品供给——农民满意度及其影响因素分析》，《数量经济技术经济研究》2008 年第 8 期。

④ 樊丽明、骆永民：《农民对农村基础设施满意度的影响因素分析——基于 670 份调查问卷的结构方程模型分析》，《农业经济问题》2009 年第 9 期。

⑤ 贺文慧等：《基于农户满意度的惠农政策研究》，《西北农林科技大学学报》（社会科学版）2013 年第 2 期。

研究农村公共产品供给效率，结果表明，农户对县乡政府评价、农户参与满意度及其参与方式是影响不同收入层次农户评价农村公共产品供给效果的关键因素。[1] 肖亮（2012）采用湖北省三个地区的调查数据，运用因子分析法对影响农村公共产品供给农民满意度的因素进行了实证分析，研究结果表明，社会保障是主要影响因素，其次是交通状况、住房状况、教育投入、医疗投入。[2] 二是通过农村公共产品需求偏好来评价农村公共产品供给效率。一些学者就农民对农村公共产品的需求偏好进行了有益探讨。樊丽明等（2008）研究了农村公共产品需求的层次性特征。他们通过对 3 个省 245 个农户的调查研究，得出农民的公共产品需求具有"硬品优先于软品，物质需求优先于精神需求，现实优于长远，切身利益重于宏观环境"四大特点，樊丽明等的研究认为，现阶段农民最急需的公共产品是卫生医疗、农田基础设施等涉及农民生存发展的基本公共产品。[3] 张士云等（2009）基于安徽省的实证研究表明，农村公共产品"一事一议"是一种良好的需求显示机制，农村道路、农田水利、技术服务和培训、村庄改造等是农民急需的公共产品。[4] 睢党臣（2010）利用我国 1980—2008 年农村居民消费支出构成数据，对农村居民公共产品需求变动趋势进行了分析，研究表明，农村公共产品的需求决定了农村公共产品供给的优先顺序，从农民对公共产品的需求意愿来看，农村公共产品需求优先顺序最终为：医疗卫生、基础教育、基础设施。[5] 三是农村公共产品的政府回应机制。要实现农村公共产品供求均衡，就要扩大社会参与，公众通过一定的参与途径表达公共产品需求，政府则通过一定的回应机制满足需求。黄国琴（2012）认为，新公共管理途径的回应机制有两种形式，一种形式是将市场竞争机制引入公共部门。在实践中表现为大规模的市场化改革，提倡"企业化政府"理念，政府作为公共服务的主要提供者，把公众作为

---

① 朱玉春等：《农村公共产品供给效果评估：来自农户收入差距的响应》，《管理世界》2011 年第 9 期。

② 肖亮：《农村公共产品供给农民满意度分析及评价》，《农业技术经济》2012 年第 7 期。

③ 樊丽明等：《基于农户视角的农村公共产品供需均衡研究》，《当代经济科学》2008 年第 5 期。

④ 张士云等：《农村公共产品的供给与需求——基于安徽省 364 份调查问卷的分析》，《中国农学通报》2009 年第 17 期。

⑤ 睢党臣：《基于需求的农村公共产品供给结构研究》，《吉林大学社会科学学报》2010 年第 3 期。

顾客，通过公共服务的私有化途径来回应"顾客的需求"。另一种形式是通过以权力下放为内容的激励机制来提高政府回应的灵活性，进而保证顾客需求得到充分满足。[①] 一些学者还对我国基层政府的回应机构进行了研究。黄乔松（2007）指出，县乡政府是我国最基层的政府，它对农民公共产品需求的回应直接关系到新农村建设的进程和成效。提升县乡政府农村公共产品供给的回应能力，必须结合国家宏观调控的需要，坚持对上回应与对下回应双向统一的原则。[②] 江艳（2009）认为，忽视农民参与的农村公共产品供给决策机制，是导致县乡政府回应性不高、农村公共产品供给效率偏低的主要原因。[③]

二 配置效率目标

从供求均衡关系对公共产品资源配置效率目标进行的研究，可追溯到较早的林达尔均衡理论。林达尔运用局部均衡分析方法，从公共产品成本分担的角度，阐述了公共产品供给"税收价格"的形成过程。在林达尔均衡模型中，个人按照自己的偏好对公共产品供给备选方案进行"投票"，并以愿意付出的税收支出承担相应的公共产品成本。1969 年，萨缪尔森对林达尔均衡理论提出了批评，萨氏指出：因为每个人都有将其真正的边际支付愿望予以支付的共同契机，所以林达尔均衡产生的公共产品供给均衡水平将会远低于最优水平，从而降低了公共产品配置效率。萨缪尔森对公共产品的最优供给量进行了一般均衡分析，指出公共产品的供给达到最优的必要条件是边际替代率之和等于边际转换率。[④] 其实，林达尔和萨缪尔森的均衡，都强调居民个人需求偏好对于公共产品有效供给的重要性。实现农村公共产品供给的配置效率目标，本质上都要求政府提供的农村公共产品必须实现供给与需求的资源均衡配置效率，并充分提高农村公共产品供给资源的有效利用程度。[⑤]

---

① 黄国琴：《服务型政府回应性的构建途径——兼对两种范式的回应模式述评》，《中共贵州省委党校学报》2012 年第 4 期。

② 黄乔松：《新农村建设下的县乡政府回应》，《南京航空航天大学学报》（社会科学版）2007 年第 3 期。

③ 江艳：《公共产品视角下县乡政府回应的障碍及对策探析》，《安徽农业科学》2009 年第 11 期。

④ 张馨：《林达尔模型和萨缪尔逊模型评价》，《中国经济问题》1995 年第 1 期。

⑤ 朱玉春、唐娟莉、罗丹：《农村公共产品供给效果评估：来自农户收入差距的响应》，《管理世界》2011 年第 9 期。

　　针对中国农村公共产品供求配置效率目标的现状研究，长期以来成为学者们研究的热点问题。刘华安（2009）认为，公共产品供给严重不足与过剩并存是我国农村公共产品供给配置效率的现实困境，国家对农村公共产品投入过低，这在一定程度上影响了农村公共产品的有效提供。与此同时，长期以来由于受政府职能目标取向的影响，我国地方政府大多属于"建设"职能模式，注重工业发展，忽视对"三农"投入，农民急需的生产性公共产品供给如大型的水利灌溉设施、大型农业固定资产投资、农作物良种的开发和培育以及有关农产品市场供求信息的预告等严重不足，从而导致基层政府农村公共产品配置效率远远低于城镇公共产品供给效率。① 农村公共产品供给的配置效率不仅具有城乡差异，在农村地区内部还表现出明显的地域差异。梁红梅、丁建微（2009）研究发现，按照Tiebout 模型有关"地方公共产品"问题的解决途径，消费者用"用脚投票"的方式可以达到地方公共产品与地方税负的最优配置。中国的经济分权制度虽然支撑了县乡政府提供农村公共产品的积极性，但是，县乡地方政府往往从自身利益最大化目标出发，偏向生产性公共产品供给而忽视农民的民生性公共服务，从而导致地方生产性公共产品供给增长与服务性公共产品供给严重失衡的局面并存。② 管新帅、王思文（2009）的实证研究表明，"人口密度大、财政分权程度高的地区，地方公共产品的供给效率相应较高。东部的公共产品供给效率明显高于西部地区"③。

　　农村公共产品供给主体单一、供给机制僵化也是导致配置效率偏低的痼疾。陈昕、吴夫娟（2009）研究认为，农村公共产品供给主体失衡、渠道狭窄，农村公共产品与农民的需求存在较大差距，政府在提供农村公共产品时，存在"错位"、"缺位"、"越位"的情况。④ 阮荣平、刘力（2011）通过对宗教社会保障功能的分析，探讨了建立中国农村非正式社

---

　　① 刘华安：《农村公共产品供给：现实困境与机制创新》，《国家行政学院学报》2009 年第3 期。

　　② 梁红梅、丁建微：《对农村公共产品供给效率的再思考——从政府职责划分与支出分配视角的分析》，《南京财经大学学报》2009 年第 1 期。

　　③ 管新帅、王思文：《中国地方公共产品供给效率地区差异测度》，《兰州大学学报》（社会科学版）2009 年第 4 期。

　　④ 陈昕、吴夫娟：《我国农村公共产品供给体制问题研究》，《改革与战略》2009 年第 6 期。

会保障供给机制来改进农村公共产品配置效率的可能性。[1] 虽然也有研究认为，在以政府为供给主体的公共产品供给模式中，政府财政支出及公共产品供给的确是政府干预经济的一种手段，政府通过公共资源在城乡之间的差异化配置，影响社会生产要素在三大产业部门之间以及同一产业部门内部的分配与积累，形成公共产品供给的"结构调整效应"[2]；但是，长期以来政府公共支出的城市配置倾向，是造成城乡经济差距的重要原因。例如，国家对农产品、劳动力和原材料的低价政策，使得大量农民涌入非农产业，在推动二、三产业发展的同时，也影响了农业的劳动力要素积累。此外，农村公共资源总量投入不足还造成了公共资源的规模无效，并导致农村生产要素配置效率低下。[3] 为了充分调动地方政府提供农村公共产品的积极性，适度的财政分权是搞活农村公共产品供给机制、提高配置效率的有效模式。为切实提高农村公共产品配置效率，财政分权的关键是明确各级政府的职责，要着力从五个方面入手，即明确政府与市场的关系、合理定位各级政府在农村公共产品供给中的职责范围与财力分配、遵循事权与财权相匹配的原则、建立科学的转移支付制度、提高地方政府收入。[4]

从配置效率角度看，农村公共产品供给与私人产品供给一样，都需要耗费资源。在资源有限的前提下，农村公共产品供给必须充分考虑公共资源的配置效率，即在既定技术条件下，用最少的投入实现较多的产出目标。一般来说，农村公共产品供给会涉及多种投入多种产出。所以，对其配置效率的评价也是学者们研究的热点问题。近年来，采用数据包络分析方法（DEA）对农村公共产品供给过程进行配置效率测度，成为较常见的方法。例如，李燕凌（2011）以湖南省为例，采用 14 个市（州）的截面数据，运用 DEA - Tobit 模型分析财政支农支出效率水平及其影响因

---

① 阮荣平、刘力：《中国农村非正式社会保障供给研究——基于宗教社会保障功能的分析》，《管理世界》2011 年第 4 期。

② 石奇、孔群喜：《动态效率、生产性公共支出与结构效应》，《经济研究》2012 年第 1 期。

③ 吴华超、温涛：《基于 DEA 方法的农村资金配置效率研究》，《金融理论与实践》2008 年第 3 期。

④ 曲婧：《财政分权与农村公共产品供给——从政府职责的角度分析》，《财经理论与实践》2012 年第 7 期。

素。① 张鸣鸣（2010）运用 DEA 方法对我国农村公共产品供给配置效率进行纵向评估，比较分析了我国 1978—2006 年财政支农资金对第一产业的贡献、农村基础教育、公共卫生及其综合效率。研究发现，我国农村公共产品投入总量长期不足，其中结构性供给显著不足，供给中技术效率不稳定且规模效率低下，进而使农村公共产品呈现显著供给无效率状态。②

三　社会效率目标

农村公共产品供给的社会效率分析源于新古典经济理论。新古典主义强调政府公共投资对私人投资的正外部性，私人投资的边际生产率会随政府公共支出的增加而提高。对"引致效应"的解释大多将公共投资视作一种生产要素，一方面，公共投资通过完善基础设施、促进技术进步和人力资本积累，扩大了社会生产的可能性边界从而带来生产效率的提高。另一方面，在宏观经济下滑的情况下，公共投资可以增加私人投资的信心，公共财政在基础设施和服务领域的投资，可以改善私人投资预期，带动私人投资和消费。③ 事实上，农村公共产品供给不仅要考虑农民对公共产品的实际需求、追求公共资源的高效利用，还必须考虑农村公共产品供给对私人领域以及整个宏观经济社会的影响效果。农村公共产品供给的社会效率包括公共产品供给对私人投资和消费产生的引致或挤出效应，以及公共产品供给对整个经济社会和人文发展的影响效果。国内学者对我国农村公共产品供给产生的社会效率进行了广泛的实证研究。一些研究结果认为，我国农村公共投资对私人投资在短期具有汲取效应，长期则具有挤出效应。例如，解垩（2013）采用中国健康与养老追踪调查数据，对甘肃和浙江两省城乡居民进行抽样调查，研究发现，中国农村公共转移支付对私人转移支付具有非线性挤出效应。④ 还有一些研究发现，我国农村公共产品供给的社会效率具有地区分布上的明显差异性。例如，杨美丽等（2007）的实证研究表明，农村道路、水利事业的发展对东部地区农户农业生产性投资存在显著影响，农村水利、通信事业的发展对中部地区农户

---

① 李燕凌：《县乡政府财政支农支出效率的实证分析》，《经济研究》2011 年第 10 期。

② 张鸣鸣：《我国农村公共产品效率评价——基于 DEA 方法的时间单元检验》，《经济体制改革》2010 年第 1 期。

③ 张勇、古明明：《公共投资能否带动私人投资：对中国公共投资政策的再评价》，《世界经济》2011 年第 2 期。

④ 解垩：《"挤入"还是"挤出"？——中国农村的公共转移支付与私人转移支付》，《人口与发展》2013 年第 4 期。

农业生产性投资存在显著影响，农村通信事业的发展则对西部地区农户农业生产性投资存在显著影响。① 林江、李普亮（2011）的研究也得出了类似结论，他们基于全国 30 个省份的实证研究发现，地方财政农业投入对农村居民消费的效应表现出明显的区域性差异，其中，东部地区的财政农业投入显著促进了农村居民消费，而中西部地区的财政农业投入对农村居民消费的影响在统计上并不显著。②

农村公共产品供给的社会效率目标，还突出体现在对农户收入与消费所产生的影响上。杨斌、史耀波（2013）采用陕西 5 个县 20 个村 400 户农户调研数据，通过构建简要两期生产模型，实证分析了农村公共产品供给对农村居民收入差距的影响。研究发现：只有通过对农村居民征收收入税的方式来提供消费性公共产品，才会缩小收入差距；通过政府拨款方式或通过农户"一事一议"集资提供农村生产性公共产品，都会拉大收入差距。③ 朱迎春（2013）采用我国 1978—2006 年的财政数据，实证分析了我国财政支农支出、农业基本建设支出、农业科技三项费用以及农村救济费等公共财政支农资金的收入分配效应。结果表明，财政支农支出和农业科技三项费用能够有效缩小农村居民收入差距，而农业基本建设支出和农村救济费则未能发挥积极作用。④ 大量研究成果表明，我国农村公共产品供给对农民消费支出具有促进作用。吴丹、朱玉春（2012）认为，农村公共产品供给状况是影响农村家庭消费的重要因素（吴丹、朱玉春，2012）。⑤ 楚尔鸣等（2007）认为，农村公共产品供给为农民带来了正向消费效应。⑥ 张书云、周凌瑶（2011）利用 2005—2009 年数据，实证分析了农村道路、电力、通信、教育和医疗卫生五类代表性农村公共产品对农村居民消费结构的影响。研究表明：改善农村交通通信设施、电力基础设施、医疗卫生基础设施和教育设施，都会对农村居民消费增长有明显的

---

① 杨美丽、周应恒、王图展：《农村公共事业发展对农户农业生产性投资的影响——基于地区面板数据的实证分析》，《财贸研究》2007 年第 3 期。

② 林江、李普亮：《地方财政农业投入与农村居民消费增长——基于省级面板数据的实证分析》，《地方财政研究》2011 年第 11 期。

③ 杨斌、史耀波：《农村公共产品成本分担对农户收入差距的影响机理与实证研究》，《当代经济科学》2013 年第 2 期。

④ 朱迎春：《我国财政支农资金的收入分配效应研究》，《当代财经》2013 年第 9 期。

⑤ 吴丹、朱玉春：《公共产品供给对农村家庭消费的影响》，《南京农业大学学报》（社会科学版）2012 年第 1 期。

⑥ 楚尔鸣等：《农村公共物品供给消费效应的实证分析》，《消费经济》2007 年第 6 期。

促进作用。①

　　大量研究还表明，农村公共产品在现代农业发展中对促进农业经济增长的作用也越来越显著。王文普（2010）对江苏农业增长源泉的实证研究结果显示，在农业总要素生产率的增长贡献中，公共产品的贡献率达到75%。② 丁谦（2010）认为农村公共支出的不同来源方式对我国农业增长的贡献存在差异。来源于工商业或城市的公共支出对我国农业增长的贡献相对较小，并且，由于外部来源的欠缺，逼迫农户自身不得不增加公共支出，产生了来源于农户的公共支出替代来源于工商业或城市的公共支出的"替代效应"。③ 赵京等（2013）根据时间序列的 DEA 测算 1988—2010 年中国农业生产效率，在此基础上运用协整分析、误差修正模型、格兰杰因果检验系统分析了政府农村公共产品投入对农业生产效率的影响。研究结果表明：政府农村公共产品投入有利于农业生产效率的提高。④ 尹文静（2010）研究了农村公共投资对私人投资的影响，她应用 IS - LM 理论模型，采用 1990—2008 年全国的时间序列数据进行回归分析。研究结果显示，农村电力发展、乡村道路建设，对农户投资影响显著，而农田水利建设、农村义务教育发展对农户投资的影响并不显著。⑤

　　总之，农村公共产品供给对整个农村的经济社会和人文发展、改变农村落后面貌都会产生一定程度的社会效率。农村公共产品供给不仅对农业生产力发展具有促进作用，而且还通过市场调节和政府干预的共同作用，增加农村公共产品供给以改善农业生产条件、降低农业生产成本，有利于促进物质资本和人力资本等生产要素向农村集聚。从回应性、配置效率和社会效率三个维度，对农村公共产品供给效率目标进行梳理后不难发现：回应性标准是评价农村公共产品供给效率最重要也是最常用的标准。农村公共产品供给的配置效率不仅具有城乡差异，而且表现出明显的地域差

---

　　① 张书云、周凌瑶：《公共物品供给对农村居民消费影响的实证分析》，《北京理工大学学报》（社会科学版）2011 年第 6 期。

　　② 王文普：《农村公共产品贡献度的经验分析：以江苏省农业为例》，《农业科学研究》2010 年第 3 期。

　　③ 丁谦：《公共支出对农业增长的影响机制研究》，博士学位论文，重庆大学，2010 年。

　　④ 赵京、杨钢桥、汪文雄：《政府农村公共产品投入对农业生产效率的影响分析》，《经济体制改革》2013 年第 3 期。

　　⑤ 尹文静：《农村公共投资对农户投资影响研究》，博士学位论文，西北农林科技大学，2010 年。

异。供给主体单一、供给机制僵化是导致配置效率偏低的痼疾。农村公共产品供给的社会效率目标，突出体现在对农户收入与消费所产生的影响上。农村公共产品在现代农业发展中对促进农业经济增长的作用越来越显著。

第三节　农村公共产品供给决策

早在 1998 年，江泽民同志在安徽省考察工作时就说过，要认真总结并牢牢记取农村改革的基本经验，"办好事、办实事，也要量力而行，也要尊重群众，不能搞强迫命令，否则农民就不满意、不高兴、不赞成、不答应"①。江泽民同志这里所讲的，就是农业社会化服务体系建设问题，从根本上讲就是农村公共产品和公共服务的供给决策方法问题。农村公共产品供给决策直接影响着其供给效率水平。这里既有决策科学性要求，又有决策民主化规定。决策的科学性决定了农村公共产品供给能够有效配置公共资源，决策的民主化规定了各决策权利主体共同参与决策，从而能够最大限度地实现农村公共产品供给的公共利益。只有既科学又民主的决策，才能确保农村公共产品供给实现既定的效率目标。具体而言，所谓农村公共产品供给决策，是指农村公共产品供给决策权的形成、分配以及决策过程的总的制度体系，它主要包括三个基本要素，一是决策单元，即决策权的支配范围，决策单元的构建就是在什么范围内形成决策权的问题；二是决策程序，即决策的步骤及与之相关的具体活动；三是决策系统，即决策过程中各相关主体、信息、技术等要素的有机构成，包括决策中枢系统、决策咨询系统和决策信息系统等子系统。决策的三个基本要素都对县乡政府农村公共产品供给效率产生极为重要的影响。

一　决策单元

农村公共产品供给的决策单元是指能够独立决定一定农村区域范围内公共产品供给的具有独立组织能力的区域单元，即农村公共产品供给由谁决策以及在什么范围内做出决策。例如，国家为支持新农村建设，力争在

①　江泽民：《开创农业和农村工作新局面》，《江泽民文选》第 2 卷，人民出版社 2006 年版。

5年内实现全国所有村庄通沥青路或水泥路，解决9亿农民的出行难题，即"村村通公路工程"。那么，此项农村公共产品供给的决策单元就是国家（即中央政府）。为了更好地发挥此项公共产品的地方功能，某村委会决定在5年内同时实现"户户通公路"目标，因此决定由村集体经济与村民共同筹资，并按相关政策争取财政资金支持共同建设村级公路。那么，做出这项决策的决策单元就是村民委员会。决策单元是一个可以进行投入—产出计量的独立系统，常用来评估农村公共产品供给效率的方法——DEA方法就将一个"可以通过一系列决策，投入一定数量的生产要素，并有一定数量的产出的系统"称为决策单元。在农村公共产品供给决策效率的分析中，通常采用DEA方法对同一级别的n个决策单元的供给效率进行定量分析。

确定农村公共产品供给决策单元首先要考虑农村公共产品所体现的利益共同体的范围。因为，只有在一个利益共同体范围内形成的供给决策，才能够最大限度地满足农村公共产品消费者的真实需求偏好并实现供需互动。例如，"村村通公路工程"体现的是全国9亿农民的共同利益，而某村"户户通公路"体现的是本村村民的共同利益。因此，由甲村的村民委员会来决定乙村"户户通公路"的建设，必定会极大地降低其供给效率水平。

确定农村公共产品供给决策单元还要考虑决策的便捷性，要与决策成本和行政组织能力相适应。通常而言，决策单元大致分为两种类型：一类是通过国家公权力构建的行政单元，如国家、省、市、县、乡（镇）。另一类是公民依法组织或通过契约方式构建的决策单元，例如村民自治组织、乡村公共事务理事会、社会团体等。一般来说，在一个大范围内供给的农村公共产品，其效用上的非排他性强，供给成本收益具有明显的非竞争性特点。较低层次的行政单元难以负担供给成本，也不易全面收集决策信息，因此，宜采取由更高层级的行政决策单元进行集中决策。在一个较小范围内（例如村级）供给的农村公共产品，往往具有典型的准公共产品特征，采取村民委员会决策单元进行决策可能取得较好的供给效率。

在分析决策单元对县乡政府农村公共产品供给效率的影响时，要特别注意区分决策单元、供给主体、公共产品生产者三个不同的概念，不可混为一谈。把握决策单元概念的重点是明确决策权，即确定由谁供给、向谁供给、供给什么以及如何供给的权力人。供给主体仅指"由谁供给"，是县乡政府农村公共产品的成本承担者或出资人。县乡政府农村公共产品生产者是直接把生产要素转换成公共产品的单位或个人，它可以是公共部门，也可以是私人部门。政府可以将一些农村公共产品或公共服务的生产通过招标方式承包给私人。例如，政府将新型农村合作医疗的部分基本药物生产以特许经营权方式准许民营企业生产，也允许个体药品经销商经销。

二 决策程序

无论是公共产品供给的决策制定者还是决策实施者都要遵循一定的程序。农村公共产品供给的决策程序是指决策过程中所形成的各环节、步骤及其活动的总和。科学民主的决策程序是保证决策质量和实现决策目标的基本保障[①]。准确分析决策程序对县乡政府农村公共产品供给效率的影响，必须全面掌握公共决策过程。根据现代决策理论，公共决策程序大体分为发现问题、确定决策目标；拟定决策备选方案；决策备选方案的评估与抉择；决策方案的执行及修正等步骤。县乡政府农村公共产品供给决策程序主要包括以下四个基本步骤：

1. 发现问题与确定决策目标

发现问题就是要识别农村公共产品需求与实际供给之间的差距，即公共产品供给决策的理由。发现问题的过程也是信息搜集、调查研究的过程，在这个过程中需要弄清楚问题的性质、程度、范围、原因以及影响，找出问题和原因后，就可以根据公共产品需求与公共产品供给能力确定决策目标。公共产品供给决策目标应能充分反映农民对公共产品的需求偏好，并有轻重缓急之分，包括公共产品供给的种类、数量、层次和范围等。[②]

2. 拟定决策备选方案

决策目标确定后，就要设计决策方案，以实现这些目标。包括确定农村公共产品具体的融资渠道、成本分担方案、公共产品的生产者、公共产品的使用和维护措施等。在这一步骤中，应公开决策信息，集思广益，让利益相关者参与决策方案的制定。决策信息公开的渠道主要有民意调查、听证制定、专家咨询制度、利用网络平台等。

[①] 夏珑、李冰水：《我国地方政府决策程序中实然与应然的矛盾及现实进路》，《黑龙江社会科学》2010 年第 1 期。

[②] 姚莲芳：《我国农村公共产品供给研究观点综述》，《财政研究》2009 年第 6 期。

3. 决策备选方案的评估与抉择

通过一定的评估技术和手段对备选方案进行评价与比较，选择最适用的方案付诸实施，这是决策过程中非常关键的一步。在这一步骤中，还要进行相应的专家咨询和论证。选择最优的决策方案无疑是决策所追求的目标，但是在实际工作中，很难做到最优。因此，用西蒙提出的"满意原则"代替"最优原则"，即只要找到符合或超过目标值的方案即可。①

4. 决策方案的执行及修正

决策方案的执行就是把决策方案由设想变为现实的过程。决策是一个动态的过程，在决策方案实施过程中会遇到各种各样的情况，决策者应及时对原有的决策进行局部修正并追踪决策。例如，由于前期决策没有掌握充分、准确的信息，在决策实施或者设立试点后，实际的结果与目标出现偏差，这个时候就需要对原决策方案进行修正。

以上四个步骤从整体上大致揭示了农村公共产品供给决策的过程序列，但是现实决策活动比单一循环过程要复杂得多。因为，决策中每一个后续阶段都有对前期决策进行检验和修正的问题，而且，决策中的每个阶段都可能产生新问题，需要新的决策。②

在分析决策程序对县乡政府农村公共产品供给效率的影响时，要特别注意农村公共产品供给决策的科学性和民主性以及决策向度问题。增强农村公共产品供给决策的科学性和民主性，是提高农村公共产品供给效率的重要保证。一般来说，决策科学性对供给效率的影响应当既考虑农村公共产品供给成本的节约，又兼顾农村与城市、农村与农村之间的利益分配。决策民主化对农村公共产品供给效率的影响，则主要考虑各决策权利方的参与程度、农村公共产品消费需求的满足程度等。民主决策的显著优势在于可以充分表达最广大人民群众的利益诉求，在决策过程中最大限度地让人民群众参与到决策中来，决策主体采纳和整合人民群众的需求偏好形成最终的决策方案。③

决策向度对县乡政府农村公共产品供给效率具有重要影响。农村公共产品供给决策程序通常可分为"自上而下"与"自下而上"两个向度。

---

① 叶泽方：《新的决策准则："满意"与"最优"结合》，《决策探索》1996 年第 1 期。

② 陈昕、吴夫娟：《我国农村公共产品供给体制问题研究》，《改革与战略》2009 年第 6 期。

③ 刘伟：《领导决策的思维逻辑塑造》，《领导科学》2013 年第 1 期。

"自上而下"的供给决策通常由上级政府做出，然后逐层向下级政府传达。在这一过程中，供给决策具有很强的指令性，纳税人很难参与地方公共产品的供给决策程序，纳税人的真实需求无法在供给决策中体现，纳税人进行需求表达的权利"被代表"了。① "自下而上"的供给决策是指让农民充分参与决策，表达需求偏好，供给方整合这些偏好并形成供给决策。已有大量文献较多地关注"自上而下"还是"自下而上"的决策向度，把注意力放在"需求"方对决策的作用方面，忽视了供给对决策的作用研究，真正从供给方面来研究决策程序的文献并不多见。事实上，强调需求方对中国县乡政府农村公共产品供给效率的决策影响功能，在现实中其实很难行得通。从现实情况看，虽然农村公共产品需求表达形式较丰富，主要包括村民委员会的"民主集中制"、"精英表达"机制、"一事一议"制、"农民上访"式表达以及上级政府采访民意"调查研究"②。但是，由于农民自身素质的限制，农民个人总是更为关心与自身利益密切相关的公共产品的供给，而对于关乎农民群体的那些公共产品供给的关注度要稍低一些。③ 客观上，长期以来农村公共产品供给的"自上而下"的决策机制也忽略了农民对公共产品的需求，导致农村公共产品供需不平衡。④ 在农民对已经供给的公共产品不满意的情况下，通过有组织、有纪律的呼吁等方式表达意见的途径，通常是在决策产生之后向决策者表达满意度，更是一种事后反馈信息、提供建议的方式，对决策的影响相对有限⑤。因此，也有学者认为，通过构建"政府调控 + 农民需求"相结合的农村公共产品供给决策机制，加强农村公共产品决策制度方面的供给更为重要。⑥

三 决策系统

农村公共产品供给的决策系统是指决策过程中各种要素有机联系的整

① 刘蓉、黄洪：《我国地方公共产品的需求表达与决策机制研究》，《当代经济研究》2011年第11期。

② 曾福生、李燕凌、匡远配：《农村公共产品供求均衡论》，中国农业出版社2006年版。

③ 王俊霞、王静：《论"政府调控 + 农民需求"的农村公共产品供给决策机制的构建》，《西安财经学院学报》2011年第6期。

④ 曲延春：《我国农村公共产品供给：问题、根源与对策》，《生产力研究》2011年第5期（转引自陈玲、张建东《国内农村公共产品供给研究综述》，《法制与社会》2012年第1期）。

⑤ 刘蓉、黄洪：《我国地方公共产品的需求表达与决策机制研究》，《当代经济研究》2011年第11期。

⑥ 王俊霞等：《基于组合赋权方法的农村公共产品供给绩效评价研究》，《西北大学学报》（哲学社会科学版）2013年第2期。

体，包括决策中枢系统、决策咨询系统和决策信息系统等。决策系统内部各子系统的功能是否齐全、运转是否协调、运行是否规范，直接影响到农村公共产品供给决策的质量，并最终对县乡政府农村公共产品供给效率产生重要影响。

决策中枢系统是决策系统的核心部分，是由拥有决策权力的领导者集体所组成的首脑机关。决策中枢系统的主要职责在于决策方案的最终选择，即根据信息系统提供的信息和咨询系统提供的备选方案，进行综合、分析与判断，在权衡利弊的基础上，选择或者综合一个最佳或满意的方案，形成最终决策。[①] 研究决策中枢系统对县乡政府农村公共产品供给效率的影响，必须从决策者的责任约束和利益约束两方面把握关键变量。新供给经济学认为，由于目前中国农村公共产品的供给主要不是由农民出资（没有农业税和乡镇统筹），因此，从需求侧分析农民对农村公共产品供给的决策责任和利益约束，实际上无法形成责权对等的"闭合回路"。从供给端、供给侧分析政府在农村公共产品供给中的决策责任和利益约束，不难发现，中央政府受长期以来城乡"二元结构"体制制约具有制度的"路径依赖"，难以大幅度调整农村公共产品供给投入规模及其在财政总支出中的比例结构。地方政府更是基于政绩"锦标赛"考虑，不可避免地追求 GDP 增长，难以突破政府短期利益制约。尽管中央政府和社会舆论对地方政府供给农村公共产品也有一定的责任压力，但毕竟只是软约束。在欠缺民主参与和监督背景下，地方官员为了实现短期政绩目标，不惜扭曲政府支出结构，一方面牺牲民生需求的公共产品投入，另一方面则热衷于 GDP 拉动效应高的基础设施投资。政府无视公共产品供给与民生需求的匹配，在于制度的软约束性，尤其通过财政支出软预算约束充分体现出来。[②]

决策咨询系统也叫决策智囊系统，它是由各种研究机构以及专家、学者组成的系统，在公共决策活动中发挥参谋咨询作用。研究决策咨询系统对县乡政府农村公共产品供给效率的影响，是提高农村公共产品供给决策科学性的客观要求。有效发挥决策咨询系统的功能，关键在于能够发挥专

① 杜方：《完善公共预算决策程序，提高财政支出效率》，《中央财经大学学报》2009 年第 7 期。

② 赵永亮、杨子晖：《民主参与对公共产品支出偏差的影响考察》，《管理世界》2012 年第 6 期。

家群体的整体优势，从而提高公共决策的科学性和民主性。在县乡政府农村公共产品供给效率影响因素研究中，主要应分析咨询专家参与决策的方式、频率、咨询意见被采用的程度等因素，对农村公共产品供给决策方案的实际影响。我国各级党委和政府设立了内部决策咨询机构，其职能定位是为决策层提供信息咨询、决策建议，以辅助决策。我们也可以分析这些官方咨询机构提供的咨询报告、政策建议被政府决策采用的情况及其对决策发挥的实际作用。此外，还有大量半官方的决策咨询机构，采用市场化的运作机制，在某些领域对农村公共产品供给决策发挥重要作用。

决策信息系统是指为公共决策需要而建立的专门收集、分析、传递、储存信息资料的机构、部门和单位的总称。整个农村公共产品供给决策过程，实际上就是一个信息收集、加工和转换的过程。县乡政府农村公共产品供给问题的发现、决策目标的确定、决策方案的设计和实施都依赖于相关信息的收集、处理。因此，准确、全面、及时的信息是正确决策的基本条件。同时，处理信息的能力也是决策能力的重要体现。

第四节　农村公共产品供给结构

农村公共产品供给结构主要回答农村公共产品由谁供给、供给什么的问题。包括一是供给主体结构，即不同的供给主体在农村公共产品供给中各自扮演的角色和功能及其相互关系；二是供给内容结构，即所供给的各类公共产品的数量及比例构成；三是供给层次结构，即供给主体根据农村公共产品受益的范围和层次形成的层次划分。

一　供给主体

县乡政府农村公共产品供给主体有政府、私人部门（企业和农民）和第三部门。不同的供给主体在提供特定的农村公共产品上具有特定优势，我们在研究供给主体对供给效率影响时，应根据农村公共产品的类型以及受益范围，对农村公共产品多元主体进行分类分析。[①]

1. 政府供给对农村公共产品供给效率的影响分析

政府供给公共产品的理论基础与国家起源论有关。1651 年霍布斯在

---

① 何安华、涂圣伟：《农村公共产品供给主体及其边界确定：一个分析框架》，《农业经济与管理》2013 年第 1 期。

《利维坦》一书中从社会契约角度论述了"国家"提供公共服务的基本内容："将多数人意志转化为单个人的意志，有利于防御外敌、避免人与人之间的相互伤害，确保人们能够自享其成果。"① 即维护和平，实现共同防卫。1776 年亚当·斯密在《国富论》中详细论述了政府的职能，他认为，政府是市场的"守夜人"，政府的三大基本职能之一就是"建立公共机构和公共工程，以提高国民教育水平和促进社会商业发展"②。政府供给公共产品的微观基础源于经济外部性。大卫·休谟提出了"搭便车"的概念。由于公共产品消费的"外部性"，导致公共产品私人供给失灵，政府干预可以克服"搭便车"行为。③ 这些理论隐含了一些前提假设，即政府是社会公共利益的当然代表、政府有能力获取完全信息、政府的行政成本几乎为零。

公共选择学派的代表人物布坎南将"理性经济人"假设引入到对官僚机构的分析之中，他对政府干预微观经济的有效性提出了质疑。布坎南认为，政府代表公共利益的同时，也追求个人或部门利益最大化，可能导致政府决策违背公共利益，因此，政府并不是万能的，政府在某些领域的行为也会"失灵"。政府提供公共产品是要耗费成本的，例如，政治行为是高度垄断的，社会的一些稀缺资源由政府垄断并由政府进行配置，而政府部门缺乏明确的考核指标，使得稀缺资源的配置效率难以达到社会最优水平。④ 而且，政府官员的任期制度往往会导致政府决策忽略社会长远利益。⑤ 此外，政府提供公共产品的质量也难以评估和监督。例如，国防开支给人们带来的效用有多大，新的经济法律制度的社会效用到底如何，不能简单用成本—收益来衡量。而且，公共选择的投票规则可能造成"强制性搭便车"现象，在"多数同意"投票规则下，获得通过的决策只符合大多数人的偏好，剩下的小部分人只能被动接受投票结果，造成少数人"被代表"。由于任何个人、组织的能力都是有限的，政府在建构理性主

---

① ［英］霍布斯：《利维坦》，黎思复、黎廷弼译，商务印书馆 1985 年版（转引自闫龙飞《我国准公共产品多元化供给研究》，博士学位论文，西南财经大学，2012 年）。

② ［英］亚当·斯密：《国民财富的性质和原因的研究》（又名《国富论》），郭大力、王亚南译，商务印书馆 1972 年版。

③ ［英］大卫·休谟：《人性论》，贾广来译，陕西师范大学出版社 2009 年版。

④ ［美］詹姆斯·M. 布坎南：《民主财政论》，穆怀朋译，商务印书馆 2002 年版。

⑤ 董少林：《地方政府官员的搭便车行为及其制度约束》，《江西社会科学》2012 年第 2 期。

义指导下履行力不能及的社会职能和扼杀有序有效的扩展秩序时会产生政府失灵。① 总之，政府供给公共产品仍然存在一系列局限性，因此，我们在研究县乡政府农村公共产品供给主体对供给效率的影响时，必须充分考虑政府的社会公共利益代表性、信息获取能力及政府行政成本等因素的作用。

2. 私人供给对农村公共产品供给效率的影响分析

私人供给农村公共产品包括私人部门（如企业）和农民供给。私人供给农村公共产品的主要困难是"搭便车"问题。许多学者从不同角度论证了依靠市场克服"搭便车"的可行性：用明晰产权的方式排除"免费搭车者"。按照科斯的交易成本理论（Coase，1960），在市场存在交易成本的情况下，产权的初始分配将影响资源的配置效率，产权应该分配给能导致社会福利最大化或社会福利损失最小化的一方，然后通过自由交易提高社会福利。继而，科斯（1974）在《经济学上的灯塔》一文中从历史经验的角度证明了公共产品私人供给的可能性，科斯发现，在 17 世纪初期至中叶的英国，作为典型公共产品的灯塔，全部是由私人投建的而并不是政府提供，私人向英国政府取得经营许可权，建成后通过向过往船只收费来收回投资并获利。布坎南的俱乐部物品理论（Buchanan，1965）则为市场供给俱乐部物品提供了理论基础。俱乐部供给方式是只有在满足一定的约束条件例如付费后，才可以消费某种公共产品。布坎南认为，俱乐部提供满足某一类共同需求的产品，需要这类产品的个人通过付费的方式获得俱乐部产品，付费方式可以较好地解决公共产品的"拥挤性"问题。德姆塞茨在《公共产品的私人生产》一文中也认为，在能够排除不付费者的情况下，私人企业能够有效地提供公共产品。② 通过订立契约供给公共产品，即消费者之间根据一致性同意原则订立契约来供给公共产品，从而解决"搭便车"问题。例如，某个村计划兴建一个健身场所，全体村民在一致同意下签订契约，约定该健身场所由某个村民或村以外的人投资兴建，使用者向投资者付费。③ 通过合作实现公共产品的市场供

① C. V. Brown，P. M. Jackson：《公共部门经济学》，张馨译，中国人民大学出版社 2000 年版。

② 彭真善、宋德勇：《交易成本理论的现实意义》，《财经理论与实践》2006 年第 4 期。

③ 方建中、邹红：《农村公共产品供给主体的结构与行为优化》，《江海学刊》2006 年第 5 期。

给。在一个典型的静态博弈模型中，个人出于利益最大化的"搭便车"行为，导致公共产品合作生产困难。但是，公共产品供给主体之间的博弈应该是动态的重复博弈，在重复进行的博弈中，每一个博弈主体会根据对方上一轮的行为选择进行选择，如果前一轮中，对方选择合作，他便选择合作，如此重复会达到共赢的结果，在这种情况下，公共产品的合作生产就有可能实现。[①] 通过非正式制度减少"搭便车"行为。农民自治组织供给农村公共产品通常也被纳入私人供给农村公共产品范畴进行分析，比较典型的组织包括农村专业合作组织，它与以志愿者服务为价值目标的"第三部门"供给存在本质差别。Knack 和 Keefer（1997）等人提出的社会资本理论认为，自治组织内部成员在长期的共同生活和合作过程中会形成一种相互信任和协作的社会规范，以及在此基础上建立起相互联系的互惠互利的社会网络，这种成员之间的信任和规范就是一种社会资本。社会资本有助于提高成员"搭便车"的成本，从而降低成员"搭便车"的行为。[②]

3. 第三部门供给对农村公共产品供给效率的影响分析

"第三部门"这个词，最早由美国学者莱维特（Levitt）所使用。他认为，"第三部门"是指处于政府与私营企业之间的社会组织。有的文献中也称作"非政府组织"、"非营利性组织"。根据我国的情况，第三部门组织一般可划分为社会团体、民办非企业性单位、基金会等几种类型。[③]

第三部门供给农村公共产品通常被认为是对市场失灵和政府失灵的一种回应。为了走出政府失灵和市场失灵困境，第三部门便应运而生。第三部门最本质的特征在于，它是以组织成员共同的"志愿"为组织目标。在县乡政府农村公共产品供给领域内，第三部门在提供慈善产品、扶贫服务、社会救助、弱势群体帮扶等方面，具有组织自身特有的一些优势，包括产品创新优势、贴近基层优势、灵活服务优势和效率优势等。对一些纯公共产品或少数人群需要的特殊服务而言，第三部门也具有政府和企业组

---

① 陈潭、刘建义：《集体行动、利益博弈与村庄公共治理——岳村公共物品的供给困境及其实践逻辑》，《公共管理学报》2010 年第 3 期。

② 狄金华、钟涨宝：《农村专业合作组织成员经营活动中社会资本的运作研究》，《南京农业大学学报》（社科版）2006 年第 4 期。

③ 王名：《中国民间组织——走向公民社会 30 年》，社会科学文献出版社 2008 年版。

织无法替代的作用。① 然而，第三部门在提供农村公共产品和公共服务方面，也存在"志愿失灵"的情况。② 这是由于农村公共产品供给中普遍存在"搭便车"行为，而第三部门的社会捐助资金来源很不稳定，难以长期维持组织正常运营，真正的"草根组织"因为得不到政府财政补助和购买服务最终难以为继。第三部门还会因信息不完全、目标盲目性等原因造成社会捐助资源的交叉使用、重复浪费，从而降低配置效率。有些第三部门在运行较长时期之后，也会产生官僚组织的通病，甚至经常受到来自政府的各种压力和限制致使组织偏离自身使命。近年来，少数第三部门被个别所谓"社会精英分子"利用的情况也应引起高度警惕。

4. 农村公共产品供给过程中不同供给主体之间的关系分析

政府、私人部门和第三部门在公共产品供给上各具优势，同时也有其局限性。政府供给的优势在于它的公正性和稳定性，私人部门供给的优势体现在它的灵活性和适应农民需求，第三部门供给的优势则体现在它的非营利性独具的同情、社会正义。③ 因此，县乡政府农村公共产品供给主体多元化成为必然。奥斯特罗姆提出的"多中心理论"为类似于准公共产品的县乡政府农村公共产品多元主体供给分析提供了理论支撑。奥斯特罗姆认为，政府、私人部门和自治部门等公共产品不同供给主体之间的竞争，形成近似于自由竞争的供给市场，从而可以增进公共产品供给效率。④ 由于各类农村公共产品的外部性强度不同，而且政府、第三部门和营利性组织也有各自的资源获取方式和公共产品生产供给组织方式，所以政府、第三部门和营利性组织会根据各自的比较优势选择性地供给某些农村公共产品。随着专业化分工水平的提高，各主体面临的交易费用也逐渐增加。在专业化经济和交易费用的两难冲突作用下，一些供给范围区间是单独供给的，一些供给范围区间是混合供给的。在混合供给区间，受消费者愿意消耗的资源数量约束，拥有较高供给效率的供给主体将是消费者农村公共产品供给选择的目标。农村公共产品的供给方式不是一成不变的，

---

① 闫龙飞：《我国准公共产品多元化供给研究》，博士学位论文，西南财经大学，2012 年。

② Salamon, L. M., Rethinking Public Management: Third - Party Government and the Changing Forms of Government Action. *Public Policy*, 1981, 29 (3).

③ 朱荣飞、周定财：《农村公共物品供给中存在的问题与对策分析》，《当代经济管理》2010 年第 6 期。

④ ［美］埃莉诺·奥斯特罗姆：《公共事物的治理之道》，余逊达、陈旭东译，上海三联书店 2000 年版。

多元主体供给的范围边界会因社会进步、技术革新、制度变迁等因素而发生变动，即各主体的农村公共产品供给合理边界是动态的。农村公共产品供给过程中可能存在供给遗漏，政府、营利性组织和第三部门都不会供给遗漏区间内的公共产品，这也就为农村公共产品供给主体的创新创造了需求空间，有可能出现第四部门供给主体。①　总之，我们在深入进行供给主体对农村公共产品供给效率影响分析过程中，既要合理考虑各供给主体的利益目标，同时又要充分考虑各供给主体之间的相互合作。政府与私人部门或第三部门通过合作追求共同的或者一致的目标，强调风险和责任共担。在政府职能上，重点关注的是政府作为微观的公共产品供给主体应当承担的职责。②　政府作为县乡政府农村公共产品供给主体之一，还要协调、管理和监督其他供给主体。我们应当从建立农村公共产品供给科学的治理体系和治理能力现代化的高度，将各供给主体的农村公共产品供给机制纳入政府治理框架，为县乡政府农村公共产品供给提供政策和制度保障。

二　供给内容

县乡政府农村公共产品的供给内容结构，是指各供给主体供给的各种农村公共产品的数量及其构成比例。不同内容的农村公共产品及其在供给总体中的结构地位，对整个县乡政府农村公共产品的供给效率具有重要影响。

要分析农村公共产品供给内容对其供给效率所产生的影响，必须对农村公共产品进行合理分类。有关农村公共产品的分类方法较多。较早的分类文献包括叶兴庆（1997）、黄志冲（2000）、陶勇（2005）、熊巍（2002）、李秉龙（2003）、徐小青（2002）、林万龙（2002）、汪前元（2004）等学者的研究成果。综合上述专家的分类成果，笔者曾经界定农村公共产品是指政府或政府的代理组织、农村合作组织所提供的，在农村范围内共同消费的、或为"三农"服务的社会产品。这个分类标准强调农村公共产品供给仅局限于农村社区的区域范围、强调"三农"是农村公共产品的主要受益者。③　近年来，有关农村公共产品分类的研究越来

---

① 何安华、涂圣伟：《农村公共产品供给主体及其边界确定：一个分析框架》，《农业经济与管理》2013 年第 1 期。

② ［美］乔·B. 史蒂文斯：《集体选择经济学》，杨晓维译，上海人民出版社 1999 年版。

③ 李燕凌：《农村公共产品供给效率论》，中国社会科学出版社 2007 年版。

丰富，比较典型的分类有三种：一种是从满足农民权益的视角进行分类。该分类方法将农村公共产品分为满足农民生存权和发展权为主的两大类公共产品。其中，保障农村居民享有生存权的公共产品具体包括公共安全、水利及交通设施建设、自然灾害治理、供水供电、基础教育、环境保护、卫生防疫等。与发展权相应的农村公共产品主要有农业科研与推广、农业保险补贴、农产品价格和出口补贴、市场供求信息、文体娱乐设施建设等。① 第二种分类方法比较传统，分别从受益范围区分为全国性农村公共产品和地方性农村公共产品；从具体内容区分为农村基础设施等"硬"的公共产品，农村教育、医疗、社会保障等社会事业，农业科技、信息、农民工培训等为农服务，农村治安、计划生育等农村社会管理等；从农民需求层次区分为满足农民最基本生存生产需要的公共产品，如饮水、最低生活保障、农田水利等，满足农村农民发展的教育、培训等，还有享受型公共产品如农村地区的人造景区、过量行政服务等。② 上述分类方法都强调从农村公共产品供给角度来区分不同种类的农村公共产品。第三种分类方法则主要从需求视角来区分农村公共产品。这种分类方法认为，农村公共产品是指满足农村公共需要，市场不能提供或不能完全由市场提供，具有完全或一定程度上的非竞争性和非排他性的社会产品。它包括有形的实物产品和无形的服务，涉及农村生产生活基础设施、公共事业、公共福利、公共服务等领域。③ 根据这种分类方法，它将农村公共产品分为纯公共产品和准公共产品两大类。我们从县乡政府农村公共产品供给内容上分析其结构关系，就是要对整个农村公共产品供给中各种不同种类的农村公共产品，在供给整体中所占的数量比例进行分析，通过考察不同种类农村公共产品的数量关系及其对整体供给效率的影响，来研究调整农村公共产品的供给内容结构。④

一般来说，在不同的农业农村发展阶段上，农村公共产品的供给内容结构具有不同的特点，其对农村公共产品的整体供给效率也会产生不同的影响。本书从新供给经济学角度，将县乡政府农村公共产品的供给内容结构发展进程划分为三个阶段，详见图 2-2。

---

① 朱金鹤：《中国农村公共产品供给：制度与效率研究》，中国农业出版社 2009 年版。
② 石义霞：《中国农村公共产品供给制度研究》，中国财政经济出版社 2011 年版。
③ 卞晓龙、郭文：《农村公共产品供给满意率分析》，《金融经济》2012 年第 16 期。
④ 赵海燕：《基于需求的农村公共产品供给体制研究》，中国农业出版社 2013 年版。

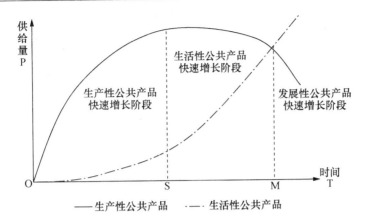

图 2 - 2 县乡政府农村公共产品供给内容结构发展阶段示意图

在图 2 - 2 中，县乡政府农村公共产品供给内容结构发展划分为 OS、SM 和 MT 三个阶段。在 OS 阶段，农村生产性公共产品是农业和农村经济社会发展的重要基础。这个阶段的生产性公共产品供给快速增长，生活性公共产品增长较慢。对县乡政府农村公共产品供给效率产生主要影响的是生产性公共产品的供给规模。在 SM 阶段，农村生活性公共产品的供给是改善农民生活条件、促进城乡统筹发展的重要推动力量。这个阶段的生产性公共产品供给增速明显放缓，生活性公共产品快速增长。对县乡政府农村公共产品供给效率产生主要影响的是生活性公共产品的供给规模。在 MT 阶段，无论是生产性公共产品还是生活性公共产品，其供给规模都处于较高水平，但此时生活性公共产品，特别是享受型的供给规模明显高于生产性公共产品供给规模。对县乡政府农村公共产品的供给效率产生主要影响的，不仅是两类农村公共产品的供给数量，而且还要看两类农村公共产品的供给可持续能力。[①] 可见，我们不能简单地说农村公共产品供给结构失衡，在观察不同种类农村公共产品供给数量比例关系的同时，还要看农村公共产品供给从整体上处于哪个阶段，要在具体阶段分析县乡政府农村公共产品的供给结构平衡关系，才能真正科学地分析县乡政府农村公共产品的供给效率水平。

---

① 黄利会：《中国农村生产性公共产品的供给效果及政策保障机制》，湖北人民出版社2011 年版。

三 供给层次

这里所讲的供给层次，主要是指供给主体根据县乡政府农村公共产品受益的范围和层次不同，提供不同数量、不同品质的公共产品从而形成的供给层次区分。

按照萨缪尔森对公共产品的经典定义，公共产品具有非排他性和非竞争性两个基本特征。根据这两个基本特征可以将农村公共产品区分为纯公共产品和准公共产品。从农村公共产品受益范围来看，中央政府主要供给纯公共产品，而地方政府（包括县乡政府）则主要供给准公共产品。农民自治组织、农业企业和农民所供给的农村公共产品层次则更低，仅局限于乡村当地范围内的"三农"发展需要，属于典型的"俱乐部产品"性质。

从农村公共产品的物质形态上也可区分不同的供给层次。一般来说，县乡政府农村公共产品可区分为物质形态的"硬"的公共产品。例如农田水利基础设施、农村义务教育学校、农民合作医疗诊治医院等。这是最基本、最低层次的农村公共产品。更高层次的农村公共产品，是以制度形式体现的"软"的公共产品，通常也被称为农村公共服务。例如，农村基层政府的行政服务、科技推广服务、文化娱乐服务等。最高层次的农村公共产品，是以精神产品形态体现的公共产品。例如，农村乡规民约、社会主义核心价值体系、乡风文明建设等。我们从农村公共产品供给层次结构研究农村公共产品供给效率的影响因素，既可以按不同层次农村公共产品的数量结构进行对比分析，还应当结合不同层次的供给目标，根据不同目标的实现程度来判断农村公共产品供给效率。这种研究的量化评价目前还存在许多困难。

第五节　农村公共产品供给模式

公共产品供给模式是指能够集中代表公共产品供给所需资金来源及其具体生产的、具有典型性的较为固定的方式或方法的总称。公共产品供给模式既包含公共产品供给所需资金的提供方式，也包含公共产品的具体生产方式，是资金提供与产品生产方式的相互匹配形式。一般而言，农村公共产品供给模式从提供公共产品的资源渠道来区分，主要有政府供给、市场供给、第三部门供给和多元主体混合供给等；从农村公共产品具体生产方式来区分，主要有政府生产、市场生产、社会组织自行生产（可称之为社会自治生产）和混合生产（兼具多种生产方式的混合形式）等。供给并不等同于生产，政府可以提供农村公共产品生产所需的资金，但未必要由政府直接组织农村公共产品的生产。农村公共产品供给与生产的较为固定的、具有典型性的配合方式，才可称之为供给模式。本书侧重于从生产方式来区分农村公共产品供给模式。现实中，农村公共产品供给模式主要有政府垄断模式、市场配置模式、社会自治模式和混合供给模式四种，详见图2-3。政府、市场和社会在农村公共产品供给领域各具优势，在不同的发展阶段，政府、市场和社会在农村公共产品供给中的角色和作用也有差异。① 因此，不同的农村公共产品供给模式对其供给效率也将产生不同影响。

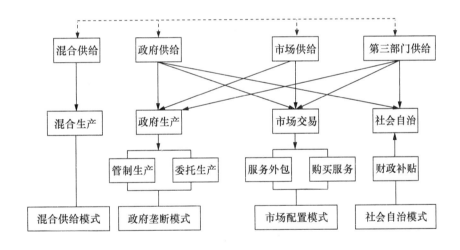

图2-3 农村公共产品供给模式示意图

一 政府垄断模式

政府垄断模式（或称政府供给模式）是指主要由政府提供农村公共产品供给所需资金，并且由政府直接组织农村公共产品生产的一种供给模式。在这种供给模式中，政府在农村公共产品供给决策和供给方式中起主

---

① 官爱兰、许方方：《借鉴国际经验发展中国农村公共产品自愿供给》，《世界农业》2011年第3期。

导作用和绝对支配地位。

在政府垄断模式中，政府直接组织农村公共产品的生产，具体包括管制生产和委托生产两种方式。我们在这里所称的管制生产是一种政府经济管制生产行为，它是指政府在农村公共产品供给和生产活动中，为了弥补市场失灵、确保微观经济有序运行、实现社会福利最大化目标，从而凭借其法定的权利对社会经济主体的经济活动所施加的某种限制和约束。例如，农村地域范围内的国防建设工程、大型水利基础设施建设等。所谓政府委托生产，是指政府根据确定的农村公共产品生产目标，包括生产数量、质量、成本及建设时间、地点等，委托第三方进行生产的一种生产行为。例如，农村乡镇公路建设、小型农田水利建设工程等。采取县乡政府农村公共产品政府供给模式对提高农村公共产品供给效率的优势在于，一是政府通过强制性税收以以政府支出形式向社会提供农村纯公共产品，可以弥补"市场失灵"；二是政府通过政治程序作出农村公共产品供给决策，可以减少市场交易成本损失，优化资源配置，促进公共经济有序运行；三是有利于为农村引进现代生产要素创造条件，实现社会福利最大化。[1]

值得特别注意的是，在一些特殊情况下，私人部门或第三部门也可能为某种农村公共产品或公共服务提供资金，但仍然由政府组织生产，我们也将其称之为政府供给模式。最典型的例子如私人向政府提供教育基金，由政府组织义务教育、大学教育办学。国内许多"希望小学"、大学里的"邵逸夫教育基金"等，都可归于这类供给模式。还有一个典型的例子就是政府"紧急征用"。在县乡政府农村公共产品或公共服务供给过程中，如遇重特大自然灾害情况，政府根据抗险救灾的需要，可以紧急征用民间物资，第三部门也可能向政府紧急提供所需人力、物力和财力，由政府集中组织资源进行公共产品生产或提供公共服务。又如，在重大动物疫病传染防治中，政府对染疫动物实施扑杀，也类似于这种情况。

二　市场配置模式

市场配置模式（也称自愿供给模式）是指主要由私人部门（企业和农民）提供农村公共产品供给所需资金，并且由私人部门按照市场交易

---

① 张俊：《1949 年以来中国农村公共产品供给经济思想研究》，博士学位论文，上海社会科学院，2010 年。

机制组织农村公共产品生产的一种供给模式。在这种供给模式中，私人部门对农村公共产品供给决策和供给方式发挥重要作用。

私人部门按照市场交易机制组织农村公共产品生产，是农村公共产品供给市场配置模式的主要形式。例如，在农田水利建设中，由农民出资并采取市场运行机制组织施工建设、用水管理，向灌区其他农户提供水利"准公共服务"。此外，政府为农村公共产品供给资金，并以"服务外包"和"购买服务"的方式进行农村公共产品生产或公共服务，从本质上讲也属于市场交易生产方式，仍然是农村公共产品供给市场配置模式的一种形式，这种形式正呈现出越来越普遍的趋势。第三部门也有类似的情况。例如，在农村抗险救灾中，民间慈善机构可能利用捐赠款项通过市场购买方式，为农村灾区或灾民提供生产或生活的急需物资。

在农村地区，除了极少数纯公共产品之外，大部分县乡政府农村公共产品都兼具公共需求和私人需求的性质，因此，采用市场供给生产农村公共产品从而形成农村公共产品市场配置模式是十分必要的。农村公共产品政府供给不足和低效的状况，以及部分农民对某些公共产品的超额需求为市场配置农村公共产品提供了现实可能性。例如，农民对农产品销售信息、农村远程技术服务信息、农村文化娱乐享受等的需求差异很大，一些私人部门可以采取市场交易方式向这部分农民提供准公共产品。近年来，一些学者对私人自愿供给公共产品进行了深入研究。有学者运用标准的实验经济学方法研究公共产品自愿供给问题。他们的研究验证了在一个存在社会偏好的环境中，"搭便车"行为会减少，从而公共产品自愿供给模式成为普遍现象，而且，社会偏好会导致某种固有的行为模式[1]。还有学者对公共产品私人自愿提供机制的多个经典特征事实进行了实证验证。其结论基本支持诸如"公共产品私人自愿供给的存在性"、"捐献率随重复捐献次数的增加而有下降的趋势"和"公共产品投资的私人边际回报率和交流的正效应"等特征事实。[2]

在研究农村公共产品供给模式对供给效率的影响时，正确区分政府供给农村公共产品或公共服务的"服务外包"和"购买服务"是十分必要

---

[1] 周业安、宋紫峰：《公共产品的自愿供给机制：一项实验研究》，《经济研究》2008年第7期。

[2] 龚欣等：《公共产品私人自愿提供决策的实验研究》，《中南财经政法大学学报》2010年第4期。

的。由政府提供农村公共产品供给资金，采用"服务外包"和"购买服务"两种不同的市场行为组织农村公共产品生产，对农村公共产品供给效率具有不同的影响。采用"服务外包"的形式，政府在组织农村公共产品生产时拥有初始"定价权"，我们可将其称之为买方市场。例如，在新型农村合作医疗基金筹集中，农民只需要向新型农村合作医疗基金缴纳最低保险金，就可享受新型农村合作医疗制度规定的公共服务。采用"购买服务"的形式，政府在组织农村公共产品生产时事先没有明确的购买数量要求，价格也由市场决定，我们可将其称之为卖方市场。例如，政府向农民提供"农机具购买补贴"、"良种补贴"等。显然，两种不同的市场交易方式，对农村公共产品供给效率会产生不同的影响结果。

三　社会自治模式

社会自治模式（也称志愿者服务模式）是指主要由农村专业合作社、专项农村准公共产品合作组织、第三部门等各种农村社会组织，根据合作组织内部成员或当地多数农民的共同利益要求，由合作组织成员共同筹集农村公共产品供给所需资金，并且采取组织内部约定的决策方式（例如"一事一议"）自行组织农村公共产品生产的一种供给模式。这种供给模式与市场配置模式的根本区别在于，农村公共产品生产不由市场机制决定，而是由自治组织内部自行生产。但是，在农村公共产品供给资金方面仍然可能接受政府的财政补贴。这种模式既不是基于对利润追逐的市场配置供给模式，也不是基于强制性成本分摊的政府垄断供给模式，而是一种非市场非政府的第三类供给方式，是对政府供给模式和市场供给模式的补充。

在市场供给和政府供给的公共产品和公共服务之外，还存在大量的微利或无利可图的公共服务、需要有同情心的公共服务、需要亲自动手或直接接触消费者并注重信任以及道德标准的公共服务，第三部门在这些方面比私人部门和政府具有比较优势。奥斯特罗姆（1990）提出的自组织治理理论和 Granovetter（1985）提出的社会嵌入理论为探索农村社区公共产品供给提供了新的思路。奥斯特罗姆（1990）质疑公共资源实行私有化和中央政府管制两种传统治理思路，提出了第三种治理思路，即交由使用者自身去创设相应治理体系的模式。她通过对大量的案例研究发现，公共资源的使用者自组织往往有着更强的动力来限制那些损害团体利益的个人，从而减少成员的不合作态度。此外，这种当地社群自治的模式更容易形成一种普遍接受的"社会规范"。① Granovetter（1985）提出"经济行为嵌入社会结构"的命题。社会嵌入理论强调某项集体行动的约束条件、实现路径依赖于该集体行动所嵌入的社会结构。中国学者立足于中国乡土社会特殊的社会结构，以社会嵌入理论为基础，研究中国农村社区公共产品供给问题。杨立华（2007）阐释了农村社区自组织参与公共产品供给的重要地位与作用机制。② 刘祖云、韩鹏云（2012）从乡村秩序演进的视角，研究了乡村秩序形态演进中，农村社区公共产品供给模式的变迁。③高庆鹏、胡拥军（2013）以集体行动理论与社会嵌入理论为基石，以演化博弈为分析工具，通过解构乡土社会嵌入对集体行动逻辑的生成机制，构建了农村社区成员自组织参与社区公共产品供给的总体框架。④ 我国农村第三部门组织比较接近奥斯特罗姆所提出的自组织类型，由于农村人口的低流动性，农户之间的长期博弈将经济行为嵌在人格化的社会网络中，甚至有时是嵌在"强关系"之中，使得利他、正互惠和负互惠、信任、社会评价等能够成为有效的社会治理手段，从而为农村社区公共产品自组织供给提供了可能性。⑤

总之，研究社会自治组织的供给模式对农村公共产品供给效率的影响，不仅要考虑县乡政府农村公共产品特定的供给主体形式，而且应当紧密结合转型期中国农村公共产品供给的"国家—市场—社会自治组织"共同治理体系建设的现实，从建设科学的治理体系和加强国家治理现代化建设的高度，牢牢把握住社会自治组织的自治性特点，充分考虑自治组织以代表组织内部农民利益诉求、满足特定人群的多元化需求的组织目标、农村自治社会组织的内部运行机制等内涵，从农村社会组织创新的制度供给的视角展开研究。

① 蔡绍洪、向秋兰：《奥斯特罗姆自主治理理论的主要思想及实践意义》，《贵州财经学院学报》2010 年第 5 期。

② 杨立华：《构建多元协作性社区治理机制，解决集体行动困境——一个"产品—制度"分析（PIA）框架》，《公共管理学报》2007 年第 2 期。

③ 刘祖云、韩鹏云：《乡村社区公共产品供给模式变迁：历史断裂与接合——基于乡村秩序演进的理论视角》，《南京农业大学学报》（社会科学版）2012 年第 1 期。

④ 高庆鹏、胡拥军：《集体行动逻辑、乡土社会嵌入与农村社区公共产品供给——基于演化博弈的分析框架》，《经济问题探索》2013 年第 1 期。

⑤ 张俊、付志宇：《中国农村公共产品供给的历史演进：公共风险治理的思想视角》，《贵州财经学院学报》2010 年第 4 期。

四　混合供给模式

混合供给模式是指由政府、私人部门和社会自治组织（包括第三部门）等共同提供县乡政府农村公共产品供给所需资金，并且同时采用政府生产、市场交易、社会自治方式中的两种或两种以上生产方式组织农村公共产品生产的一种供给模式。

从理论上讲，农村公共产品供给中既可能存在市场失灵，也可能存在政府失灵，还可能存在"志愿失灵"等"多元化失灵"现象。因此，由政府、私人部门和第三部门分别独立供给或生产农村公共产品，都有可能造成社会公共资源的浪费，甚至降低其供给效率。现实中，"三农"发展对农村公共产品的供给领域不断扩展、供给规模不断扩大，除了纯公共产品之外，准公共产品越来越多。不同供给主体的供给目标日益多样化，因而，各供给主体之间的关系也越来越复杂化。这就需要建构一种多元互动的混合供给模式。当前，加强政府、市场和第三部门多边动态合作条件下农村公共产品供给模式创新，完全适应我国加强建设政府科学的治理体系和国家治理现代化的要求。在这方面的研究，我们要紧扣县乡政府农村公共产品混合供给模式中政府、私人部门、第三部门之间的合理分工，特别是不同供给主体在具体的农村公共产品生产过程中的决策机制、生产组织方式和生产监管等以及主体之间的互动关系。

第六节　农村公共产品供给绩效

对县乡政府农村公共产品供给绩效的评价应当包括三个方面的内容：一是农村公共产品的生产性绩效，即农村公共产品改善农村生产条件、改善农村投资环境、提高农业生产效率，从而促进农村生产发展的效果。二是农村公共产品的消费性绩效，即农村公共产品满足农民消费需要，提高农民生活水平的效果。三是农村公共产品的社会效益，即农村公共产品供给对社会经济环境的有益影响。

一　农村公共产品的生产性绩效

正确评估县乡政府农村公共产品的生产性绩效应当考虑两方面的实际效果：一方面，农村公共产品供给有利于降低农户农业生产成本。在生产函数中，农村生产性公共产品是一种中间投入品或生产要素，增加农村生产性公共产品供给可以减少农业生产的私人投入，降低农户农业生产成本。例如，农村水利设施、农村道路建设、电力供应等都可以直接降低农户的农业生产成本，从而提高农户收益水平。另一方面，农村公共产品供给可以提高农业劳动生产率。大量实证研究表明，我国农村公共投资对农村劳动生产率的影响具有正效应。①

　　选择科学合理的影响因子，是开展农村公共产品供给生产性绩效评价的难点所在。近年来，学者们分别从农村公共产品供给与需求两方面，探索了农村公共产品供给的生产性绩效评价方法。有学者认为，从供给侧来看，一个完整的最优供给不仅要求产品的功能性、实用性、可靠性和安全性满足农村居民对公共产品的需求，而且要求农村公共产品供给过程具有经济性、时效性、有序性、层次性、合法性、维护与改进性。② 有学者建立了包含一个目标层、四个一级指标、十二个二级指标和三十五个三级指标的农村公共产品供给评价指标体系，应用模糊综合评价方法来评价农村公共产品的供给绩效。③ 还有学者运用组合赋权法对农村公共产品供给绩效进行研究，研究结果显示：在经过组合赋权方法处理后的农村公共产品供给指标体系中，权重最大的子系统是农村公共设施，其后依次是农村公共管理、农村社会服务、农业经济发展。④ 也有学者从需求侧入手，基于顾客满意度理论对县乡政府农村公共产品绩效进行分析。例如，有学者依据山东省 214 个行政村 670 份调查问卷所得到的调查数据，实证分析了农民对农村基础设施的满意度及其影响因素的作用力大小问题。⑤ 还有学者从满足农民对公共产品需求的主观愿望出发，利用调查中获取的农民满意

　　① 徐崇波、梅国平：《我国农村公共产品供给绩效评价实证分析——以江西省 80 个县（市）为例》，《当代财经》2010 年第 7 期。

　　② 曾福生等：《农村公共产品供给质量的指标体系构建及实证研究》，《农业经济问题》2007 年第 9 期。

　　③ 陈宇：《农村公共产品供给绩效的模糊综合评价决策模型》，《华中农业大学学报》（社科版）2010 年第 5 期。

　　④ 王俊霞、张玉、鄢哲明、李雨丹：《基于组合赋权方法的农村公共产品供给绩效评价研究》，《西北大学学报》（社科版）2013 年第 2 期。

　　⑤ 樊丽明、骆永民：《农民对农村基础设施满意度的影响因素分析》，《农业经济问题》2009 年第 9 期。

度评价数据，实证评估了我国惠农政策的实施绩效。①② 不过，从新供给经济学角度来看，基于农民满意度考虑的农村公共产品供求绩效研究，虽然强调了农村公共产品供给绩效的公平性，但却忽略了我国惠农政策对促进农业生产在资源配置方面发挥的表率作用，忽略了农村基础设施、粮食直补等惠农政策在降低农村公共产品供给成本方面所产生的实际效果。史耀波、岳爱（2012）的研究是少有的一个例外。他们运用 Probit 模型，研究了农户对不同成本分担方式下提供的公共产品的满意度。研究结论显示，从村级农村公共产品提供的成本分担角度看，农户集资融资比征税方式的满意度更高，但随着农户可支配收入的增加，农户对村级公共产品提供的满意度降低。③

二 农村公共产品的消费性绩效

正确评估农村公共产品的消费性绩效应当遵循这样的基本逻辑，即县乡政府农村公共产品供给通过增加农民收入进而影响农民消费。一方面，加大农村公共产品的供给，能够改善农业生产条件，直接增加农民收入，从而影响农民消费规模。另一方面，农村公共产品供给通过乘数效应影响农民消费规模。增加农村公共支出会使相关部门的收入水平上升，这些部门会把得到的收入在扣除储蓄后用于消费或投资，从而又转化为另外一些部门的收入。如此循环下去，增加农村公共产品支出就可能带动农民收入成倍地增加，从而产生农村公共产品支出的乘数效应。农村公共支出的乘数效应大小取决于农民的消费边际倾向。④

农村公共产品的消费性绩效，还突出表现在农村公共产品供给尤其是社会保障类公共产品的供给，能够有效降低农民消费支出的不确定性并刺激消费。在我国农村，农村居民支出的不确定性主要表现在教育支出、养老支出、医疗支出三个方面。这类农村公共产品供给的不足会使农村居民增加预防性储蓄而减少消费，从而抑制了农村居民的有效需求。对于具有

---

① 王良健、罗凤：《基于农民满意度的我国惠农政策实施绩效评估》，《农业技术经济》2010 年第 1 期。

② 贺文慧、程实：《基于农户满意度的惠农政策研究》，《西北农林科技大学学报》（社会科学版）2013 年第 2 期。

③ 史耀波、岳爱：《市场提供农村公共产品对农户收入的影响分析》，《中国农业大学学报》2012 年第 2 期。

④ 秦福敏、张森：《关于农村公共物品供给与农民收入关系的研究》，《中国市场》2010 年第 19 期。

互补性的公共产品和私人产品而言，增加农村公共产品供给会相应增加私人产品的消费。例如，交通、水、电、通信等基础设施落后的农村地区，汽车、电视等私人产品的消费也相对落后。从长期来看，消费结构的改善和升级，以及消费层次的提高必须以国民综合素质的不断提高为基础，而后者又要求社会提供充足的教育类尤其是基础教育类公共产品。① 可见，农村公共产品供给对农村家庭消费水平可以产生极为重要的影响。事实上，还有许多学者针对农村公共产品供给对农村居民消费规模和消费结构所产生的消费性绩效进行过实证研究，他们的研究结果表明，我国农村公共产品供给对农民消费支出和消费结构优化具有积极的促进作用。②

三　农村公共产品的社会效益

农村公共产品的社会效益是指农村公共产品供给对经济社会环境的整体影响，一方面农村公共产品提供本身就是一个生产、分配过程，会对利益关系和社会关系产生广泛的影响；另一方面，农村公共产品供给也是政府干预经济的重要手段。因为，农村公共产品能够对农业生产和农村居民消费以及农村经济发展产生影响，具体来说，农村公共产品的社会效益体现在农村公共产品对缓解贫困、缩小贫富差距、促进社会和谐稳定等方面的作用。

首先，正确评估农村公共产品的社会效益必须观察农村公共产品供给缓解贫困的作用。罗格纳·纳克斯（Ragnar Nurkse，1953）曾经提出所谓的"贫困恶性循环理论"。他认为，发展中国家广泛存在这样的发展阶段，即由于人口增速快于经济增速，经济增长难以摆脱"收入提高导致人口增长，继而又把收入水平拉回到生存水平"的贫困恶性循环。要打破这种贫困恶性循环，必须进行大规模、全面的投资，实施全面增长的投资计划。③ 随后，不少学者从增加物质资本和人力资本以摆脱贫困、实现经济增长的视角，研究了加大公共投资的政策绩效。国内学者对农村公共产品供给的反贫困作用的实证研究结果均表明，农村公共产品供给对缓解

---

① 吴丹、朱玉春：《公共产品供给对农村家庭消费的影响》，《南京农业大学学报》（社科版）2012 年第 1 期。

② 张书云、周凌瑶：《公共物品供给对农村居民消费影响的实证分析》，《北京理工大学学报》（社科版）2011 年第 6 期。

③ 刘流：《贵州农村公共产品供给对缓解贫困的影响研究》，硕士学位论文，贵州大学，2008 年。

贫困具有非常大的作用。① 有研究表明，资本缺失是我国农村贫困的重要成因。农民的物质、人文和社会关系资本缺失造成部分农民贫困，并陷入贫困恶性循环。因此，当前政府的工作重心要向"三农"倾斜，注重发展质量、扩大农民的政治话语权和完善农村社会保障等，以尽快减少和逐步消除农村贫困。② 还有研究指出，当前我国农村基础设施薄弱、社会保障缺失是导致农村贫困的重要因素。③ 有实证研究结果显示，我国农村居民人力资本投资中的教育投资和健康投资的反贫困效果最好。④ 有学者研究认为，社会救助是协调公平与效率关系的基本手段。本书从全国农村贫困群体的社会救助出发，在对其整体状况进行分析的同时，以现有经济理论为基础，实证检验影响我国贫困群体社会救助的主要因素，从而为进一步完善我国农村的贫困群体社会救助制度提供相应的经验证据。⑤

其次，正确评估农村公共产品的社会效益必须观察农村公共产品供给有利于缩小城乡差距的作用。根据国家统计局发布的 2013 年全国居民收入数据，2013 年全年城镇居民人均可支配收入 26955 元，农村居民人均纯收入 8896 元，城乡居民收入差距比约为 3.03：1。我国城乡居民收入差距的比值在近三十多年中几乎没有缩小。如果考虑公共产品和公共服务供给情况，城乡居民的实际收入差距还会更大。公共产品供给的总量不足和结构差异是城乡居民收入差距扩大的重要原因，需要政府在收入再分配中发挥作用。⑥ 已有研究表明，目前我国大部分省份的财政支出在减少城乡居民收入差距方面的效率较低。⑦

最后，正确评估农村公共产品的社会效益必须观察农村公共产品供给有利于促进社会和谐稳定的作用。农村公共产品供给短缺尤其是农村教育、医疗、社会保障、环境保护等关系民生的公共产品的供求失衡，导致

① 牟永福、胡鸣铎：《论农村公共产品供给与贫困的相关性》，《湖北行政学院学报》2011年第1期。

② 刘华容：《基于资本缺失的我国农村贫困问题研究》，《财经理论与实践》2011年第3期。

③ 张蕴萍：《中国农村贫困形成机理的内外因素探析》，《山东社会科学》2011年第8期。

④ 周恩静、胡棋智：《中国农村贫困居民收入流动性研究》，《人口学刊》2011年第3期。

⑤ 朱德云：《我国农村贫困群体社会救助状况实证分析》，《财政研究》2011年第4期。

⑥ 张军超：《公共产品理论视角下中国贫富差距的原因》，《世界经济情况》2009年第12期。

⑦ 刘建徽等：《财政支出缩小城乡居民收入差距的效率研究》，《农业技术经济》2012年第9期。

农村社会矛盾冲突加剧。因此，加强和扩大农村公共产品供给对建设和谐社会具有十分重要的现实意义。近年来，有关人口发展对和谐社会建设的讨论越来越多，有学者认为人口老龄化是经济增长速度减慢的一个重要原因。由于人口老龄化使得我国经济增长开始丧失劳动力供给充足和高储蓄率的人口红利。在大约与"十二五"时期重合的几年内，中国就将经历迅速的人口抚养比提高。① 因此，必须通过加大公共产品供给，特别是社会保障，通过教育和培训加快人力资本积累，来解决这些社会经济问题。还有学者基于新供给经济学视角研究指出，虽然发展中国家实施人口控制政策能够降低突破低水平均衡陷阱的机会成本，有助于加快走出低水平均衡陷阱困境，但长期实施过紧的人口控制政策不利于国家经济的可持续发展，人口控制政策的松绑是一个渐进式过程。②

---

① 蔡昉：《"中等收入陷阱"的理论、经验与针对性》，《经济学动态》2011 年第 12 期。
② 余波、郭敖鸿：《论人口控制政策对突破低水平均衡陷阱的促进作用》，《人口学刊》2012 年第 4 期。

第三章 农村公共产品供给效率标准分析

一般来说，按标准的尺度衡量，无论是完全"公共的商品"或部分"公共的商品"，还是完全"非公共的商品"，对任何商品的需求都可以分解为私人的和集体的两个方面。也就是说我们有可能按照萨缪尔森的极端模型分析对由任何商品或服务所提供的集体利益的个人需求。布坎南的这种判断，对公共产品供给配置效率的评价标准给出了明确的答案。布坎南在他的《民主财政论》中同时还指出，个人的确通过参与政治过程进行财政选择。如果潜在的纳税人（受益人）不参与选择"私人商品—公共产品"组合、不参与选择他借以为公共产品付款和享受公共产品的制度（设计），那么分析这类制度对其行为的反馈影响，也就没有什么意义了。[①] 在布坎南看来，政府的公共财政决策，即政府为供给公共产品作出的税收支出行为，都是对纳税人"私人商品—公共商品组合"需求的正常回应。不过，我国农村公共产品供给的现实状况也十分复杂，农村公共产品供给严重不足、城乡差距悬殊，农村公共产品供给的社会价值被明显疏忽。党的十八大报告指出，初次分配和再分配都要兼顾效率和公平，再分配更加注重公平。报告要求加快完善城乡发展一体化体制机制，着力在城乡规划、基础设施、公共服务等方面推进一体化，促进城乡要素平等交换和公共资源均衡配置，形成以工促农、以城带乡、工农互惠、城乡一体的新型工农、城乡关系。党的十八届三中全会决定也强调提高资源配置效率和公平性。科学的公共财政体制是优化资源配置、维护市场统一、促进社会公平、实现国家长治久安的制度保障。必须完善立法、明确事权、改革税制、稳定税负、透明预算、提高效率。总之，农村公共产品供给效率的评判，应当包括对农村公共产品供给的目标认定和实现目标的手段优化两个方面，具体来说包括回应性、配置效率、社会效率三个方面的标准。

---

① ［美］詹姆斯·M. 布坎南：《民主财政论》，穆怀明译，商务印书馆 2002 年版。

回应性反映了农村公共产品供给的政府政治目标特征，从根本上体现了公平与公正的公民诉求满足向度。配置效率反映了农村公共产品投入的资源配置有效性，反映了农村公共产品供给过程中资源节约和手段优化的要求。社会效率是农村公共产品供给的社会目标实现程度的客观反映。

第一节　农村公共产品供给效率标准之一：回应性

作为帕累托最优化标准在政治上的对应物，维克塞尔认为，所有各方的一致同意，应该是决定公共财政事务的准则。如果不能通过所有各方的一致同意来改变某一状态，那么，就可以把这一最初的状态划归为最优的状态或是有效率的状态。不过，在现实的农村公共产品供给过程中，实现这种"一致同意"的状态却是十分困难的，至少存在严重的效率损失。尽管维克塞尔在"最优资源配置"的规范理论和根据个人模型可以作出的实证预测之间建立起了联系，但必须承认，他对集体选择中的个人行为所施加的制度性限制具有严重局限性。在真正的一致性原则下，个人会为策略性的讨价还价投入资源，这种投资从最后的结果来看对整个集团是一种浪费。新公共管理运动倡导在公共产品供给过程中树立公众"顾客"观念，并以"顾客满意"为宗旨使公共行政回应社会的需要、公民的需要。按照回应性标准，只有公众认为有用的公共产品才是有效率的。越来越多的研究认为，回应性标准反映了提供的公共产品与消费者需求的匹配程度，是评价农村公共产品供给效率最重要也是最常用的标准。

一　回应性的理论基础

回应性作为新公共管理运动的核心体现，是新型政府模式改革的重点方向。回应性的实质是政府必须以服务为导向，满足以民为本的基本结果。为此，在对农村公共产品供给进行效率评估时，回应性是一个必备的、重要的因素。

1. 回应性的基本概念

20世纪兴起的新公共管理运动是回应性政府的雏形。新公共管理运动倡导的是一种非官僚制的转型运动，即新型政府模式建设必须体现一种以民为本的服务导向作用。不同于以往权大于责的模式，在这样一种要求下，政府在日常公共管理过程中，对公众负责的责任性也就被赋予了更多内容。与之相对应的概念——责任型政府也就产生了。

责任型政府是从强调政府权责对等的角度出发而言的。政府通过其公信力而产生的公职行为，这是社会公众赋予的一种权利。但是正是这种权利，使得政府的公职行为需要对公众负责，需要满足公众的利益诉求。通过这种责任的制约，就能很好地规范政府的行为，避免发生渎职情况。如休斯就论述了责任政府与服务政府之间的权责对等性。他指出政府官员和政府机构作为公职机构和人员，必须对民众的需求做出必要的回应，没有回应性就谈不上政府责任问题，表明政府是缺乏责任和服务的。① 所以，作为一个负责任的政府，回应性就是其中最基本的要素之一。

回应性一词主要源于责任政府这一概念。在现代民主国家，代表具备公职权利的政府，被赋予了必须对公民负责的义务与责任。在民主政治和法治国家里，责任政府必须以服务社会民众为中心，以保障社会经济发展、提高公共服务、维护公平正义为目的。实现这些目的的方式，只能通过加强政府的回应性。类似于市场上企业组织对消费者的需求做出回应，政府也需要对社会公众的公共产品需求做出回应。按照市场的观点，只有当政府（企业）满足了社会居民（消费者）的需求，那么这个政府（企业）才算履行了责任。②

美国行政管理学家格罗弗·斯塔林曾指出：公共管理责任最基本的理念之一就是回应性，回应显示出政府作为公共管理职能部门，它们能够以服务民众为己任，及时根据民众要求，做出政策变革，以符合民众的基本利益。③ 从本质上来讲，政府对社会民众的需求能够积极回应，就是体现了一种政府责任。换句话说，能够在回应的基础上不断完善公共服务的供给机制，使公共权力满足于社会的利益，这才是责任型、服务型政府的表现。因此，服务、责任、回应三者有机统一于一体，服务是目标，责任是动力，而回应性则是传导机制，作为政府与社会全体成员利益表达机制的有效渠道，能够很好地把社会需求与政府供给联系起来，作为评价政府有效性的标准之一。所以说，回应性已成为我国建设成责任型、服务型政府必不可少的一部分。

① ［澳］欧文·E. 休斯：《公共管理导论》，中国人民大学出版社 2001 年版。
② 张成福：《责任政府论》，中国人民大学出版社 2000 年版。
③ ［美］斯塔林：《公共部门管理》，上海译文出版社 2003 年版。

2. 回应性的基本特征

回应性要求政府能够以社会公众利益为先，及时有效地做出变革，根据上文对回应性基本概念的介绍，本书可以把回应性的基本特征定义为以下几点：

第一，服务社会公众为根本目的。以民为本是回应性最基本的导向要求。这也是新公共管理运动体现出的新型政府管理模式，更是公共服务精神的体现。以服务社会公众为根本目的，相当于把市场机制供需双方制约平衡的关系引入到政府体系之中，这样就可以保证政府部门运作的高效，同时实现社会公众利益的最大化，实现帕累托改进。以服务为导向的政府，才能体现以民为本的要求，更为负责、有效地协调各类社会利益主体的关系，解决各类公共问题和社会问题，实现公共利益，才能成为回应型政府。①

第二，及时有效地回应。该特征强调政府在面对社会公众利益诉求时，必须迅速、到位地处理。这就要求政府一方面在尽可能短的时间内，积极合作地与社会公众协商沟通相应问题，另一方面，在符合社会总体利益最大化的情况下，准确高效地解决社会问题。所以说，及时有效地回应，是回应性的另一特征。

第三，共同治理与合作。在新公共管理运动下，合作共赢是其代表价值观之一，它强调了政府与其他组织、团体之间合作所带来的优势。政府通过扶持各种组织与团体的自主管理，可以促进治理体系的建立与完善。各种组织与团体通过与政府之间的配合，可以及时向政府反映民生问题与提出合理建议，强化和提高政府的回应性与回应力。所以说共同治理是回应性的集中体现。除此之外，合作也是回应性的另一体现。共同治理强调于政府与其他组织、团体的合作，而政府与社会公众也需要加强合作，这样社会公众的利益诉求才能及时反馈到政府部门，政府才能做出有效的回应。

第四，依法治理。法治是善治的基本要求，没有健全的法制，没有对法律的充分尊重，没有建立在法律之上的社会秩序，就没有善治。因此，政府回应必须做到制度化、体制化，才能保证政府回应性的高效，体现服务功能。

二　县乡政府回应性的现状

上文探讨了政府回应性的重要性，通过回应性的传导机制，可以实现

---

① 卢坤建：《回应型政府：理论基础、内涵与特征》，《学术研究》2009 年第 7 期。

服务政府、责任政府的目标。但是，在我国责任型、服务型政府的构建过程中，出现了诸多问题，其中，回应性偏低是我国政治生活中突出问题之一。作为目标实现手段，回应性问题若得不到及时的处理，将导致政府与公众的矛盾日益积累，影响和谐社会的发展。我国社会目前回应性问题主要体现在以下几个方面：

1. 回应意识不强

当前我国县乡政府回应性现状的最大问题就在于县乡政府回应意识不强，这集中体现在以下两个方面：一方面，县乡政府回应形式主要以被动的职能回应为主。从当前我国体制来看，大多数的宏观决策都是一种自上而下的行政命令体系，这种垂直式的领导方式，把更多的政府责任归咎于上级政府，即县乡政府对中央政府而不是社会公众负责，而中央政府才是对社会公众负责。所以县乡政府领导注重更多的是，是否能高效地执行上级政府部门制定的行政和命令，而很少通过发挥自身的优势，去主动地解决地方社会公众的实际问题。换句话说，在县乡政府办事过程中，经常会出现一种"按红头文件办事"的不良作风。从本质上说，县乡政府渐渐演变为一个按上级部门命令办事的执行者，而不是全心全意为人民服务的公仆。这种重政绩而忽视社会公众实际需求的观念，是与县乡政府的行政目的相违背的。另一方面，县乡政府对经济事务回应高，对社会事务回应低。在以 GDP 为主要考核的政绩评价体系中，很多县乡政府领导把发展地方经济作为头等大事来抓，导致社会发展速度完全跟不上经济增长的速度，社会问题进一步暴露，成为影响经济可持续发展的重要瓶颈。这无疑是县乡政府对经济事务回应高、对社会事务回应低带来的恶果。一个不重视社会公众民生需求的社会发展，是非科学的，是难以持续的。

2. 回应体制不完善

我国集权式的行政命令体系以及沟通协商机制的失效使得整个回应体制不完善。从当前我国体制来看，大多数的宏观决策都是一种自上而下的行政命令体系，这种垂直式的领导方式，把更多的政府责任归咎于上级政府，即县乡政府对中央政府而不是对社会公众负责，而中央政府才是对社会公众负责。当然，中央政府在进行公共产品供给过程中，确实还是十分重视民众的回应性的，从近几年连续出台的三农政策就可以看出中央政府对社会公众需求的关注。同时，从民众对中央的满意度高而对地方的满意度低也可以看出问题。

但是，在中央政府重视民众回应性的同时，县乡政府却有时忽视了民主的回应性，这主要是由于缺乏有效的制度保障和不合理的制度安排，如县乡政府主要对上级政府负责等制度导致县乡政府更加关注的是中央政府的被动回应性。从最近几年国内不断发生的上访事件就可以看出，社会公众在地方上有相应诉求，可是县乡政府的协商解决很难达到预期的效果，为此，社会公众只能通过越级或者跨级的形式上访，通过引起中央或者上级部门的重视，通过上级部门施压县乡政府，从而解决实际问题。这一现象，从本质上说，这其实就是回应体制不健全的表现，中央政府有较强的回应体制约束，而县乡政府没有，但是往往县乡政府才是贴近社会公众，与社会公众联系最为密切的，这就需要县乡政府与中央政府配合起来共同解决回应性问题。

3. 民众参与渠道不畅通

县级社会公众缺乏有效的参与渠道，县乡政府回应的高低主要还是与县乡政府领导的意识相关。在政府长期执政理念中，民众虽然有一些正式的协商沟通渠道，例如人大、政协、听证等方式，但是这些机制的设计存在较大的弊端，常常导致协商成本非常的大，再加之一些寻租腐败行为的出现，社会公众在遇到问题时往往不会选择这些方式来与县乡政府协商沟通。由于已知县乡政府向中央政府负责，再加之一票否决制的信访工作制度设计，社会公众在遇到实际问题时，更倾向于采取上访的形式来进行协商处理，从而导致社会上出现一些上访专业户。造成这一现象的原因，其实是一些县乡政府领导在行政过程中，不愿、不敢重视民众的回应性，缺失这种供需双方的协商机制，社会公众在遇到问题时有苦无处诉，那么他们就只能通过向回应性更高的中央政府上访来表达他们的利益与诉求。

同时当前政府部门林立，层级众多，不同部门、不同层级之间往往错综复杂，权责交替，这样的行政组织设计也经常导致社会公众在实际问题上不知道通过何种方式进行协商。

三　农村公共产品回应性的实证分析

上文已经对回应性的理论分析进行了必要的阐述，接下来本书将对回应性的具体情况进行相应的实证分析，以更加科学合理地解释回应性所带来的公共产品供给效率评判标准。根据上文的解释，回应性指的是政府部门根据社会公众需求做出积极有效的反应，为客观地评价政府的回应性，本书将选区社会公众满意度作为衡量回应性的代理变量，采用有序 Logistic 回归模型来检验政府回应性的水平。同时，由于农村公共产品种类繁多，对所有的农村公共产品进行分析将缺乏针对性，很难找出某些农村公共产品供给效率的制度障碍，为此，下文将以农田基本建设作为生产性农村公共产品的代表和合作医疗作为生活性农村公共产品的代表，通过实证研究分别分析这两类公共产品的回应性问题。

1. 社会公众满意度理论及其分析框架

始于 20 世纪后期的新公共管理运动强调，不应该只重视政府对公共产品及服务的投入过程，更应该重视政府公共产品及服务的绩效，而对于绩效的评价，最好的方式便是把社会公众看做是顾客，以其满意为宗旨，提升公共产品及服务的绩效。这样，就可以使得公共产品及服务的供给具有明显的社会公众需求导向作用，将市场机制引入到公共经济中。既然社会公众满意度对公共产品及服务供给的绩效评价如此重要，那么下文将对满意度等理论进行必要的解释与论证。

满意度是一个主观的多体系的概念，它不仅与社会公众得到的公共产品或服务有关，也和评价者自身相关；不仅与单个变量如是否满意有关，也与其自身期望、认知感受等相关。因此，测量满意度需要综合地考虑各子系统的权重，以此建立一套完整的评价体系。

社会公众满意度的思想其实来源于顾客满意度，实质是把社会公众当成顾客，政府公共部门当成企业，采取市场的眼光来看问题。顾客满意度最早由英国的 Bentham 于 1802 年提出，其后在 20 世纪初盛行的消费心理学和行为学的推动下，顾客满意度问题开始受到越来越多的人的重视。1989 年，费耐尔（Fornell）博士首次将顾客期望、购买后的感知、购买价格等多指标进行计量分析，得出费耐尔模型，成为现今流行的顾客满意度指数（Customer Satisfaction Index，简称 CSI）的基本雏形。[①] 自此之后，顾客满意度指数（CSI）开始在企业、市场中广泛使用，而在新公共管理运动引入市场观点后，也开始被应用到政府绩效考核之中。如美国行政学家迪莫克于 1936 年提出"如果公共部门类似企业管理者那样重视满意度，那么行政管理效率将大大提高，这就是顾客满意标准在公共经济中的完美复制"。[②]

---

① 丁煌：《西方行政学说史》，武汉大学出版社 2006 年版。
② 吴仲斌：《农村公共政策形成机制》，中国农业大学出版社 2005 年版。

　　在我国，满意度指数测评体系的研究主要集中在生产领域，如消费者对产品服务和质量的评价等环节，在其他一些非生产领域，以顾客的满意度来进行研究还比较少见。2005 年在国家统计局领导下湖南省统计局，通过社会抽样，调查了社会公众对政府公共服务的满意度评价情况，并系统地对这一满意度指标体系开展了研究工作，从而推动了满意度指数在非生产领域的应用。[①] 从国家层面来看，CSI 虽然原本是利用消费者对产品或服务的满意评价，但是公共产品领域，该指标体系可以帮助政府从宏观上有效评测经济发展质量，有助于国家经济结构、产业结构的宏观调控；微观上帮助经济主体了解行业发展趋势和自身竞争力，帮助改进经营业绩。借鉴 CSI 方法并用于政府公共产品供给效率的评价之中，能够利用市场均衡的观点来判断当前政府主导的公共产品投资是否达到供需均衡，这样有利于提高公共产品供给效率。

　　目前，以社会公众满意度的观点来研究我国公共产品供给效率的应用越来越多。按照上文的思路，下面将重点选择农田基本建设和合作医疗这两类公共产品的满意度分析来展开文献回顾。

　　在农田基本建设满意度方面，孔祥智等（2006）利用农民对农田水利设施的主观满意程度，选择受访农民的基本人口学变量，实证研究了新农村建设中农民对农村公共产品需求偏好及其影响因素。相关研究表明，受访者社会人口统计变量（是否户主、年龄、受教育程度、经历等）会对农户需求偏好产生显著影响。孔祥智、涂圣伟等人在进行 Logit 模型变量选择时，将村庄特征变量诸如村亩均农田水利设施建设投入存量、户均水田面积以及农户家庭特征变量如可灌溉面积、家庭劳动力人数、农业物质投入等考虑，从而分析影响农民满意度的影响机理。[②] 倪细云（2011）基于陕西省 437 户农户的实地调查数据，采用多元有序 Logistic 模型，实证分析影响农民对农田水利基础设施建设满意度的因素。研究表明，农民对农田水利基础设施建设满意度的影响主要来自于是否是村干部、人均年纯收入、粮食补贴政策评价、粮食补贴政策对农民增收的作用、投资主体、近五年是否修筑新农田水利设施、能否满足农业生产需要、维护状

　　① 李燕凌、曾福生：《农村公共产品供给农民满意度及其影响因素分析》，《数量经济技术经济研究》2008 年第 8 期。

　　② 孔祥智、涂圣伟：《新农村建设中农户对公共物品的需求偏好及影响因素研究——以农田水利设施为例》，《农业经济问题》2006 年第 10 期。

况、变化情况、区域比较等；性别对农民评价农田水利基础设施建设满意度具有一定的影响；年龄、文化程度、家庭规模和对农业生产的重要性对农民评价农田水利基础设施建设满意度的影响不显著。[①]

在农村合作医疗满意度方面，刘立远等（2002）根据中国农村实际调研数据的实证研究，结合健康经济学和保险学等理论支持，得出新型农村合作医疗制度完善的过程需满足两个充分条件和一个必要条件。其中他认为的两个充分条件分别是政策和环境的规制以及新型农村合作医疗的组织管理，而必要条件则是农村居民对新型农村合作医疗的有效需求。同时他还指出新型农村合作医疗的供方服务质量以及新型农村合作医疗的需求方农民对其预期是成功的关键。通过对村卫生室满意率和期望、满意度的相关性分析，他发现农民对村卫生室满意率和期望与合作医疗的满意度为正相关。[②] 任莤等（2010）比较分析享受补偿的农民继续参保意愿与未享受补偿的农民意愿后，认为补偿收益面是新农合可持续发展的关键点。[③] 高梦滔等（2005）则从农民的实际需求角度出发，实证分析了病种付费方式、公平问题以及补偿与筹资将影响新型农村合作医疗的运行。[④]

2. 计量模型、变量与数据处理

计量模型的理论基础

有序因变量 ORM（Ordered Regression Model）回归模型，指的是按照分类因变量的高低排序后，找出影响这种顺序的自变量。事实上，有序因变量 ORM 回归模型在社会科学领域运用非常广泛，由于社科领域许多变量无法用具体数值来记录，这种能区分高低的分类计量模型在此就显得十分实用。

正如前所述，由于因变量 y 在具体事务中（范围从 $-\infty$ 到 $+\infty$）是无法直接测量的，所以它只能由可观察到的 y' 来代替，其中 y' 的表达式为：

$$y'_i = m \quad \text{if} \quad \delta_{m-1} \leq y'_i \leq \delta_m$$

---

① 倪细云、文亚青：《农田水利基础设施建设的影响因素：陕西 437 户样本》，《改革》2011 年第 10 期。

② 刘远立、任莤、陈迎春、胡善联、萧庆伦：《中国农村贫困地区合作医疗运行的主要影响因素分析——10 个县干预实验结果》，《中国卫生经济》2002 年第 2 期。

③ 任莤、张琳、马静、宁岩：《中国农村合作医疗成败原因与影响因素分析》，《中国卫生经济》2010 年第 9 期。

④ 高梦滔、高广颖、刘可：《从需求角度分析新型农村合作医疗制度运行的效果——云南省 3 个试点县的实证研究》，《中国卫生经济》2005 年第 5 期。

δ 称为临界值（threshold）或分界点（cutpoint），由于 y 的两个极端值为无穷，无法计算均值和标准差，为方便测量，我们就可以把整个区间分割成若干小段来表示。如在本书中需要了解受访者对农村公共产品的态度时，本书设定了很满意、满意、不知道、不满意、很不满意五种，以此来表示整个态度 y 的所有可能取值。同时，介于"不知道"这个回答属于一种无所谓态度，所以在这五种排序中把它置于满意与不满意之间来做区分。

在模型的回归上，表达式如：$y = x_i\beta + \varepsilon$，$x_i$ 对 y 的偏微分计算为 $\partial y / \partial x_i = \beta_i$。

由于 x 是 y 的线性表达式，因此在解释 y 的变化时，可以理解为在其他自变量保持不变的情况下，每增加或者减少一单位的 x_i，y 的期望值就会随之增加或减少 β_i 个单位。

SPSS 的有序 Logistic 回归，是以 McCullagh 提出 PLUM 模型为基础的。PLUM 模型表达式为

$$\eta_{ij}\left[\pi_{ij}(Y \leqslant j)\right] = \frac{\alpha_j - (\beta_1 X_{i1} + \cdots \beta_p X_{ip})}{\sigma_i}, \ j = 1,\ 2,\ \cdots,\ J - 1$$

其中 $\eta_{ij}\left[\pi_{ij}(Y \leqslant j)\right]$ 是关于累加概率 $\pi_{ij}(Y \leqslant j)$ 的连接函数，σ_i 为尺度参数（默认值为 1），其他字母意义与文中公式相同。而 SPSS 的有序 Logistic 回归就是使用 $\ln\left(\dfrac{\pi_{ij}(Y \leqslant j)}{1 - \pi_{ij}(Y \leqslant j)}\right)$ 连接函数。

由于满意度这一指标难以量化，只能采取有序的分类指标来衡量，所以本书将采用有序 Logistic 回归模型。该模型的优势主要在于：一是较之传统的二项 Logistic 回归，多分类 Logistic 回归可以处理多个类别的结果，保证数据的原始性，避免发生数据丢失情况；二是因变量不仅可以用分类变量来比较，还能采用一定的顺序来衡量，这对于比较各分类结果要更加准确。有序 Logistic 回归模型表达式为：

$$\ln\left(\frac{\pi_{pq}(Y \leqslant q)}{1 - \pi_{pq}(Y \leqslant q)}\right) = \ln\left(\frac{\displaystyle\sum_{Y=1}^{q} \pi_{pq}}{\displaystyle\sum_{Y=j+1}^{q} \pi_{pq}}\right) = \alpha_q - (\beta_1 X_{p1} + \cdots + \beta_k X_{pk}),\ k = 1,$$

$2,\ \cdots,\ q - 1$

其中，p 表示亚群，即表示自变量目标向量的个数；q 表示类别，即应变量 Y 的不同种类；k 表示有多少个自变量；α_q 为常数项，β_k 表示回

归系数；ln 表示以自然对数为底的对数形式；π_{pq}（$Y \leqslant q$）$= \pi_{p1} + \cdots + \pi_{pq}$ 表示应变量 Y 小于等于分类为 q 的累加概率。通过累加概率的形式，分类离散形变量就变成连续型概率模型，我们通常把此类模型称为累加 Logistic 模型，有时也叫比例优势模型。

由于上式的形式是回归模型的基本形式，不利于模型实际意义的揭示，所以可将上式变形，以对数的形式来表示应变量 Y 小于等于 q 的累加概率，上式变形可得：

$$\pi_{pq}(Y \leqslant q) = \frac{\exp[\alpha_q - (\beta_1 X_{p1} + \cdots + \beta_k X_{pk})]}{1 + \exp[\alpha_q - (\beta_1 X_{p1} + \cdots + \beta_k X_{pk})]}, \quad k = 1, 2, \cdots, q - 1$$

累加 Logistic 模型回归系数 β_k 的解释为：在其他自变量不变的情况下，某一自变量 X_k 每改变一个单位，其对应变量 $Y > q$ 的累加概率也将随之改变，其大小为 $\exp(\beta_k)$ 倍。

变量选择与数据处理

变量选择与数据处理分两步进行，先选择变量，再作数据处理。

第一，变量的选择。对于回应性的研究，本书主要采用的满意度这一指标来反映农民对农村公共产品的态度。为了更好地区分生产性公共产品与消费性公共产品的差别，本书分别选取了农民对农田基本建设满意度和农民对新型农村合作医疗这两种有代表性的公共产品来分析。根据受访者对农村公共产品的态度，本书设定了很满意、满意、不知道、不满意、很不满意五种评价作为因变量。

在借鉴已有研究的基础上，结合调研的实际情况，本书将影响农民对农田基本建设满意度评价的因素分为三个大类，它们分别是反映农民基本特征的人口学变量、反映政府农田建设投入的变量以及反映与农田建设配套公共产品投入的变量。其中，反映农民基本特征的人口学变量主要包括农民的性别（gender）、年龄（age）、文化程度（education）、家庭收入是否以农业生产为主（agr - income）、人均年纯收入（ave - income）、家庭承包或承租的农田数（farmland）等；反映政府农田建设投入情况的变量主要包括能否满足农业生产需要（agr - demand）、农田建设投资主体（investor）、近五年是否修筑新农田水利设施（new facilities）等；反映与农田建设配套公共产品投入的变量主要包括农业生产补贴政策评价（policy evaluation）、农业生产补贴政策落实情况评价（implementation）等。

本书将影响农民对新型农村合作医疗满意度评价的因素分为三个大

类，它们分别是反映农民基本特征的人口学变量、反映新农合政策评价的变量以及反映新农合配套公共产品的变量。其中，反映农民基本特征的人口学变量主要包括性别（gender）、年龄（age）、文化程度（education）、家庭中老人与小孩所占人口比重（structure）、人均年纯收入（ave - income）、家庭中是否有慢性病患者（chronic）等；反映政策评价的变量主要包括覆盖面是否宽（covering）、报账起点是否合理（starting point）、报账手续是否复杂（reimbursement procedures）、付款时间是否及时到位（in - time）等；反映新农合配套公共产品投入的变量主要包括定点医院医疗条件完善度（conditions）、定点医院距离远近（distance）以及定点医院收费高低（cost）等。

第二，数据处理。接下来本书将分别对上述变量进行相应的数据处理。本书的数据来源为 2012 年在湖南省农村的实地调研数据。通过对湖南省 10 个县 50 个行政村 1000 户农户的随机抽样调查，最后回收 956 份问卷。其中，有效问卷 907 份。在具体实施入户时，先按行政村的经济收入情况采取分层抽样选取 50 个行政村，同时在每个行政村按系统抽样调查 20 个农户，这样，通过多阶段多方法的抽样形式，可以保证调研数据基本符合现实情况。同时，在调查过程中，尽量控制调查对象为户主或家庭主要成员，以保证调查对象的观点具有各个家庭的代表性。根据上述调研得到的相关数据描述性统计详见表 3 - 1。

表 3 - 1　　　　影响农民农田建设满意度的变量说明及描述性统计

变量名称	变量定义	均值	标准差	预期符号
被解释变量				
农田基本建设满意度	5 = 很满意；4 = 满意；3 = 不好说；2 = 不满意；1 = 很不满意	3.13	0.78	
解释变量				
1. 人口学变量				
性别（gender）	1 = 男；0 = 女	0.59	0.491	
年龄（age）	当年实际年龄，单位为周岁	47.5	8.72	
文化程度（education）	1 = 小学以下；2 = 小学；3 = 初中；4 = 高中；5 = 大专及以上	2.63	0.644	+

续表

变量名称	变量定义	均值	标准差	预期符号
家庭收入是否以农业生产为主（agr - income）	1=农业生产为主；0=非农业生产为主	0.47	0.496	
人均年纯收入（ave - income）		7137	1026	-
家庭承包或承租的农田数（farmland）		1.74	1.691	
2. 农田建设投入变量				
能否满足农业生产需要（demand）	1=是；0=否	0.57	0.495	+
农田建设投资主体（investor）	1=国家财政；2=地方及村集体；3=民间资本；4=自筹	2.14	0.953	
近五年是否修筑新农田水利设施（new facilities）	1=是；0=否	0.28	0.449	+
3. 配套公共产品投入变量				
农业生产补贴政策评价（policy evaluation）	5=很满意；4=满意；3=不好说；2=不满意；1=很不满意	3.97	0.637	+
农业生产补贴政策落实情况评价（implementation）	3=良好；2=基本落实；1=落实不好	1.74	0.433	+

根据表 3-1 的结果，我们可看出农户对于农田基本建设的满意度还处于一种一般状态，其值为 3.13，仅高出不好说 0.13，说明在农田基本建设这一方面，我国的农村公共产品投入仍有待加强。从调查对象的人口学变量来看，性别均值为 0.59，说明农田这块的生产仍以男性为主，年龄均值为 47.5，从这个数字来看，仍是一个不好的信号，较之农村社会平均年龄，47.5 属于一个较大的数字，说明从事农业生产的人群以中老年或老年为主，这也将是今后中国农村农业发展的一个突出问题。文化程度 2.63 说明农村的教育仍以初中为主，不过随着近 10 年农村教育的改善，对比过去以及展望今后，农村农户文化程度将会稳步提高。人均纯收入为七千多，比较符合当前农村实际情况。租入农地数大约为 1.7 亩，说明农地的规模化生产仍需加强，同时像湖南省这种以丘陵为主的地形，成片农地较少，1.7 亩的户均面积也是比较符合现实的。在农田基本建设投

入的变量方面，农户认为农田基本建设投资主体以地方及村集体为主，民间资本与自筹来投资的不多，这也反映出公共产品的投资，缺乏激励机制，使得私人部门的参与积极性不高。同时，在考察当地农田基本是否为近五年新建项目时，只有28%的农户提出为新修筑农田建设，这说明在农田改善这方面的工作力度仍欠缺，当前农业生产仍以过去的生产方式为主，农业的现代化生产条件创造还不够。在农田基本建设配套公共产品方面，我们主要咨询了农户关于农业生产补贴政策及落实方面的问题，得到的结果基本一致，就是农户对国家支持农业生产的相关补贴性政策的认同度都较高，从满意度的均值达到3.97就可以看出，但是在认同国家宏观政策的同时，对当地政府执行力不高的问题是农民普遍反映的问题。由此可见，在县乡政府对公共产品投入以及公开透明度这一块，需要花更大的力气来进行改革。

表3－1反映的是农民对于生产性公共产品的基本回馈情况，下面将对消费性公共产品进行相关统计及分析，具体结果见表3－2。

表3－2　　　　影响农民新农合满意度的变量说明及描述性统计

变量名称	变量定义	均值	标准差	预期符号
被解释变量				
新农合满意度	5＝很满意；4＝满意；3＝不好说；2＝不满意；1＝很不满意	3.67	0.71	
解释变量				
1. 人口学变量				
性别（gender）	1＝男；0＝女	0.39	0.487	
年龄（age）	当年实际年龄，单位为周岁	42.3	7.52	
文化程度（education）	1＝小学以下；2＝小学；3＝初中；4＝高中；5＝大专及以上	2.13	0.533	＋
家庭中老人与小孩所占人口比重（structure）	家庭常住人口数中老人加小孩占比情况，单位为%	0.67	0.396	
人均年纯收入（ave－income）		6589	967.1	
家庭中是否有慢性病患者（chronic）	1＝是；0＝否	0.27	0.444	＋

变量名称	变量定义	均值	标准差	预期符号
2. 新农合政策评价变量				
覆盖面是否宽（covering）	1 = 宽；0 = 窄	0.39	0.488	+
报账起点是否合理（starting point）	1 = 合理；0 = 不合理	0.65	0.477	+
报账手续是否复杂（reimbursement procedures）	1 = 简单；0 = 复杂	0.73	0.443	+
付款时间是否及时到位（in‑time）	1 = 及时；0 = 不及时	0.71	0.454	
3. 新农合配套公共产品投入变量				
定点医院距离远近（distance）	5 = 很远；4 = 较远；3 = 还好；2 = 近；1 = 很近	2.91	0.738	–
定点医院医疗条件完善度（conditions）	1 = 较完善；0 = 不完善	0.24	0.427	+
定点医院收费高低（cost）	1 = 收费较高；0 = 收费不高	0.58	0.494	–

在消费性公共产品方面，农民的回应较之生产性公共产品还是要好一些，其满意度为 3.67，明显高于生产性的 3.13，这也反映出我国农村公共产品的投入一个结构性的矛盾，生产性公共产品投入不足。而在与新农合满意度的相关变量方面，我们可看出通过对农村社会的调研，发现当前农村性别比例失衡，调研数据 0.39 反映农村的留守妇女占据了农村人口的大多数。除此之外，年龄比例也是另外一个突出问题，从调研数据中家庭老人与小孩所占人口比重来看，农村人口近 2/3 由老人与小孩构成，反映出农村社会的一种空心化，这也是农村未来发展以及公共产品投资方面把握的一个重要方向。在对新农合政策的各个评价体系当中，农民普遍反映新农合覆盖面仍不高，仅不到 40% 的农户认为覆盖面较宽；不过报账起点合理还是受到了大多数农户的认同，这可能主要和新农合开展了家庭门诊账户以及定点医院分级与报销起点挂钩这一制度安排有关；同时，在报账手续和报账的付款时间方面，更是得到了绝大多数农户的肯定，农合卡以及农合报账窗口等相应制度设计，最大限度地保证了新农合的认可度，使得农民在报账手续以及付款时间等方面有较高的评价。但是在配套公共产品

投入方面，这里主要是指定点医院，农民的认同却不如新农合政策，普遍反映的问题是定点医院的医疗条件不完善以及定点医院的收费不合理等问题，特别是医疗条件不完善，在近一两年实施医改后，这一问题更加突出。由于国家基本药物制度的实施，农村定点医院基本缺药少药，使得大多数病无法在县级以下医院就诊。这就迫使许多农民去县级以上医院就诊，无形之中也就加重了农民的负担。所以医疗条件成为制约新农合发展的一个重要瓶颈。

　　总之，从生产性和消费性公共产品回应来看，农民反映的问题基本上是生产性公共产品投入仍需加强，虽然相关政策较好，但是在执行力这方面仍需加强，同时在消费性公共产品这块，农民反映公共产品投入比较符合其基本需求，但是在相关配套措施方面仍有待加强。

　　分析与结果

　　上文主要从数据的直观感受介绍了农民对于公共产品的回应问题。从这些数据分析，我们也了解了农民对于公共产品的基本诉求。但是上文的分析仅仅从数据表面解释了问题，对于农民更加看重哪些方面的因素，什么样的公共产品投入制度安排才是最符合民意的这些问题，上面的分析无法完成。为此，本书将根据前文介绍的有序因变量 ORM 回归模型，揭示这些隐藏在现象背后的成因。

　　下面将利用 SPSS 数据分析软件分别对农民农田建设满意度和新农合满意度进行 ORM 回归模型。表 3 - 3 为农民农田建设满意度回归模型，当中的模型一是利用强迫引入法把所有因变量引入模型得到的结果，模型二是利用向后逐步回归法，把不显著的因变量逐步剔除的方法得到的。表 3 - 4 为农民新农合满意度回归模型，模型三是强迫引入法所有变量的回归结果，模型四是向后逐步回归法的最终结果。

表 3 - 3　　　　　　农民农田建设满意度 ORM 回归模型结果

解释变量	模型一（强迫引入法）			模型二（向后逐步回归法）		
	系数	标准误	P 值	系数	标准误	P 值
1. 人口学变量						
性别（gender）	0.664	0.581	0.333			
年龄（age）	- 0.035	0.028	0.577			
文化程度（education）	- 0.743	1.079	0.527			
家庭收入是否以农业生产为主（agr - income）	- 2.542	1.347	0.059	- 1.582	1.43	0.079

续表

解释变量	模型一（强迫引入法）			模型二（向后逐步回归法）		
	系数	标准误	P值	系数	标准误	P值
人均年纯收入（ave - income）	0.775	0.566	0.284			
家庭承包或承租的农田数（farmland）	2.37	1.788	0.093	1.978	2.347	0.084
2. 农田建设投入变量						
能否满足农业生产需要（agr - demand）	1.45	0.66	0.010	1.569	0.502	0.002
农田建设投资主体（investor）	-0.968	0.688	0.003	-1.331	0.598	0.000
近五年是否修筑新农田水利设施（new facilities）	2.345	0.732	0.004	2.756	0.603	0.007
3. 配套公共产品投入变量						
农业生产补贴政策评价（policy evaluation）	0.725	0.513	0.247			
农业生产补贴政策落实情况评价（implementation）	0.733	0.351	0.049	0.878	0.421	0.047
-2 对数似然值	138.268			69.95		
卡方值	66.57			48.37		
显著性	0.000			0.000		

由表 3 - 3 可知，家庭收入是否以农业生产为主（agr - income）、家庭承包或承租的农田数（farmland）、能否满足农业生产需要（agr - demand）、农田建设投资主体（investor）、近五年是否修筑新农田水利设施（new facilities）、农业生产补贴政策落实情况评价（implementation）是影响农民对农田水利基础设施建设满意度评价的重要因素。

从人口学变量来看，家庭收入是否以农业生产为主（agr - income）、家庭承包或承租的农田数（farmland）是影响农民对农田基本建设满意度的关键因素。而性别（gender）、年龄（age）、文化程度（education）、人均年纯收入（ave - income）影响不显著。具体来看，家庭收入是否以农业生产为主（agr - income）在两个模型中均通过了 10% 的显著性检验，并且对满意度产生负向影响。可能的原因是如果家庭收入主要以农业为主，那么这些农户对农田的依赖度也就越高，期望农田的基本建设愿景也就越高，在这一高诉求下，自然就容易使得其对农田基本建设的满意度不高，所以产生一种负向影响机制。家庭承包或承租的农田数（farmland）同样在10%的显著性水平下拒绝了原假设，符号为正，说明家庭承包或承租的农田数（farmland）对农民农田基本建设满意度产生显著的正向影响。可能的原因是在湖南这种人多地少的地区，随着农地数量的增加，其增加的农地使流转农地的可能性也就随之增加。由于流转而来的农地一般是集中连片的或者是便于规模化经营的，所以，该部分农地相应地会比农户自身承包的农地要好。所以家庭承包或承租的农田数（farmland）对农民农田基本建设满意度产生显著的正向影响。

从农田建设投入变量来看，能否满足农业生产需要（agr-demand）、农田建设投资主体（investor）、近五年是否修筑新农田水利设施（new facilities）均具有统计上非常显著的影响。其中能否满足农业生产需要（agr-demand）在模型二中以1%的显著性水平拒绝，符号为正，符合预期，说明农田建设投入越能满足于当地农业的生产需要，农民满意度越高；农田建设投资主体（investor）在1%的显著性水平下与农田基本建设满意度呈反向影响，表明随着农田建设投资主体从中央政府到市场机制的个人变化，农户对农田建设满意度将下降。产生这种情况的原因可能在于农田建设仍带有公共性，并在产权不明晰的情况下，私人部门对其投资都是比较谨慎的，而中央政府为保证粮食生产的基本目标，必定将花大力气投入农田基本建设，所以中央政府作为农田基本建设的投资主体，其投入额肯定要强于私人部门，那么农户对其满意度也就随之而高些。近五年是否修筑新农田水利设施（new facilities）在模型一、二中均通过了1%的检验，系数符号为正且在两模型中都比较大，与本书预期相同，说明该变量对农户农田基本建设满意度具有很强的正向影响。如果农田水利设施为新修筑的，农民无论在基本认知和感知角度，还是在实际农业生产过程中，均会对其产生激励作用，所以农民满意度也就越高。通过上述回归模型，得出该变量为影响因子最大，说明重视新修筑农田水利建设，可以显著地提高农民满意度。

从配套公共产品投入变量来看，农业生产补贴政策落实情况评价（implementation）是影响农民对农田基本建设满意度评价的重要因素，但农业生产补贴政策评价（policy evaluation）对其影响不显著。究其原因，可能是农户对农业生产补贴政策的评价结果普遍较好且没有太大差异。由于变异性较小，对其满意度影响也就不显著；而在农业生产补贴政策落实情况评价（implementation）这一问题上，农民普遍反映政策制定较好，但真正落实的比较少，所以公共产品投入的落实情况，直接影响着农民对农田基本建设的满意度。

上文从生产性公共产品的回应性角度分析了影响农民满意度的投入机制问题，下面将根据消费性公共产品的基本调查情况，运用 ORM 回归模型分析影响农民对消费性公共产品的满意度影响机制问题。

表 3 - 4 新农合满意度 ORM 回归模型结果

解释变量	模型三（强迫引入法）			模型四（向后逐步回归）		
	系数	标准误	P 值	系数	标准误	P 值
1. 人口学变量						
性别（gender）	0.594	0.653	0.362			
年龄（age）	−0.031	0.037	0.406			
文化程度（education）	−0.880	1.135	0.438			
家庭中老人与小孩所占人口比重（structure）	−2.542	1.347	0.059	−2.735	1.864	0.052
人均年纯收入（ave - income）	0.646	0.432	0.135			
家庭中是否有慢性病患者（chronic）	−0.393	1.113	0.724			
2. 新农合政策评价变量						
覆盖面是否宽（covering）	1.459	0.563	0.010	1.498	0.492	0.002
报账起点是否合理（starting point）	2.840	0.796	0.000	2.331	0.598	0.000
报账手续是否复杂（reimbursement procedures）	1.598	0.579	0.006	1.480	0.516	0.004
付款时间是否及时到位（in - time）	0.825	0.713	0.247			
3. 新农合配套公共产品投入变量						
定点医院距离远近（distance）	0.749	0.389	0.054			
定点医院医疗条件完善度（conditions）	4.356	2.598	0.094	5.734	2.377	0.016
定点医院收费高低（cost）	−0.393	1.113	0.724			
−2 对数似然值	130.391			61.193		
卡　方	61.394			52.217		
显著性	0.000			0.000		

上文从生产性公共产品的回应性角度分析了影响农民满意度的投入机制问题，下面将根据消费性公共产品的基本调查情况，运用 ORM 回归模型分析影响农民对消费性公共产品的满意度影响机制问题。

由表 3 - 4 可知，家庭老人与小孩所占人口比重（structure）、覆盖面是否宽（covering）、报账起点是否合理（starting point）、报账手续是否复杂（reimbursement procedures）、定点医院医疗条件完善度（conditions）是影响农民对新农合满意度评价的重要因素。

从人口学变量来看，家庭中老人与小孩所占人口比重（structure）是影响农民对新农合满意度的关键因素。而性别（gender）、年龄（age）、文化程度（education）、人均年纯收入（ave - income）、家庭中是否有慢性病患者（chronic）影响不显著。具体来看，家庭中老人与小孩所占人口比重（structure）在两个模型中均通过了 10% 的显著性检验，并且对新农合满意度产生较大的负向影响。说明随着家庭人口结构老年人和小孩的比例增加，农民对新农合满意度将下降。造成这种现象的原因可能在于当前农村的社会结构以老人和小孩为主，他们对医疗的刚性需求在地方医院很难得到满足，特别是在新医改基本药物制度实施之后，他们需要以自费的形式才能买到基本药物目录之外的药。这样就无形之中加重了这类人群的医疗负担，降低其满意度。

从新农合政策评价变量来看，覆盖面是否宽（covering）、报账起点是否合理（starting point）、报账手续是否复杂（reimbursement procedures）均具有统计上显著的影响，但是付款时间是否及时到位（in - time）没有通过显著性检验。具体来说，新农合报销覆盖面越宽，农民满意度就越高，但是在模型四中其系数仅为 1.498，说明覆盖面对其影响不大；报账起点越合理，农民满意度就越高，在模型四中该变量的系数达到 2.331，说明当前农民更关注报账起点高低问题，这也进一步反映了农民对报账价格的高敏感度。同理，报账手续越简单，农民满意度就越高，但该变量对农民满意度的影响最小，仅为 1.480。但是付款时间是否及时到位（in - time）没有通过检验，结合调查情况来看，可能的原因在于新农合基本采取了出院即结算的及时报账体系，所以农户在报账时间这方面基本都反映比较快，由于缺少变异性，付款时间是否及时到位（in - time）也就未对满意度造成显著性影响。

从新农合配套公共产品投入变量来看，定点医院医疗条件完善度

（conditions）是影响农民对新农合满意度评价的重要因素，但定点医院距离远近（distance）、定点医院收费高低（cost）对满意度影响不显著。定点医院医疗条件完善度（conditions）在模型三和模型四中均通过了10%的显著性检验，并且其系数分别为4.356和5.734，在所有变量中，影响因素最大。说明当前新农合体制在农户的主观评价中，其最看重的并不是新农合制度的优越性，而是配套措施——定点医院医疗条件的完善度。所以，在今后的改革中，应更加重视公共配套措施的建立与完善。

本小节主要从评价农村公共产品供给效率的标准——回应性出发，首先提出了农村公共产品供给的回应性应该是政府能对农村公共产品的需求做出及时有效的反应，实现公共产品供求平衡。但是目前来看，我国县乡政府在回应性这方面工作仍存在不少缺陷，如回应意识不强、回应体制不完善、民众参与渠道不畅通。为此，本书通过农村调研，从生产类公共产品和消费类公共产品两方面分别了解了当前湖南省农户对其满意度情况，以此作为回应性的重要指标。

从分析的数据结构来看，农民对以新农合为代表的消费类公共产品的满意度要高于以农田基本建设为代表的生产类公共产品。同时分别对消费类公共产品、生产类公共产品的满意度做回归分析，本书得出一些基本结论：首先，在公共产品供给过程中，应该重视不同农户的不同需求，提供的公共产品必须符合公共产品需求者的愿望和要求，这样才能保证供给的有效；其次，在公共产品投入过程中，应该加大力度投入于公共产品需求者敏感度高的方面，如生产类公共产品一些有眼球效应的项目或者消费类公共产品的一些价格优惠项目等，同时通过加大宣传力度，这样更利于提高公共产品需求方的回应性；最后，在公共产品的投入体系中，还应重视配套公共产品的完善，如生产类公共产品的粮食补贴制度的落实、消费类公共产品的配套定点医院的医疗条件等，通过多种公共产品的有机组合，才能完善农村整个社会经济保障体系，农民才会得到更多的实惠。

第二节　农村公共产品供给效率标准之二：配置效率

公共产品供给与私人产品供给一样，需耗费资源，农村公共产品供必须要考虑资源的配置效率。按照资源配置效率最大化的原则，资源应该从边际生产率低的部门流向边际生产率高的部门，从而使社会总产出达到最大。在完全竞争市场中，资源按照边际生产率最高的原则进行配置，因此，配置效率的重要衡量标准就是看资源是否流向边际生产率最高的部门。所以配置效率也是本书考察公共产品供给效率的重要标准。在本节中，将对配置效率的基本理论以及我国地方公共产品配置效率的现状做基本的梳理，然后利用 DEA 方法进一步实证研究湖南省 14 市州农村公共产品的配置效率，以提出相应的对策及建议。

一　农村公共产品配置效率的理论基础

1. 供给主体论

根据西方经济学的理论，由于存在市场失灵的情况，对于具有公共产品性质的领域就很难达到帕累托最优。因为在逐利的私人部门看来，它们将不可避免地出现"搭便车"现象，最终造成公地悲剧的局面，从而导致全体社会成员公共利益的蚕食。这便是市场机制失灵的所在，因此，在公共产品领域，就只能由政府部门来供给。当然，这里提到的供给主体为政府部门并不是指公共产品必须由政府部门生产，政府可以通过其公信力以及公权力，通过税收政策以筹集资金的形式来提供给社会公众。同时根据公共产品的性质，那种具有一定的竞争性或排他性的准公共产品，也可以由政府和市场一起提供。

2. 市场均衡论

按照市场的观点，供给和需求需要达到一致才能保持静态的均衡。公共产品的供给也该如此，即只有当公共产品提供的物品和服务满足于社会公众对其的需求，才能达到基本的均衡状态。如果供给多于需求，就会出现供给过度的局面，造成严重的制约浪费和低效。如果供给少于需求，就会出现供给不足的局面，使得社会公众的基本需求无法得到满足，影响整个社会的生产和生活。只有当公共产品供给和需求趋向一致时，公共产品的提供才能达到和社会发展协调一致，才能实现有效供给。

3. 供给层次论

供给层次论强调按照公共产品的空间层次特性，公共产品的供给需要分级供给才是有效的。一般而言，公共产品供给采用的是市场的观点，即"谁受益谁付费"的基本原则，但是在现实生活中，公共产品的供给很难确定受益范围。例如国防、教育、科学基础研究等公共产品，基本无法把它规划入某一地区，其受益范围遍布全国；而类似于铁路、农田水利设施、街灯、公路等公共产品，由于它的受益范围具有很强的空间层次性，也就需要因地制宜地供给。因此，在公共产品供给问题上，需要分级供给。即对于全国性的公共产品，既然县乡政府不愿提供，那么必须由中央政府来负担，对于受益范围很小的地方公共产品，则主要由各县乡政府根据发展需求来承担；对于某些既对地域产生效益，又会给其他区域带来外部效应的公共产品，则需要中央政府与县乡政府分级提供。这样，公共产品的供给才能既满足于社会公众对其总量的需求，又能满足社会公众对其不同质的需求。

4. 成本—效益论

除上述论断外，成本—效益也是公共产品供给效率必须考虑的问题。公共产品供给时，需要综合衡量公共产品的供给成本以及其产生的效益，按投入—产出的观点来衡量供给效率，这样才是科学的、经济的。其中在投入方面，需要考虑公共产品的筹资成本和生产成本，筹资成本主要是指政府在税收筹资时产生的成本及费用，生产成本主要是指提供公共产品时所产生的人力、物力、财力等成本及费用。在产出效益方面，主要是指各公共产品直接带来的经济社会效益以及为其他社会服务带来的间接效益。因此，按投入—产出的观点来看，提高公共产品供给效率，不仅要提高公共产品的效益，还要重视约束公共产品的投入机制，这样才能保证公共产品供给的高效。

二 农村公共产品供给配置效率现状分析

1. 供给总量严重不足

由于受到长期二元供给结构的影响，使得我国农村公共产品供给总量已无法满足农民对其需求。尽管部分东部经济较发达地区公共产品供给水平较高，但是从整体上看，我国农村绝大部分地区的公共产品供给水平还是很差的。其主要表现为以下几点：一是生产性公共产品方面，如农业基础设施建设难以符合现代农业生产条件的基本要求，防洪排涝设施年久失修，存在较大安全隐患，使得农业生产抵御自然灾害的能力大大降低；农业生产补贴资金不足，难以调动农民农业生产积极性等；二是生活性公共产品方面，如农村水电供给不足，造成农民用水用电的成本太大；农村环保事业投入过少，造成农村环境急剧恶化；医疗条件落后，医务人员水平不高，抑制了农村的医疗需求；农村教育事业的资金投入不足，校舍安全隐患，农村师资不足等问题，使得农村教育始终落后城市教育体系一大截。

总而言之，当前我国农村公共产品供给已经远远不能满足于农业生产和农民生活的基本需要，这一问题若得不到及时的解决，我国三农的突出问题短时间内难以得到有效的改善。同时，由于地方经济发展的不平衡以及县乡财力的局限，部分农村公共产品的成本分摊到了农民身上，加重了农民负担，农村公共产品供给陷入困境。公共产品供给的不足，已成为农业农村增强自身体质和体能、实现进一步发展的主要瓶颈。

2. 供给结构失衡

公共产品总量不足的同时，部分公共产品供给完全失衡，偏离社会需求，则是当前农村公共产品供给问题的又一问题。我国农村公共产品供给结构失衡主要表现为以下几点：

一是农民急需的公共产品供不应求，而农民不需要的公共产品却供过于求。像以农业生产为主的农户，其生产方式仍停留在以传统手工耕作的基础上，农业水利设施老化、农业机械化程度低、大型灌溉设施短缺等农业生产条件，使其农业生产力无法得到根本的改善。同时像直接关乎民生的医疗、教育等公共产品，农民的需求愿景也是强烈的，但是这些公共产品的供给却是政府的薄弱环节，供不应求的现象层出不穷。但是，对于农民需求不强烈的一些公共产品，政府的供求却热情偏高。如政策性干预农业生产等，政府往往会根据自身的产业政策干预农民种植他们认为有市场效益的农产品，在人为干预市场的同时，也破坏了农民以及自然的生产计划安排，常常导致好心办坏事的局面发生。

二是农村公共产品供给硬件较多，软件较少。传统的农村公共产品供给方式体现为"授人以鱼"，并未达到"授人以渔"的效果，这样，公共产品的投入只能依赖于政府部门的偏好，投向一些看得见、摸得着的硬公共产品，如大型广场、美化景点、歌舞剧院、楼堂馆所、农贸市场等；但是诸如农业科技、农村教育、农村环境、农业信息化建设等方面农村公共产品软供给，却是杯水车薪，九牛一毛。

三是农村公共产品供给重视数量的达标，忽视质量的考核。对于农村公共产品的投入，县乡政府更多地视其为一种任务而非使命，即只要能完成资金的拨付，就可向上级或农民交差。但是，这种只重视数量的粗放式投入不符合现实的需要。在投入公共产品的同时，若不重视质量的提高，容易滋生寻租腐败，导致公共产品供给效率不高、重复建设繁多等问题。典型的例子就是对于从某一公共产品投资项目，县乡政府更倾向于新建，而对其运营管理重视不够。

四是短期公共产品项目投入过多，可持续发展的战略性公共产品少。如一些地区在公共产品供给问题上，未根据农民的实际需要和农村的客观环境，大力开展如小康工程、达标升级活动等"面子工程"。但是对于农业科技、农业信息服务等战略性公共产品的建设投入，却热情不足。

3. 供给分散

农村公共产品供给分散，是当前公共产品供给中又一突出问题。在供给总体不足的情况下，若按平均的观点去分配现有资源，只会造成供给分散低效的局面。所以，农村公共产品的供给需依据农村社会经济发展的实际情况，优先建设农民急需的公共产品，才能使得好钢用在刀刃上。

当前农村公共产品供给分散问题主要表现在三个方面：一是资金分散。在有限的资金条件下，资金的多用途使用，将进一步降低其使用效率。如我国的农业补贴政策，则无法达到提高农业产值的实际效果。目前涉及农业补贴资金包括良种补贴、粮食直补、粮食综补以及农机具购置补贴等多项，这种大范围、分块化、补贴名目多的补贴方式，使得有限的资金不能形成一股合力。多名目使得补贴资金隐蔽，农民甚至感受不到补贴的存在，容易滋生腐败行为。二是部门分散。在县乡政府对农业农村农民问题的管理体制上，涉及政府多个职能行政部门。农业、财政、民政、发改委、教育、医疗等不同行政管理部门均有一定的事务涉及农业农村问题，这种条块分割的组织结构势必会影响到支农财政资金的细碎化，从而影响农村公共产品的有效供给。三是区域分散。我国农村地区分布分散，不利于公共产品的集中供给。特别在南方丘陵地带，经常出现十里不见人的局面，这种遥远的空间距离，使得农村公共产品的供给没办法像城镇社区那样集中性地提供，影响了农村公共产品的供给效率。例如一些水暖设施、电讯网络等公共产品的建设投资，在无法达到集中性供给的局面下，既提高了其建设成本，又降低了其使用效率。

4. 部分公共产品质量不高

公共产品在数量达不到要求的情况下，有些公共产品的质量也完全不符合需求者的要求。我国农村公共产品供给的质量也较低，部分公共产品的提供甚至损害农民利益。目前，在一些县乡政府，由于受到形象工程、追求经济速度赶超等政绩观念的影响，对于一些农村公共产品的投入只重视量的投入，而忽视质的提高，使得农村公共产品不能完全为农民创造使用价值。诚然，政府对于农村公共产品的投入出发点是毋庸置疑的，但是违背市场经济发展规律、质量不高的公共产品供给并不能带给农民实际利益。例如，在进行农村公共产品投资时，县乡政府官员为了部门或者私人利益，常常会发生一些渎职寻租行为，提供的公共产品以次充好，损害农民的基本利益。

三　农村公共产品配置效率实证分析

1. 农村公共产品配置效率的文献回顾

近年来，研究农村公共产品供给效率的主要研究方法为前沿效率分析。所谓的前沿效率，其实是一种比较的概念，即通过大量的数据样本，找到其中一组或是多组最佳的生产边界，如通过定义投入产出比之类的指标来定义这组生产边界为效率的前沿面：若观察到的所有样本值均在前沿面上，则为无效率缺失；若远离前沿面，则可利用点到前沿面的距离来衡量效率缺失的大小。在具体使用前沿面的计算函数中，若使用特定的参数来测量效率，则为参数法；不考虑特定参数的情况下，则为非参数法。

参数法是利用多元统计回归分析方法，在事先假定生产成本等函数的基础上，来计算前沿面中的未知参数，以此来得出各决策单元生产效率的计量方法。根据前沿函数中的不同假设和函数形式，常用的参数方法包括随机前沿方法（Stochastic Frontier Approach，SFA）、自由分布法（Distribution Free Approach，DFA）和厚边界函数法（Thick Frontier Analysis，TFA），其中运用最广泛的是随机前沿方法（SFA）。如 Boetti、Piacenza 和 Turati 等（2012）利用意大利政府财政数据，以随机前沿方法研究了县乡政府提供公共物品的财政支出效率。[①] Gey（2006）在对 191 个国家的医疗卫生情况的数据分析中，分别使用固定效应模型和随机效应模型的随机前沿分析方法，实证研究了其卫生支出效率。[②] 在我国，利用随机前沿方法研究县乡政府财政支出效率的学者不多，仅有部分学者从特定农村公共

① Boetti, L. P., Massimilano Turati, Gilberto: Decentralization and Local Governments' Performance: How Does Fiscal Autonomy Affect Spending Efficiency? *Public Finance Analysis*, September 2012, 68（3），pp. 269 – 302.

② GEYS, B., Looking across Borders: A Test of Spatial Policy Interdependence Using Local Government Efficiency Ratings, *Journal of Urban Economics*, 2006, 3, pp. 443 – 462.

产品来研究，如张振海（2011）通过对陕西金融支农效率的研究，发现其效率偏低，并指出农村金融发展结构、农村金融中介效率和农村金融市场集中度将显著影响支农效率。[①] 通过收集 2000—2009 年我国农村各省的医疗卫生政府支出，利用随机前沿方法测算其效率后发现，其整体供给效率逐年提高，并且经济发展水平、政府农村医疗卫生投入和人力资本水平等因素会显著影响农村医疗卫生的供给效率。[②]

非参数法不同于参数法，它是在不需要任何前沿成本函数、任何假定参数的情况下，直接找出投入及产出变量，即可测度出各决策单元的数量分析方法。常见的方法包括数据包络分析方法（Data Envelopment Analysis，DEA）和无界分析方法（Free Disposal Hull，FDH），其中被大多数学者广泛应用的是前者。数据包络分析方法首先由 Farell 于 1957 年提出，他利用线性规划的方法，通过把市场上各公司看出每个决策单元，使用投入产出的指标综合评定其效率值。该方法一经提出，便受到了广大学者的偏爱。这是因为该方法既不需事先做任何假定，也不需找到变量之间的函数关系，仅仅需要尽可能完善的投入和产出指标即可。如 Afonso 等（2008）利用数据包络分析方法测度了葡萄牙各县乡政府的财政支出效率。[③] 赵京等（2013）利用 1988—2010 年全国农业生产数据和 DEA 方法，测算了全国农业生产效率。同时利用误差修正模型得出政府农村公共产品对农业生产效率具有显著的推进作用。[④] 同时，也有部分学者分地区进行了农村公共产品效率研究，如李燕凌（2008）利用湖南省 14 市州 2006 年的截面数据，测算了农村财政支农支出的效率问题，他认为目前中国的财政支农覆盖面小，主要局限于农业生产领域，农民对农村公共产品的多元化需求并未得到满足。[⑤] 邓宗兵等（2013）在 DEA 的基础上再利用 Tobit 回归对重庆市农村公共产品供给效率及其影响因素进行了实证

① 张振海、茹少峰：《陕西省金融支农效率评价及影响因素分析》，《农业技术经济》2011年第 7 期。

② 陈东、程建英：《我国农村医疗卫生的政府供给效率——基于随机生产边界模型的分析》，《山东大学学报》（哲学社会科学版）2011 年第 1 期。

③ A. Afonso，S. F.，Assessing and Explaining the Relative Efficiency of Local Governmen，*The Journal of Socio - Economics*，2008，5，pp. 1946 - 1979.

④ 赵京、杨刚桥、汪文雄：《政府农村公共产品投入对农业生产效率的影响分析——基于 DEA 和协整分析的实证检验》，《经济体制改革》2013 年第 3 期。

⑤ 李燕凌：《基于 DEA - Tobit 模型的财政支农效率分析——以湖南省为例》，《中国农村经济》2008 年第 9 期。

研究，得到的结果表明农村公共产品供给效率偏低，且地区差异大，同时他指出农村居民收入、第一产业比重与供给效率显著正相关。[①]

考虑到农村公共产品的投入和产出不如生产制造企业产品具有明显的指向性和特定性，其生产函数的参数难以把握，为此本章将选用非参数前沿面效率测度方法，以湖南省 14 市州为例对农村公共产品供给效率值进行测算研究。

2. 计量模型与数据变量处理

（1）计量模型。

正如前所述，非参数法是在不需要任何前沿成本函数、任何假定参数的情况下，直接找出投入及产出变量，即可测度出各决策单元的数量分析方法，因为该方法既不需事先做任何假定，也不需找到变量之间的函数关系，仅仅需要尽可能完善的投入和产出指标，所以该方法被广泛使用。特别数据包络分析方法（Data Envelopment Analysis，DEA），1957 年由 Farell 提出后，后经 Rhodes 和 Cooper 推广，便被广泛地应用在金融机构和公共部门及非营利部门的效率分析之中。

数据包络分析方法（DEA）其实质是一种加权意义下的投入产出比分析，通过设定产出最大化或者投入最小化的目标，当投入产出比达到最小时即为所有决策单元之中的帕累托最优。通过相对的观念，把所有生产决策单元的投入项与产出项均投影到几何空间里，把投入产出比最优的决策单元构建成一个生产前沿面，以此作为衡量效率是否存在缺失的标准。若生产决策单元落在生产前沿面上，则认为该生产单元为有效的，以 1 来衡量；若生产决策单元落在前沿面外，则认为该生产单元为效率缺失的，以该点到生产前沿面的距离来衡量，最小值为 0。利用一些数学建模与线性规划的方法，即可计算出每个生产决策单元的生产效率。

当然，在使用 DEA 方法测度每个生产决策单元的效率时，有两种基本计算依据，一种是以产出为导向型的计算，另一种是以投入为导向型的计算。以产出为导向型的计算是指在各投入指标不变的情况下，以保证产出最大化为标准来构建生产前沿面；而以投入为导向型的计算是指在各产出指标不变的情况下，以保证投入最小化为标准来构建生产前沿面。其中

[①] 邓宗兵、张俊亮、封永刚：《重庆市农村公共产品供给效率评价和影响因素研究》，《四川农业大学学报》2013 年第 2 期。

研究金融机构等公司的效率时多见于投入导向型，研究公共部门及非营利部门的效率分析时，多见于产出导向型。[①]

在确定 DEA 两种计算依据后，确定生产前沿面时也同样面临着不同方法的选择，其中包括 CCR 模型和 BCC 模型两种。其中 CCR 模型是由 Charnes、Cooper 和 Rhodes 于 1978 年提出，其模型正是由他们三人的名字首字母命名得来。CCR 模型也称 CRS 模型，是指在规模报酬不变的假设前提下，而构造出的生产前沿面，即每个生产决策单元具有相同的生产规模与生产收益，其前沿面往往呈现为一个平面。用数学表达式表示为：

若市场上存在 M 个决策单元，通过 N 种投入产出 L 种产品，X_i 表示第 i 种投入指标，Y_v 表示第 v 种产出指标，则对于任意一个生产决策单元 K 而言，存在以下向量：

$Y_k = (Y_{1k}, Y_{2k} \cdots, Y_{lk})$，$X_k = (X_{1k}, X_{2k}, \cdots, X_{mk})$，其中 $k = l$，$2, \cdots, n$

其中 X 和 Y 分别表示 Mxn 的投入矩阵和 Lxn 的产出矩阵。对于每一个决策单元，我们希望度量所有产出和所有投入之间的比例，即 uy_k/vx_k，这里 U 和 V 分别是 $L \times 1$ 维的产出加权系数和 $N \times 1$ 维的投入加权系数，这两个变量需要通过求解模型来确定。在 CRS 模型的假设条件下，可以通过求解下面的线性规划方程得出最优加权系数：

$$\begin{cases} \text{Max} \quad (uy_k/vx_k) \\ u'y_k/v'x_k \leqslant 1 \\ \text{Subject to } v'x_k = 1 \\ u, \ v \geqslant 0 \end{cases}$$

在对偶性的基础上，利用线性规划原理可将上式等价转化为：

$$\begin{cases} \text{Min} \lambda \\ \theta Y - y_k \geqslant 0 \\ \text{Subject to } \lambda x_k - \theta X \geqslant 0 \\ \theta \geqslant 0 \end{cases}$$

上式中的 θ 表示每个生产决策单元的每项投入与产出的比值，它是一个常数向量，为 $n \times 1$ 维，λ 表示每个生产决策单元的第 k 项投入与产出的最优

---

① 唐齐鸣、王彪：《中国地方政府财政支出效率及影响因素的实证研究》，《金融研究》2012 年第 2 期。

化生产比率，通常来说 λ 的值在 0 至 1 之间，也就是测算出来的效率值。

在 CRS 模型的假定下计算出来的效率值，实际上是严格意义上的技术效率值，表示以最佳生产方式进行生产时实际投入占理论投入的比例，即把每个生产决策单元均看成相同生产规模的单元，技术条件决定着生产效率的高低。也就是说通过增加投入指标量，可以等比例地扩大生产规模。当然这种规模报酬不变的假设在现实生活中是极难实现的。针对这一严格假设，Banker、Chames 和 Cooper 又于 1984 年提出了 BCC 模型，即规模报酬可变模型。

BCC 模型相当于通过增加一个 $N_1\lambda = 1$（其中 N_1 是 $n \times 1$ 维的单位向量）来满足规模报酬可变的假设，通过这一形式，生产前沿面从平面就变成了凸面，其具体的线性规划数学表达式如下：

$$\begin{cases} \text{Min}\theta \\ -y_k + Y\lambda \geq 0 \\ \theta x_k - X\lambda \geq 0 \\ \text{Subject} \quad \text{to} \quad \lambda \geq 0 \\ N_1\lambda = 1 \end{cases}$$

通过 BCC 模型，便可以把计算出来的效率分解为纯技术效率（PTE）和规模效率（SE），其中纯技术效率是通过 CRS 模型计算而来，规模效率（SE）有技术效率分解而来，其恒等式为技术效率（TE）＝规模效率（SE）×纯技术效率（PTE）。

上述模型也可通过图解进行解释（如图 3－1），假设市场上存在两种投入和一种产出，分别用 X_1、X_2 和 Y 来表示，在规模报酬不变的假设下，AA' 则表示单位等产量线，即所谓的技术。可看出这种等产量线是严格递增（递减）的，投入的增加（减少）将引起产出等比例的增加（减少）。SS' 表示规模报酬可变下，生产前沿面的情况，不同的生产规模将会使投入产出比不尽相同，所以该曲线为凸性。SS' 曲线的左下方为不可能的生产组合，而 SS' 右上方则表示无效率的投入组合。同时每个生产决策单元位于图上，以点形式表达，其中 Q 点位于 SS' 曲线上，表示在可变规模报酬的假定下 Q 生产决策单元有效。同时另有 Q' 点，它位于 SS' 曲线与 AA' 曲线的相切点，说明 Q' 生产决策单元既是规模报酬假定下的技术有效，又是可变规模报酬下的配置有效。而其他诸如 P、R 之类的生产决策单元，它们均属于生产效率缺失单元，可通过计算它们到生产前沿面的距离来得出效率缺失值。

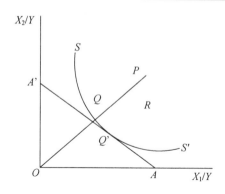

图 3-1　DEA 分析中的技术效率和配置效率

（2）数据变量处理。

由于我们采用投入—产出的观点来进行效率值的计算，为此，在数据变量方面，本书从投入和产出两个方面来进行变量的选择。

在投入变量方面，根据地方财政的实际支出情况，本书选取了农村基础教育支出和农村卫生财政支出作为农村生活类公共产品的投入机制，其中农村基础教育支出主要指包括农村小学和初中的财政教育支出，采用财政教育支出/地区人数×农村地区人数的方式计算得到，同理也可以得到农村卫生财政支出。除消费类公共产品投入外，本书还选取了财政支持农林水务事业等支出作为生产类公共产品的投入变量。在产出方面，本书选择了农民人均受教育年限作为教育类公共产品的产出，选择了人均预期寿命作为医疗卫生公共产品的产出；在生产类公共产品方面，本书选择了农田机耕面积和农业总产值。本书所用的所有数据资料，主要来自 2012 年湖南统计年鉴、2012 年湖南省各市州统计公报、2012 年湖南省各市州财政决算报告以及 2012 年湖南省各市州教育、卫生事业发展年度报告。

表 3-5　　　　　　2011 年湖南省农村公共产品投入产出基本数据

地区	产出				投入		
	受教育年限（年）	预期寿命（岁）	农田机耕面积（千公顷）	农业产值（万元）	财政农村教育支出（万元）	财政农村卫生支出（万元）	财政农林水务事业支出（万元）
长沙市	7	77.1	390	2082638	228026	83452	302751
株洲市	6.5	76.2	247	860184	111684	61769	120093
湘潭市	6.6	77	261	657192	92922	48980	101003

续表

地区	产出				投入		
	受教育年限（年）	预期寿命（岁）	农田机耕面积（千公顷）	农业产值（万元）	财政农村教育支出（万元）	财政农村卫生支出（万元）	财政农林水务事业支出（万元）
衡阳市	6	67	687	1883466	194242	127624	223118
邵阳市	6	67	420	1742588	218828	155613	215192
岳阳市	6.4	67.8	531	1808129	172294	99140	202825
常德市	6.3	69.9	767	2170099	209455	123077	249757
张家界市	4.9	67.9	45	319659	57766	34612	85392
益阳市	5.9	70.17	532	1454244	143374	99471	161099
郴州市	6.1	69.89	257	1290865	238386	94147	225966
永州市	5.8	68.9	374	1952001	248489	126353	206676
怀化市	5.3	67	196	1127930	183198	105696	207966
娄底市	5.6	68	148	765070	132499	86334	118779
湘西州	3.5	78	65	626896	116199	82936	152469

3. 分析与结果

将上述数据输入 DEAP2.1 软件，可分别计算出 2011 年湖南省各市州公共产品的总供给效率、技术效率和规模效率。同时，按照生产前沿面来看，各市州投入产出松弛变量（slack）也展现在表 3-6 中。

表 3-6　　　　2011 年湖南省农村公共产品供给效率结果

地区	效率			产出变量（slack）				投入变量（slack）		
	效率值	技术效率	规模效率	教育年限	预期寿命	农田机耕面积	农业产值	财政教育支出	财政卫生支出	财政农林支出
长沙市	1	1	1	0	0	0	0	0	0	0
株洲市	0.981	1	0.981	0	0	0	0	0	0	0
湘潭市	1	1	1	0	0	0	0	0	0	0
衡阳市	0.958	0.987	0.971	0.098	2.065	0	45797.8	4642.30	11639.8	0
邵阳市	0.881	0.946	0.931	0	0	184.837	0	33398.4	48771.1	0
岳阳市	1	1	1	0	0	0	0	0	0	0
常德市	1	1	1	0	0	0	0	0	0	0
张家界市	1	1	1	0	0	0	0	0	0	0

续表

地区	效率			产出变量（slack）				投入变量（slack）		
	效率值	技术效率	规模效率	教育年限	预期寿命	农田机耕面积	农业产值	财政教育支出	财政卫生支出	财政农林支出
益阳市	1	1	1	0	0	0	0	0	0	0
郴州市	0.748	0.907	0.825	0	0	48.916	101522	62194.9	22882.6	0
永州市	1	1	1	0	0	0	0	0	0	0
怀化市	0.664	0.867	0.765	0	0	53.321	26065.4	21092.1	32939.0	0
娄底市	0.876	0.894	0.98	0.23	0	92.962	0	19249.8	25081.8	0
湘西州	0.743	1	0.743	0	0	0	0	0	0	0
湖南平均	0.918	0.971	0.943	0.023	0.148	27.145	12384.6	10041.2	10093.9	0
总　计	—	—	—	0.328	2.065	380.036	173385	140577	141314	0

表 3-6 显示，湖南省有一半的市（州）存在农村公共产品供给效率损失情况。长沙市、湘潭市、岳阳市、常德市、张家界市、益阳市、永州市的农村公共产品供给效率为 1，共同构成生产前沿面。与这些城市相比，株洲市、衡阳市、邵阳市、郴州市、怀化市、娄底市以及湘西州农村公共产品供给均存在一定的效率损失，其中怀化市效率损失最严重，其值仅为 0.664，湘西州次之，其值也不足 0.75，再次就是郴州，仅比湘西州高一点，仍未达到 0.75。

按照 BCC 模型效率值的分解，本书进一步把效率损失情况分解为技术效率缺失和规模效率缺失两种因素，按 0.9 的值进行聚类，可以得到图 3-2。

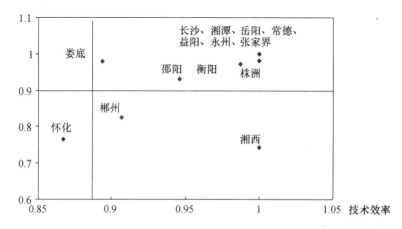

图 3-2　2011 年湖南省各市州公共产品供给效率分布图

从图 3-2 可以看出，在以 0.9 为界限把规模效率和技术效率划为四个区域后，有利于我们对不同市州的供给效率作深入分析。其中右上角区域我们称之为区域 I，可归类为"双高效型"，长沙市、湘潭市、岳阳市、常德市、张家界市、益阳市、永州市、株洲市、衡阳市以及邵阳市均属于这一区域，说明这 10 个城市在农村公共产品供给方面还是有效的，需要改进效率的地方不多；按顺时针下来的右下角区域我们称之为区域 II，可归类为"规模低效型"，郴州与湘西均属于这一区域，说明这两地在公共产品投入时，缺乏规模效率，所以今后的改革方向应该立足于规模效率，扩大政府公共产品投入规模，实现资源的规模经济；按顺时针下来的左下角区域我们称之为区域 III，可归类为"双低效型"，怀化市属于这一区域，规模效率和技术效率均低于 0.9，所以在今后的公共产品供给过程中，既要重视投入的规模经济，也要重视投入的利用效率与管理决策水平；最后左上角区域我们称之为区域 IV，可归类于"技术低效型"，娄底市属于这一区域，说明在公共产品利用时，缺乏技术效应，所以今后的改革方向应该立足于技术效率，提高政府公共产品利用率，减少资源的浪费。

同时，表 3-6 也报告了投入产出变量各决策单元的松弛情况，通过对这些结果的分析，可以找出各市州效率缺失的具体成因。

从投入产出松弛变量来看，衡阳、邵阳、郴州、怀化以及娄底均在财政教育支出和财政卫生支出均有节约空间，即不影响其他产出的情况下，这些地区的公共产品投入均能在一定程度上减少。从产出松弛变量来看，衡阳市产出松弛变量包括教育年限、预期寿命以及农业产值，说明通过管理水平的加强，衡阳市可以在不增加额外投入的情况下，提高这三方面的值；邵阳市产出松弛变量为农田机耕面积，说明通过管理水平的加强，邵阳市可以在不增加额外投入的情况下，提高农田机耕面积；郴州市、怀化市产出松弛变量为农田机耕面积和农业产值，说明郴州市在农业生产性公共产品供给这方面仍有待加强；娄底市产出松弛变量为预期寿命和农田机耕面积，说明通过管理水平的加强，娄底市可以在不增加额外投入的情况下，提高预期寿命和农田机耕面积。

本小节主要从评价公共产品供给效率的标准——配置效率出发，首先提出了农村公共产品供给的有效配置的相关理论，然后分析了当前我国农村公共产品供给的基本现状，供给总量严重不足、供给结构失衡、供给方式分散、部分公共产品质量不高等是我国当前农村公共产品供给的突出问题。面对这些问题，需要提高决策能力、加强管理水平、建立保障体系等措施来完善。

同时，本书以湖南省 2011 年各市州农村公共产品供给为例，分析了当前农村公共产品的效率问题。在运用 DEA 的方法上，测量了湖南省农村公共产品的整体配置效率为 0.918，其中技术效率为 0.971，规模效率为 0.943，说明整体上还是存在效率缺失现象。从各市州的具体情况看，按 0.9 的标准来划分，娄底属于技术低效型，郴州与湘西属于规模低效型，而怀化在这两方面均有待提高，其他市州农村公共产品配置效率较好。

第三节　农村公共产品供给效率标准之三：社会效益

公共产品供给的效率标准除上述所提的回应性、配置效率外，还有一个衡量标准就是社会效益。如果把回应性归纳为微观层面的效率衡量标准，那么配置效率可称之为中观的效率衡量标准，而本节提到的社会效益则属于全局性的宏观效益标准。在本节中，本书将把社会效益归结为四个方面：农村生产力发展、农民增收、农村消费、城乡统筹和农村社会保障体系。通过对这四个方面的总结分析，提出农村公共产品供给须满足于以上四个方面，以此达到宏观的社会效益，实现公共产品供给的有效配置。

一　农村公共产品供给与农村生产力发展

从公共财政理论和实践情况来看，县乡政府对于农村公共产品的投资将会极大地促进农村生产力的发展。

首先，财政对于农业生产的投资，可以解决我国农业生产细碎化的问题，由于农业生产的外部性问题、农业弱质化问题以及农地产权不明晰等问题，带有一定公共产品性质的农业生产难以形成规模经济。只有通过政府公共投资，才能从根本上促进农村生产力，提高农业生产效率，如彭代彦（2002）就从多角度分析了农村基础设施建设的必要性，提出了农村基础设施建设是农业和农村经济发展、改善农村消费环境的必要条件。[1]
刘伦武（2002）也认为加快农村基础设施建设可以加快农村经济的发展，
促进农民收入的增加。樊胜根、张林秀等（2003）测算了农村公共产品
投资对省、县经济发展以及贫困率降低方面的影响与作用，得出农村地区
经济增长速度的差异、农民对农业生产投资的差异等在一定程度上依赖于
县乡政府的公共产品投资。同时，他们调研组在乡村调查数据的基础上，
更进一步分析了不同的制度保障结果将影响农村公共产品的提高与
效率。[2]

其次，县乡政府通过对消费类公共产品的投资，形成学有所教、病有
所医、老有所养、住有所居的农村社会保障体系，能够间接地释放农村生
产力，解决农民的后顾之忧，促进农村的全面发展。

因此，以农村生产力发展为标准，可作为评估农村公共产品供给宏观
效率的标准之一。本书拟采用农村公共产品供给对农村 GDP 和农业 GDP
的影响来评估农村公共产品供给的有效性，详细的评估分析见本书供给绩
效章节。

二　农村公共产品供给与农民增收

县乡政府通过对农村公共产品供给的不同制度安排、合理组合，可以
有效改善与促进农业、农村的生产经营条件和生活环境，促进农业生产增
产增收，从而直接或间接提高农民收入。农村公共产品对农民增收的作用
主要表现在：

第一，农村公共产品可以减少农民投入的成本。农村公共产品作为一
种生产要素，由县乡政府来提供，可以降低私人部门特别是农民的投入成
本，从而间接提高其收入。如投入于生产类公共产品，修建农村公路、农
田水利设施等，可以降低生产成本和生产经营风险，提高农民收入；如投
入于消费类公共产品，加大基础教育、卫生保健以及农民技术培训等，可
以提高农民素质和生活质量，增强其就业能力，改善其收入。钱克明
（2002）在对我国财政支农支出效率研究中，指出当前农村公共支出中基
础设施支出、农村教育支出、农业科技支出的边际回报率分别为 6175 元、
8143 元、11187 元，而上述几项支出对农户支出的边际替代率为：513

---

① 彭代彦：《农村基础设施投资与农业解困》，《经济学家》2002 年第 5 期。

② 樊胜根、张林秀：《WTO 和中国农村公共投资》，中国农业出版社 2003 年版。

元、6164 元、9135 元。① 通过这组数据便反映出农村公共产品的投入可以减少农民成本的投入。

第二，农村公共产品投入可以有效降低农业生产风险，避免农民的经济损失。农业生产的特殊性，表现为其既受到投资回报率低等市场风险，又受到生产资源依赖度高等自然风险。这一特性也就决定了农业生产的弱质性和高风险。农村公共产品的多方位投资建设则可以有效地抵御这些自然风险，从而也间接降低了农民收入的经济风险。例如通过对公共产品病虫害防治和预测、预报系统的投入，可以减少病虫害造成的损失；对公共产品水利设施的投入，可以提高农业抗自然灾害的能力；对农业保险体系的投入，可以进一步提高农业生产的稳定系数；对农产品市场信息系统的投入，可以增加农产品生产和销售的稳定性，减小农产品市场经济的波动性。

第三，农村公共产品投入可以起一定的导向作用，调节农民的收入。农村公共产品的投资，显示了宏观政策的投资方向，通过对农村公共产品的投资，可以保证各种资源在城乡之间、农村内部各行业之间合理流动和较高的配置效率，从而达到调节城市居民与农民之间、农业生产者与非农生产者之间的利益关系，防止或缩小差距的扩大，进一步保障农民收入的稳定增长。农村公共产品的投入其实质是宏观经济再分配过程中，国民收入对农村农业的净流入，体现宏观政策调节不同利益群体的分配关系，保障分配公平的基本理念。

第四，农村公共产品投入可以引起乘数效应，刺激农民投资，提高其投资收入。一方面，县乡政府在农村公共产品投入的过程中，将吸引大量的金融资本和民间资金，起到一定的示范作用；另一方面，通过公共产品的投入，直接或间接地增加了农民收入，刺激其需求，引起再生产投资，从而产生良性循环。

因此，以农民增收为标准，可作为评估农村公共产品供给宏观效率的标准之二。本书拟采用农村公共产品供给对农民收入增长值的影响来评估农村公共产品供给的有效性，详细的评估分析见本书生产绩效章节。

三 农村公共产品供给与农村消费

一直以来，我国依靠投资和进出口贸易顺差拉动的经济增长方式没有

---

① 钱克明：《加入 WTO 与我国农业政策调整和制度创新》，《农业经济问题》2002 年第 1 期。

改变，而国内消费这架马车一直没赶上经济增长的速度，我国内需不振，很大程度上是因为农村市场没有真正得到开发。拥有 8 亿多农民的农村市场如果真正被开发，那么我国的消费市场将具有很好前景。对农村市场的开发，必须满足两个基本条件，一是农民有消费的意愿，即愿意并舍得去消费，二是农民有消费能力，即拥有足够的可支配收入来消费，并且后者是决定性因素。一般而言，对农村公共产品投入可以从以下几个方面来提高农村消费水平：

首先，加大农村公共产品供给，将直接增加农民收入，刺激农民消费。例如对农村基础设施这类生产性公共产品投资。农村基础设施的改善将大幅度提升农业生产的硬件设施条件，提高农业生产效率，增强抵御自然风险的能力，为农业增产和农民增收提供可靠的物质保证。通常这类公共产品具有劳动密集型的特征，以公共产品投入改善农业生产条件的方式，可以吸引更多的农民返乡就业，提高农业产值，增加农业收入；像基础教育、就业技能培训等消费性公共产品的投入，则可以提高农民就业技能，增加其非农收入。通过这些以工代赈的公共产品投资方式，可以帮助农民获得更加持续的经济收入，在一定程度上刺激他们的消费。同时，类似于交通运输、邮电通信等公共产品的投入，将大大降低农民的生产经营成本，活跃农产品市场，提高农产品的附加值，为农民增收创造更多的机会。

其次，通过对农村公共产品投资，将为农村消费市场提供配套设施，激活农村消费。上文已经论证加大农村公共产品供给将增加农民收入，在农民收入提高的前提下，要想激活农村消费市场，就必须提高农民的消费意愿，将潜在的消费意愿转化为现实购买力。而通过对农村公共产品的投资，将完善农村消费市场配套设施，激活农村消费。例如，农村电力情况较城市要差，电费高、供电成本大等问题在一定程度上抑制了农民对家电用品的消费，通过对农村电网等公共产品的投资，则可以消除农民购买电器的后顾之忧，刺激他们消费。

因此，以农村消费增长为标准，可作为评估农村公共产品供给宏观效率的第三方面。本书拟采用农村公共产品供给对农村消费额的影响来评估农村公共产品供给的有效性，详细的评估分析见本书供给绩效章节。

四　农村公共产品供给与城乡统筹

城乡差距过大的源头是城乡的投入不平衡所致。由于多年来以农补工的政策使得财政对农业基本建设投资的数额始终偏低，1978—1998 年国家对农业基本建设投资总额仅为994亿元，仅占同期国民经济各行业基建投资的1.5%，如此大的投入差距，导致目前我国城乡发展极其不平衡。具体表现在：第一，农业公共基础设施严重不足；第二，农村的科教文体卫等各方面的公共事业的严重落后；第三，城乡居民在各种社会福利方面存在巨大差距；第四，城乡居民收入差距进一步拉大。

面对日益扩大的城乡差距，统筹城乡发展成为当前的现实选择。统筹发展，最根本的问题就是要给农民平等的发展机会，重新调整国民分配格局。为此，必须加大对农村公共产品的投资。通过加大对农村公共产品的供给，不仅能够缩小城乡公共产品供给上的差异，而且能够增强农村自我造血的功能，只有这样才能从根本上解决城乡发展不均衡问题。

因此，以城乡统筹为标准，可作为评估农村公共产品供给宏观效率的标准之四。本书拟采用农村公共产品投资额对城乡居民收入比的影响、农村公共产品投资额对贫困率的影响来评估农村公共产品供给的有效性，详细的评估分析见本书供给绩效章节。

本节从宏观方面入手，以社会经济效益的四个方面提出了公共产品供给的效率标准之三，具体社会经济效益表现为：

（1）农村公共产品供给必须对农村生产力发展有促进作用。农村公共产品具有改造传统农业、繁荣农村经济、为农业持续稳步发展提供保障等功能。

（2）农村公共产品供给必须对减轻农民负担和增加农民收入有促进作用。

（3）农村公共产品供给必须对农村消费有拉动作用。

（4）农村公共产品供给须对缩小城乡差距、改变农村落后面貌有推动作用。

最后，我们要特别说明的是，虽然可以通过分析农村公共产品供给对农业GDP和农村GDP的影响、对提高农民收入减轻农民负担的影响、对农村消费额的影响、对城乡收入差距的影响、对农村社会贫困发生率等指标的影响等来衡量农村公共产品供给在宏观上产生的社会效率。但是，由于社会效益的"计算"的确是十分复杂的问题，甚至一些反映社会效益的变量也极难获取，我们在这里的讨论远没有穷尽所要讨论问题的全部。即使对农村公共产品供给所产生的社会效果进行衡量，也是一个很困难的工作。由于我们在第七章还会对这个问题做进一步的定量分析，所以，与前面两节不同，我们在此暂时省略了具体的实证分析。

第四章　农村公共产品供给决策分析

决策是指为了解决当前已经发生或未来可能发生的问题，从两个以上可以互相代替的行动方案中选择一个可以达到目标的最满意方案的运动过程。也可以说，决策是指当代一系列有关制定、实施和评估有约束力的规则的活动。[①] 一般来说，决策包括决策单元、决策程序和决策系统等基本要素。农村公共产品供给决策系统是由供给决策过程中各相关主体、信息、技术等要素有机构成的，包括决策中枢系统、决策咨询系统和决策信息系统等。决策过程中的每个子系统都对县乡政府农村公共产品供给效率产生极为重要的影响。"三农"工作是全党工作的重中之重，党和政府高度重视农村公共产品供给问题。近年来，随着农村公共产品供给体制机制改革不断深化，特别是城乡统筹发展不断推进，农村公共产品供给主体日益多元化，供给目标日益丰富，供给决策方式对供给效率的影响越来越受到社会广泛关注。我国农村公共产品供给体制机制正处在重要的转型阶段，农村公共产品供给决策环境十分复杂，供给决策所面临的困难对改进供给效率影响深远。由于我国农村公共产品供给主体不断增多，决策单元之间的沟通与矛盾协调任务艰巨，不同层级政府之间对农村公共产品的供给目标存有差异、政府与农民之间对农村公共产品的供给目标存有差异，城乡居民之间对农村公共产品的供给目标存有差异，不同地区农民之间对农村公共产品供给存有差异。农村公共产品供给目标差异的复杂性，决定着不同供给决策单元在确定决策目标、选择决策工具、制定决策方案、执行决策和决策效果评价等方面，都会采取不同的策略。当前，我国农村公共产品供给决策中最难解的问题和最突出的矛盾，主要表现为农村公共产品市场化供给中公共性流失、公众参与决策时长期目标与短期目标的冲突、决策单元的独立性与行政区行政的主体利益矛盾、公众形式参与的复

---

① 阎京华：《完善科学化民主化决策机制》，《中国行政管理》2004 年第 9 期。

杂化与实际参与的无效性并存等。这些困难与矛盾严重影响了决策质量、增大决策成本、放大决策风险、降低决策效率，最终阻滞农村公共产品供给治理能力现代化进程。党的十八届三中全会强调，完善决策权、执行权、监督权既相互制约又相互协调的行政运行机制，构建程序合理、环节完整的协商民主体系，建立健全决策咨询制度，推进协商民主广泛多层制度化发展，完善科学民主决策机制，为深入研究决策体制对农村公共产品供给的影响、破解农村公共产品供给决策的体制机制难题指引了方向。本章重点研究决策是如何对农村公共产品供给产生影响、产生了哪些实际影响等问题。有关决策体制机制的改革对策，我们将在后面章节再行讨论。

第一节　供给决策影响供给效率：文献与理论框架

　　早在改革开放初期，邓小平同志就高度重视决策对效率的影响问题。邓小平指出，"看来最大的问题是政策问题。政策对不对头，是个关键。这也是个全国性的问题。过去行之有效的办法，可以恢复的就恢复，不要等中央。"[①] 邓小平同志在这里所讲的"政策问题"，其实质是中央的"大决策"。在过去长期的计划体制下，农村公共政策供给扭曲了农民的公共选择理性。改革开放三十多年来，各项改革政策的"红利"日益显现，人们正在普遍地享受改革之初那些"大决策"所带来的"红利"。但是，不可回避的现实是，一些农村公共政策供给的绩效边际也在递减。个别农村公共产品供给中"孩子与洗澡水一齐泼掉"的决策，也产生明显的后果。在农村公共产品政策供给者有限理性的假定下，政策选择实质上是政策供给者与农民之间策略互动的一个均衡结果。在农民具有理性预期的条件下，政府实施特定的自我约束，放开农民选择的政策性渠道，这是既有社会禀赋约束下化解公共政策效应边际递减的成本最小化选择，也是政府期望福利最大化的必要条件。[②] 可见，无论是农村公共产品供给决策者的有限理性，还是农村公共产品直接受益者农民的公共选择理性，都将

---

　　① 转引自冷溶等《邓小平年谱》，中央文献出版社 2004 年版。

　　② 张俊：《邓小平农村公共政策供给思想的经济逻辑——从常识理性到决策智慧》，《上海经济研究》2011 年第 4 期。

会通过决策行为对农村公共产品供给效率产生重要影响。因此，研究农村公共产品供给决策对供给效率的影响十分必要。

一 简要的文献回顾

有关决策对农村公共产品供给效率影响的研究文献，可谓汗牛充栋。我们归纳相关重要文献大致可分为决策单元、决策程序和决策系统对供给效率的影响等，我们将在本节的理论分析中做相应介绍。针对决策机制基础理论的研究文献也不在少数，我们在这里仅根据后面研究的需要，简要介绍委托—代理理论、博弈理论、公共选择理论等。

1. 委托—代理理论

该理论产生于 20 世纪 60 年代末 70 年代初。它最初研究以单一委托人、单一代理人、单一事务为假设前提的双边委托—代理问题，此后通过发展委托人、代理人及事务的数量拓展形成多代理人理论、共同代理理论和多任务代理理论。委托—代理问题解决的是由于委托—代理双方效用不同而产生的激励问题。[①] 随着委托—代理理论的发展与成熟，其研究对象逐步从企业扩展到公共管理领域。

在我国农村公共产品供需关系中，由于我国财政收入的限制以及政府行政体制制度上的不完善，委托人、自身机构以及代理人三重利益目标冲击下的农村公共产品供给决策都会影响到其效率，并且经济与社会目标能够相互融合的难度相当大。当多重目标互相发生冲突时，代理人往往可能选择维护个人或组织利益，甚至不惜损害农民（委托人）的利益和国家的利益。因此，有学者认为，在政府行政过程中，没有市场机制的自动诱导，个人的行为很难顾及公众或者整个社会的利益，使得政府的"代理人问题"在现实中十分普遍。[②] 有学者提出，我国农村公共产品供给存在着两个方面多层级的委托—代理关系。一方面农民和各级政府之间存在着公共产品需求与供给的委托—代理关系，农村公共产品供给是为满足农民的切身需求，农民是初始的委托人，农村公共产品则由各级政府负责提供，各级政府是代理人；另一方面，各级政府内部从上至下表现出纵向的委托—代理关系，即上级政府是下级政府以及下设行政机关的委托人，下

---

① 阿儒涵、李晓轩：《我国政府科技资源配置的问题分析——基于委托代理理论视角》，《科学学研究》2014 年第 2 期。

② 程文浩、卢大鹏：《中国财政供养的规模及影响变量——基于十年机构改革的经验》，《中国社会科学》2010 年第 2 期。

级政府及下设行政机关则是上级政府的代理人。① 针对这种"政府式"委托—代理理论中的问题，有学者认为，监督体系和推广体系是最有效的治理约束和激励机制。但农户或农民由于社会地位低以及集体谈判的能力不足，虽然作为"初始委托人"，人数众多，但是由于组织程度松散，无法掌握自身的话语权，根本无法通过监控系统及推广系统来约束和激励政府的"代理人"行为。②

民间组织参与农村公共服务有直接委托—代理和间接委托两种方式。不仅存在着一般委托—代理关系中由于信息不对称所造成的代理人问题，而且还存在由于代理人和委托人自身的特殊性所导致的代理人问题。因此，有学者建议创设一种由"问责激励"、声誉激励和长期契约激励等组成的多元激励策略，并使问责激励和声誉激励机制嵌入在长期契约之中，以激励代理人更好地向委托人目标努力，实现农民作为初始委托人的利益最优化。③ 不过有学者以农村社保类公共产品为例展开研究，研究认为：作为农民代言人的村委会，在政府提供的社会保障类公共产品的各个环节以及村委会提供社区范围内的公共产品供给过程中，已经起到了或者可以起到十分必要且不可替代的作用。村委会在政府提供社保类公共产品的决策阶段可以反映农民需求，作为代理人直接提供社区范围内的社保类公共产品。村委会需要向村民公开各种信息，维持运行透明，进而保证社区成员对其进行有效监督。④

2. 博弈理论

现代博弈理论由匈牙利著名数学家冯·诺伊曼于 20 世纪 20 年代创立。博弈论是一种研究双主体或多主体为了达到取胜目标，在对局中各自利用对方策略而变换自己的对抗策略的互动决策理论。近年来，博弈论被越来越多地应用于农村公共产品供给决策研究之中。从政策供给者与农民的博弈结构来看，首先是政府选择执政支持最大化的公共政策，然后农民

---

① 贺文慧、高山：《基于委托—代理理论的农村公共服务供给分析》，《技术经济》2007 年第 9 期。

② 周灿、铁卫：《公共选择理论视角下的我国农村公共产品供给机制缺陷分析》，《农业经济》2011 年第 22 期。

③ 张超、吴春梅：《民间组织参与农村公共服务的激励——委托代理视角》，《经济与管理研究》2011 年第 7 期。

④ 高圆圆、左停：《村委会在提供社会保障类公共产品方面的作用》，《农业经济问题》2011 年第 3 期。

基于对政策供给者的认识形成政策预期，作出个体效用最大化的决策；下一轮是政策供给者以农民的政策预期为基础，制定满足各方激励相容的政策，从而提高政策供给的一致预测性。[1] 有学者通过利益博弈模型分析发现，当农村公共产品供给只由政府间的各部门提供时，其供给效率是低下的。当农村公共产品供给由政府和其他某一供给主体合作供给时，在没有外界干预情况下，其他供给主体会采取不供给行为，从而加大政府供给压力，挤出政府在其他领域的投资，影响整个社会的资源配置效率。农村公共产品由于其非排他性和非竞争性的特性，需要健全的制度安排以尽量减少"搭便车"行为的发生以及出现"公地的悲剧"现象。任何个体农户在政府提供公共产品有限的条件下，都不愿意在需要自己付出巨大交易费用的情况下率先表达自己的需求，而是希望让别人去付出巨大的交易费用，自己当"免费乘车者"。[2] 有学者从主体要素和制度要素两个维度建立了一个农村社区性公共产品供给过程中的合作行为分析框架，在微观层面对农村社区性公共产品供给进行实证研究。研究发现，农村社区性公共产品受益主体范围明确，其有效率的供给模式是由社区范围内的居民自行组织，其供给水平决定于主体之间的合作行为与非合作行为，而合作行为与非合作行为内生于特定的社区环境，是主体属性与制度安排的结果变量，嵌入于农村社区特定的社会结构之中。[3] 还有学者运用博弈论的分析框架，以河北省156个自然村的实地调查为主要依据，分析了中央政府、地方政府、农户三方利益主体在农村公共产品供给中的博弈关系，指出解决农村公共产品供给不足需要从加大政府支持力度、明确权责、完善民主决策等方面入手，[4] 建立完善的合作博弈决策模型。

3. 公共选择理论

该理论是20世纪50年代由公共选择学派形成和发展起来的，是关于公共政策产生机制如何运作的理论。公共选择理论之所以成为20世纪末

---

[1] 张俊：《邓小平农村公共政策供给思想的经济逻辑——从常识理性到决策智慧》，《上海经济研究》2011年第4期。

[2] 高璇：《农村公共产品有效供给的政府行为探析——基于利益博弈分析》，《湖北经济学院学报》2014年第2期。

[3] 刘鸿渊：《农村社区性公共产品供给合作行为研究——基于嵌入的理论视角》，《社会科学研究》2012年第6期。

[4] 乔立娟、王健、薛凤蕊：《农村地区公共产品供给不足的博弈分析——基于河北省156个自然村的实地调查》，《湖北农业科学》2012年第15期。

期最有影响的"新政治经济学"或"政治的经济学"理论，关键在于它将经济学的研究途径或方法应用于政治学领域。布坎南基于方法论，认为"公共选择是政治上的观点，是将经济学的假设和方法大量应用于公共或非市场决策的研究"；缪勒专注于研究主题，认为其"可以定义为非市场决策的经济研究，是把经济学应用于政治学，其研究主题和政治学的主题是一样的"；萨缪尔森和诺德豪斯则认为，"该理论是一种研究政府决策方式的新政治经济学"。①

公共选择理论就是分析在政治领域中政府官员（以"经济人"假设为前提）的行为是怎样决定和支配集体行为的。"经济人"是公共选择学派公共政策的基本范式，这一范式源自经济学的分析方法。公共选择学派"经济人"假设有助于对政策失灵现象进行现实的描述与分析，但是由于这一学派对人性的狭隘理解，他们无意中却又使公共政策陷入了歧途，认为政策也只不过是各种利益相关者之间的互相妥协，所以最终选择的决策也无法对公共问题进行有效的解决。同时，由于人性的不完美和决策只是在有限的信息条件下进行，所以容易导致政策失误。公共选择理论之所以走入了这一误区，根本性的原因就是因为对亚当·斯密理论的片面理解以及错误的阐释理性选择，把理性地达到目标的方法简单地归结为讨价还价。与利益计算相比较，民主的决策程序更是理性选择的重要内容。②

近年来，公共选择理论被广泛应用于农村公共产品供给决策问题的研究之中。有学者认为，农村公共产品供给的缺失和结构偏差起因于计划经济消灭了内生型的民间合作组织，而市场化过程中这种自发的合作需求又受到政府不当管制（即供给约束）的抑制，于是形成集体行动的制度"真空"。因此政府应该放松在某些方面的不当管制，把农村社会导向一种自治型取向的制度均衡，这是公共选择路径观在农村公共产品有效供给中的反映。③ 也有学者指出，公民参与是增进人们在决策程序中的权利的

① 陈振明：《政治与经济的整合研究——公共选择理论的方法论及其启示》，《厦门大学学报》（哲学社会科学版）2003 年第 2 期。

② 陈冬梅、谢金林：《公共政策"经济人"假设的批判》，《江西社会科学》2012 年第 4 期。

③ 朱汉平：《农村公共产品的供给路径：现状分析与选择取向——基于公共财政与公共选择的分析视角》，《江淮论坛》2011 年第 4 期。

一个重要手段。但是，由于选民需要支付一定的成本以收集相关候选方案的信息才可作出决策，因此作为理性的经济人，在权衡自己的成本—收益比时，如果成本太大，选民将不去投票。而且在现实生活中，许多选民往往也会出于"搭便车"的心理希望别人去投票而自己坐享其成。这被称作选民的"理性无知"。所以要尽可能地降低他们参与村务的成本，做到村务公开、透明。[①] 有学者以农村校车为例进行实证分析发现，在农村校车服务有效供给的集体选择过程中，农村家庭由于个体上的分散性、组织上的困难性，在影响校车服务有效供给决策上不足以与政府相抗衡，农村家庭对政府校车服务有效供给的信息搜寻存在一定程度的障碍，只能选择理性"无知"来实现其狭隘的局部利益。[②] 有研究认为，在农村公共产品的供给问题上，政府要想做到公平与效率的兼得也并非没有可能。在农村公共产品供给问题上，政府应当把农村公共产品的供给问题视作提高社会公平程度与整体福利水平的重要内容。在增加农村特别是落后地区公共产品供给的过程中，政府应充分尊重当地居民的意见，真正帮助他们解决问题，不断降低他们心理上的不平衡感，以最终实现"无嫉妒改进"或"无嫉妒主义"公平的目的。[③]

二　决策单元影响效率之理论分析

农村公共产品供给决策单元是一个与供给主体密切相关的概念，但二者又有本质区别。公共产品供给决策单元的核心在于决策权，即决定公共产品由谁供给、向谁供给、供给什么以及如何供给。而供给主体仅指"由谁供给"，是公共产品的成本承担者或供给资金投入者。由于公共产品具有不同于私人物品的非排他性和非竞争性特征，如果单纯由市场机制按照利益最大化原则进行供给，则要么将会造成农村公共产品供给严重不足，要么造成农村公共产品福利损失（资金资源浪费），二者都是"市场失灵"行为。因此，政府作为一定意义上公共利益的代表，就理所当然地成为公共产品的提供者。[④] 然而，由于政府供给农村公共产品难以满足

---

① 胡洪曙：《农村社区村民自治与公共选择——兼论农村公共产品供给的决策机制》，《财政研究》2007 年第 2 期。

② 董少林、蔡永凤：《农村校车服务有效供给：私人选择还是公共选择》，《财经科学》2014 年第 6 期。

③ 辛波、牛勇平、严兵：《农村公共产品供给的理论基础与政策选择——基于"无嫉妒主义"公平观念的角度》，《经济学动态》2011 年第 9 期。

④ 贠鸿琬：《农村公共产品多元化供给主体的责任划分》，《农村经济》2009 年第 8 期。

农村、农业和农民的多样化复杂需求，公共财政支出也受到较大的规模约束，因此，政府基于自身的考虑总是做出符合政府执政目标的公共产品供给决策，而这些决策并不总是与农民的实际需求相吻合，即出现"政府失灵"现象。为了弥补决策单元"单中心"所产生的供给缺位，社会自愿供给决策单元便应运而生。一个多元化的决策单元体系有利于扩大农村公共产品供给，但是，各决策单元之间的矛盾也不可避免，从而对农村公共产品供给的影响也是多方面的。一般来看，已有研究普遍认为，农村公共产品供给决策单元对供给效率的影响具体表现为：农村公共产品市场化供给中公共性流失现象日益严重，公众参与决策时长期目标与短期目标的冲突，决策单元的独立性与行政区行政的主体利益矛盾，公众形式参与的复杂化与实际参与的无效性并存等。

1. 农村公共产品市场化供给中公共性流失

在传统观念中，政府是公共经济的当然主体，甚至是绝对的唯一主体，几乎垄断了公共领域一切事务。实行财政分税制后，中央与地方政府各自承担部分农村公共产品供给责任，从一定意义上讲，地方政府取得了部分农村公共产品供给的决策权，具有一定的自治权力。但是，地方自治不是绝对和无条件的，只有适当协调地方分权和中央集权的关系，才能最大限度地提高社会治理效率。① 随着全球化时代的来临和我国经济社会飞速发展，政府作为公共产品唯一供给主体的地位和合理性受到严峻挑战。一方面，农村地域广阔，农业人口众多，对农村公共产品的需求种类繁多且规模巨大，政府资源又十分有限，供给成本很大，而且难以保证所要提供的公共产品适合各地的情况，因此单靠政府供给无法满足农村公共需求，如果对政府过度依赖，将会更进一步激化农村公共产品供需矛盾。另一方面，现实中农村公共产品更多地表现为准公共产品属性且同时又具有多样性和多层次性，这使得农村公共产品的供给主体必须要多元化，客观上要求建立农村公共产品供给主体多元化的决策单元体系。

但是，随着农村公共产品供给主体"多元化"趋势越来越强，公共产品的决策者和生产者职能开始从政府这一单一主体中逐渐分化出来，农村公共产品供给的决策单元与供给主体这两种职能主体也逐渐分离，与市

---

① 张千帆：《主权与分权——中央与地方关系的基本理论》，《国家检察官学院学报》2011年第2期。

场化供给相伴而生的多元决策体系也带来新的问题。① 一方面，农村公共产品市场供给主体一定程度上弥补了政府对非纯公共产品的供给不足，另一方面市场供给主体又有"与生俱来"追求利益最大化的本性。由于我国农村公共产品供给领域对市场供给主体的吸引力较弱，市场主体更多的是进入农村公共产品生产领域，成为政府补贴的生产者角色。此外，由于政府供给的公共产品质量较差，市场主体供给的农村公共产品也可能对政府提供公共产品产生"挤出"效应。这样，从整体上看，农村公共产品虽然在数量规模和质量水平上较以前有所改善，但农村公共产品的公共性流失问题变得日益突出。

由于传统政府供给职能的萎缩和市场供给有限形态的存在，使得以"一事一议"为代表的村庄集体供给成为重要补充。然而实践表明村庄公共产品供给依然存在困境。村民个体理性逐渐觉醒，成为村庄公共事务管理主体，开始寻求资源有限背景下的自我利益最大化。村民理性表现为集体成本分担意愿，并呈现从弱到强的变化态势，集体行动的奥尔森困境则表现为投机行为泛滥、精英剥夺严重、公共选择趋于瘫痪等。② 这也是导致农村公共产品公共性流失的一个诱因。

2. 公众参与决策时长期目标与短期目标的冲突

我国农村公共产品供给决策机制正处于由政府供给目标主导向农民供给目标主导转型的过渡型决策机制阶段。③ 决策主体及其权责分配、决策前的偏好显示、决策程序和方法、决策信息沟通、决策监督等方面明显具有新旧并存、稻稗混杂的特征。机制的完善需要以增强公共产品供给决策中的民主价值为依归，以扩大农民参与为核心，以增强社会公正为目标，

---

① 崔开云：《非政府组织参与中国农村公共产品供给基本问题分析》，《农村经济》2011 年第 4 期。

② 陈潭、刘建义：《集体行动、利益博弈与村庄公共物品供给——岳村公共物品供给困境及其实践逻辑》，《公共管理学报》2010 年第 3 期。

③ 我们在这里要特别说明，目前大量文献认为，我国农村公共产品供给决策机制正处于由"供给主导型"向"需求主导型"转型的过渡时期。我们认为，这种判断与事实并不相符。从新供给经济学角度来看，目前我国农村公共产品供给决策机制所处的转型过渡期，仍然是从"旧供给"向"新供给"的转型，没有出现所谓的"需求主导型"，只不过供给目标的主体有所转变而已。过去的供给决策机制是基于政府供给目标的"供给主导型"，现在开始由农民供给目标主导的"新供给主导型"转型。供给与需求的本质差别在于，供给强调生产而需求强调消费。但是，目前我国的农村公共产品供给始终还是强调生产主导，完全意义上的消费型农村公共产品并未成为主要的供给内容。

以完善决策的民主程序和方法为切入点，扩大决策主体范围，完善决策前的偏好显示机制、决策信息沟通机制和决策监督机制，以期达到农村公共服务供需结构平衡的理想目标。①

农村公共产品的区域性特征从根本上决定了农村公共产品"公共性"的范围应与其供给范围相一致。但是，多中心供给决策单元体系在激励偏好显示的同时，也使得政府供给农村公共产品的长期目标与农民的区域性农村公共产品短期目标之间的冲突更为明显。从政府而言，上级政府更关注实现全国性、大范围内农村公共产品供给的长期目标，下级政府则关注本地区范围内农村公共产品中短期目标，特别是受行政任期影响，地方官员的公共产品供给决策更表现出短期行为。由于各地区间经济文化差异以及县乡政府农村公共产品供给能力具有很大差异，农户掌握着自身对本地区公共产品需求的全部信息，所以，如果政府为了在本地区为农民提供足够多的公共产品，解决供给总量不足、供给结构不合理的问题，农村公共产品供给的决策者必须层级越低、越接近农户越好。从农村公共产品的区域性来说，为本地区农村提供什么种类的公共产品及其决策过程很大程度上应该由县乡基层政府、营利与非营利组织、农村社区、农民个人及其他社会力量等共同来决定，这样能更好地接近本地农户，更了解本地农户的需求偏好，做到不浪费公共资源的同时提高农村公共产品供给效率。② 然而现实情况并非如此，不同的供给主体追求不同的供给目标从而导致目标交叉甚至混乱。当各种社会组织、农民参与农村公共产品供给决策过程后，决策中既有上级政府的长期目标，又有基层政府的中短期目标；既有一定区域内公众的中长期目标，也有政府的中短期目标（例如垃圾处理工程项目建设、PX 项目建设等案例所反映的问题）；既有这部分公众的长期目标和短期目标，又有那部分公众的长期目标和短期目标，从而形成错综复杂的决策目标交叉网。在众多目标交叉和供给资源有限的情况下，极易产生农村公共产品供给目标冲突。

3. 决策单元的独立性与行政区行政的主体利益矛盾

从经济学视角出发，地方性公共产品的受益只能在本级政府的行政范围内进行分配，县乡政府负责供给地方性公共产品则更具供给效率。同

---

① 吴春梅、翟军亮：《转型中的农村公共产品供给决策机制》，《求实》2010 年第 12 期。

② 张应良、张建峰：《乡村社区公共产品供给：因由政府、市场与农民》，《重庆社会科学》2012 年第 9 期。

时，由于地区客观差异性的存在，不同地区的民众对公共产品的需求和偏好肯定会存在一些差异。如此一来，县乡政府负责供给本地区的公共产品，一方面可以适应经济学角度的成本与效益要求，另一方面也能够更好地满足本地区民众对公共产品的具体需求，更大程度上符合本地区民众对公共产品的偏好。[①] 从理论上来说，由县乡政府决策和提供公共产品对本地区发展具有优势，地方政府根据本地区农村公共产品供给目标的要求保持其独立性是完全正常的。但是，这种决策单元的独立性往往又容易受行政区行政的刚性制约，从而使得大量具有正外部性的农村公共产品供给效率下降。[②] 而且，由于传统公共产品"自上而下"决策机制与供给体制惯性的影响，县乡政府供给公共产品供给的决策单元独立性也受到质疑。分税制改革后我国农村地区财权和事权的划分并不清晰，农村公共产品供给的责任过分下移到基层政府，导致事权越多而财权越少。绝大多数农民没有合适的渠道表达对农村公共产品的真实需求愿望。这些都可能使得过分强调决策单元独立性的县乡政府降低决策的科学性。越来越多的学者建议，对于"那些需要两个以上的县乡政府机构联合进行供给、其产品消费的外部性一般会外溢出一定区域范围的公共产品"，应当"重塑地方政府间横向关系，完善利益相关者之间的协作机制来促进区域间、区域内公共事务治理中的协作与资源整合"。[③]

近年来，农村公共产品供给决策行政区行政问题日益突出。爆发于2013 年的"黄浦江漂浮死猪"事件属于典型案例。[④] 行政区行政与决策单元独立性之间的矛盾，对农村公共产品供给效率的影响研究更是吸引不少学者的关注。所谓行政区行政，简单地说，就是经济区域各地方政府基于行政区划的刚性界限，以行政命令的方式，对本地区社会公共事务进行的垄断管理，具有相当程度的封闭性和机械性。长期以来，在刚性的行政区划基础上形成的闭合式的"行政区行政"，与按行政条块组织经济的经济管理体制相结合，成为一种位居主流和成熟的政府治理模式。然而，近

---

① 陈瑞莲：《区域公共管理理论与实践研究》，中国社会科学出版社 2008 年版。

② 李郁芳：《政府公共产品供给行为外部性的形成机理——基于公共选择过程》，《暨南学报（哲学社会科学版）》2008 年第 1 期。

③ 张紧跟：《府际治理：当代中国府际关系研究的新趋向》，《学术研究》2013 年第 2 期。

④ 详细的案例分析请参阅李燕凌等《"黄浦江漂浮死猪"事件应急处置实证研究》，《中国应急管理》2014 年第 2 期。

些年来，随着全球化、信息化，特别是区域经济一体化等复杂社会生态所引发的行政区划内大量社会公共问题的日益"外溢化"和"区域化"，使得传统行政区行政的治理模式越来越陷入"治理失灵"的困境。[①] 有学者研究指出，行政区行政关注的焦点是行政区划内部的公共事务，"分工不合作"和从地方本位主义出发追求局部利益成为其行为导向，因而具有"画地为牢"和"各自为政"的特点，较少关注行政区划边界或跨行政区划的公共事务和区域公共问题。因此，必须在一体化区域内形成相互依赖、相互合作、相互融合的区域合作行政政府治理模式，来应对日益复杂化的跨界公共问题。[②] 不过也有学者研究认为，虽然通过区域合作与区域协调，使行政区域之间的交易内部化，可以节约交易费用，有效地解决"地方性公共物品"的溢出效应。但是，区域公共管理的实现还得建立在"行政区行政"的基础之上，还得借助于"行政区行政"的推力和跨行政区间的协调与合作的合力下共同作用才能完成。[③]

4. 公众形式参与的复杂化与实际参与的无效性并存

农村公共产品的供给对象是农民，农民应该是农村公共产品的决策主体。邓小平同志早就强调过农村公共政策供给必须从当地具体条件和群众意愿出发。邓小平主张农村公共政策变迁"不是自上而下的，不是行政命令的，而是生产发展本身必然提出的要求"[④]。农村公共政策的改革方向是提高农民选择的自由度。从解放思想到政策放开，其目标是充分赋权于民，这是邓小平农村公共政策改革的思想逻辑。在他看来，只有民主才能约束行政权力对个人权利的侵犯，才能保证公共决策的科学性和公正性。农民参与公共决策的形式可以逐步深化，邓小平农村公共政策供给思想着眼于个体权利诉求，立足于农村微观主体选择理性的培育，体现了公共政策与个体决策互补的动态学。[⑤] 邓小平关于决策民主化的思想，对于

---

① 金太军：《从行政区行政到区域公共管理——政府治理形态嬗变的博弈分析》，《中国社会科学》2007 年第 6 期。

② 曾鹏：《论从行政区行政到区域合作行政及其法治保障》，《暨南学报》（哲学社会科学版）2012 年第 5 期。

③ 骆勇、赵军锋：《区域公共管理的行政生态分析——从行政区行政到区域公共管理》，《理论导刊》2009 年第 4 期。

④ 《邓小平文选》（第 3 卷），人民出版社 1993 年版，第 382 页。

⑤ 张俊：《邓小平农村公共政策供给思想的经济逻辑——从常识理性到决策智慧》，《上海经济研究》2011 年第 4 期。

丰富我国农村公共产品供给决策单元、创新农民参与农村公共产品供给决策方式、扩大农民参与农村公共产品供给决策渠道，具有思想解放的重要启示。

但是，这些年来，农村公共产品供给决策中公众参与形式日益复杂化，而实际参与又存在严重的无效性。在粮食种植补贴、新农合报销、农村低保对象确定等一系列农村公共服务中，政府采取直接补贴、补助公示、大样本抽查、调查听取农民意见等多种形式吸纳农民意见，发扬决策民主。然而并没有从根本上确立农民对农村公共产品供给的决策单元地位，供给决策主要以政府官员的政绩为目标、以政府短期行为为手段，政府官员缺乏对弱势农民的"诉求包容"，多数情况下只做了表面文章。从农民角度来看，一方面由于参与决策需要了解大量信息、付出必要的决策成本，农民愿意采取"理性无知"态度。另一方面，农民参与公共产品供给决策的能力还很弱，缺乏必要的培养与学习，难以在复杂博弈过程中做出占优决策。此外，农民分散、自组织性差、集体谈判能力弱等实际情况，也是导致农民在农村公共产品供给决策中"实际参与无效"的重要原因。有学者调查发现，即使构建了通畅的农民需求表达机制，也难以完全按照该机制决策农村公共产品的供给顺序。因为农民表达的需求具有狭隘性，农民个人需求不等于农民共同需求，现有机制获取的农村公共产品供给需求未必符合农民的共同愿望。最终还是要靠政府对农村公共产品供给进行宏观调控与布局。[①]

三　决策程序影响效率之理论分析

现代决策理论强调从决策的"过程与行为"维度对决策活动展开分析。决策过程中聚焦决策问题、确定决策目标、拟定决策方案、评估决策风险、对决策备选方案进行抉择、实施中执行与调整决策方案等每个环节的行为优化，都对实现决策目标、保证决策质量、提高决策效率发挥着重要作用。相关文献研究成果显示，在农村公共产品的供给决策过程中，决策向度、决策监督、科学化民主化决策方式以及决策方式改革创新等，都是影响农村公共产品供给效率的基本因素。

1. 决策向度是影响决策活动的基础

决策向度指决策程序所包含的环节及各环节之间的指向关系。目前学

---

①　王俊霞、王静：《论"政府调控＋农民需求"的农村公共产品供给决策机制的构建》，《西安财经学院学报》2011年第6期。

术界对决策向度的认识看法不一，有的将其称为决策机制、决策体制、决策方式，也有将其理解为决策内容、决策程序，还有将其理解为决策层级等。一般来说，针对某项具体公共产品或公共项目的决策，根据决策的需要，决策主要分为微观决策、中观决策和宏观决策。微观决策是一种工程技术决策，中观决策是生态学、经济学和社会学等单学科或单领域意义上的决策，宏观综合决策是一种体现科技、经济与社会如何实现协调发展的决策，它是一种软科学性质的综合决策。在组织和实施某项决策前，针对某一具体事项要判断和选择出一种合理的决策运作方式，至少应考虑到决策成本、决策风险、决策实施和风险承担这四大方面因素。[①] 有学者从决策层级、府际合作等方面综合研究决策向度。公共决策是政府与社会、公共部门与私人部门之间的一种协作关系。府际治理反映了决策中府际关系的新变化，通过多元主体之间的协作，以解决府际间公共议题。决策的核心内容是把公共资源更多地向社会管理和公共服务倾斜。只有在各层级政府职能定位都回归公共财政定位中的事权后，才能真正理顺府际关系，重塑地方政府间横向关系。[②] 有学者以农村基础设施建设决策为例，从决策内容上来讨论决策向度。农村基础设施建设决策机制包括决策主体及其权责分配机制，决策前的偏好显示机制，决策的程序和方法体系，决策信息沟通机制，决策监督机制等。[③] 大量文献从农村公共产品需求意愿表达机制和决策方式来研究决策向度。一种观点认为，要改革农村公共产品供给决策程序，使农村公共产品供给程序由"自上而下"向"自下而上"转变，建立由内部需求决定公共产品供给的机制，在村民委员会制度和乡人民代表大会制度的基础上，由全体农民或农民代表对本社区内事关公众切身利益的建设项目进行投票表决。[④] 另一种观点认为，应当从农村公共产品供给决策中的供需主体良性互动中来调整优化决策向度。在农业公共服务供给场域，供需主体互动的目标是协同服务。面对作为需求主体的农户，供给主体应跳出"农户封闭论"藩篱，主动适应农户偏好，提升农户的互动能力。通过供需主体互动来发挥农户作为需求主体的自主性、能

① 赵克：《重大工程项目的决策向度述评》，《探索与争鸣》2004 年第 12 期。

② 张紧跟：《府际治理：当代中国府际关系研究的新趋向》，《学术研究》2013 年第 2 期。

③ 于水：《农村公共产品供给与管理研究——从农村基础设施建设决策机制考察》，《江苏社会科学》2010 年 2 期。

④ 郭泽保：《地方治理视域下的农村公共产品供给》，《行政论坛》2008 年第 3 期。

动性和创造性。互动困境的产生既有外部环境因素，也有内在主观因素。协同效应的实现受到多重因素影响，利益、资源等是其显性因素，社会资本、信任等是其隐性因素，制度、信息技术等是其实现的共享因素。① 还有学者试图从非正式的集体决策角度解释农村公共投资项目、投资规模和投资主体在村与村之间分布所存在的显著性差异。研究认为，非正式的集体决策能够在提供农村公共产品服务方面解决"政府失灵"的现象，同时能够解决农村共同体的集体行动困境问题，实现对农民的"意愿"整合，从而解决农村公共产品的匮乏问题。②

2. 决策监督是规范决策程序的保障

农村公共产品的供给决策监督对规范决策程序具有重要影响作用。有学者指出，决策监督乏力是导致当前我国农村公共产品供给决策程序混乱的一个很重要的原因。③ 一般而言，农村公共产品供给决策监督主要包括内部监督、群众监督、舆论监督和法律监督等。不同的决策监督方式对农村公共产品供给效率也会产生不同的影响。有学者以均等化转移支付与地方财政支出结构为例，研究了公共财政决策程序中的中央财政与地方财政权力及其监督问题。在地区间财政分配制度改革过程中，不仅要规范转移支付资金的分配程序，更重要的是应强化地方财政决策的监督机制。要更加清晰地界定地方政府的公共产品供给责任，并结合预算制度改革，强化居民和人大对地方政府财政行为的过程监督。④ 针对乡镇决策监督制度建设效果不佳的现象，有学者研究发现，主要原因在于未能从机制构建这一更深层的角度来统率各项制度建设。只有从乡镇政府行政决策过程入手，将决策前的调查提案、决策中的参与审查、决策后的评议督导相结合，并加强监督主体力度，提升监督法制化水平，才能真正发挥监督的协同效应。⑤ 有学者高度赞同"奢谈依法行政、建设法治政府，却避而不谈行政

---

① 吴春梅、庄永琪：《协同服务：农户视角下的供需主体互动困境与隐性激励》，《贵州社会科学》2014 年第 2 期。

② 杨志武、黄凤：《农村公共产品供给机制研究——非正式集体决策视角》，《中国农学通报》2012 年第 5 期。

③ 邱聪江：《创新农村公共产品供给的决策机制》，《国家行政学院学报》2010 年第 4 期。

④ 付文林、沈坤荣：《均等化转移支付与地方财政支出结构》，《经济研究》2012 年第 5 期。

⑤ 崔志梅：《乡镇政府行政决策监督机制构建》，《内蒙古农业大学学报（社会科学版）》2010 年第 2 期。

决策，尤其重大行政决策程序法的构建，必将使我们的社会主义法治面临落空之危机"的观点。① 对于重大行政决策来说，最大的风险是法律风险，也就是决策是否具有合法性。法律风险的一个特点是程序性与结果性风险并存。因此，我国当前重大行政决策实践中的公众参与制度应注意加强两方面制度建设，一是继续完善公众参与行政决策程序，二是完善包含决策意图、政策目标等内容的公众信息发布制度，着重加强决策监督。② 学者们普遍认为，在我国农村公共产品供给决策中，我国现行行政法体系的缺位是导致行政监督困难的重要原因。我国政府决策程序具有较大的随意性，没有一部公开的、统一的立法规定政府机关应依何种程序做出决策。规范决策程序的各种文件，往往是行政机关的内部规定。这些规范性文件不仅位阶较低，而且行政机关在制定将要对自己以后行为构成制约的规范时，更多的是以方便自己行使权力、便于管理为主，而较少考虑行政相对方的情况。而且大多是内部文件，社会公众的可获得性有限，极不利于行政决策的群众监督。一些政府决策程序中同时存在着重视民主而放弃专业性、重视专业性而放弃民主的两种极端。③ 还有学者从农村公共产品供给的委托—代理机制分析决策监督失效的深层次原因。按照委托—代理理论，理性的代理人很可能利用信息优势谋取自身利益，发生逆向选择和"道德风险"。由于农村公共产品供给决策的中央政府与地方政府效用目标不尽一致，可以将中央政府与地方政府在决策过程中的策略转换看作不完全信息的动态博弈，这就必然产生委托—代理问题。委托人中央政府是行为影响的一方，代理人地方政府是行为人。在委托人对代理人监督不力或两者之间存在严重信息不对称，且委托人获取信息成本巨大的情况下，都会产生代理人对委托人的背叛，即地方政府以种种借口不执行中央政府的相关指示，而中央政府面对地方政府这种博弈策略选择，将会选择核查或不核查。④ 这种博弈的结果可能从制度上削弱上级政府对下级政府农村公共产品供给决策的监督功能。同样的，政府与农民也可运用委托—代理

① 栗燕杰：《行政决策法治化探究》，中国法制出版社 2011 年版。

② 朱海波：《地方政府重大行政决策程序立法及其完善》，《广东社会科学》2013 年第 4 期。

③ 郭蕾：《论我国行政决策权制约机制的构建》，《法治研究》2010 年第 1 期。

④ 金太军：《从行政区行政到区域公共管理——政府治理形态嬗变的博弈分析》，《中国社会科学》2007 年第 6 期。

理论来分析决策监督失效现象。

3. 科学化民主化决策保障决策质量

决策科学化。决策科学化是决策文明的关键。就农村公共产品供给决策本身而言，它首要追求的就应该是科学化。因为只有实现决策的科学化，才能使决策及其实施时所消耗各种资源产生预期的效果。[①] 农村公共产品供给决策的科学化，是指农村公共产品供给决策要在科学的决策理论引导下，严格按照科学的决策程序，凭借科学思维，运用科学的决策技术手段进行决策。决策体制的科学化、决策程序的科学化以及决策方式的科学化，都对农村公共产品供给决策产生深刻影响进而影响供给效率。农村公共产品供给决策科学化的根本及核心——供给决策的内容必须是符合农村现有的经济社会发展，满足农户的根本需求，有益于充分利用有限的资金资源，能够得到农民群众的认可和支持。[②] 决策科学化对农村公共产品供给决策至少具有四个方面重要影响：一是决策目标直接影响农村公共产品供给的政治、经济和社会意义的实现。二是决策实施总会带来农村公共产品供需平衡关系的调整。三是科学决策总是追求资源优化配置，寻找在有限的条件下能够达到目标的更好方法。四是决策总是在若干个具有不同价值取向或者价值侧重的方案中进行选择，因而其实施结果总会体现一定价值的实现而放弃另一些价值。总之，科学决策会从价值实现、资源配置、社会效益等方面对供给效率发挥作用。

科学决策追求资源优化配置，采用大量的科学理论、程序、方法和手段，强调运用先进的决策技术和工具，甚至追求革命性的价值创新，科学决策明显表现出高度专业化、职业化、绩效化的优势。在农村公共产品供给决策过程中，决策主体保证了决策体制的科学化、决策程序的科学化以及决策方式的科学化，并不代表能确保其最终决策效果的正确性和最优性。任何决策只有在现实运行过程中接受事实的检验，才能知晓当初的决策是否成功。[③] 但是，决策科学化至少从组织设计及决策程序两方面对农村公共产品供给产生重要影响：决策组织制度设计的科学化要求准确

①　李翔宇：《论行政决策文明的四重向度与价值》，《理论与改革》2014 年第 3 期。

②　谢洲：《农村公共产品供给一事一议财政奖补制度研究》，博士学位论文，西南大学，2012 年。

③　于水：《农村公共产品供给与管理研究——从农村基础设施建设决策机制考察》，《江苏社会科学》2010 年第 2 期。

定位决策主体的职能，避免因为决策主体承担职能过多、任务超载而影响决策效率。农村公共产品供给决策程序科学化，要求全方位建立和完善农村公共产品供给政策议程程序、政策规划程序以及政策合法化程序。①

决策民主化。决策民主化就是指在农村公共产品供给决策过程中，决策主体以充分满足农村公共产品消费主体——农民的真实需求为目的，在决策过程中充分尊重农民群众意愿、采取多种有效意愿的表达渠道，使农民群众能够充分表达对各种农村公共产品供给决策方案制定的意见和建议，最大限度地让人民群众参与决策，最终使农民群众的切身利益能得到最大满足的决策行为。决策民主化对农村公共产品供给具有重要影响作用：一是可以减少决策失误，提高决策质量。二是民主决策模式可以减轻决策主体的决策压力，合理分解决策责任，使决策行为更加理性。三是增强农户的主体意识，提高决策参与积极性。通过民主决策机制，农户的个人权利得到保障的同时他们应有的权利也能得到行使，大大加强了他们对于农村公共产品供给决策的责任感和使命感，集聚了更多"民智"。四是民主决策可以产生多元主体的决策协同效应，提高决策效率。各种社会组织、农民专业合作组织和农民参与民主决策，不是外在制度或规则的强制性要求，而是内心的自觉，是一种农民参与决策并与政府协同的效应，包括关系效应、主体效应、共生效应三重协同效应。民主决策可以化解在供需主体互动实践中客观存在的"互动困境"。② 这种协同互动的民主决策，能够降低和修正农户对基层干部的单向责任期待，促进基层政府部门与个体农户或农民组织之间相互交流和合作，是各方参与者或者所有决策主体共同渗透其中的"公共能量场"。

科学决策与民主决策统筹发展对提高决策效率具有深远影响。中国决策体制的变迁经历了从决策权力集中化阶段到决策权力民主化阶段的发展过程。经过持续 30 多年的改革，民主、科学和法治这些现代元素逐渐融入中国的决策体制之中，初步实现了从传统的决策体制向现代决策体制的

---

① 刘伟：《行政法视野下行政决策的正当性分析——以北京、杭州、成都三地汽车限行为例》，《甘肃政法学院学报》2013 年第 2 期。

② 吴春梅、庄永琪：《协同服务：农户视角下的供需主体互动困境与隐性激励》，《贵州社会科学》2014 年第 2 期。

转型。① 从理论上讲，农村公共产品供给决策的民主性与其决策的科学性并不能很好地兼容，在农村公共产品供给决策实践中，决策民主与决策科学之间既联系在一起又存在着一种矛盾和斥力。农村公共产品供给决策的民主化强调的是合民意性（农民的广泛参与），而其决策的科学性则强调的是合规律性（程序、方法正确），所以往往有时候，保障其决策的科学化要以牺牲决策的民主性为代价，或者反过来，保障其决策的民主化就要以牺牲决策的科学性为代价。② 有学者指出，民主决策与科学决策本身是农村公共产品供给决策原则中一对矛盾的共同体。因为决策的科学化强调的是决策的客观性和成本优化，但这种结果未必能受到民众认同。而决策的民主化则更强调农民的认同和各决策主体利益的平衡，也不一定是最明智、最科学的选择。③ 现代化公共决策包含三个含义，即公共决策过程的理性化、公共决策内容的公益化与公共决策手段的自动化。④ 如何统筹决策的科学化与民主化，或者说在农村公共产品供给决策实践中，决策的科学性与民主性统筹程度如何，都对决策效果进而对农村公共产品供给效率产生重要的影响。

大量研究结论证明，在农村公共产品供给决策中决策的科学性和民主性可以有机统一起来，一个既客观又民主的决策是可以在决策民主过程中寻求程序、方法上的科学性，又在遵循规律性的基础上满足农民需求，获得农民认同。⑤ 有学者以农村学校的布局调整为例，研究了决策的科学性、民主性问题。研究认为，无论是科学化、民主化还是道义化，都必须由制度环境和合法的规范性程序做支撑，科学化体现的是工具理性，民主化和道义化则体现为价值理性，三重价值追求之间互相渗透、补充和协调，共同构成完备的决策系统。⑥ 还有学者认为，公共决策模式现代化的要义是在承认决策者"有限理性"的前提下，在决策过程中做到"工具

① 周光辉：《当代中国决策体制的形成与变革》，《中国社会科学》2011 年第 3 期。

② 金国坤：《论科学决策、民主决策的法治化——基于北京市交通治堵方案征求民意的考量》，《法学杂志》2011 年第 7 期。

③ 石国亮：《发展中的行政决策：科学化与民主化之博弈关系探析》，《江苏社会科学》2011 年第 6 期。

④ 宁骚等：《现代化进程中的政治与行政》（下册），北京大学出版社 1998 年版。

⑤ 李拓：《论正确处理民主决策与科学决策的关系》，《北京行政学院学报》2012 年第 1 期。

⑥ 刘善槐：《科学化、民主化、道义化——论农村学校布局调整决策模型的三重向度》，《教育研究》2012 年第 9 期。

理性"与"价值理性"的结合，科学价值与民主价值共存，即公共决策科学化与民主化。① 总之，决策民主化与科学化都是表现决策质量、优化决策系统的重要指标。应将科学求实的精神和农民群众的切身利益有机结合起来，把科学性寓于民主性之中，同时把民主性建立在科学性的基础之上，尽量做到民主性与科学性的统一。②

4. 决策方式改革创新提升供给效率

在农村公共产品供给的完整体制安排中，决策机制处于基础性地位，它从根本上决定着农村公共产品供给的数量、规模、方式和效率。在确定农村公共产品（指某一具体类型的农村公共产品）到底供不供给、如何供给等重大问题时不能让农村公共产品的消费者——农民缺席，必须让农民在农村公共产品供给决策形成之前凭借公开透明的信息，通过相应合法的程序和方法来真实显示自己的偏好，并且在理性沟通的过程中实现偏好转换，从而实现个人利益与公共利益的有机融合。最好的程序和方法就是协商民主。协商民主是近年来我国农村公共产品供给决策方式改革的创新模式，对于提升供给效率具有重要影响。

协商不同于一般的对话和讨论，它强调理性的表达和说服，参与者倾听、反思、回应、接纳他人的观点，进而作出理性的决策。协商民主倡导平等对话，鼓励公共参与，促进理性沟通，实现偏好转换。协商民主追求一种善治的民主模式，主张作为民主政治之主体的公民自由、平等、理性地参与到影响自己的公共决策的讨论中去，通过讨论逐渐实现偏好转换，最终达成共识，解决问题。按照协商民主的决策方式，农村公共产品供给决策即是农村公共产品的供给主体（包含政府、市场、社区和第三种力量等）与受众（即农民）围绕公共产品的数量、规模、方式等问题，在信息公开、透明的情况下进行理性沟通，达成一致同意后作出有关决定的过程。③ 有学者研究认为，从协商民主视角看，我国农村公共产品供给决策中决策主体的包容性不足和多元参与有限。一是政府主导供给决策过程

---

① 苏竣、郭跃、汝鹏：《从精英决策到大众参与：理性视角下的科技决策模式变迁研究》，《中国行政管理》2014年第3期。

② 贺译葶：《制度建设视角下的县级政府决策科学化民主化实现方略》，《科学决策》2010年第11期。

③ 陈朋、陈荣荣：《协商民主与农村公共产品供给的决策机制》，《南京农业大学学报（社会科学版）》2009年第1期。

中的农民参与不足。二是农民有限参与中的代表性不足。决策参与者不能很好地包容受决策影响的弱势群体。三是多元决策主体间的实质不平等突出体现为以资源占有为基础的能力不平等。四是程序不平等使得农民参与公共决策难以获得平等的政治影响机会。因此，推进农村公共产品供给决策协商民主，必须以民主与效率整合为价值取向，以增强供给决策主体的包容性为基础，以程序平等和实质平等为核心，以加强供给决策主体能力建设和完善公共协商决策机制为突破口，促进供给决策中信息交流与偏好转换的理性化和供给决策民主监督效能的提升。[①]

还有学者研究认为，在农村公共产品供给和公共服务中，越来越多的非程序化决策尤其需要采用协商民主的决策方式来进行。随着行政决策面临的不确定性增大，因而非程序化行政决策的数量和重要性也都在逐步提高。由于农村公共产品供给决策主体本身的"有限理性"，行政决策不可能完全按程序化道路走。而且，非程序化行政决策的空间与决策所需理性的有限性成反比，行政人的理性越有限，对非程序化行政决策的运用就越多。[②]

四　决策系统影响效率之理论分析

决策系统与决策体制相关，但它又不同于决策体制。决策体制是行为主体之间相互关系、决策权力配置、运行机制及决策方法、程序规范的总称。[③] 而决策系统则是"承担行政决策职能的机构及其人员所组成的组织结构体系及其决策制度的总称"[④]。我们除了从"过程与行为"维度对决策活动展开分析外，现代决策理论还强调从"结构与功能"维度对决策活动进行研究。从决策的结构性内涵来看，决策中枢系统、决策咨询系统、决策信息系统是构成决策系统的三个基本子系统，它们之间依靠"信息流"交换构成一个相互联系、相互依存、相互作用的封闭系统，最终由决策中枢系统作出抉择，如图4－1所示。农村公共产品供给决策体制同样由决策中枢系统、决策咨询系统与决策信息系统构成。在农村公共

①　吴春梅、翟军亮：《协商民主与农村公共服务供给决策民主化》，《理论与改革》2011年第4期。

②　刘雪丰：《当前我国非程序化行政决策：常态、异化的可能与控制》，《湖南师范大学社会科学学报》2010年第5期。

③　参见俞可平主编《政治学教程》，高等教育出版社2010年版。

④　杨寅：《公共行政学》（第3版），北京大学出版社2013年版。

产品供给决策系统中，决策目标是最大限度地满足农户对农村公共产品的需求，提高农村公共产品供给的效率。农村公共产品供给决策系统以决策目标为中心，作出相关决策，然后根据一定的方式进行供给，在农村公共产品供给决策执行的过程中，决策咨询系统根据实施过程和结果通过决策信息系统把信息反馈到决策中枢系统，决策中枢系统根据收集到全方位信息的变化，进一步做出相应的决策调整。在这样一种动态决策系统中，三个基本子系统的决策功能作用发挥得怎样，对农村公共产品供给效率都将产生重要影响。

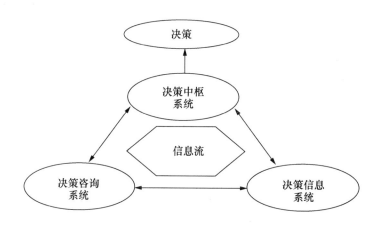

图 4 – 1　农村公共产品供给决策动态决策系统结构图

1. 决策中枢系统对供给效率发挥根本性作用

现代决策理论认为，决策中枢系统是指在决策过程中发挥决策组织作用、做出决策方案选择并最终下达决策命令的核心组织。在一个复杂型决策中，决策中枢系统由一系列决策单元共同组成。农村公共产品供给决策就是一个复杂型决策，涉及的供给主体层级多、成分丰富，公共产品供给受体（农民）的利益诉求差别大，各参与决策主体的参与意愿、参与能力和参与程度具有较大差别。所以，农村公共产品供给决策中枢系统中的决策单元也是非同质决策单元，其决策过程十分复杂，对农村公共产品供给决策及其供给效率产生的影响也非常复杂。目前，理论界不少学者采用DEA方法对农村公共产品供给决策效率进行实证分析，实际上这是一种理想条件下解决农村公共资源配置效率改进的研究方法而已。按照DEA方法的基本要求，在解决公共资源分配问题时，子决策单元必须具备同质性，即必须确保决策单元在三个方面具备同质性和可比性，一是决策单元应具有相似的目标、执行相同的任务，二是所有决策单元在相同的"市场条件"下运作，三是除了数量上的差异以外，决策单元的投入与产出是相同的。① 但是，在大多数农村公共产品供给领域内分配资源，以上条件是很难实现的。对那些不具备同质性的决策单元来说，传统的 DEA 资源分配模型是不适用的。

2. 决策咨询系统对供给效率发挥关键性作用

行政决策咨询系统主要指由具有一定的知名度和较高的决策咨询能力的各类专家组成的，为政府制定行政决策出谋划策，并对行政决策进行专业的评估和论证，以提高行政决策质量的行政体系。② 专家决策咨询是实现决策科学化与民主化的必要制度安排，对农村公共产品供给决策的质量发挥着关键性作用。农村公共产品供给决策咨询系统对农村公共产品供给决策及其供给效率具有重要的影响作用。具体来说，专家决策咨询包含了政府部门在决策的过程中向专家寻求专业化、科学化的支持、论证或启发，从特定领域专家所开展的决策研究成果中获取知识，以及接受更大范围的专家监督和批评。政府部门往往借助决策咨询会议、学术论坛、课题研究、委托咨询、政府咨询委员会等渠道，与专家沟通联系，获取决策信息和理念，协调各方利益，增强政策的权威性。③

针对当前我国行政决策专家咨询系统存在的问题，有学者研究认为，专家咨询机构缺乏独立性、政府对专家咨询的重要性缺乏深刻认识、专家参与决策咨询缺乏制度规范、专家与政府之间缺乏有效的沟通、专家咨询系统的研究经费不足、专家自身的因素等。此外，通过座谈会、论证会等较为自由和松散的咨询方式进行的决策咨询，主观随意性比较大，咨询建议的可靠性、科学性相对较差，专家对他们在参与决策咨询活动中所提出的建议和看法被采用后可能产生的后果不用承担法律责任，因此他们提出的这些建议时常带有明显的个人偏好，容易对行政决策产生误导造成决策

① 吴永强、贺昌政：《非同质决策单元的资源分配模型》，《系统工程》2013 年第 10 期。
② 夏书章、王乐夫、陈瑞莲：《行政管理学》（第三版），中山大学出版社 2003 年版。
③ 朱旭峰：《专家决策咨询在中国地方政府中的实践：对天津市政府 34 名局处级领导干部的问卷分析》，《中国科技论坛》2008 年第 10 期。

失误，而对于专家来说又明显存在刚性约束不足。① 有学者研究指出，专家公信力差也是制约专家咨询制度功能发挥的重要障碍。一项调查显示，仅有 6.5% 的受访对象认为"专家是社会权威，值得信赖"。现实生活中，专家言论和专家建议通常受到公众质疑。专家公信力低的原因是多方面的，一是某些专家失去道德操守，甘心充当利益团体的代言人，无原则地与之结成利益共同体。二是某些专家成为政府部门的传声筒。② 专家机构和咨询专家的这些问题，都会对农村公共产品供给决策产生一定消极影响。

3. 决策信息系统对供给效率发挥基础性作用

现代决策理论强调决策信息对决策的基础性作用。与传统的经验决策不同，科学的决策必须建立在对决策信息充分掌握的基础之上。决策就是充分利用信息资料对多种决策方案进行评估与抉择的过程。我国农村地域广阔、情况复杂，不同地区的农民对农村公共产品的需求存在较大差异。如何全面、准确、及时收集整理各种决策信息，科学处理与正确使用信息，都会对农村公共产品供给决策产生重要影响。有学者专门研究过我国农村公共产品供给决策信息系统存在的问题。研究认为，目前中央与地方政府在农村公共产品供给的责任划分上不尽合理，导致局部地区农村公共产品供给严重缺失，供给过程中官员产生权利"寻租"现象。农民被排斥在现有农村公共产品供给决策和管理体制之外，无法形成对农村公共产品供给的有效监督和管理。产生这种局面的一个重要原因就是，农村公共产品供给决策的监督者与被监督者信息不对称，使得农村公共产品供给中有限的资金在暗箱操作中缩水一大部分，剩余的资金所提供的公共产品质量也得不到保证。信息不准确、预算难控制、各主体之间无法沟通、农村公共产品供给过程不透明等问题十分严重，其根源就在于缺乏充分必要的决策信息，委托人（农民）难以对公共权力代理人（各级官员）的行为实施有效监督。③

在分析了农村公共产品供给决策为什么会对供给效率产生影响之后，进一步的问题是：农村公共产品供给决策是如何影响其供给效率的呢？针

① 宿玥：《我国行政决策专家咨询系统的现状及完善途径》，《辽宁行政学院学报》2011 年第 1 期。

② 杨静娴：《健全公共决策专家咨询制度的对策分析》，《领导科学》2011 年第 7 期（中）。

③ 张益丰、张少军：《中国农村公共产品供给架构建设》，《经济学家》2009 年第 2 期。

对我国农村公共产品供给决策的实际情况，课题组做了大量的实地调查研究，下面将从决策单元、决策程序、决策系统三个方面，分别对农村公共产品供给决策影响供给效率进行实证分析。

第二节 决策单元对供给效率的影响

课题组在农村实地调查中发现，农村公共产品市场化供给中公共性流失现象日益严重、公众参与决策时长期目标与短期目标的冲突、决策单元的独立性与行政区行政的主体利益矛盾、公众形式参与的复杂化与实际参与的无效性并存等现象，在农村公共产品供给决策中普遍存在。但是，从供给决策单元委托人（农民）一方和公共权力代理人（各级官员）一方来看，不同的决策单元对上述影响的认识存在明显差异。由于我们极难收集中央、省级这样的高层级政府在农村公共产品供给决策中的决策动机，也很难准确刻画高层级政府在农村公共产品供给决策中的行为变化，所以，本书仅选择县乡政府（县级行政区政府和乡镇政府）这一基层政府层级代表政府作为供给决策单元。村支"两委"（村党总支或党支部委员会、村民委员会的简称，下同）在农村具体公共产品供给决策执行中发挥重要作用，在供给决策中也发挥一定作用，本书将其与农民分开作为供给决策单元体系中的两个不同的决策单元。本书力图了解不同决策单元在农村公共产品供给决策中参与决策的行为，以对不同决策单元的实际影响进行判断。

一 决策单元影响供给效率的调查数据

我们利用课题组 2012 年对湘、鄂、赣、贵、粤 5 省 19 个县（含市、区，下同）、43 个乡（镇）、93 个行政村的调查数据，[①] 对农村公共产品供给决策影响其供给效率的实际情况进行实证分析。参加这次调查的除了课题组成员之外，还有调查地县乡政府相关部门的部分干部、调查村的村支"两委"部分干部和农民代表。为了更加客观、全面地反映情况，我们在县乡政府主要邀请农业部门干部和主管领导参与调查，对调查村的村

---

① 调查对象中的 19 个县（市、区）包括永定区、桑植县、龙山县、凤凰县、湘潭县、长沙县、醴陵市、桃江县、桃源县、邵阳县、洞口县、娄星区、北湖区、汝城县、衡南县、松桃县、崇义县、仁化县、来凤县。

支"两委"干部基本进行了全面调查，而农民代表则是采用偶遇式的方法进行调查。课题组共向农民（户主）发放问卷1520份，收回问卷1299份，剔除内容填写不全、有逻辑错误的问卷，本书采用的实际有效问卷1167份，占全部发放问卷的76.8%。课题组共向村支"两委"干部发放问卷377份，收回问卷326份，实际有效问卷313份，占全部发放问卷的83.0%。课题组共向县乡政府干部发放问卷451份，收回问卷436份，实际有效问卷417份，占全部发放问卷的92.5%。课题组样本县调查数据统计详见表4-1。

表4-1　　　　县乡政府农村公共产品供给决策情况调查表

调查项目	样本数（个）	农民回答		村支"两委"干部回答		县乡政府干部回答	
		是（个）	占比（%）	是（个）	占比（%）	是（个）	占比（%）
一 农村公共产品现实主要供给	农民有效样本数（1167）		100.0		100.0		100.1
中央、省、市政府供给		1104	94.6	302	96.5	376	90.2
县、乡（镇）政府供给		57	4.9	11	3.5	39	9.4
村集体或农民自筹供给	村支"两委"干部有效样本数（313）	0	0.0	0	0.0	0	0.0
其他组织捐赠或投资等		6	0.5	0	0.0	2	0.5
二 理想的供给渠道（"好"）			100.0		100.1		99.9
中央、省、市政府供给	县乡政府干部有效样本数（417）	1156	99.1	275	87.9	412	98.8
县、乡（镇）政府供给		5	0.4	34	10.9	1	0.2
村集体或农民自筹供给		2	0.2	1	0.3	1	0.2

续表

调查项目	样本数（个）	农民回答		村支"两委"干部回答		县乡政府干部回答	
		是（个）	占比（％）	是（个）	占比（％）	是（个）	占比（％）
其他组织捐赠或投资等		4	0.3	3	1.0	3	0.7
三　决策权力来源（现实决策）			100.0		100.0		100.0
中央、省政府的"红头文件"		794	68.0	152	48.6	304	72.9
县乡政府领导或干部说了算		247	21.2	86	27.5	58	13.9
村支"两委"干部来"定夺"		92	7.9	6	1.9	18	4.3
村民组织民主协商公开透明		34	2.9	69	22.0	37	8.9
四　决策方式评价（现实向度）			100.0		99.9		99.9
主要是"自上而下"决策		239	20.5	31	9.9	375	89.9
主要是"自下而上"决策		43	3.7	12	3.8	23	5.5
基本是"上下结合"决策		871	74.6	269	85.9	16	3.8
"农民参与"决策较普遍		14	1.2	1	0.3	3	0.7
五　决策效果评价（综合评价）			99.9		100.1		100.0
好或很好		493	42.2	152	48.6	113	27.1
一般（可以接受）		595	51.0	147	47.0	185	44.4
不好或很不好（不得不接受）		12	1.0	3	1.0	73	17.5
无所谓（反正无能为力）		67	5.7	11	3.5	46	11.0

注：①"上下结合"决策的意思是，大政策是中央、省里定的，但到具体公共产品生产、分配和管理时，县乡政府领导和干部说了算，农民并未参与决策。只有"农民参与"方式才在具体公共产品的生产、分配和管理中征询了农民意见。

②表中数据经过四舍五入处理，占比的合计数可能不等于100％。

二 决策单元影响供给效率的实证分析

根据表4-1统计的调查结果，我们分别从农民、村支"两委"干部和县乡政府干部三个主体的视角，对决策单元供给决策的效率影响做进一步分析。

1. 农村公共产品现实供给主体的判断趋于一致

在对农村公共产品现实的供给主体判断上，农民、村支"两委"干部和县乡政府干部的判断基本趋于一致，都有90%以上的调查对象认为，目前我国农村公共产品主要由中央、省、市政府供给。值得反思的是，三个不同层级的调查对象都忽视农民在个别农村公共产品生产中"投工投劳"的贡献，反映出调查对象更看重农村公共产品供给的实际出资者作用。

2. 对农村公共产品理想供给渠道预期差距不大

调查中我们设定"你认为农村公共产品应当主要由谁来供给最好"的问题，表4-1统计了回答"好"的频数。虽然农民、村支"两委"干部和县乡政府干部三个不同层级的调查对象基本都认为，由中央、省、市政府供给农村公共产品"好"，但是，有超过10%的村支"两委"干部还是认为"由县乡政府主要供给农村公共产品最好"。这一方面是由于这部分村支"两委"干部看到了县乡政府在供给决策中的重要作用，相对来说，县乡政府更了解当地农村公共产品的实际需要。另一方面，调查对象也提出了对县乡政府加大农村公共产品供给投入的要求。也就是说，这部分调查对象认为，县乡政府应该还有扩大农村公共产品供给的更大空间，甚至可以成为农村公共产品供给的主要投资者。

3. 对农村公共产品决策权力来源的理解差距大

虽然农民和县乡政府干部普遍认为，在我国农村公共产品供给决策中真正的决策权力大多来源于中央、省政府的"红头文件"，但是，村支"两委"干部对此持相同看法的比例不足50%，他们认为，县乡政府领导或干部说了算的现象，在农村公共产品供给决策中还是占很大比重的（占27.5%）。村支"两委"干部并不承认自己在具体农村公共产品供给决策或决策执行中有太多的"权力"，相反，他们认为，从总体上看，农村公共产品供给决策及决策执行中，农民或村民小组、家族组织等村民组织拥有较大的"发言权"，村民组织民主协商在具体农村公共产品供给决策前征询意见、公示反馈意见、事后批评意见等环节都发挥了相当重要的作用，实现了公开透明决策，持肯定态度的调查对象占22%。三个不同层级的调查对象都认为村支"两委"干部在具体农村公共产品供给决策中并未拥有"实际决策权"，特别是村支"两委"干部对此基本上持否定态度，认同有"实际决策权"的不足2%。

4. 对农村公共产品供给决策方式评价差距悬殊

近九成的县乡政府干部（89.9%）认为，目前我国农村公共产品供给决策主要采取"自上而下"的方式，基层政府实际上只是"照着上面的要求做"而已。除此之外，来自县乡政府、村支"两委"干部和农民的意见基本上对决策方式没有多大的实际影响。但是，村支"两委"和农民对此看法完全相反，他们认为，近年来党中央、国务院十分重视"三农"，采取了许多有"真金实银"的强农惠农政策，而这些政策的制定与实施，在决策过程中还是听取了基层政府领导干部意见的，因此，农村公共产品供给决策主要还是"上下结合"的方式。不过，无论是县乡政府干部还是村支"两委"干部和农民，都一致认为在决策时几乎没有真正听取农民的意见，目前我国农村公共产品供给决策方式应当更多地采用"自下而上"的方式，多听取来自农民的意见。

5. 农村群众对供给决策实际效果普遍比较满意

我们设计的调查项目是"对农村公共产品供给决策效果综合评价"。农民调查对象中有93.2%的人认为"好或很好"、"一般"，即持比较满意态度。村支"两委"干部中有95.6%的人认为"好或很好"、"一般"，持比较满意态度。只有县乡政府干部满意率略显偏低，认为"好或很好"、"一般"，持比较满意态度的人只有71.5%。对此，我们做了进一步深入了解。有17.5%的县乡政府干部认为农村公共产品供给决策效果不佳，主要原因是不满意县与县之间的农村公共产品供给分配不平衡状况，有的调查对象认为这与上级领导的"偏爱"有关，甚至不能排除其中的"暗箱操作"，"跑步（部）进京（金）"是普遍现象，专项性财政转移支付极不合理，等等。还有超过10%的县乡干部对农村公共产品供给决策效果不愿意评价。

第三节 决策程序对供给效率的影响

农村公共产品供给决策程序对供给效率的影响非常复杂。课题组在长期的调查研究中发现，农民对农村公共产品的需求排序、村民自治及农民参与决策的素质、不同层级政府之间在农村公共产品供给决策中的博弈等，是农村公共产品供给决策及其决策效率影响中最重要的三大因素。我们仍然利用课题组 2012 年对湘、鄂、赣、贵、粤 5 省 19 个县、43 个乡（镇）、93 个行政村的调查数据，分别从农民对农村公共产品的需求排序、村民自治及其农民参与决策的素质能力、政府间在农村公共产品供给决策中的竞争三个方面，对其影响农村公共产品供给决策的情况进行实证分析。

一 农民对农村公共产品的需求排序调查分析

课题组在本次调查发放的问卷中，针对目前农村数量较多、对"三农"影响较大的 13 项农村公共产品，进行了农民视角下自身需求和政府投资重视程序两个方面的调查。此次调查共向农户发放问卷 1520 份，收回问卷 1299 份，剔除内容填写不全、有逻辑错误的问卷，本书采用的实际有效问卷 1167 份，占全部发放问卷的 76.8%。调查结果详见表 4 - 2。调查结果显示，从农民群众自身需求角度出发，需求最大的农村公共产品种类与政府官员最重视（往往直接表现出"政绩"）、政府实际提供数量最多的农村公共产品种类不一定完全吻合，客观上反映出目前我国农村公共产品供给与需求存在错位问题。

1. 农户视角下对自身群体需求最大的公共产品排序分析

从农户的角度出发，农民对他自己本身或者说对其所在农村村里人来说，对表 4 - 2 提供的 13 项典型的农村公共产品，按照他主观方面认为最需要基层政府供给的农村公共产品种类进行了排序。调查中农民首先要对这 13 项农村公共产品进行"你认为最需要的公共产品依次是哪三种"。然后，我们再对农民在各项农村公共产品重要程度排序前三位的频数进行了统计，统计结果见表 4 - 2。在农户需求最大的第一位上出现次数最多的是"农田水利建设"，出现了 243 次；在第二位上出现次数最多的是"饮用水的改善"，出现了 206 次；在第三位上出现次数最多的是"医疗保障及改善农村医疗卫生条件",出现了241次。

　　由于13项公共产品在前三个位次上出现了不同的次数,直接用第一位频数进行排位难免有失偏颇,无法直接对其重要性进行有效的排序,本书利用SPSS 20.0软件,运用聚类分析中"分层聚类"的方法对这13项公共产品进行分类分析,以便更好地按照对农户自身群体需求最大的各项公共产品进行分层和排序。我们使用平均连接(组间)的树状图方法重新调整距离聚类合并,具体结果如图4-2所示。

表4-2　　　农户视角下对自己及村里人最重要的公共产品排序

公共产品	第一位	第二位	第三位
1. 农田水利建设	243	198	67
2. 饮用水的改善	177	206	133
3. 农用电的改造	18	56	33
4. 农村道路建设	164	177	217
5. 医疗保障及改善农村医疗卫生条件	198	156	241
6. 生活垃圾处理	65	77	78
7. 广播电视网络建设	33	23	29
8. 义务教育	164	157	184
9. 养老及社会救济	42	76	90
10. 市场信息服务	0	18	23
11. 计划生育	0	0	2
12. 大规模病虫害防治	58	23	56
13. 文化设施及服务	5	0	14

　　从图4-2可看出,按照农户对公共产品需求程度来分,以上农村公共产品明显地可分为四个层次,同时,结合表4-2的公共产品重要性排序,不难发现这四个层次依次为:

　　第一层次主要由农田水利建设这一公共产品构成,我们把这一类称之为农业生产公共产品。结合农村公共产品需求重要性情况,本书发现农田水利建设在第一位中频次为243次,明显高于其他类别,显示出该公共产品在各农户心中极其重要。为此,聚类分析中把这一农业生产公共产品作为单独的一类。

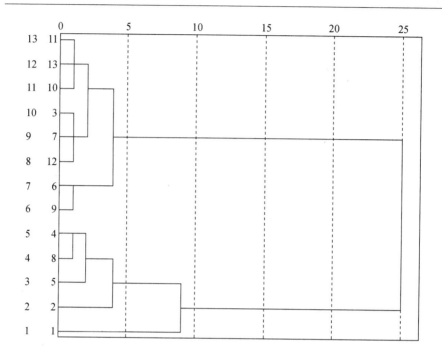

图 4-2　农村公共产品聚类分析树状图

注：上述聚类分析的数字表示意义从上至下分别为：11. 计划生育、13. 文化设施及服务、10. 市场信息服务、3. 农用电的改造、7. 广播电视网络建设、12. 大规模病虫害防治、6. 生活垃圾处理、9. 养老及社会救济、4. 农村道路建设、8. 义务教育、5. 医疗保障及改善农村医疗卫生条件、2. 饮用水的改善、1. 农田水利建设，共 13 项。

　　第二层次主要由生活垃圾处理、饮用水的改善这两类公共产品构成，我们把这一类称之为农村生活公共产品。从上图可明显发现，该 2 项公共产品聚成一类，根据表 4-2 公共产品的重要性而言，属于第二层次，其重要性弱于农业生产公共产品。并从表 4-2 可以看出，相对而言生活垃圾处理比饮用水的改善更重要。

　　第三层次主要由医疗保障及改善农村医疗卫生条件、文化设施及服务、农村道路建设、广播电视网络建设这 4 项农村公共产品构成，我们把这层称之为农村建设公共产品。结合表 4-2，根据公共产品需求重要性排序的结果可把这层归属于第三层次，说明农村建设公共产品在农户心中的需求重要性弱于农业生产公共产品和农村生活公共产品。同时，该层中这 4 项农村公共产品的重要性排序依次为医疗保障及改善农村医疗卫生条件、农村道路建设、广播电视网络建设和文化设施及服务。

第四层次可归纳为农村服务公共产品，主要包括义务教育、市场信息服务、农用电的改造、计划生育、养老及社会救济和大规模病虫害防治6类。从农民对其需求的重要性分析这6项公共产品，其重要性属于第四层次，弱于农业生产公共产品、农村生活公共产品和农村建设公共产品。单从这6项公共产品的重要性分析，其大小首先是义务教育，其次是大规模病虫害防治，接着是养老及社会救济；农用电的改造和市场信息服务，最后是计划生育。

2. 农户视角下政府投资较多的公共产品排序分析

在分析了农民需求视角下农村公共产品重要度排序后，我们仍以农民为调查对象，分析农民认为当地政府投资力度最大的农村公共产品排序情况。针对表4－2中13项农村公共产品，仍然采用与农户视角下对自身群体需求最大的公共产品排序分析相同的方法，我们得到农民眼中"政府投资力度最大的农村公共产品"前三位的排序，再对排序结果进行频数分析，统计结果见表4－3。在农户视角下，政府投资最多的农村公共产品为计划生育，其频次为222次；紧接着是养老及社会救济，出现216次；排在第三位的是义务教育，共出现234次。调查说明，在农民看来，计划生育、养老及社会救济、农村义务教育等，的确是当前农村基层政府工作的重点内容，也是各级政府农村公共产品供给决策优先考虑的供给内容。

表4－3　　　　农户视角下政府投资最大的农村公共产品排序

公共产品	第一位	第二位	第三位
1. 农田水利建设	73	148	75
2. 饮用水的改善	75	57	142
3. 农用电的改造	66	84	35
4. 农村道路建设	185	136	87
5. 医疗保障及改善农村医疗卫生条件	166	137	89
6. 生活垃圾处理	15	52	54
7. 广播电视网络建设	22	35	42
8. 义务教育	132	90	234
9. 养老及社会救济	89	216	178
10. 市场信息服务	34	4	24

续表

公共产品	第一位	第二位	第三位
11. 计划生育	222	175	106
12. 大规模病虫害防治	57	22	87
13. 文化设施及服务	31	10	14

不过，表4-3反映的排序频数统计过于笼统，无法让我们客观认识到政府对农村公共产品供给的实际程度，所以要对其进行聚类分析。我们仍然使用平均连接（组间）的树状图方法重新调整距离聚类合并，具体结果如图4-3所示。

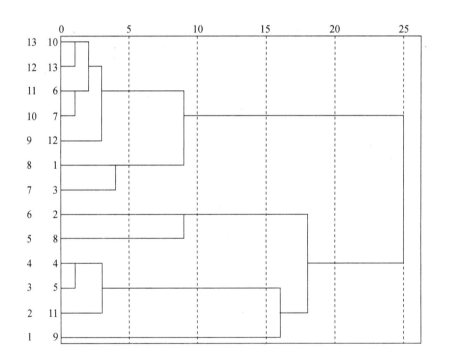

图4-3　农户视角下政府投资最大的公共产品聚类分析图

图4-3显示，从农户角度看，政府投资力度最大的农村公共产品大致可聚类为四类。

第一层次主要包括饮用水的改善和养老及社会救济这两项农村公共产品。图4-3显示，这两项公共产品虽然占了两类，但差距很小。从表4-3

可以看出，饮用水的改善和养老及社会救济在每个顺序上均出现较多次数。因此，可以将其视为县乡政府投入较多的一类。这类农村公共产品还有一个显著特征，即均为基本生活类的农村公共产品。

第二层次主要由农田水利建设和义务教育这两项农村公共产品构成。由图4-3可以看出，该两项农村公共产品可归于同一聚类。结合表4-3，根据投资力度大小，本书把这类农村公共产品归结为第二类，称之为农村社会经济发展基本公共产品。农户视角下政府对该类公共产品的投资力度要明显小于政府对基本生活类的农村公共产品投资力度。

第三层次主要由农用电的改造、农村道路建设、生活垃圾处理、市场信息服务、计划生育和大规模病虫害防治五项农村公共产品构成。该五项农村公共产品分布比较接近，归为第三类，本书把这类称之为农村社会综合公共产品。其政府的投资力度要小于政府对基本生活类的农村公共产品和农村社会经济发展基本公共产品的投资。从这五项农村公共产品的政府投资力度来看，农用电的改造投资最多，其次是农村道路建设。再次是计划生育和大规模病虫害防治，最后是生活垃圾处理以及市场信息服务。

第四层次主要由医疗保障及改善农村医疗卫生条件、广播电视网络建设和文化设施及服务三项公共产品构成。由表4-3和图4-3可看出，该三项聚类在一起，从投资力度上归结为第四层次，我们把该类称之为农村社会改善公共产品。很明显该类公共产品的投资，要小于政府对基本生活类的农村公共产品、农村社会经济发展基本公共产品和农村社会综合公共产品的投资。同时在该类中，医疗保障及改善农村医疗卫生条件投资力度最大，其次是文化设施及服务，最后是广播电视网络建设。

总结前文分析的两个方面，单纯从前三位排位频数来分析，农户个人需求最迫切的农村公共产品和政府投资力度最大的农村公共产品反映了农村公共产品的供需平衡关系，调查结果反映出这一供需平衡关系中存在明显差异。从农户的视角，我们分别采取两次聚类分析，两种标准下聚类分析结果排列顺序详见表4-4。表4-4进一步揭示了政府投资力度最大的农村公共产品排列顺序与农户自身最急切需求的农村公共产品的排列顺序存在很大不同。这也说明县乡政府在农村公共产品供给决策过程中可能没有充分遵循"按需求供给"的原则。由此可以看出,我国农村公共产品主要采取"自上而下"的供给决策程序、农民参与民主决策等现实问题仍然较为突出。因此,必须加快推进农村公共产品供给科学化、民主化决策,优化决策程序,以更好地满足农户对农村公共产品供给的切实需求,提高供给效率。

表4-4　　　　　　　　两种标准下的聚类分析结果排列顺序

排序标准	排列顺序											
对农户的重要性	1	6	2	5	4	7	13	8	9	12	3	10	11
政府投资的程度	2	9	8	1	3	4	11	12	6	10	5	13	7

二　村民自治及农民参与决策的素质能力调查分析

课题组在向农民发放的1520份调查问卷(收回问卷1299份,剔除内容填写不全、有逻辑错误的问卷,本书采用的实际有效问卷1167份)中,设计了针对农村公共产品供给决策中的村民自治状况及农民参与决策的素质能力状况调查内容。农村公共产品供给决策中的村民自治状况调查结果详见表4-5,农民参与决策者的素质能力调查详见表4-6。

表4-5　　　　农村公共产品供给决策中的村民自治状况调查统计

参与村民自治决策的意愿	频数(次)	比例(%)	产生对应意愿的原因	频数(次)	比例(%)
1. 农民参与自治决策的必要性	1167	100		1167	
农民应当参与	769	65.9	农民的权利(为了自己)	511	66.4
			农民的责任(为了村民)	137	17.8
			农民的义务(可更好提高效率)	121	15.7
可以参与也可以不参与	398	34.1	没必要参与(上级决策很好)	33	8.3
			没能力参与(自己搞不懂)	264	66.3
			参与没什么意义(大家各顾各)	101	25.4
2. 农民参与自治决策的主动性	1167	100		1167	

续表

参与村民自治 决策的意愿	频数 （次）	比例 （％）	产生对应意愿的原因	频数 （次）	比例 （％）
主动参与	913	78.2	喜欢关心公益事业	221	24.2
			必须关心自己利益	603	66.0
			应该关心国家事务（效率更好）	89	9.7
被动参与	254	21.8	不了解相关信息	143	56.3
			不了解相关原理（不懂算法）	62	24.4
			不会与别人协商（说服不了别人）	49	19.3
3. 农民参与自治决策实际情况	1167	100		1167	
经常参与（多数情况下参与）	968	82.9	应该参与（既是权力又是责任）	274	28.3
			应付式参与（干部要求、没办法）	468	48.3
			喜欢凑热闹（参与没什么坏处）	226	23.3
偶尔参与 （多数情况下不参与）	199	17.1	没有时间和精力	113	56.8
			不愿意管别人的事（怕得罪人）	57	28.6
			参与了也没有用（反正上面不听）	29	14.6
村民自治决策的具体形式（现实）	频数 （次）	比例 （％）	农民对村民自治决策形式的评价	1167	比例 （％）
4. 农村公共产品供给方案公开	1077	92.3	满意或比较满意	924	85.8
5. 农村公共产品供给结果公示	1036	88.8	满意或比较满意	987	95.3
6. 村民大会讨论决定供给方案	479	41	满意或比较满意	415	86.6
7. 村民小组会议讨论供给方案	833	71.4	满意或比较满意	762	91.5
8. 村支"两委"决定供给方案	941	80.6	满意或比较满意	738	78.4

注：表中所有的频数统计结果均为列出选项的结果，未列出的选项结果没有列在表中（例如"不满意"）。

1. 农村公共产品供给决策村民自治状况

村民自治制度本身就是农民自发创造的产物，是农民出于自身需要并基于个体理性而达成的一个集体行动。① 当前，围绕我国农村公共产品供给资源分配决策这个核心展开的农民参与问题，是农村公共产品供给决策村民自治的讨论焦点。调查中反映最突出的问题，就是农村公共产品供给决策中如何充分发挥农民参与积极性、解决他们参与决策的现实困难、提高他们的参与能力。县乡政府干部、村支"两委"干部在座谈交流中普遍认为：加快推进村民自治是解决问题的好途径。本次调查中，我们将农民以参与村民代表会议、村民小组会议、村民大会和上级政府干部组织的各类调查会议、座谈会等形式，反映农村公共产品供给分配情况、提供供给分配意见、公示供给分配信息等，都归于具体的农村公共产品供给决策村民自治形式。调查结果中我们只列出"参与村民自治决策的意愿"产生原因选项频数排在前三位的统计结果。根据表 4 - 5 的调查结果，我们进行如下分析：

第一，农民参与自治决策的必要性。有65.9%的调查对象认为"农民应当参与"村民自治决策。在这些调查对象中，66.4%的农民认为，为了自己的权利应当参与；17.8%的农民为了村民利益；有15.7%的农民认为，农民参与村民自治可以更好地提高农村公共产品供给效率，这属于享受政府提供农村公共产品自己应尽的义务。这个调查结果反映出农民参与民主决策的总体态度是正常的，也是可取的。但是，也有34.1%的调查对象认为，"可以参与也可以不参与"，这说明目前农民参与村民自治的状况还有待改善。从持这种观点的原因调查来看，进一步反映出目前我国农村公共产品供给决策中村民自治实际状况堪忧。只有不足10%的农民认为"上级决策很好"，农民没有必要参与村民自治来决定农村公共产品供给决策，而超过90%的农民要么认为自己"没能力参与"决策、自己搞不懂，要么认为参与决策的农民都是"各顾各"，因此自己参与决策过程没什么意义，反正谁也不能说服谁，最后还是"干部说了算"。

第二，农民参与自治决策的主动性。78.2%的调查对象声明自己是

---

① 杨嵘均：《县乡行政管理层级的结构调整与改革路径》，《南京大学学报》（社科版）2014 年第 3 期。

"主动参与"村民自治决策的，因为他们喜欢关心公益事业（占主动参与者的24.2%），或认为必须关心自己的切身利益（占主动参与者的66.0%），或应该关心国家事务、监督农村公共产品供给以提高效率（占主动参与者的9.7%）。21.8%的调查对象声称虽然有时参与过村民自治，但属于"被动参与"。他们中有人不了解相关决策信息（占被动参与者的56.3%），有人因为不了解相关原理、不懂算法等技术原因而不主动参与村民自治（占被动参与者的24.4%），还有19.3%的农民认为自己说服不了别人、不会与别人协商，所以也不主动参与村民自治。从表4－5的这一结果来看，主动参与的人都有较高的认识态度，而被动参与的人大都反映是能力问题。

第三，农民参与自治决策实际情况。经常参与村民自治决策的占了大多数，达到82.9%。不过，他们当中有将近一半（48.3%）的人声称自己是应付式参与。认为应该参与村民自治决策和喜欢凑热闹的人，各占1/4左右。从这个结果来看，目前我国农村公共产品供给决策中的村民自治状况并不乐观，即使农民在形式上参与了村民自治，但实质上农村并没有真正热心用民主决策的方式去追求更多的农村公共产品供给、去维护自己的公共服务权益。在为数不多的"偶尔参与"的调查对象（占17.1%）中，排在前三位的原因是"没有时间和精力"、"不愿意管别人的事"、"参与了也没有用"，他们对村民自治这种民主决策方式并不看好。

第四，村民自治决策的具体形式及农民的评价。调查对象对现实的村民自治决策具体形式基本上满意。有92.3%的农民证实，农村公共产品供给方案是公开的，他们当中85.8%的人对此表示"满意或比较满意"。有88.8%的农民证实，农村公共产品供给结果进行了公示，他们当中95.3%的人对此表示"满意或比较满意"。有41%的农民证实，农村公共产品供给方案经村民大会讨论过并做出决定，他们当中86.6%的人对此表示"满意或比较满意"。遗憾的是这个比例明显偏低了。有71.4%的农民证实，农村公共产品供给方案经村民小组会议讨论过并做出决定，他们当中91.5%的人对此表示"满意或比较满意"。有80.6%的农民证实，农村公共产品供给方案经村支"两委"干部开会就做出了决定，他们当中78.4%的人对此还是表示"满意或比较满意"。

通过以上分析我们认为，相比于供给什么、供给多少而言，农民更关心基层政府和村支"两委"在具体农村公共产品供给中的分配决策，而对于国家宏观层面如何调整农村公共产品供给政策的关心热情并不高。这与我国几千年来"不患寡患不均"的分配思想有着深刻联系。由此可见，在农村公共产品供给决策过程中，相比于供给内容对决策效率的影响而言，广大农民对决策程序的规范要求更为迫切。

我们的调查结果也进一步说明，经历了随着我国经济发展阶段而随之改变的农村公共产品供给制度变迁之后，我国农村公共产品供给体制的核心其实没有变化，就是在本质上基本上还是只有一个决策单元的单中心体制。在供给主体、筹资机制、决策上都明显表现为政府为单一供给主体、采用制度外筹资机制、自上而下的决策向度。党和国家的力量自从人民公社解体后逐渐从农村收缩，随着全国人民主人翁意识的加强，农民群众的自主权利意识也逐渐萌发，因此按理说，他们应该能把自身群体对公共产品的需求充分表达出来。但是由于一种收集农民意愿的"自下而上"的表达机制一直没有建立起来，所以到目前为止，农民参与农村公共产品供给决策的机会并没有明显增加，本地区的农村公共产品供给往往不是由所属农民群众的需求来决定的，而是由上级政府和县乡政府政策性、强制性提供的。① 解决问题的最好办法是建立起更符合我国农村实际情况、更便捷的村民自治决策制度，在国家提供农村公共产品之后，由农民通过自治方式分配和管理农村公共产品。

2. 参与农村公共产品供给决策的农民决策者素质能力

农民参与农村公共产品供给决策无疑可以大大提高供给决策的民主化程度。但是，为什么这种既有农民自发创新的现实动力，又有政府强制性制度变迁推动的民主决策方式，在目前农村公共产品供给决策中并未获得迅速、健康、广泛的推广，或者说实际实施的效果并不理想呢？从表4－6的调查结果中发现，参与农村公共产品供给决策的农民决策者自身的决策素质能力较弱，制约了农民参与供给决策，进而影响了农村公共产品供给决策及其供给效率。

第一，参与供给决策的农民年龄结构偏大、文化程度偏低。留守在农村的家庭"户主"们年龄偏大，超过70％的调查对象年龄在40岁以上，还有超过30％的调查对象年龄在50岁以上，甚至有接近10％的调查对象

---

① 徐双敏、陈尉：《取消农业税费后的农村公共产品供给探析》，《西北农林科技大学》（哲学社会科学版）2014年第1期。

表4-6 参与农村公共产品供给决策的农民决策者素质能力调查统计

| 年龄（岁） | | | 文化程度 | | | 自感收入等级 | | | 自感健康水平 | | | 是否外出打过工 | | | 是否担任过干部 | | |
分组	频数（次）	比例（%）	分组	频数（次）	比例（%）	分组	频数（次）	比例（%）	分组	频数（次）	比例（%）	分组	频数（次）	比例（%）	分组	频数（次）	比例（%）
18—30	53	4.5	小学及以下	411	35.2	很富裕	23	2.0	很健康	98	8.4	在外省打过工	147	12.6	任过国家公职	6	0.5
31—40	247	21.2	初中程度	615	52.7	较好	122	10.5	较好	264	22.6	在本省打过工	498	42.7	任过乡镇干部	13	1.1
41—50	462	39.6	高中程度	110	9.4	一般	713	61.1	一般	639	54.8	在本县打过工	208	17.8	任过村干部	27	2.3
51—60	309	26.5	大（专）学程度	30	2.6	较差	215	18.4	较差	123	10.5	在本乡打过工	236	20.2	任过村小组干部	45	3.9
61—80	96	8.2	研究生程度	1	0.1	贫困	94	8.1	很差	43	3.7	从未外出打工	78	6.7	未担任过干部	1076	92.2
合计	1167	100.0	合计	1167	100.0	合计	1167	100.0	合计	1167	100.0	合计	1167	100.0	合计	1167	100.0

注："是否外出打过工"分组中"在本县打过工"不含"在本乡打过工"的人员，"在本省打过工"不含只在本县、本乡打过工的人员，"在外省打过工"不含只在本省、本乡及本县以上打过工的人员；"是否担任过干部"分组中，均按任过职的最高级别填写，例如：担任过乡镇干部和在县及县以上国家机关任过职的回乡干部，只填"任过国家公职"。

年龄在61至80岁之间。这些留守在农村的"户主"们文化程度又普遍偏低，初中未毕业及以下文化程度的调查对象将近占到90%，而大专及大专以上文化程度的调查对象所占比例不到3%。由于大多数低文化程度的调查对象年龄又较大，文化水平高的"户主"因人数太少，很难说服众多的低文化程度农民决策者。

第二，参与供给决策的农民经济能力影响。在1167名调查对象中，经济实力强的农村家庭"户主"只有2%，而自感收入水平等级较差和贫困的调查对象超过四分之一（两项合计占到26.5%）。有61.1%的调查对象自感收入水平一般，他们很难对其他农民供给决策者产生强大的"经济示范性"影响力。在实际调查的深度访谈中了解到，大多数农民"决策参与者"对那些经济实力较强的农村家庭"户主"的意见存有戒心，多数人希望"很富裕"的农民"多拿钱出来投入农村公共产品供给"，而不是"多出有利于自己的主意"，有农民说得很形象生动，"我们缺少钱，不是缺少主意"。所以，即使是那些经济实力强的人，也难以发挥其强大的"经济示范性"影响力。

第三，参与供给决策的农民身体素质影响。虽然在有关农民参与村民自治的意愿调查中，并没有太多的调查对象强调身体原因可能对参与供给决策的直接影响，但是，农民的身体素质的确对参与供给决策有实际影响。我们在深度访谈中发现，有时围绕某项具体农村公共产品供给方案的争论既消耗时间、又消耗体力，经常讨论到深夜很晚还未能有结果。这对于54.8%自感健康"一般"、10.5%自感健康"较差"和3.7%自感健康"很差"的农民决策者来说，的确是一件很困难的事情。

第四，参与供给决策的农民城市经验与现代民主意识。城市与农村的居民本质上存在着社会化的重要区别，城市居民以"业缘关系"结成社会网络，而农村居民则多以"地缘关系"、"亲缘关系"结成社会网络。以"业缘关系"结成的社会网络需要市场经济做支撑，依附于公民社会、市民社会进行社会资源交换，公民民主参与公共事务决策是一种普遍的社会行为。而以"地缘关系"、"亲缘关系"结成的社会网络充满着农耕文化气息，受传统的家族势力、宗亲关系、地方政府和村干部"父母官"等影响较重，农民参与民主决策的意识淡薄。调查中我们设计"是否外出打过工"的问项，目的在于了解农民家庭"户主"们对城市民主文化接触的情况。表4-6显示，只有6.7%的调查对象"从未外出打过工"、

20.2%的调查对象只"在本乡打过工",有超过70%的调查对象到城镇打过工,具有一定的城市生活经历、接受过城市现代民主意识熏陶。这一调查也说明,目前我国农村公共产品供给决策单元中,农民不缺现代民主意识,缺少的仅仅是行使民主的实际行动。表4-6中"是否担任过干部"的问项调查结果也支持了上述结论。调查对象中,担任过村组以上干部的农村"政治精英"比重占到8%左右,他们完全有能力影响大多数农民并将广大农民引导到农村公共产品供给民主决策的进程中来。但是,在深度访谈中我们了解到,由于现任村支"两委"干部的强势排斥,那些退休回乡或从原来村支"两委"和村小组干部岗位退下来的农民,并没有发挥作用的空间,他们参与农村公共产品供给决策的经验和智慧被"浪费了"。

三　政府间在农村公共产品供给决策中的竞争调查分析

上下级政府之间、同级不同政府之间的决策权力关系对农村公共产品供给决策的影响,也是不容忽视的一个大问题。在农村公共产品供给决策过程中,上下级政府之间、同级不同政府之间实际上就是一种博弈关系。无论哪种博弈竞争,其目标都是为了吸引实现所辖区区域经济增长和社会发展所需的生产要素和公共产品资源。在纵向竞争中,突出表现为财政转移支付、财权的分割以及政治权利的配置等交易。在横向竞争中,突出表现为地方官员为实现政绩而展开"竞争锦标赛"。地方政府与地方政府间的博弈是"互动策略型博弈"。地方政府间达成对区域公共管理的认同协议需要消耗相当大的时间成本、谈判费用和机会成本。①

针对政府间在农村公共产品供给决策中的竞争问题,我们在调查中主要设计了县、乡、村干部对上级政府分配农村公共产品资源的公正性评价、对相临同级政府获得农村公共产品分配的公平性评价两个问项,调查对象为县、乡、村三级干部,调查结果统计详见表4-7。

表4-7的调查统计结果显示,从整体上讲,县乡基层政府及村支"两委"干部对政府的农村公共产品供给公平性、公正性评价不高。这在一定程度上反映了地方政府之间在农村公共产品供给决策中的竞争结果。深度访谈中,一些县乡政府官员抱怨"领导不重视"、对"跑步(部)进

---

① 金太军:《从行政区行政到区域公共管理——政府治理形态嬗变的博弈分析》,《中国社会科学》2007年第6期。

京（金）"腐败太失望，导致中央财政专项转移支付、地方财政转移支付明显"不公正"、"不公平"。调查对象中认为"中央财政转移支付具有公正性"的乡（镇）干部只有52%、县级政府干部只有54.5%，都是比较低的。相比而言，对"地方财政转移支付具有公正性"的回答稍显乐观，村支"两委"干部中有88.2%的调查对象认同，县、乡两级政府干部的认同率均在60%左右。这从一个侧面说明，由地方政府决策的农村公共产品供给资源分配更接"地气"，地方政府间在农村公共产品供给决策中的竞争相对平缓一些。

表4–7　　农村公共产品供给决策中县乡政府竞争情况调查表

调查项目	总样本数（人）	村支"两委"干部回答			乡（镇）干部回答			县级政府干部回答		
		样本（人）	是（人）	占比（%）	样本（人）	是（人）	占比（%）	样本（人）	是（人）	占比（%）
中央财政转移支付的公正性	417	—	—	—	329	171	52.0	88	48	54.5
地方财政转移支付的公正性	730	313	276	88.2	329	213	64.7	88	52	59.1

注：本表以中央财政转移支付（仅指"三农"支出）代表中央政府对农村公共产品资源的分配水平，以地方财政转移支付（仅指"三农"支出）代表省、市、县政府对农村公共产品资源的分配水平。

第四节　　决策系统对供给效率的影响

农村公共产品供给决策系统对供给效率的影响十分重要。课题组在调查研究中，主要从决策中枢系统、决策咨询系统和决策信息系统三个方面，在县级政府和乡（镇）政府两个层面，就决策系统对农村公共产品供给决策的影响进行深层次研究。我们以课题组2012年对湘、鄂、赣、贵、粤5省19个县、43个乡（镇）、93个行政村的调查数据为基础，分别从决策中枢权力中心成员基本素质、决策链与决策网络密度、决策权力与责任等方面，对决策中枢系统影响作用进行分析；从咨询专家基本素质、专家咨询主要方式、专家咨询意见采用情况等方面，对决策咨询系统影响作用进行分析；从决策信息来源、处理能力、决策者对信息的利用状况等方面，对决策信息系统影响作用进行分析。

一　决策中枢系统影响效率的实证分析

决策中枢系统是农村公共产品供给决策程序的枢纽，是决策系统中最高的权力核心。决策中枢系统的权力中心成员的素质与能力，对决策构成重要影响。决策中枢系统的决策效率与决策链的长短、决策关联网络密度（如信息部门、协商部门的数量等），也有着不可分割的关系。最重要的是，决策效率还受到决策者责任机制的影响。不同的决策权行使形式对决策者素质能力也有不同的要求。农村公共产品供给决策中心行使决策权的形式主要有三种：一是首长负责制。首长是唯一的权力中心，被赋予绝对的决策权力。二是集体负责制。全体领导成员共同分享农村公共产品供给的决策权力，并按照少数服从多数的原则进行决策方案的选择。三是分工负责制。领导成员按照各自分工负责的权限范围做相应决策，最终由富有充分协调能力的核心决策权威人物综合协调。无论决策中枢系统采用哪种形式行使决策权，权力中心成员基本素质、决策链与决策网络密度、决策权力与责任的对等性，都将对农村公共产品供给决策产生重要的影响。我们的调查统计结果详见表4-8。

农村公共产品供给决策面临复杂的决策环境，参与决策的各级决策中枢系统权力中心成员必须具有较强的能力素质，其中文化素质和知识水平是最基本的能力素质内涵。权力中心成员的决策专长也十分重要，在决策团队成员中既要有农村公共产品供给方面的技术专家，也要有足够行政管理经验的行政管理专家。每个决策权力中心成员都要有较丰富的实践经验，特别是要有参与复杂问题决策的实际经验，具有适应决策需要的多岗合作经历和多学科专业知识结构，有注重团队合作的精神。在决策经验来说，决策失败往往是"最好的老师"，正所谓失败乃成功之母，因此，有过参与决策失败经历的决策者，他们对决策风险的体会更加深刻，这也有利于提高决策中枢的决策成功率。表4-8的调查结果反映了上述问题。

表 4 - 8   县乡政府干部行政决策者个人素质及决策能力情况调查表

	乡（镇）政府干部			县级政府干部		
	样本数（人）	频数（次）	比例（%）	样本数（人）	频数（次）	比例（%）
1. 文化素质与知识水平	329			88		
研究生学历		1	0.3		13	14.8
大专以上学历（研究生以下）		237	72.0		71	80.7
大专以下学历		91	27.7		4	4.5
2. 决策专长	329			88		
技术专家（有专业技术背景）		117	35.6		24	27.3
行政管理专家（有 10 年以上经验）		189	57.4		52	59.1
3. 复杂问题决策的经验及基础	329			88		
有 2 个以上（含）部门多岗合作经历		94	28.6		67	76.1
有 2 个以上（含）学科专业知识结构		43	13.1		43	48.9
4. 自感有无决策失败经历	329			88		
自感有过参与决策失败的经历		27	8.2		15	17.0
有因参与失败决策受过追究的经历		6	1.8		1	1.1

注：表中"参与失败决策受过追究"特指撤职、降职、调离岗位及其他正式处分等。

1. 乡（镇）政府干部决策中枢决策者基本素质与能力分析

在参与过农村公共产品供给决策的 329 名调查对象中，具有大专以上（研究生以下）学历的占 72%，但仍有将近三成（27.7%）的调查对象只有大专以下学历，学历和知识水平有待进一步提升。从决策专长来看，有 35.6% 的调查对象具有专业技术背景，有 57.4% 的调查对象具有在乡镇基层从事行政管理 10 年以上的经验。从复杂问题决策的经验及基础来看，有 28.6% 的调查对象具有在 2 个以上（含）部门与其他决策者多岗合作的经历，有 13.1% 的调查对象具有 2 个以上（含）学科专业的知识结构。从某种意义上讲，有过决策失败经历对于增强决策能力也有一定帮助，正所谓"失败乃成功之母"。在 329 名调查对象中，自感有过参与决策失败经历的调查对象占 8.2%，有因参与失败决策受过追究经历的仅占 1.8%。

2. 县级政府干部决策中枢决策者基本素质与能力分析

在参与过农村公共产品供给决策的 88 名调查对象中，具有研究生学历的占 14.8%，具有大专以上研究生以下学历的占 80.7%，大专以下学历者仅占 4.5%。从决策专长来看，有 27.3% 的调查对象具有专业技术背景、有 59.1% 的调查对象具有在乡镇基层从事行政管理 10 年以上的经验。从复杂问题决策的经验及基础来看，有 76.1% 的调查对象具有在 2 个以上（含）部门与其他决策者多岗合作的经历，有 48.9% 的调查对象具有 2 个以上（含）学科专业的知识结构。自感有过参与决策失败经历的调查对象占 17%，有因参与失败决策受过追究经历的只占 1.1%。

3. 县级政府与乡（镇）政府决策中枢决策者基本素质与能力比较

从调查结果看，县级政府比乡（镇）政府干部的文化素质与知识水平高，处理复杂问题的决策经验更丰富，自感有过参与失败决策的经历也要多些。但是，面对农村公共产品供给决策的复杂环境，在决策专长方面，县级政府干部并没有比乡（镇）干部更具优势，相反，乡（镇）干部在专业技术背景方面比县级政府干部更有优势。

二　决策咨询系统影响效率的实证分析

决策咨询系统的任务是为决策机关和行政领导者提供建议、参谋等服务，向他们提供科学、合理的决策方案。目前我国农村公共产品供给决策咨询系统很不健全，决策咨询系统突出存在三个方面的问题：一是政府决策智囊人才缺失，二是决策咨询形式单调，三是决策咨询成果质量不高、被采纳率不高，当然，这也在一定程度上反映了政府的决策咨询意识欠缺。虽然在一定程度上，决策咨询系统体现的是专家、精英决策，但是，决策中枢系统权力中心接受、采纳决策咨询意见的情况，也在一定程度上反映出决策科学化、民主化的水平。我们在调查中主要针对县级政府决策咨询专家能力素质、决策咨询的形式和效果进行了深入调查，其中，咨询专家能力素质重点了解专家的文化素质与知识水平、学科专业特点、参与实际问题决策咨询的经历；决策咨询的形式重点了解县级政府主要的决策咨询形式，包括决策咨询会议、决策咨询报告（含调研报告、政策建议等）、决策方案；决策咨询效果重点了解县级政府采纳决策咨询意见的情况，包括全部采用、部分采用、完全未采用三种基本情况，并计算决策咨询意见采纳率。调查统计结果详见表 4-9。

表4-9   县级政府农村公共产品供给决策咨询系统情况调查表

调查项目	样本数	调查内容	频数（次）	比例（%）
1. 咨询专家基本能力素质	咨询专家（人）251	大学本科及以上学历	239	95.2
		有明确的专业技术特长	174	69.3
		有多学科（三个及以上）的知识结构支撑	93	37.1
		有参与实际问题决策咨询的经历	182	72.5
2. 主要的决策咨询形式	咨询成果数（次）594	咨询会议（次）	159	26.8
		咨询报告（份）	408	68.7
		决策方案（份）	27	4.5
3. 决策咨询效果	咨询成果数（次）594	全部采纳	16	2.7
		部分采纳	137	23.1
		完全未采纳	441	74.2
		综合采纳率	153	25.8

注：主要的决策咨询形式按实际咨询成果数统计，包括咨询会议次数和咨询报告、决策方案的份数。决策咨询综合采纳率=（全部采纳率+部分采纳率）×100%。

从表4-9的调查结果来看，目前我国农村公共产品供给决策咨询系统存在的问题还十分突出，决策咨询系统对决策的支持作用发挥还不明显。

（1）咨询专家基本能力素质分析

虽然咨询专家的文化素质和知识水平较高，大学本科及以上学历的专家占95.2%，但是，具有明确的专业技术特长咨询专家只占调查对象的69.3%，有参与实际问题决策咨询经历的专家也只有72.5%。最突出的问题表现在咨询专家的学科专业支撑力不强，有多学科知识结构的专家仅占37.1%。

（2）主要的决策咨询形式分析

从主要的决策咨询形式来看，咨询报告是最主要的咨询形式，占68.7%。咨询专家直接提出决策方案的并不多，仅占4.5%。采取咨询会议的形式开展咨询活动占26.8%。这个结果表明，目前我国农村公共产品供给决策咨询主要还是采取"软咨询"方式，与国际上流行的由"智库"直接提供决策方案的先进形式相比差距还较大。

（3）决策咨询效果分析

从决策咨询效果来看，全部采纳的决策咨询意见并不多，仅占2.7%；部分采纳的决策咨询意见占23.1%；大量的决策咨询意见未被采纳，占到74.2%。全部采纳和部分采纳的决策咨询意见低于未被采纳的意见，决策咨询意见综合采纳率为25.8%。这一方面说明县级政府在农村公共产品供给决策过程中的决策咨询意识不强，另一方面也从一个侧面反映出现阶段决策咨询意见的质量不高。

三 决策信息系统影响效率的实证分析

赫伯特·西蒙作为现代决策理论的创始人提出的"有限理性"理论中，信息的不完全（决策者无法掌握所有的信息）是制约决策的重要因素之一。在目前我国农村公共产品供给决策过程中，农民对公共产品的需求（排序）信息、基层政府在农村农业的信息化服务能力、不同地区农村的公共产品生产条件和管理水平都存在较大差别，这些困难都由于没有完备的信息收集和处理系统而出现明显的信息不完全状况。在农村公共产品供给决策者与消费者之间的信息不对称矛盾，没有引起各级政府高度重视，导致决策信息系统对供给决策的支持力明显不足，进而影响到决策效果和农村公共产品供给效率。

1. 不同地区农民对公共产品的需求排序差异明显

我们采用课题组 2012 年对湖南省 15 个县农村农业信息化建设情况的调查数据。① 课题组在每个样本县选择 2 个乡（镇），每个乡（镇）选择 1 个村，每个村选择 40 个以上的农户。课题组共发放问卷 1285 份，剔除内容填写不全、有逻辑错误的问卷，本书所用有效问卷为 1078 份，占发放问卷的 83.9%，② 样本数据的相关描述统计详见表 4 - 10。

为分析不同地区农村信息化公共服务中农户需求排序存在的差异，我们加入了农民对农村信息化服务满意度作为被解释变量，并根据国家工信部、科技部、中组部共同批准的《湖南省国家农业农村信息化示范省建设方案》的要求，按长株潭区、洞庭湖区、湘中南丘陵区、湘西山区等

---

① 本调查对象中的 15 个县（市、区）包括永定区、桑植县、龙山县、凤凰县、湘潭县、长沙县、醴陵市、桃江县、桃源县、邵阳县、洞口县、娄星区、北湖区、汝城县、衡南县。

② 本次调查所使用的资料及部分研究结果作为课题阶段性成果已公开发表，参见李燕凌、甄苗《农村信息化公共服务中农户需求满意度研究》，《中国行政管理》2013 年第 10 期。调查数据比 19 个县（市、区）的调查数据要少，原因是课题组在其他 4 个县（市、区）没有收集到相关数据，特此说明。

表4－10　　　农民对农村公共产品的需求排序情况描述性统计分析

变量名	变量定义	均值	最大值	最小值	标准差	样本数（份）
最需要的信息（排第一）	种植信息	0.24	1	0	0.43	255
	养殖信息	0.16	1	0	0.37	170
	市场信息	0.14	1	0	0.35	145
	娱乐信息	0.12	1	0	0.32	131
	农业政策	0.10	1	0	0.30	112
	民生信息	0.10	1	0	0.30	108
	就业信息	0.09	1	0	0.29	102
	加工信息	0.04	1	0	0.20	41
	其他	0.01	1	0	0.10	14
地区变量（d－var）	长株潭区	0.23	1	0	0.42	245
	洞庭湖区	0.19	1	0	0.39	208
	湘中南丘陵区	0.39	1	0	0.49	421
	湘西山区	0.19	1	0	0.39	204

注：民生信息包括社会保障信息和医疗服务信息。

四个地区进行区分，分别引入这四个地区的虚拟变量，为更形象说明问题我们作图4－4、图4－5、图4－6和图4－7。我们根据各地区农户对农业信息需求的排序及农民满意度结果，运用多元线性回归方程对不同地区农民信息需求影响情况进行建模，并报告了四个地区模型的回归结果，详见表4－11。表4－11的回归结果表明，从样本总体情况来看，政府农村农业信息化服务的内容是否符合农民的迫切需要，这是影响农民满意度的重要因素。

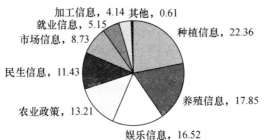

图4－4　长株潭区农户信息需求情况

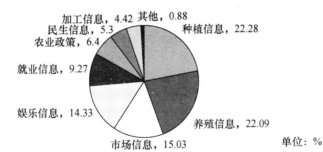

图4-5　洞庭湖区农户信息需求情况

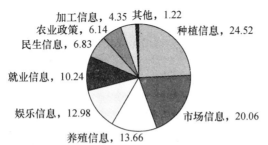

图4-6　湘中南丘陵区农户信息需求情况

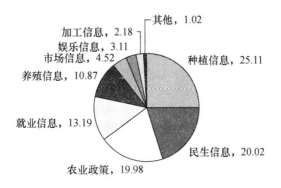

图4-7　湘西山区农户信息需求情况

表4-11　　　　　　　农民信息化需求排序模型回归结果

变量名称	总体模型	长株潭区	洞庭湖区	湘中南丘陵区	湘西山区
最需要的信息（以"其他"为参考）					
种植信息	0.558 ***	0.496 ***	0.487 ***	0.508 ***	0.679 ***
	(0.500)	(0.241)	(0.224)	(0.388)	(0.504)

续表

变量名称	总体模型	长株潭区	洞庭湖区	湘中南丘陵区	湘西山区
最需要的信息（以"其他"为参考）					
养殖信息	0.512 ***	0.550 ***	0.620 ***	0.456 **	− 0.351 *
	(0.506)	(0.472)	(0.423)	(0.376)	(0.270)
市场信息	0.474 **	− 0.490 *	0.556 ***	0.521 ***	− 0.422
	(0.285)	(0.345)	(0.437)	(0.369)	(0.275)
娱乐信息	0.404 **	− 0.486 ***	0.431 **	0.447 **	0.353
	(0.312)	(0.324)	(0.299)	(0.301)	(0.210)
农业政策	0.251	− 0.332 **	− 0.196	0.236	0.371 **
	(0.082)	(0.125)	(0.210)	(0.113)	(1.134)
民生信息	− 0.214	− 0.123	− 0.241	− 0.252	0.515 ***
	(0.517)	(1.130)	(1.231)	(0.909)	(0.449)
就业信息	0.096 *	− 0.105	0.267 *	0.301 *	0.311 *
	(0.519)	(1.211)	(1.174)	(0.887)	(1.166)
加工信息	− 0.024	− 0.027	− 0.034	− 0.019	− 0.008
	(0.010)	(0.012)	(0.022)	(0.004)	(0.002)
N	1078	245	208	421	204
LR（−2 对数似然值）	3129.435	711.284	579.516	1139.411	554.541
Pseudo R^2	0.029	0.137	0.115	0.095	0.103

注：① *** 、** 、* 分别表示在 1% 、5% 、10% 的水平上显著；②括号中的数值为标准误。

当前我国农村农业信息化公共服务的整体水平还不高，国家应在加强农村农业信息化基础设施建设、健全农村农业信息网络、分类推进农村农业信息化"最后一公里"建设的同时，重点加强农村农业信息化"最初一公里"建设。要根据不同地区、不同产业的特点，加强和完善农村农业信息源建设，瞄准农业生产、农民生活和农村发展迫切需要，丰富信息内容，提高政府农村农业信息服务质量，以努力提高农户需求满意度。由于目前我国没有建立起有效的农村信息传输系统，对"农民对公共产品的需求排序"信息不了解，从而导致农村公共产品供给决策信息缺失严重，决策者无法掌握所有的信息。

2. 农村信息化公共服务能力建设落后影响供给决策

农村信息化公共服务能力建设落后，致使农村公共产品供给决策信息不完全，决策者也难以做出完全的"理性"决策。课题组采用 2013 年 6 月至 10 月对湖南省 122 个县（市、区）农村信息化建设情况的调查数据。调查工作通过湖南省科技厅向全省 122 个县级政府发送调查问卷，共发放问卷 122 份，收回问卷 103 份，剔除内容填写不全、有逻辑错误的问卷，实际所用有效问卷为 78 份，占回收问卷的 76%。样本数据的相关描述统计详见表 4 - 12。我们的研究采用 RBF 神经网络方法，并与传统 DE-MATEL 方法相结合，进行实证研究。

我们首先建立可以识别农村信息化公共服务能力影响因素的 RBF - DEMATEL 模型，通过构建农村信息化公共服务能力的影响因素变量，结合实证数据，区分农村信息化公共服务能力的原因型影响因素和结果型影响因素。本书选择宽带入户的数量、农民（电话、短信）咨询的次数、网上农业产品交易额等为目标变量，其余变量为影响因素（详见表 4 - 12）。本书运用 SPSS 20.0 软件进行 RBF - DEMATEL 模型运算，神经网络运算中前馈体系结构如图 4 - 8 所示，输入层与隐藏层、隐藏层与输出层的键结值见表 4 - 13，计算出各变量的 D、R、D + R 和 D - R 值及其排序如表 4 - 14 所示。

表 4 - 12　　　　　　　　　　变量及其描述统计分析

变量	一级变量	二级变量	均值	标准差	最小值	最大值
目标变量	农村信息化公共服务能力	宽带进村入户的数量	3425	2252	1000	9764
		农民（电话、短信）咨询的次数	3204	11839	0	76294
		网上农业产品交易额	697	1812	0	8931
影响因素	能力形成潜在因素	信息咨询专家的数量	40	85	0	426
		农村信息服务从业人员比重	34.26	24.62	1	90
		县乡村专兼职信息员大专以上学历人数总和	314	230	9	816
		宽带进村项目资金	227	1079	0	8342
		县政府电子政务栏目数	67	404	0	3562
		基层信息服务站数量	95	121	0	556
		网上发布农业产品交易信息数量	639	3699	0	32423
		电视、广播、短信发布的信息数量	1614	8901	0	58923

续表

变量	一级变量	二级变量	均值	标准差	最小值	最大值
影响因素	能力形成现实因素	是否设有县级农村信息化建设综合协调机构	0.85	0.36	0	1
		农村信息化标准、规范、制度制定数量	45	155	0	957
		是否建立农村信息化工作绩效考评制度	0.64	0.48	0	1
		是否制定农村企业信息化信贷税收优惠政策	0.59	0.50	0	1
	农民信息利用能力因素	农村人均受教育年限	7.40	2.42	3	12
		农民家庭纯收入	6378	5989	128	31752
		农民接受信息培训比例	21.90	17.87	2	76

图 4-8 为神经网络运算中的前馈体系运算图，包括输入层、隐藏层和输出层三个结构层次。输入层为各影响因素，由于是否设有县级农村信息化建设综合协调机构、是否建立农村信息化工作绩效考评制度、是否制定农业企业信息化信贷税收优惠政策等因素为有两种类别的分类变量，因此运算过程中重新编码为两个变量；隐藏层的激活函数为 Softmax，包含了 H（1）—H（6）等 6 个预测变量函数；输出层为目标变量，即农村信息化公共服务能力变量。输入层与隐藏层、隐藏层与输出层之间的连线为键结值，反映了各影响因素变量与预测函数、预测函数与农村信息化公共服务能力变量之间的相互作用关系，连线的粗细反映了键结值的方向，连线为细，表示键结值大于零，反之，则小于零。输入层与隐藏层、隐藏层与输出层的键结值如表 4-13 所示。

通过神经网络 RBF 运算得到农村信息化公共服务影响因素与预测函数、预测函数与农村信息化公共服务能力变量之间的键结值矩阵，再通过 DEMATEL 方法计算出各影响因素变量的影响度（D）、被影响度（R）、突出度（D+R）和关联度（D−R）。为方便观察比较各影响因素变量的影响度、被影响度、突出度和关联度大小及方向，特对其结果进行了排序，排序结果如表 4-14 所示，以影响因素变量的 D+R、D−R 值为其 x，y 坐标，绘制了各变量因果关系散点图，见图 4-9。

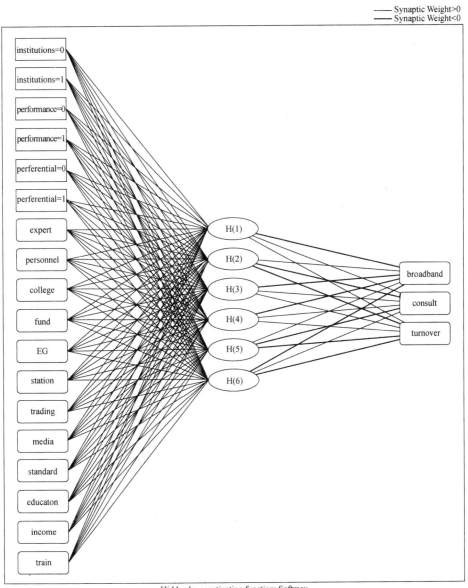

Hidden layer activation function: Softmax
Output layer activation function: Identity

图4-8　前馈体系结构图

表 4 – 13 输入层与隐藏层、隐藏层与输出层的键结值

Predictor		Predicted								
		Hidden Layer						Output Layer		
		H(1)	H(2)	H(3)	H(4)	H(5)	H(6)	broadband	consult	turnover
Input Layer	[institutions = 0]	0.000	0.000	0.000	0.000	0.875	0.000			
	[institutions = 1]	1.000	1.000	1.000	1.000	0.125	1.000			
	[performance = 0]	0.000	0.045	0.000	0.000	1.000	1.000			
	[performance = 1]	1.000	0.955	1.000	1.000	0.000	0.000			
	[preferential = 0]	0.000	0.000	0.000	1.000	0.875	1.000			
	[preferential = 1]	1.000	1.000	1.000	0.000	0.125	0.000			
	expert	0.045	− 0.081	0.434	− 0.398	− 0.431	0.660			
	personnel	0.684	0.068	− 1.332	0.146	0.200	− 0.522			
	college	0.252	0.118	− 0.175	− 0.061	− 0.010	− 0.303			
	fund	0.964	− 0.194	− 0.110	− 0.276	0.432	− 0.157			
	EG	− 0.155	− 0.139	6.917	− 0.103	− 0.138	− 0.163			
	station	0.409	− 0.100	− 0.390	− 0.248	− 0.327	0.481			
	trading	− 0.075	− 0.136	6.863	− 0.063	− 0.194	− 0.171			
	media	1.213	− 0.199	4.566	− 0.210	− 0.224	− 0.219			
	standard	1.228	− 0.248	− 0.034	− 0.243	0.549	− 0.259			
	education	− 0.538	− 0.263	1.497	0.392	0.181	0.303			
	income	− 0.490	0.172	− 0.871	− 0.130	0.141	− 0.142			
	train	0.916	0.259	1.757	− 0.545	− 0.225	− 0.659			
Hidden Unit Width		2.074	1.068	0.802	0.802	1.321	1.131			
Hidden Layer	H (1)							− 0.038	0.096	0.371
	H (2)							0.487	− 0.837	− 1.220
	H (3)							− 0.685	4.904	3.327
	H (4)							− 1.367	0.383	1.862
	H (5)							1.423	− 0.533	− 0.626
	H (6)							− 1.898	0.115	− 0.957

表 4 – 14 结果显示，从影响度 D 值来看，不同影响因素对农村信息化公共服务能力的影响度存在差异，县政府电子政务栏目数、网上发布农业产品交易信息数量及电视、广播、短信发布的信息数量等变量的影响

度值在 0.77 以上，且都为农村信息化公共服务能力形成潜在因素，这说明，潜在因素是提高农村信息化公共服务能力的关键所在，这三个能力潜在因素变量，对于农村信息化公共服务能力来说缺一不可，需要给予高度关注。从被影响度 R 值来看，被影响度值最大的两个变量分别为：县级农村信息化建设综合协调机构（1.125）、县乡村专兼职信息员大专以上学历人数总和（0.809），且明显高于其他变量。由此可知，这两个变量受其他变量的影响非常大，通过改善其他变量，可以间接影响该变量。

表 4 – 14　各变量的 D 值、R 值、D + R 值和 D – R 值及其排序结果

Order	D	Order	R	Order	D + R	Order	D – R
EG	1.128	[institutions = 0]	1.125	EG	1.161	EG	1.095
trading	1.119	college	0.809	[institutions = 0]	1.159	trading	1.085
media	0.778	fund	0.556	trading	1.153	media	0.727
train	0.375	standard	0.547	college	0.858	train	0.262
[institutions = 1]	0.331	[performance = 0]	0.444	media	0.830	[institutions = 1]	0.203
education	0.299	station	0.353	fund	0.631	education	0.156
[performance = 1]	0.270	expert	0.290	standard	0.623	[performance = 1]	0.112
personnel	0.262	[preferential = 0]	0.282	[performance = 0]	0.539	personnel	0.098
[preferential = 1]	0.213	income	0.257	train	0.488	[preferential = 1]	0.012
income	0.167	[preferential = 1]	0.201	station	0.473	income	− 0.089
[preferential = 0]	0.152	personnel	0.164	[institutions = 1]	0.460	[preferential = 0]	− 0.131
expert	0.147	[performance = 1]	0.158	education	0.442	expert	− 0.143
station	0.120	education	0.143	expert	0.437	station	− 0.232
[performance = 0]	0.095	[institutions = 1]	0.129	[preferential = 0]	0.434	[performance = 0]	− 0.350
standard	0.076	train	0.113	[performance = 1]	0.429	standard	− 0.471
fund	0.074	media	0.051	personnel	0.425	fund	− 0.482
college	0.049	trading	0.034	income	0.424	college	− 0.760
[institutions = 0]	0.034	EG	0.033	[preferential = 1]	0.414	[institutions = 0]	− 1.091

从突出度 D + R 值来看，对农村信息化公共服务能力影响大且突出度值大于 1 的变量为：县政府电子政务栏目数（1.161），其次是县级农村信息化建设综合协调机构（1.159），再者是网上发布农业产品交易信息

数量（1.153），其他变量突出度值相对偏小。反映县政府电子政务栏目数等三个变量与其他变量关系最密切，也说明，农村信息化公共服务能力的提高重在县级电子政务服务、农村信息化公共服务机构、网上信息发布平台的建设。

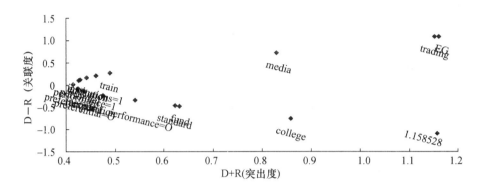

图 4 – 9　各变量因果关系图

依据关联度 D – R 值来看，从表 4 – 14 和图 4 – 9 可以看出在农村信息化公共服务能力影响因素的 18 个变量中，原因型影响因素分别为：县政府电子政务栏目数、网上发布农业产品交易信息数量及电视、广播、短信发布的信息数量、农民接受信息培训比例、县级农村信息化建设综合协调机构、农村人均受教育年限、建立农村信息化工作绩效考评制度、农村信息服务从业人员比重、制定农业企业信息化的信贷税收优惠政策，其余 9 个变量为结果型影响因素。这说明这 9 个结果型影响因素是 9 个原因型影响因素的影响结果，因此，提高农村信息化公共服务能力要从这 9 个原因型影响因素入手。

上述分析可以发现：不同影响因素对农村信息化公共服务能力的影响度存在差异，有些因素是农村信息化公共服务能力形成的潜在因素，它们也是提高农村信息化公共服务能力的关键所在。有些因素是影响农村信息化公共服务能力的结果因素，要提高农村信息化公共服务能力也不可忽视它们的影响。

3. 不同地区农村的公共产品生产条件和管理水平

实际上，从前面的分析我们可以看出，不同地区农村的公共产品生产条件和管理水平存在明显差异，它们对农村公共产品供给决策也是会产生影响的。例如，在经济发展水平相对发达的"长株潭区"，由于城市化水平较高，给城市周边农村的具体公共产品生产带来许多便利。因此，在这个地区农村信息化建设选择"三网融通"的目标，农村公共产品供给决策所需收集的信息较为全面，相应的农村公共产品供给决策会更为"理性"。而在偏远的"湘西区"，由于地域广阔、人烟稀少、经济相对落后，给农村信息网络建设带来许多困难，因此，农村公共产品供给决策所需信息的收集更为困难，一些传统的信息人工收集方法仍然成为重要的决策信息支持手段。

第五章　农村公共产品供给结构分析

　　农村公共产品供给结构主要回答农村公共产品由谁供给，供给什么的问题。不同的供给结构，对县乡政府农村公共产品供给效率具有不同的影响。一是供给主体结构。县乡政府农村公共产品供给主体主要有政府部门、私人部门（企业和农民）和第三部门。不同的供给主体在农村公共产品供给中扮演着各自不同的角色、发挥各自独特的功能，在提供具体农村公共产品时具有特定优势。同时，不同的供给主体也受到特定供给环境的约束，其进入供给领域与退出供给领域的条件，都会对农村公共产品供给结构产生不同的影响。二是供给内容结构。各类公共产品的数量及比例构成反映其在供给总体中的结构地位，对整个县乡政府农村公共产品的供给效率具有重要影响。在不同的农业农村发展阶段上，生产性公共产品、消费性公共产品、发展性公共产品等不同类型的农村公共产品，其供给内容结构具有不同的特点，对农村公共产品的整体供给效率发挥不一样的影响作用。新供给经济学认为，现阶段我国正处于生产性公共产品快速增长阶段。在这个阶段，农村生产性公共产品是农业和农村经济社会发展最重要的基础。三是供给层次结构。可以从多种维度来理解农村公共产品的供给层次结构，例如，从物质形态的"硬"的公共产品、制度形式体现的"软"的公共产品、精神产品形态体现的公共产品等，它们从本质上反映的是农村公共产品供给文化层次。从现实解释的普遍性来说，我们在这里重点要研究的供给层次结构，是根据供给主体提供农村公共产品受益的范围和层次所形成的层次划分，即主要研究供给主体提供不同数量、不同品质的农村公共产品从而形成的供给层次区分。本章将从县乡政府农村公共产品的供给主体、供给内容和供给层次三个方面对供给效率的影响，展开理论与实证分析。

第一节　供给结构影响供给效率：
文献与制度变迁

在计划经济时期，我国农村公共产品供给是绝对的政府单一供给主体，供给的内容以生产性公共产品为主，农村水利基础设施、农村道路基础设施、拓荒和低产田改造等农田基本建设，被视为三大主要的农业生产性公共产品或准公共产品。农村义务教育、农民合作医疗（著名的"赤脚医生"制度）、农村"五保户"供给，被视为三大主要的农村消费性公共产品或准公共产品。经验证据表明，当时的农村公共产品供给主体和供给内容，决定了其供给效率虽高，但却是一种低层次的高效率。改革开放三十多年来，市场经济思维逐渐进入农村公共产品供给领域，农村公共产品供给结构渐进式改革，供给主体与供给内容发生一定变化，农村公共产品供给效率在实现帕累托改进的过程中明显具有"路径依赖"。即使在县乡政府农村公共产品供给中，乡村债务和乡镇"三提五统"成为乡镇农村准公共产品的主要资金来源的情况下，农村公共产品供给仍然由上级政府"说了算"，中央和省、市政府决定"供什么"、"供多少"，这就是所谓的"自上而下"的体制外供给决策机制。这种供给机制导致各地农村几乎形成大体相同的农村公共产品供给结构，当然，也直接对县乡政府农村公共产品供给效率形成有力约束。在全面深化改革的新理念引导下，一种新供给经济学理论认识框架诞生，它强调以推动机制创新为切入点，以结构优化为侧重点，着力从供给端入手推动中国新一轮改革，实现中国弥合"二元经济"、趋向现代化的新一轮经济可持续健康发展与质量提升。[1] 根据新供给经济学理论，优化农村公共产品供给结构，是扩大农村公共产品供给并最终提高农村公共产品供给效率的必然途径。新一届政府的各项经济结构转型和减少行政审批等经济政策，深含着新供给主义经济学的影子，并产生较大的社会影响。[2] 减少行政审批不仅能够直接简政放权，充

---

① 贾康、徐林、李万寿、姚余栋、黄剑辉、刘培林、李宏瑾：《中国需要构建和发展以改革为核心的新供给经济学》，《财政研究》2013年第1期。

② 滕泰：《更新供给结构、放松供给约束、解除供给抑制——新供给主义经济学的理论创新》，《世界经济研究》2013年第12期。

分调动县乡政府供给农村公共产品的积极性，促进农村公共产品财责与事权的统一，而且也是放开制度约束的重要手段，可以吸引更多社会资本进入农村公共产品供给领域。让更多主体参与供给农村公共产品，让更多主体拥有决定供给什么和供给多少的权力，必将导致农村公共产品供给结构的根本性改革，从而推动农村公共产品供给效率可持续改进，并最终实现其帕累托最优水平。

一　简要的文献回顾

张军、叶兴庆等学者，较早对我国农村公共产品供给结构问题给予关注。[①] 张军最早认识到，由于农村公共产品供给主体的巨大变化，导致了农村公共产品供给规模缩小，进而削弱了农村公共产品供给效率。张军发现，从生产队体制向家庭责任制的转变，使得我国农村公共产品供给速度落后于农业生产的高速增长，这主要因为改革后国家对农村基本建设的投资减少了，而政府投资的减少并没有由私人投资来完全弥补。[②] 张军发现"农作制度的变迁引致农村公共产品供给制度的变迁"。在计划经济时代，由国家财政承担主要的农村公共产品供给责任、各级政府动员并组织农民以劳动代替资本的供给模式，在集体农作方式中对农村公共产品供给结构形成具有决定性作用。在一个制度结构中，制度安排的实施是相互联系和依存着的，由于农作制度向非集体化的变迁和集体化农业组织的瓦解，中国农村原来用来提供当地公共产品的供给机制也就失去了存在的基础。[③] 实行家庭责任制后，政府对农村公共产品投资减少，农村公共产品供给主要采取"制度外财政"的方式，组织群众参与投工投劳的社会动员能力弱化，都是导致农村公共产品从数量上减少、区域分布上失衡的重要原因。叶兴庆的研究注意到农村公共产品供给结构性矛盾的根本问题。叶兴庆认为，当时我国的农民负担过重问题，是农村经济发展中亟待解决的一个重大问题。正是为了解决这一引发广泛关注的问题，从中央到地方各级政府都做了不少努力，但成效甚微。究其原因，就在于这些努力并未涉及问题的本质，即农村公共产品供给结构问题。[④] 叶兴庆认为，对于"由谁

---

① 我们查阅过大量文献，正式提出"农村公共产品"这一概念的应属张军和叶兴庆两位学者，在此之前虽然实际上已有农村公共产品供给，但人们并没有意识到这一概念的重要意义。

② 张军：《改革后中国农村公共产品供给的变迁》，《经济研究参考》1996 年第 11 期。

③ 张军、何寒熙：《中国农村的公共产品供给：改革后的变迁》，《改革》1996 年第 5 期。

④ 叶兴庆：《论农村公共产品供给体制的改革》，《经济研究》1997 年第 6 期。

来供给、供给什么由谁来决策"这些农村公共产品供给结构与程序的根本性矛盾，并没有从公共资源配置、"不等价交换"的公共产品价格决定原则等方面解决好理论认识与实践问题。

在随后的十几年里，农村公共产品的复杂性和多样性，使其研究极富吸引力和挑战性。有学者采用文献研究方法深入分析过中国农村公共产品研究的学术演进历程，并以 1980—2010 年间的 CNKI 检索论文与主要论著为研究对象，多学科解释农村公共产品研究的基本论域、主要内容和发展趋势，从而展现三十年来中国农村公共产品研究的思维场域与学术景观。研究发现，三十年来，我国农村公共产品研究的"学术井喷"可谓一场学术盛宴，反映出国家政策变迁过程中的学术张力以及问题意识、底层关怀和公共精神的弘扬，同时亦隐喻着农村公共产品问题的持续性逻辑。[①] 大量的文献在高度评价农村公共产品供给改革成果的同时，对传统计划经济时期农村公共产品供给的低效率问题展开批判性研究。这些文献大都认为，计划经济时期农村公共产品供给结构的不平衡性，导致其供给效率水平偏低。有学者研究认为，现代社会脱胎于传统的单质化社会，在单质化社会中，农村公共产品的供给主体是单一的，即政府供给。单一的供给主体不能适应农村公共产品的供需，导致农村公共产品的供给处于低效率甚至无效率状态。[②] 很显然，传统计划经济时期农村就是一种典型的单质化社会，政府成为农村公共产品供给的唯一主体。有学者研究指出，新中国成立以来，党和政府高度重视农村医疗卫生工作，领导广大农民创办了合作医疗制度。其中，人民公社时期的合作医疗制度具有典型意义。它完整地反映了计划经济体制下我国农村合作医疗制度从兴盛走向瓦解的全过程。而政治动员、集体经济、政府干预是决定这个时期农村合作医疗制度兴衰成败的主要因素和基本经验。但是，人民公社时期的农村合作医疗，毕竟是一种小范围、低水平、集体福利性质的农村合作医疗制度，从根本上讲并不具有现代社会保障性质。[③] 因此，传统计划经济时期的农村公共产品供给机制无法抵制市场经济的冲击。在我国农村建立社会主义市场经济体制的变革时期，新型农村合作医疗制度必然代替人民公社时期旧

---

①　柴盈：《中国农村公共产品问题研究的演进与趋势（1980～2010 年）——以 CNKI 检索论文与主要著作为研究对象》，《经济体制改革》2011 年第 2 期。

②　周银超：《错位与调适我国农村公共产品供给主体研究》，《商业时代》2012 年第 13 期。

③　曹普：《人民公社时期的农村合作医疗制度》，《中共中央党校学报》2009 年第 6 期。

有的农村合作医疗制度。不过，还有一些文献例外，这些文献比较客观地研究了计划经济时期农村公共产品供给的结构性优势。中国农业大学学者辛逸教授对人民公社时期的"农村社会保障"公共产品功能给予较为乐观的评价。辛逸认为，人民公社运动的昙花一现与人民公社的相对持久都是社会发展规律使然。人民公社在 20 世纪六七十年代的中国社会经济中起到了无以替代的作用。它为中国"工占农利"经济战略的实施提供了强有力的制度支持。它的一整套行之有效的社会保障制度维持了中国农村近 20 年的平稳运行。人民公社时期的中国农业保持了略高于人口增长的实绩，其农业生产条件的改善与同期其他发展中国家相比也是相当显著的。[①] 还有学者指出，集体化时期的农村公共产品供给基本坚持社队自力更生为主、国家支援为辅的原则，大多采取"社办公助"的方式。这一时期的农村公共产品供给取得了一定成就，主要原因在于农民对农村公共产品的自我供给和农民的组织化。[②]

从供给主体结构来看，农民的组织化的确对农村公共产品供给效率具有重要的影响。有学者曾经深刻地认识到这一问题对改善农村公共产品供给结构的重要意义，并提出"村民自治制度的最初诱因是国家为了解决非集体化改革后农村公共产品供给不足问题"的观点。20 世纪 70 年代末 80 年代初，随着农作制度向非集体方向的变迁，集体经济大多难以维系。广大农村因此出现了一定程度的无序和混乱，农村公共财政也因而日渐萎缩，农村公共产品的供给水平不断恶化。如何将农民重新组织起来，成为一个最急迫的问题。研究表明，如果说最初"村委会"这种组织形态的出现是农民对农村公共产品供给不足的自发反映和创造，那么，村民自治制度则更多的是国家为了解决非集体化改革后农村社会的失序、管理上的"真空"和农业基本建设、农村公益事业等农村公共产品供给失效问题而主动作出的制度安排，与自治价值、民主追求关系不大。[③] 尽管后来农村也积极推动"一事一议"的公共产品供给主体组织形式，但是，鲜有文献证明"一事一议"制度能解决非集体改革后农村公共产品供给不足难

---

① 辛逸：《实事求是地评价农村人民公社》，《当代世界与社会主义》2001 年第 3 期。

② 曲延春：《集体化时期的农村公共产品供给：经验与借鉴》，《安徽农业科技》2011 年第 3 期。

③ 黎炳盛：《村民自治的最初诱因：非集体化改革后农村公共产品供给的失效》，《云南行政学院学报》2002 年第 4 期。

题，也没有有力地证明"一事一议"制度能够起到弥补农村公共产品供给不足的作用。除了强调组织化的农民应当成为农村公共产品供给主体之外，学者们仍然认为，政府在农村公共产品供给主体结构中应当处于重要地位。有学者采用浙江省 H 市"农民信箱"为个案，借鉴戴维·伊斯顿的政治系统分析方法，建构政治系统动力反应模式、地方政府的农村公共产品动力供应模式，对农村公共产品供给过程中的地方政府角色进行明确界定。① 研究认为，政府仍然是启动农村公共产品供给动力系统运动的最大原动力。

大量研究文献认为，农村公共产品供给主体中的政府、市场、第三方相互协调合作，可以弥补彼此的缺陷，提高公共产品供给效率和效度。因此，供给主体多元化是农村公共产品供给主体结构优化的一个新趋势，必须明确政府、市场以及第三方这三个供给主体在供应农村公共产品时的责任机制以及相互关系。有学者基于专业化分工视角，构建一个农村公共产品供给主体选择的分析框架，并从理论上探讨长期存在的公共产品供给主体不明、边界不清问题。研究表明，农村公共产品的多元主体供给能使各主体获得专业化经济。在专业化经济和交易费用的两难冲突下，农村公共产品供给存在单一主体、双主体、多主体甚至遗漏供给区间。多元主体的供给边界范围是变动的，确定同类公共产品的最适供给主体，应遵循资源约束下的效用最大化原则。② 改革开放 30 多年来，我国农村公共产品供给主体发生了巨大变化并呈现出多元化发展趋势。农村社区性公共产品供给行为发生在一个特定的环境中，决定于村民、村民委员会、乡镇政府间的合作水平。村民委员会在农村社区性公共产品供给过程中扮演着代理人、当家人的双重角色，是农村社区公共产品的组织者，居于核心位置，其合作行为直接影响和制约着农村社区性公共产品供给的配置效率和组织效率。有学者以行为主体的关系结构为基本研究视角，采用结构分析方法，将现有农村社区治理结构界定为垂直治理和水平治理的综合体，以农村社区公共产品供给行为是嵌入在现实的社区治理结构中的合作性行为，与农村社区的治理结构密切相关为基本预设，建构起了一个基本的合作行

---

① 王镓利、冯华、沈丹：《地方政府在农村公共产品供给过程中的角色定位——以浙江省 H 市农民信箱为例》，《华中师范大学学报》（人文社科版）2013 年第 2 期。

② 何安华、涂圣伟：《农村公共产品供给主体及其边界确定：一个分析框架》，《农业经济与管理》2013 年第 1 期。

为分析框架，对不同治理结构下的合作行为进行了解释。① 近年来，有关社会资本进入农村公共产品供给领域的研究日益增多，一些学者探讨了第三部门供给农村公共产品对改善供给结构的可能性。有研究认为，中国农村公共产品供给一直处于边缘化的弱势地位，成为束缚农村发展的瓶颈。政府供给数量不足、供给结构不平衡加上经济体制改革后对公共产品的供给能力下降使得对非政府组织的需求更加强烈。中国社会在不断深化改革的同时也需要非政府组织的大力发展，但目前非政府组织还面临着许多困境，"双重管理体制"使非政府组织缺乏独立性；"过度营利"导致非政府组织缺乏社会公信度；对非政府组织监管不力也带来农村公共产品的"公共性流失"问题。② 还有学者甚至建议，为适应农村公共产品供给主体的多元化，国家审计边界应进行适当拓展，由现在的公共财政拓展为公共产品，与国家审计的公共受托责任及国家审计"免疫系统"功能相协调，以提高政府效率和社会管理水平、降低市场交易费用、建设服务型政府、促进社会主体间的利益和谐、实现国家善治。③

农村公共产品供给主体的供给意愿在一定程度上对供给主体结构具有重要影响。这方面的研究集中在对影响供给主体的供给意愿研究上。有学者基于"珠三角"、粤东、粤西、粤北四个区域 28 个乡镇 581 户农户的实地调研数据，利用 Logistics 模型，分析农户参与农村公共产品供给的影响因素。结果表明，公共支出透明度、农户对其他村民的信任程度、周围农户参与情况、被访者年龄是影响农户参与供给农村公共产品的重要因素；信任和社会参与网络是农村社会资本的重要组成部分；社会资本对农户参与供给农村公共产品的意愿影响显著。④ 也有文献研究了农户参与农村公共产品供给的退出问题，退出机制不灵活也阻止了农户参与农村准公共产品供给的积极性，这也是导致供给主体结构过度偏向政府单一供给的重要原因。有学者研究认为，农村公共产品供给重在处理好政府与农民之

---

① 刘鸿渊：《基于治理结构的农村社区性公共产品供给合作行为研究》，《经济体制改革》2012 年第 5 期。

② 毛文筱、汤颖梅：《非政府组织在农村公共产品供给中的作用》，《江苏农业科学》2013 年第 6 期。

③ 靳思昌、张立民：《国家审计边界的定位：公共产品供给主体演进视角的分析》，《审计与经济研究》2012 年第 4 期。

④ 丁焕峰、郭荣华：《农村公共产品供给主体的意愿把握与多维取向：粤省样本》，《改革》2011 年第 11 期。

间的委托—代理关系。农村退出空间是从需求方平衡和协调供给以促进农村公共产品供给更加有效的一种机制。中国户籍制度的放松增强了农民退出农村和步入城市空间的机会，但是诸多具体制度性限制条件使得农民退出后的权利难以得到应有的保障，同时城市空间的很多现实因素也大大弱化了农民的退出能力。在当前的城乡社会治理结构下，从机会、权利和能力等维度切实保证农民的退出，是当前农村公共产品供给中应该密切关注的话题。农民选择"离土"与"不离土"的帕累托路径，与农村公共产品供给或退出供给的变动密切相关。①

　　从供给内容结构来看，近年来一些学者高度关注消费性农村公共产品供给的效率。扩大农村消费需求对于拉动经济增长具有重要作用，增加农村公共产品供给又是扩大农村消费需求的关键。增加农村公共产品供给不仅能够缓解农村贫困、提高农民收入，而且能够直接提高农村消费能力。总量不足是我国农村公共产品供给中存在的主要问题，体现为农村基础设施建设落后，农村教育、医疗卫生及社会保障事业城乡差距明显。农村公共产品供给不足的原因主要在于政府责任的缺失。增加农村公共产品供给，政府应切实统筹城乡发展，加大对农业、农村的投入力度，合理界定纵向政府职责、建立政府间责任分担机制，建立体现农民偏好的决策机制、提高供给效率，强化农村公共产品市场化改革中的政府责任。② 有学者针对非生产性农村公共产品是否能通过改变价格对农村居民消费产生影响的问题，利用2001—2012年浙江省数据进行实证研究，结果表明，农村非生产性公共产品供给并不能通过改变其价格直接对农村居民的生活消费支出金额产生影响，但是可以改善农村居民的消费结构和消费偏好。③农村公共产品供给制度与农村经济社会发展水平及农民生活水平关系密切。我国现行的农村公共产品供给制度还存在诸多缺陷，不仅导致农村公共产品供给不足，而且严重制约了农村经济社会的发展。为了改善农村公共产品供给的困境，在分析新中国成立以来我国农村公共产品供给制度的

---

　　① 高璇：《农村公共产品供给、城乡社会治理与农村退出空间》，《湖北经济学院学报》2013年第5期。

　　② 曲延春：《农村公共产品供给中的政府责任担当：基于扩大内需视角》，《农业经济问题》2012年第3期。

　　③ 林光华、林亚雯：《浙江农村非生产性公共产品供给作用机理——价格变化引发的消费效应分析》，《南开经济研究》2014年第1期。

演变历程基础上，总结了供给制度演变的经验及启示、现行农村公共产品供给制度的缺陷，并针对缺陷探索了完善我国农村公共产品供给制度的设想。① 我国农村公共产品供给存在供需矛盾突出、供给结构不合理以及供给效率和公平难以得到保障等现实问题。农村布局散乱、农民居住分散、市场化程度和农民组织化程度低等区位不利条件往往对农村公共产品供给产生极大的制约，成为影响农村公共产品可持续供给的重要因素。该文分析了地理因素、经济因素、聚集因素和人文因素等区位因素对农村公共产品供给的影响，并提出相关对策。②

从供给层次结构来看，研究的重点在于对中央和地方供给农村公共产品的财责和事权区分上。一般认为，中央政府主要应提供覆盖全国的纯公共产品，而地方政府则提供本地区的农村准公共产品。学者们一般认为，适度的财政分权有助于农村公共产品的供给，财政分权的关键是明确各级政府的职责。为保证农村公共产品供给更有效，应着力从五个方面入手，即明确政府与市场的关系、合理定位各级政府在农村公共产品供给中的职责范围与财力分配、遵循事权与财权相匹配的原则、建立科学的转移支付制度、提高地方政府收入。③ 越来越多的学者注意到基层政府在提供适合本地区农村准公共产品方面的重要性。有学者指出，农村公共产品供给成效直接关系到农村社会经济的发展。当前我国乡镇政府作为与农村公共产品供给最直接相关的主体，责任重大。农村公共产品供给存在问题的原因在于乡镇政府事权与财权的失衡、职能的错位以及自身监督机制的不足。因此乡镇政府应当转变职能，加大农村公共产品供给职能，构建公共服务型政府。④

二 农村公共产品供给结构的制度变迁

新中国成立以来，农村公共产品供给一直都备受政府关注。从一定程度上来讲，政府始终是农村公共产品最主要的供给者。随着我国不同时期经济社会体制改革转型，以公共性为基本特征的农村公共产品供给主体也

---

① 董明涛、孙钰：《我国农村公共产品供给制度演变及其完善研究》，《求实》2011 年第 5 期。

② 寻舸：《论区位因素对农村公共产品供给的影响》，《农村经济》2013 年第 3 期。

③ 曲婧：《财政分权与农村公共产品供给——从政府职责的角度分析》，《财经理论与实践》2012 年第 4 期。

④ 李晓：《农村公共产品供给中的乡镇政府责任担当》，《人民论坛》2013 年第 33 期。

会发生重要变化，由此导致农村公共产品供给结构制度随着供给主体的变化而变化。客观地讲，在我国农村公共产品供给结构制度变迁中，既有诱制性制度变迁也有强制性制度变迁。本书以时间维度为坐标，仅按照农村公共产品供给结构三次较大变化的时间窗口，综合相关文献资料研究成果，将农村公共产品供给结构制度变迁分为人民公社时期、家庭联产承包责任制时期、农村税费改革时期三次显著的制度变迁。

1. 人民公社时期

1958 年开始实行的人民公社是当时社会主义转型过程中的一次社会制度变革，在这段时期里，生产资料实行过单一的公社所有制，在分配上实行过工分制和供给制相结合，并取消了自留地，压缩了社员家庭副业，农民的经济收入来源受到较为严格的控制。1962 年初"三级所有、队为基础"体制基本确立。人民公社运动时期单一的公社所有制，是在征集所属各农业合作社和社员的生产资料的基础上创立的，它使生产经营、收益分配等项权利都由公社支配，严重挫伤了农村基层和社员的生产积极性，对农业生产产生了巨大破坏作用。人民公社所有制是以生产队为基本生产和核算单位的农村三级所有制，它名义上保持了生产队所有权的相对完整和独立性，但其"政社合一"的体制特征为国家全面控制和干预生产队经营活动提供了制度保障。生产队所有权残缺是我国农业长期徘徊不前的重要制度根源。[1]

人民公社时期实行的是"政社合一"制度，基层政府直接被人民公社所取代，财政权也掌握在人民公社内部。当时我国正处于百废待兴的时刻，经济底子薄弱，工业发展还处于刚起步的阶段，农业发展也属于"自给自足"的初级阶段，国家财政无力负担农村公共产品的供给，所以农民公共产品的供给极为贫乏，往往是通过"乡镇非规范收入"和"制度外财政"来筹集公共产品供给所需的资金，农民自身也成为公共产品的供给者。政府通过组织人民公社内部的力量，能够为农村提供不少大型的公共设施类的公共产品，因为这种公共产品的提供不仅需要政府出资，还需要大量的人力，比如说修造水库、公路等，而人民公社具有很强的集体凝聚力，能够方便动用大量的人力资源。这一时期建立起来的农村基本

---

① 辛逸：《农村人民公社所有制述论》，《山东师范大学学报》（人文社会科学版）2001 年第 1 期。

医疗保健制度（即"赤脚医生制度"），是农村实行医疗保健最初的一种形式，以其基本医疗服务广泛的可及性和政府对群体预防活动的强有力支持，曾经是中国农村健康事业取得伟大成就的重要原因。① 从分配上讲，人民公社实行的工分制，是中国农村集体经济组织内部计算农民参加公共劳动的时间和社员劳动报酬的一种形式。这种制度根据每个农民的劳动耗费和应分配的消费数量记相应的工分，在分配决算时，按当年每一工分值和每个农民的工分总额来分配劳动报酬，有利于把农民集中起来搞建设。此外，在农村社会保障方面主要是有一些社会救济和农村"五保户"的制度，教育方面主要是中小学的基础教育，并且普及率不是很高，但对于提高农村人口基本素质发挥了重要作用。由于当时国家经济基础、生产能力都较为落后，人民公社时期的农村公共产品主要以供给基础设施建设和其他生产性公共产品为主，充分利用农民劳动力的同时并没有考虑农民的个人需求，而是更多地考虑农村集体需求。② 这种供给模式符合当时生产力水平落后的社会现实，而且为农村以后的发展奠定了基础，集中力量在较短的时期内建设成诸如公路、农田水利设施等大型的公共设施。

总之，人民公社时期是具有特殊社会性质的时期，该时期农村公共产品的供给主体具有明显特点，并形成当时特有的农村公共产品供给结构。从农村公共产品供给主体结构来说，当时的农村公共产品供给主体包括县级人民政府、人民公社、村级生产大队、生产小队等，这些供给主体共同承担着与当地区域层次相适应的农村公共产品供给，这与当时的农村社会经济体制相适应。从农村公共产品供给投资结构和供给内容结构来说，人民公社取代了国家财政成为农村公共产品投资的主角，人民公社时期的工分制创造了农村公共产品供给"以劳动力替代资本"的筹资方式，主要供给当地农村准公共产品而不是全国性公共产品。当然，人民公社作为"政社合一"的基层组织，不仅主要承担了诸如农田水利之类的当地公共产品供给，而且也承担了诸如计划生育、民兵训练之类的少部分全国性公共产品供给责任。

2. 家庭联产承包责任制时期

改革开放之后，人民公社制度逐渐退出农村基本制度体系，1980 年 5

---

① 朱玲：《政府与农村基本医疗保健保障制度选择》，《中国社会科学》2000 年第 4 期。
② 李燕凌：《我国农村公共产品供给制度历史考察》，《农业经济问题》2008 年第 8 期。

月邓小平在一次重要谈话中公开肯定"包产到户"的做法，1982 年中共中央发出第一个专门针对农村工作的中央一号文件，在文件中正式肯定"家庭联产承包责任制"。自此，我国农村基本经济制度发生一个新的历史性转折，进入"家庭联产承包责任制时期"。家庭联产承包责任制提高了农民的积极性。按照这种制度安排，农民只要"交够国家的（农业税）、留足集体的"，其余劳动成果都是自己的。所以农民开始积极地投身于农业生产之中。与农村的改革相伴而行的，是整个国家经济体制改革全面推进，国家确立了以经济建设为中心的基本方针，并提出了"让一部分人先富起来、让一部分地区先富起来"的经济发展策略。在这样的历史背景下，城乡二元结构的经济制度日益固化，政府在公共产品的供给上更多地向城市倾斜。这个时期，政府单一供给公共产品的格局在"公平与效率"的争论中，逐渐转向更加注重效率的一侧。政府希望在国民经济整体实力有限的条件下，通过实施"先富带动后富"的发展战略，最终实现城乡之间、发达地区与欠发达地区的"共同富裕"。但是，在这一时期内，农村公共产品的供给规模相比城市来说，其差距不仅没有缩小反而扩大了，客观上无疑造成了城乡之间、地区之间和农村不同经济水平的人群之间的"不平等"，这种现象造成这个时期公共产品的供给体现出另外一番特点，即城市有政府的财政支出，而农村仍然沿用人民公社时期的一种供给机制，依靠制度外筹资来实现供给。乡镇基层政府代替农民公社行使职责，但是国家划拨给县乡政府的资金往往不足以完成农村公共产品的供给，基层政府仍需要自行筹措资金。① 在这一时期，很多农村公共产品都属于制度外筹资供给的农村公共产品，与此相适应，乡镇政府也实行一套财政制度外筹资体制，主要内容就是所谓的"三提留"、"五统筹"和乡村债务机制。农村实行家庭联产承包责任制以后，这种体制在农村公共产品供给中占有非常重要的位置，对于一些县乡政府来说甚至成为其收入的主要来源，它也决定了农村公共产品供给结构。制度外筹资主要指农民向集体交纳的费用，如土地承包费、管理费、农村道路建设费、教育附加费、计划生育费、优抚费等，还有一些行政事业性收费、集资、摊派、罚款的费用，以及按照法律规定的农村劳动力分派的义务工时和积累工

---

① 林万龙：《乡村社区公共产品的制度外筹资：历史、现状及改革》，《中国农村经济》2002 年第 7 期。

等。从制度外筹资内容不难看出，当时乡镇供给农村公共产品的内容结构主要体现为农村基础设施建设、农田基本建设等生产性农村公共产品和部分发展性农村公共产品。

从本质上来说，家庭联产承包责任制时期农村公共产品供给与人民公社时期基本没有变化，仍然十分依赖农村自身的投入，只是在人民公社时期农民投入的是劳动力，而在家庭联产承包责任制时期农民投入的是向政府缴纳的各种税费。在这个时期，虽然县乡政府的法律地位日益明确，县乡政府逐渐成为一级真正的政府，拥有本级政府法律规定的财政权和行政决策权；但是，县乡政府财力十分有限，"工占农利"的城乡二元经济仍然成为这个时期农村公共产品供给结构制度的路径依赖。农民自身投入能够在很大程度上缓解政府在农村财政投入上的压力，为农村公共产品供给提供资金保障。家庭联产承包责任制时期农村公共产品供给结构制度也存在很多问题，主要是当时的相关制度不完善，没能有效约束县乡政府的筹资行为，导致农民上缴的税费逐年增多，农民负担不断加重，乡村债务越来越多，严重影响了农民的生活质量。这个时期农村公共产品供给最引人关注的问题是农村公共产品供给的财政缺口越来越大。乡镇普遍存在的三种不真实的财政缺口：公共产品过度供给引起的财政缺口、非公共产品供给引起的财政缺口和人为夸大的财政缺口。[①]

在家庭联产承包责任制时期，受市场经济的冲击，农村的村庄经济分化与社会分化加深，村庄的异质程度提高，农民对公共产品的需求偏好差异性越来越大，使农民基于传统联系的合作能力受到损害，而基于现代联系的合作能力尚未形成，并且政府包办村庄公共产品的供给进一步损害了农民的合作能力，造成了村庄公共产品供给中的"政府失败"。[②] 我国之后进行的分税制改革就是为了改变原有的中央、地方政府财权划分不明朗的状况，以保证基层政府有足够的为农民办事的积极性，而不是从农民身上取得办事的资金，还实施了转移支付等一系列的保障措施，但是分税制改革中没有对各级政府的事权进行严格的划分，更加没有对农村公共产品的供给方进行界定。所以在经济不断发展、农村大规模建设的同时，基层政府还是十分依赖"收费"和"摊派"，农民的压力没有减轻。在经济环

---

① 朱钢：《农村税费改革与乡镇财政缺口》，《中国农村观察》2002 年第 2 期。

② 李晓楠、孙建芳：《基于国家视角的村庄公共产品供给模式转变分析》，《农村经济》2011 年第 11 期。

境较好的时候，还会通过乡镇企业、乡村精英等渠道获取一些建设资金，而在经济环境不好的时候，基层政府向农民的征税力度就会增强，这无疑影响了党群关系，一定程度上造成民情不稳，影响农民的生活质量，对于基层干部来说也是很棘手的工作。

综上所述，家庭联产承包责任制时期的农村公共产品供给主体由集体变为农户，而且是从之前的劳动力投入直接变成资金来源的主体，由于没有规范的制度约束，向农民征收税费的力度过大，导致农民负担进一步加重。[①] 由于社会的进步，这一时期供给的农村公共产品比之前人民公社时期更贴近农民的生活了，但是供给内容仍然完全由政府把控，基本上没有考虑农民作为需求方的意见。

3. 农村税费改革时期

我国政府从 2002 年开始对农村的各种收费现象进行控制，以规范农村的税费制度，这一时期称为农村税费改革时期。在此前后，中央在一些地方进行试点减免农业税。针对这次税费改革，在理论层面、政策层面都存在若干争议。有学者认为：当时的农村税费改革安排，对于解决农民负担问题确能起到立竿见影的效果，但从长期来看，特别是从建立合理、规范、稳定的农村利益分配格局的要求来看，该改革方案仍然在多方面具有过渡性制度安排的色彩。[②] 据当时国务院农村税费改革工作小组办公室提供的报告显示，2003 年中央发布《关于全面推进农村税费改革试点工作意见》的文件之后，农村税费改革在全国全面铺开，从试点地区的统计报表中可以看出，2003 年农村税费改革为农民减轻了 137 亿元的负担。[③] 2004 年，中共中央发布"一号文件"，规定在五年内逐步取消农业税，取消烟叶以外的农林特产税，增加农业投入，实施农业直补政策，并逐步扩大对农民的补贴范围。2005 年 12 月，十届全国人大常委会第十九次会议决定，自 2006 年 1 月 1 日起，运行 48 年之久的《农业税条例》宣告废止，提前在全国范围内全部免除了农业税，终于让延续了 2600 多年的"皇粮国税"成为历史，中国政府竭力倡导、推行"多予、少取、放活"

---

① 鄢奋：《中国农村公共产品供给状况及特点》，《东南学术》2009 年第 2 期。

② 冼国明、张岸元、白文波：《"三提五统"与农村新税费体系——以安徽农村税费改革试点为例》，《经济研究》2001 年第 11 期。

③ 王惠平：《关于深化农村税费改革试点工作的思考》，《经济社会体制比较》2005 年第 1 期。

的农村发展新战略。①

随着我国经济社会的快速发展，中国迅速成为世界最大的经济体之一，2013 年中国 GDP 规模超过日本跻身世界排名第二位。但相伴而来的是改革成本日益凸显，城乡二元结构矛盾在公共产品供给结构方面表现得尤为突出。为了缩小城乡公共产品供给和公共服务差距，国家改变以往财力物力向城市倾斜的政策，农村税费改革以农民减负为根本出发点，把"三农"问题提到一个新的高度，促进了农民收入增长。党中央、国务院采取一系列"以工促农、以城带乡"、"工业反哺农业、城市支持农村"的政策，积极推进城乡统筹发展、建设社会主义新农村、基本公共服务均等化，推进了农村经济发展和社会的全面进步。税费改革之前，向农民征收的资金可以占县乡政府可支配收入的一半以上，农村公共产品供给的资金主要来源于农民自身，是通过政府向农民征收各种税费获得的，并且农民还要出劳动力。税费改革后，以往不规范的税费征收得到了控制，农民的负担逐步减轻。税费改革后，义务教育、计划生育、优抚和民兵训练支出统一由政府通过财政预算来安排，一律取消涉农集资项目、行政事业性收费等向农民征收的税费。所以说，税费改革使政府真正成为农村公共产品供给的主体，特别是对于以往依靠税费支撑的农村而言，转移支付成为基层政府获得农村公共产品供给资金的主要渠道。很明显，税费改革使得之前县乡政府依赖制度外筹集农村公共产品供给资金的筹资渠道完全断掉，把农村公共产品的供给任务纳入政府公共财政的职能范围，政府的压力陡然增大。但是，这个时期也出现了一些新问题、产生了一些新矛盾。农村公共产品供给制度还存在诸多缺陷，不仅导致农村公共产品供给不足，而且严重制约了农村经济社会的发展。② 虽然，新农村建设是解决"三农"问题、实现我国全面协调可持续发展的重要路径，但是，政府反哺在新农村建设过程中扮演着关键性的角色，政府反哺应当在一定的范围内进行，否则可能出现反哺缺失及反哺越界行为并造成政府反哺失灵。③从经济学博弈论角度分析，各级政府中县级以上政府是强博弈主体，最基

① 包永辉、陈先发：《农业税免除之后》，《瞭望》2008 年第 40 期。

② 董明涛、孙钰：《我国农村公共产品供给制度演变及其完善研究》，《求实》2011 年第 5 期。

③ 李宪宝、高强、单哲：《政府角色、反哺失灵与新农村建设》，《农业经济问题》2011 年第 9 期。

层的县乡政府是农村公共产品供给中的重要主体，需要最多的人力物力财力来提供农村公共产品，然而其在与上级政府的博弈中，县乡政府一直处于最不利的地位，致使其无法满足农村公共产品供给需求。县乡政府资金短缺，村级组织更加无力为农民办实事。农村大量准公共产品依靠农民"一事一议"来提供也很不现实。因为，只有在满足"熟人社会"和村民在选举中真实表达偏好两个假说的基础上，"一事一议"制度才能很好地发挥作用。① 但这两个条件客观上都不具备。我国幅员辽阔，农村人口众多，由中央政府负担全国所有农村公共产品供给几乎不太可能。因此，农村税费改革尤其是全面取消农业税对农村公共产品供给带来的严峻挑战，依然成为这个时期农村公共产品供给结构调整的主要障碍。

税费改革时期，建立由中央政府和省级政府承担主要责任、县乡（镇）承担次要责任、受益人承担相应责任、私人资本投资和社会赞助参与等多元化、多主体的供给体系不仅成为理论热点，而且逐渐成为改革实践的重点。随着农村经济社会的发展，我国农民对公共产品的需求日益多样化、复杂化。面对多样化的农村公共需求，市场、第三部门等供给主体逐渐参与到供给中，形成多元主体合作供给的态势。为了充分发挥各主体的优势，达到农村公共产品的有效供给，近年来，政府与第三部门、广大农民、村集体经济及其他农村集体经济合作组织等，积极探索建立农村公共产品多元主体的合作模式，并探索多元主体的最佳合作与互动方式。② 农业税取消以后，农村公共服务的提供发生了重大变化，从财税角度来看，村庄村提留"自给自足"的投入模式被国家的财政转移支付所取代。从政治系统论分析框架来看，多元主体投入农村公共产品的乡村社会力量整合可被视作政治资源输入，而各级政府的一般性财政转移支付和专项财政转移支付等，可被视为政治资源输出。具体农村公共产品供给项目的实践目标偏移，可以被看作是一种实际上的政治输出"脱靶"，专项性财政转移支付就是整合农村公共产品供给中各种社会力量的政治输入、政府信息处理和政治的"瞄准"式输出。农村公共产品供给改革的方向就在于如何针对农村具体公共产品供给项目选择合理的专项财政转移支付模式，

---

① 周密、张广胜：《"一事一议"制度的运行机制与适用性研究》，《农业经济问题》2010年第2期。

② 董明涛、孙钰：《我国农村公共产品供给主体合作模式研究》，《经济问题探索》2010年第11期。

并通过中央和地方的事权划分、政府对村庄的专项财政转移支付和村庄内部社会力量的自我组织，来实现农村公共产品提供的均等和高效。[1] 从吸引更多农村公共产品供给主体而言，面对市场经济、多元治理的必然趋势，市场和政府在农村公共产品供给中的缺陷日益暴露，第三部门应运而生并发挥着重要作用。以卫生公共产品为例，我国第三部门正在积极参与农村医疗卫生公共产品供给，农村医疗卫生公共产品的供给结构正在不断改善。因此，促进非政府组织对农村医疗卫生公共产品的供给，还必须理顺非政府组织与政府的关系，承接部分农村管理职能，加强非政府组织自身建设，健全内部管理机制。[2]

总之，从新中国成立后农村公共产品供给结构制度的变迁中可以清晰地发现，长期以来制度外供给成为农村公共产品供给制度的基本特征。农村公共产品的供给主要依靠行政的组织动员，采取"民办国助"的筹集资金方式。制度外供给既导致农民负担过重，又显失公平。[3] 推动农村公共产品供给从制度外走向制度内，政府仍要起主导作用。事实上，目前我国"三农"的天然弱势和农村经济条件，还不能创造完备的农村公共产品"市场化"供给条件。一些利益集团采取的歧视和剥夺政策，或对不同利益诉求的农民采取分而治之的策略，或通过与其他强势集团两者联合，[4] 都使得农村公共产品"市场化"供给十分困难并难成最终改革方向。

第二节　供给主体对供给效率的影响

农村公共产品是政府作为主要投资主体为农村的经济建设、社会发展、村民生活所提供的各种"硬件"和"软件"。近些年来，我国在"三农"问题上注入了众多的人力、物力、财力，广大农村的经济水平、农民的生活条件都得到了极大的改善，所以人们对农村公共产品的需求也与

---

① 贺东航、张现洪：《政治系统论视野下的农村公共服务：现状与改革》，《探索》2013年第3期。

② 黄靖：《我国第三部门与农村公共产品供给——以医疗卫生供给为研究视域》，《社会保障研究》2010年第5期。

③ 高明：《我国农村公共物品政策演变：论从制度外走向制度内供给的必然》，《华中农业大学学报（社会科学版）》2012年第4期。

④ 谭秋成：《农民为什么容易受政策歧视？》，《中国农村观察》2010年第1期。

日俱增，农民希望能够获得更多、更优质的公共产品，为其生产、生活提供便利。但是，目前我国农村公共产品的供给还存在很多不完善的地方，其中首当其冲的一个问题就是"农村公共产品由谁来供给"，即供给主体的问题，包括农村公共产品的供给主体形式、各个主体的供给责任所归等。不同的供给主体供给的农村公共产品品种、数量、受益范围具有明显差异，其绩效水平也各不相同。根据新供给经济学的理论，我们应当鼓励县乡政府农村公共产品供给主体的多元化发展，允许更多社会主体进入农村公共产品供给领域，使改革发展成果更多更公平地惠及广大农民。

一　政府对农村公共产品的供给具有主导作用

农村公共产品所具有的公共性基本特征，决定了政府在其供给上起着主导性作用。从西方国家的经验来看，公共产品起主导作用的供给主体一直都是政府。虽然现在不少边缘性的公共产品采取了多元主体供给方式，但是政府投入仍然是最主要的。公共财政对农村公共产品的供给提供保障，才能够维持供给的稳定性，促进城乡公平、协调发展。根据社会契约论，政府是国家和公民之间达成契约关系的产物，政府是社会大众的代表和公共利益的代言人，而且是国家政治共同体的代表。同时，政府及其公务人员也是理性经济人，在进行决策时会考虑投入产出比，希望支出能够有所回报。此外，不可忽视的是政府相比其他组织具有公益性质，要代表广大人民群众的利益，所以在获取经济利益之余，会更多地考虑是不是适应社会的发展和长远的效益，这也是政府供给公共产品的准则。比如政府在修建水库时，成本是建设水库所需的人力、物力、财力以及可能给生态环境造成的破坏，包括水土流失、对河流水文的改变、移民耗资等。而修建水库的收益则是减少洪涝灾害和旱情的发生、利用水库发电等。政府此时就需要权衡利弊，才能做出具有经济和社会效益的决策。中央政府由于与农民之间的"距离"较远，又缺乏"自下而上"的需求表达机制，往往难以真正了解农民的实际需求，农村公共产品供给效率受到一定影响。县乡政府能够较好地弥补中央政府这方面的缺陷，县乡政府深谙地方农村经济社会发展形势和农民的需求，能够提供那些只与本区域内的"三农"相关的公共产品或服务。所以，适度的财政分权有助于农村公共产品的供给，关键在于明确各级政府的职责。中央政府作为财政支出的主体和宏观操纵者，可以通过适当分权，多给予地方财政支持等手段，充分调动县乡政府提供农村公共产品的积极性。

　　我们在充分认识政府对农村公共产品供给的主导作用时，也应理性地分析政府官员的供给行为效果。事实上，政府官员也是理性经济人，他们自身的利益会与经济增长、财政收入增加存在内在的一致性。如果由农村基层政府官员仅仅围绕经济增幅来做预算，那么诸如医疗、环保等有益于社会公益的农村公共产品供给项目就会被忽视。每一级政府在供给农村公共产品时都有其自身的职责范围，分税制改革后，财权由中央政府向省、市一级下放，而很多省、市一级的事权又不断下移，乡镇一级政府承担着过多的提供农村公共产品的职责，与其财力不相匹配。在财权与事权的分配问题上，基层政府往往处于博弈的弱势一方，较好的税种上归中央或省市政府，而县乡政府收取的税务工作量大、人工成本高、金额不大，却要提供大量可以由上级政府供给的农村公共产品，如农村道路建设、农村义务教育、社会治安管理等。① 由于存在此种矛盾，在全面取消农业税之后，县乡政府财政捉襟见肘之时，就开始想方设法地转嫁财政负担，甚至不惜举债，以达到有效供给农村公共产品的任务②。目前我国一些地区实行乡财县管制度，县乡政府以服从上级政府要求而不是按照农民最迫切的需求来供给农村公共产品，其供给过程的"非理性决策"往往导致农村公共产品供给结构失衡，县乡政府的供给要么"缺位"、要么"错位"，降低了政府主导供给的效率。

　　虽然政府对农村公共产品供给发挥着主导作用，但是，在我国农村公共产品供给过程中，政府发挥作用也受到农民意愿的影响。这一方面是由于政府提供农村公共产品从根本上讲是为了满足农民的需要，政府与农民在农村公共产品供给的长远目标上是一致的。另一方面，政府的供给行为与村民自治组织、广大农民之间的互动关系，亦会对供给结构产生制约作用。根据集体行动理论与社会嵌入理论，由农民组成的"乡土社会嵌入"导致农村公共产品供给的集体行动逻辑的生成机制十分复杂。我们可以发现，在农民自组织参与社区公共产品供给的总体框架下，基于不同的"乡土社会嵌入"条件，农民自组织参与社区公共产品供给的博弈收益和策略选择是迥然不同的，弱社区记忆的农民仅仅作为"经济人"理性地计算来自公共产品供给的直接性收益，而强社区记忆的农民同时也作为

---

　　① 温来成：《外部效应显著类农村公共产品供给主体问题探索》，《中央财经大学学报》2008 年第 7 期。

　　② 黄维健：《关于农村公共产品供给机制问题》，《经济学家》2009 年第 1 期。

"社会人"权衡通过参与公共产品供给所形成的关联性收益。在一定条件下，强社区记忆的农村社区能够收敛于合作互惠的演化稳定均衡，而弱社区记忆的农村社区无法有效组织农村公共产品供给的集体行动。① 我国长期以来的城乡二元结构，使各级政府与村级自治组织在农村公共产品供给上的责任划分很不明确，要解决这些问题，必须从分析农村公共产品的本质差异入手，划分各级政府的职责范围。不论现阶段农村公共产品的供给主体有何转变，其目标仍然是为了更有效地改善农村生产条件和提高农民生活水平，而政府则始终是农村公共产品不变的主体。

二　供给主体多元化是供给结构转变的新趋势

农村公共产品种类的多样性，本身就对供给主体的多元化提出了要求。国际上流行的"多中心治理"理论是对农村公共产品多元主体供给最好的理论支撑。迈克尔·博兰尼最先提出了"多中心"这个概念，为了证明自发秩序的合理性并论述社会管理可能性的限度，在论述中，他将多中心组织视为一种组织模式，通过负重（六边形）框架形象地引出"多中心秩序"、"多中心任务"等概念，独立的要素在组织模式内能够相互调适，并形成多个中心的相互竞争与合作。② 以奥斯特罗姆为代表的多中心治理理论掀起了一场公共领域治理革命，打破了公共产品供给中的传统单中心模式（国家模式），在"利维坦"和私有化之外独辟第三方治理，开创了自主治理先河，同时意味着公共产品供给主体由政府、市场进一步演变为政府、市场与NPO，公共产品供给呈现多元化趋势。③ 农村公共产品供给多中心治理模式可以摆脱单纯政府机制、市场机制的困境，实现农村公共产品"正义的分配"。自2000年我国在农村公共产品供给中实施"一事一议"的制度安排以来，农村公共产品的多元治理即开始形成。农村"一事一议"决策制度是"多中心治理"理论在我国农村的制度性尝试，丰富完善了村民自治制度，实现了农村公共产品供给主体、资金来源和权力中心多元化。④ 党的十八届三中全会《决定》进一步提出，

---

① 高庆鹏、胡拥军：《集体行动逻辑、乡土社会嵌入与农村社区公共产品供给——基于演化博弈的分析框架》，《经济问题探索》2013年第1期。

② 杨玉明：《多中心治理理论视野下农村公共服务供给模式创新路径研究》，《云南行政学院学报》2014年第3期。

③ 马万里：《多中心治理下的政府间事权划分新论——兼论财力与事权相匹配的第二条（事权）路径》，《经济社会体制比较》2013年第6期。

④ 郑华：《农村公共产品供给多中心治理模式研究》，《金融发展研究》2013年第9期。

"鼓励社会资本投向农村建设，允许企业和社会组织在农村兴办各类事业"，必将使我国农村公共产品供给主体多元化体系建设更加快速健康，多中心治理格局更加成熟。

1. 市场供给对农村公共产品供给结构的影响

对于农村那些非纯公共产品的供给来说，可以通过市场筹资方式调整其供给结构。但是，市场是以营利为目的的企业和个人的集合体，带有很强公益性质的公共产品是很难通过市场融资方式来供给的。任何私营企业在供给农村公共产品时，仍然会保持其营利的目的，企业通过收取享用该公共产品的使用费或者是配合政府部门制造相关公共产品来营利的方式进行运作。企业参与农村公共产品供给能够在一定程度上提升政府供给的效率，而且也能够为企业带来可观的效益，还能催生不少专门与政府合作提供公共产品的企业。但是，在经济人假设条件下，公共产品的市场供给必须满足一定的条件，比如说市场很少会去供给纯公共产品，企业提供的准公共产品一般有相关产权保证以利于其获得政府的许可和埋单，企业提供的公共产品规模和范围较小、使用者数量不多、能够进行技术上的排他。只有这样，市场上才会有企业乐意从事农村公共产品供给。[①]

2. 社区供给对农村公共产品供给结构的影响

农村社区作为农民的基层自治组织单元具有相对独立性，可以制定自身的规章制度，并对提供社区范围内的农村公共产品起到重要的补充性作用。由社区供给的公共产品，主要是村内的路灯建设、农田灌溉、乡村道路桥梁建设、村内的农作物病虫害防治等与农业生产、农民生活密切相关的公共服务或准公共产品。由社区供给的这些农村公共产品的服务对象就是社区范围内的村民，受众面不广，所以提供起来更有针对性。社区供给的农村公共产品仍然具有明显的公共产品属性，也会存在"搭便车"现象，完全由村民自己供给也很困难，因此，只能由社区组织集体供给。目前我国农村社区供给公共产品主要有两种形式，这两种形式对农村公共产品供给结构的影响机理具有一定差别。一种是农民在社区范围内的自治供给，另一种则是政府委托农村社区供给。农村社区自治供给的主要困难在于阻止"搭便车行为"，农村社区先要合理评估农民的需求，然后制定相

---

① 王书军：《中国农村公共产品供给主体及其供给行为研究》，博士学位论文，华中科技大学，2009 年。

关的供给方案，在村民自愿、量力而行的情况下，与村民协商，按照收益的程度来获取农民的经济支持。① 村民委员会在农村社区性公共产品供给过程中扮演着代理人、当家人的双重角色，是农村社区公共产品的组织者，居于核心位置，其合作行为直接影响和制约着农村社区性公共产品供给的配置效率和组织效率。② 政府委托农村社区供给实际上是农村公共产品供给"事权下放"，它并不能从根本上改变农村公共产品供给主体结构，但是，可以通过改进供给生产模式从而达到提高供给效率的目的。政府委托村级社区来供给农村公共产品最大的优势是，能够最大限度满足社区集体内成员的需要。不过，我们也要高度重视多中心治理下的政府间事权划分。在政府委托农村社区供给过程中，各级政府之间存在多层次的委托—代理关系，处理好政府在农村公共产品供给中的权责关系十分重要。长期以来，侧重收入分配一端的财政体制改革造成地方财政支出压力日益加大，对财政利益的争夺扭曲肢解了财政体制，公共产品供给"结构偏向"问题并未有效解决，事权下放没有真正提高公共产品供给效率，且造成地方政府事实上的权力主体地位降低。因此，单纯侧重收入一方的体制演进弊端凸显，财政体制改革迫切需要新思维与新突破。③ 这种新思维和新突破，就是从供给端推进财政体制改革的事权划分新逻辑。新供给经济学认为，政府委托社区供给农村公共产品的事权划分取决于两个维度，从纵向看，中央—地方财政分权架构下的纵向公共产品供给要进一步向地方财政转移事权和财责；从横向看，政府、市场与非营利组织公共产品供给，要加快放松市场与非营利组织参与供给的制度约束。只有通过由传统的"财力路径"转向"事权路径"，才能从长远着眼解决农村公共产品供给的"结构偏向"问题。

3. 非营利组织供给对农村公共产品供给结构的影响

由非营利组织提供农村准公共产品，在解决公共产品生产资金不足、提高公共产品的使用效率以及提升农村地区公共服务水平等方面发挥着独

① 刘鸿渊、叶子荣：《主体属性与农村社区性公共产品供给合作行为研究》，《农村经济》2014 年第 4 期。

② 刘鸿渊：《基于治理结构的农村社区性公共产品供给合作行为研究》，《经济体制改革》2012 年第 5 期。

③ 马万里：《多中心治理下的政府间事权划分新论——兼论财力与事权相匹配的第二条（事权）路径》，《经济社会体制比较》2013 年第 6 期。

特的作用。非营利性组织在公共产品供给方面，主要提供"拥挤性"产品。非营利组织和市场中的企业一样，在公共产品供给方面也是政府与公民之间的第三方组织，而且因为农村公共产品的公益性质与非营利组织不谋而合，所以非营利组织在提供公共产品方面比市场具有更契合的价值导向，非营利组织还可以作为政府与市场之间的联络者和润滑剂，使得农村公共产品供给的多元化主体和谐共存。非营利组织具有其运作的专业方法，工作人员具有社会工作等专业知识，它在整合社会资源、募集资金方面比政府、企业更具优势，能够弥补政府行事不灵活、成本高等缺陷，弥补企业唯利的短处，有效地为农民提供公共产品。

目前我国非营利组织的发展还处于起步阶段，非营利组织在供给农村公共产品方面发挥的作用也还不大。学术界经常将非营利组织与非政府组织视为同类性质的组织。截至 2010 年底，我国各类非政府组织即使保守估计也在 300 万个左右。公益性是非政府组织的重要特征，这是它区别于企业组织的关键所在。但是，目前我国很多本来应该以公益为目的的非政府组织，由于资金的短缺或者营利动机的驱使，以从事商业活动的方式赚取大量利润，将太多的注意力放在了营利活动上，从而与商业化企业的界限日益模糊，忽视甚至损害了公共福利和社会效益，潜移默化地改变了这些组织的性质，也在很大程度上导致非政府组织缺乏足够的社会公信度。① 中国非营利组织总体规模和水平较低，自组织能力有限。在农村，非营利组织的发展尤为滞后，无论在涉及农业、农村、农民生产和生活的一般公共产品供给方面，还是在具有共有私益的准公共产品提供方面，都缺乏非营利组织的参与，作用发挥非常有限。在我国，由非营利组织提供农村准公共产品，存在着供给规模偏小、缺乏应有的独立性、自身造血功能较弱等问题。② 这些都严重影响了非营利组织（非政府组织）改进农村公共产品供给结构的功能发挥。

4. 农民自筹供给对农村公共产品供给结构的影响

农村公共产品供给的受益者是广大农民，农民自筹资金供给非纯农村公共产品有利于改进农村公共产品供给结构。与人民公社时期和家庭联产

---

① 毛文筠、汤颖梅：《非政府组织在农村公共产品供给中的作用》，《江苏农业科学》2013年第6期。

② 孔祥利、雷君：《农村准公共产品的非营利组织供给研究》，《农村经济》2011年第2期。

承包责任制时期不同的是，当今让农民自筹经费，不是硬性让农民出劳动力和缴纳税费，而是取决于农民的自觉自愿，是农民认同某项公共产品的投入能为其带来好处的情况下所实行的农民自治供给方式。但是作为"理性经济人"，农民也希望以最少的付出，获得最大的收益，也就是尽量少花钱而享受更多的农村公共产品，这与市场经济条件下的商品经济规律是一致的。同时，作为"理性经济人"，农民也有隐瞒真实需求偏好并"搭便车"的倾向。所以，农民自筹供给农村公共产品的范围、数量等都是十分有限的。

农民自筹供给农村公共产品还有一个好处就是更利于农民表达自身的需求，农民自己最了解自己所属的生活范围内什么是最迫切需要的公共产品，自筹经费能够让农民觉得自己所花的钱是用在了最有需要的地方。西方经济学的相关理论认为，公共物品的供给者和消费者之间存在信息不对称的现象，供给者忽视公共产品受益者的需求，就无法达到供需平衡的最优状态。而当农民参与到公共产品供给的资金筹集当中时，农民会产生一种责任感去表达自身的需求，而不是任由主要的供给者自行裁定供给内容。农村区域性的公共产品直接关系到农民生产生活，与农民之间存在直接的利害关系，并且农民在自愿自觉掏腰包的时候，就会增加其对农村公共产品的偏好显露的真实性。

三　改进农村公共产品供给结构的主体博弈分析

农村公共产品各供给主体都会对自己所掌控的有限资源进行配置与整合，从而改进农村公共产品的供给结构，所以可以用经济学中的博弈论对供给主体之间的行为决策进行分析。在各级政府中，也存在利益的不均衡，通常情况下，中央政府凭借强大的政治权力处于博弈的强势主体地位，县乡政府则处于次主体地位，而农民是博弈的弱势主体。在民主和法治国家，公共决策是透明的，制度留给利益集团逐利的空间极为有限，利益集团影响政策制定的能力是被严格约束的。但是，在我国计划经济时期，之所以通过剥夺和歧视农民的方式推进工业化，是因为它恰好契合了当时政策制定者的意识形态。[①] 可见，不同供给主体之间的利益博弈，对改进农村公共产品供给结构具有重要影响。我们可以从各级政府之间、政府与农民之间、农民与农民之间等三个视角，深入分析这种博弈所产生的

---

① 谭秋成：《农民为什么容易受政策歧视？》，《中国农村观察》2010 年第 1 期。

影响。

1. 各级政府之间的博弈

在农村公共产品的供给问题上，中央政府与地方政府之间是一种委托—代理关系，中央政府是委托人，地方政府是代理人。从理性经济的角度来看，委托—代理链条过长必然会加大成本，甚至出现寻租行为。各级政府在层层代理的机制下，可能会消耗掉很大一部分的公益资金，最终达到县乡政府的执行部门时，往往已经没有财力来提供农村公共产品。中央政府要实现的是农村公共产品供给最大化，提升社会对政府供给的满意度及中央政府的公信力；地方政府财政实力相对薄弱，其供给农村公共产品一要靠寻求上级政府财政支持，二要从上级政府获得官员升迁所需的"政治肯定"。由于中央政府和地方政府的财权事权及面临的问题都不一致，所以难免会产生利益冲突。当地方政府做出一些谋取地方利益的行为时，由于信息不对称，中央政府较难对地方政府的实际供给情况有效控制，博弈关系随之产生。①

在农村公共产品供给的问题上，地方政府谋取地方利益最常见的作为就是谎报农村公共产品的需求缺口，以获得中央政府更多的财政支持，在项目资金拨款到位以后又不真正投入到农村公共产品的供给当中去，或许是当地农村根本不需要加大对这方面的投入，没有此需求。所以，在考察农村公共产品供给时，中央政府需要考虑对地方政府进行监督检查，在两者之间就产生了博弈关系："检查"或"不检查"；"虚报"或"不虚报"。设 d 是地方政府真实所需，x 是其虚报量（一般 $x>0$），n 是中央政府查处后罚款的倍数（$n>0$），地方预期收益则是：未虚报时的收益是 d；虚报未被查处时收益为 $d+x$，虚报被查处时收益为 $d-x$。设 T 为中央财政收入，设 c 为进行检查的成本，则中央政府的预期收益是："不检查"且地方政府"不虚报"时，预期收益为 $T-d$，"不检查"而地方政府"虚报"且存在虚报现象时，中央政府的预期收益是 $T-(d+x)$；检查且地方政府"不虚报"时，预期收益为 $T-d-c$，"检查"而地方政府"虚报"，预期收益为 $T-(d-nx)-c$。② 根据两者的博弈关系，可以得出中央政府与地方政府的支

① 关慧、蔡冬冬：《中国农村公共物品供给不足的博弈分析》，《中国经贸导刊》2010 年第 18 期。

② 参见王金国《农村公共产品供给主体的博弈研究——基于行为差异视角》，《农村经济》2012 年第 6 期。

付矩阵，如表5-1所示。

表5-1　　　　　　　　中央政府与地方政府的支付矩阵

		中央政府	
		检查	不检查
地方政府	虚报	$d-nx$, $T-(d-nx)-c$	$d+x$, $T-(d+x)$
	不虚报	d, $T-d-c$	d, $T-d$

　　从表5-1可以看出，如果地方政府采取"虚报"的手段，则中央政府的最优方案是"检查"；如果地方政府诚实"不虚报"，那么中央政府的最优方案是"不检查"。反之，如果中央政府"不检查"，地方政府的最优方案是趁机"虚报"；如果中央政府"检查"，那么地方政府的最优方案是老老实实"不虚报"。因此二者的最优组合是中央政府"不检查"，地方政府"不虚报"。

　　通过博弈矩阵，我们可以分析得出，中央政府应该制定更加严格的虚报处罚制度，强力约束地方政府的虚报谎报行为，让地方政府能够真实上报需求，中央政府也没有必要花费人力、物力、财力去进行检查，双方达到一种默契信任的程度是最有利于工作的开展的。

　　2. 政府与农民之间的博弈

　　考虑到基层政府现在要为农民执行越来越多的事务，地方财政的情况也逐渐有所好转，如果在获得财权的同时县乡政府能够为农村提供更多的公共产品，那么该农村地区的农业生产能力和农民的生活水平都会有所提高。但是，从经济理性的角度来看，一旦政府官员热衷于追求自身利益时，就会有损农民的利益，在实际工作中表现为搞形象工程、重复建设、弄虚作假等不良作风盛行。如果由于财政资源有限妨碍了政府官员大搞形象工程，那么很容易发生实际中屡禁不止的各种乱摊派、乱收费的现象。[①] 在政府与农民两者的博弈中，农民与其接触最多的县乡政府之间的博弈最为常见。税费改革之前基层政府往往通过收取税费将提供公共产品的经济压力转嫁给农民。改革之后，政府收取税费的行为受到极大约束，

---

　　① 王金国：《农村公共产品供给主体建构的若干思考——基于"官民合作"的视角》，《经济论坛》2012年第6期。

但是政府在与农民的博弈中仍然处于强势一方。农民受自身的素质、经济实力、社会地位及组织集体谈判困难等因素影响，几乎无法与政府抗衡。两者的博弈均衡结果详见表5-2。

表5-2   县乡政府与农民之间的博弈均衡点

利益主体	制度约束强，监督成本低	制度约束弱，监督成本高
县乡政府	支付日常办公费用和工资 偿还债务 供给农村公共产品	支付日常办公费用和工资 偿还债务 通过变相收费，转嫁农村公共产品供给责任
农民	缴纳各种税费	延迟或拒绝缴纳各种税费

从表5-2不难发现，基层政府首先要保障机构自身运转，要有足额的日常办公费用并足够支付行政人员的工资、福利。如果有负债的政府还需要在偿还债务之后，保证自身良好运转的情况下，才能够有余力为农村提供公共产品。农民现在虽然没有强制要求缴纳某些税费，但是农民集体内部的摊派、出资还是必不可少的。农民同样作为理性经济人，也不希望为公共产品的建设投入过多的私人资金。所以基层政府和农民之间会出现"合作出资"与"不合作出资"的选择。两者的博弈支付矩阵如表5-3所示。

表5-3   县乡政府和农民合作出资博弈的支付矩阵

		农民	
		合作出资	不合作出资
县乡政府	合作出资	2, 2	0, 2
	不合作出资	2, 0	1, 1

通过表5-3可知，农民与基层政府的博弈中存在纳什均衡。农民选择"合作出资"策略，基层政府选择"合作出资"和"不合作出资"并无差异。农民选择"不合作出资"策略，县乡政府的最优策略是"不合作出资"。因此，"合作出资"是县乡政府的劣策略。基于县乡政

府是理性的，那么它必然会选择"不合作出资"。在给定县乡政府选择"不合作出资"的条件下，农民的最优策略为"不合作出资"，因此，策略组合（不合作出资，不合作出资）为该博弈的纳什均衡。

由此可见，在中央政府对基层政府制度约束下，县乡政府在自身运转保证实现之后，会将剩余资金用于公共产品提供上，农民也乐于出资参与农村公共产品供给，这是基层政府与农民博弈的最好结果。而在制度约束弱或对县乡政府监督成本高的情况下，基层政府难免会通过变相收费甚至乱收费来筹集资金用于公共产品建设，农民由于受到素质、地位、资金等限制最终会选择一种消极的态度，即拒绝和拖延交纳税费，这种双方不合作的组合必定会对农村公共产品供给带来不利，而这种非合作博弈均衡在现实中非常普遍。

3. 农民与农民之间的博弈

公共产品由农民出资供给往往具有一定的限制，会产生农民之间的利益博弈，因为公共产品具有非排他性，私人对产品的使用不能排除他人对此的消费，而公共产品的性质使私人难以收费，所以私人会倾向于做出"搭便车"的行为。由于信息不对称，农村公共产品供给领域中农民与农民之间的博弈关系由此产生，并造成供给的博弈困境。

这个博弈模型的假设条件是博弈只有两个农民参与供给农村公共产品，参与的农民都是理性经济人，都追求自身利益的最大化，并且每个人对博弈中各种情况的支付和收益都是清楚的。设政府部门的收益为 W，单个农民的收益为 y，提供公共产品的成本为 c。根据传统的均衡进行分析，农村公共产品的有效定价是使边际价格等于私人价格的总和，Y 是所有私人部门收益的 y 之和，即 $W = \sum y$。两个农民的选择空间为（提供，不提供）。若双方都提供，收益平均分配为 $(W-c)/2$，考虑到这个模型的假设条件，这里 $W = 2y$，可得 $(W-c)/2 = y - c/2$；若一方提供则负责全部成本，收益为 $y - c$，不提供者收益为 y，两者的博弈均衡结果详见表 5-4。

由表 5-4 的博弈均衡结果可见，农民单方面供给农村公共产品的成本很高，其获利为 $y - c < 0$。而政府部门的目标是社会福利帕累托改进，其获得 $W - c > 0$，故 $(W-c)/2 > 0$，这说明如果农民之间合作提供公共产品，双方都能获益。但作为理性经济人的农民也会观察到 $y - c < 0$ 且 $(W-c)/2 = (y-c)/2 < y$，这说明无论对方"提供"还是"不提供"，作为博

弈另一方的占优战略均为"不提供",这样该博弈的纳什均衡依然为（不提供，不提供）。

表5-4 农民之间的博弈

		农民乙	
		提供	不提供
农民甲	提供	$(W-c)/2,\ (W-c)/2$	$y-c,\ y$
	不提供	$y,\ y-c$	$0,\ 0$

由此可见，在政府部门供给不足的情况下，农村公共产品由农民出资供给会出现一个囚徒困境，大家都会选择不提供公共产品，并造成公共产品供给不足。如果农民都只考虑自身所获得的利益，那么结果毫无疑问是谁也不愿意为公共产品出资出力，会出现一种集体理性与个人理性的悖论，即"三个和尚没水吃"的尴尬局面，也实现不了合作双赢。农民只有合作协商，消除"搭便车"的心理，才能走出"公共的悲剧"。

4. 各供给主体博弈结果的进一步分析

我国农村公共产品各供给主体都有自身不同的价值取向，各供给主体的利益目标趋向多样化，既要考虑公共利益又要考虑自身利益，不同供给主体会根据自身需求做出不同的行为选择。[①] 取消农业税之后，不能单纯依靠政府权威来为农村公共产品供给筹措资金，而是要建立长效机制，按照共同获益共同承担责任的原则，让更多的供给主体有合作出资意愿。

从中央政府和地方政府的博弈来看，中央政府显然是最强势的供给主体，在农村公共产品供给中起绝对主导作用。地方政府和中央政府之间仍然需要权威约束。地方政府是大多数农村公共产品的直接供给者，仍然存在不理性的供给行为，特别是注重经济理性而忽视社会公益。所以，中央政府在农村公共产品供给领域要加大对基层政府的监督。当然，中央政府在监督的同时也要给予地方政府足够的信任和自由裁决机会，并运用政策激励手段引导地方政府供给农村公共产品，建立财权与事权对应的农村公共产品供给责任制度。

---

① 董明涛、孙钰：《我国农村公共产品供给主体合作模式研究》，《经济问题探索》2010年第11期。

从基层政府和农民的博弈结果看，双方均不合作出资的均衡不利于农村公共产品供给。基层政府无法让农民满意，既不能提高农民对公共产品供给的满意度，也不能让上级政府认可其做出的政绩。这样的博弈结果表明农村公共产品供给依赖于基层政府和农民的协作，双方协同合作才能有助于公共产品供给。同时，上级政府必须对基层政府进行有力的约束和监督，以防止其通过收费、摊派等方法将筹资困难转嫁给农民，从而导致农民"不合作"。

从农民之间的博弈结果看，农民自筹供给农村公共产品较难实现。税费改革后没有农民供给公共产品的制度"硬约束"，农民在缺乏公共产品供给责任的状况下缺乏合作供给态度。即使有人愿意为农村公共产品供给出资出力，其他大部分农民也愿意选择"搭便车"的行为，政府要获取农民在公共产品供给领域的认同，吸引更多农民参与农村公共产品供给，就必须进一步促进供给机制透明化，赋予农民决策权，让农民的需求得以充分表达和充分尊重。

第三节　供给内容对供给效率的影响

农村公共产品供给内容十分丰富，其分类方法也很多。一般来说，研究农村公共产品供给内容结构主要是针对具体农村公共产品供给项目而言的，主要包括诸如农田水利建设、乡村道路建设、乡村电网建设、病虫害防治、动物防疫、生态林网建设等与农业生产及生产能力建设紧密相关的生产类公共产品；农村义务教育、农业科技推广与应用、农村文化娱乐设施、农民医疗卫生与健康服务、农村养老保险和最低生活保障、农村面源污染整治、小流域生态环境治理、农村危房改造等与农民生活、农村环境密切相关的消费类公共产品；农村行政管理与公共服务、"三农"补贴公共政策、农村计划生育、农村民兵建设、农民工就业技术培训与就业指导、城乡统筹与公共服务均等化建设等与"三农"发展密切相关的发展类公共产品三个大的方面。[①] 本书将在对不同分类结果进行

----

① 本书根据新供给经济理论关于农村公共产品生产周期划分的阶段，从农村公共产品的受益性质区分，将农村公共产品大致分为生产类公共产品、消费类公共产品和发展类公共产品。受资料获取的制约，在这一章我们只选择湖南省部分农村公共产品数据进行实证分析。

梳理的基础上，针对供给内容影响农村公共产品供给效率的情况进行实证分析。

一 不同类别农村公共产品基本特征

不同的农村公共产品具有不同的属性与特征，公共产品的属性和特征对其供给效率是会产生不同影响的。这一方面由于不同公共产品的投入—产出规模差距很大，从而技术效率衡量就会差距迥异。另一方面不同公共产品的投入—产出标准差别也很大，很难找到共同的"计算"方法，有些公共产品经济效益明显，而另一些公共产品的社会效益显著，相互之间难以比较。虽然我们很难对所有的农村公共产品进行供给效率比较，但是，区分不同类别农村公共产品的基本特征却是十分重要的，这可以帮助我们了解各类农村公共产品属性特征对供给效率形成所产生的作用，有利于提高农村公共产品供给效率。梳理相关研究文献发现，不同的学者对农村公共产品类别进行过多种方法划分，他们区分农村公共产品类别的视角不同，有些根据公共产品的性质，有些根据公共产品对农村发展所起的作用，有些则根据公共产品的受益范围等。在这里我们归纳几种较常见的类别区分结果进行介绍与分析。

1. 农村纯公共产品和准公共产品

许多学者从农村公共产品的消费特性出发，将农村公共产品区分为纯公共产品和准公共产品。所谓农村纯公共产品，是指在农村地区供给的，农民消费过程中具有完全的非竞争性和非排他性的公共产品。[①] 农村纯公共产品受益范围广，主要由政府免费供给，典型的农村纯公共产品有农村基层政府行政服务、农村综合发展规划、农村信息系统、农业基础科学研究、大江大河治理、农村环境保护等。农村准公共产品是指介于纯公共产品和私人产品之间、在消费过程中具有不完全非竞争性和非排他性的物品。比如小流域洪涝防御设施建设、农业技术推广、农田防护林营造、病虫害防治、农村高职教育、乡村电网建设、修建农村文化场馆等；在性质上接近于私人产品的准公共产品包括农村电信、电视、成人教育、自来水等，其中很大一部分是属于准公共产品。[②] 还有学者将农村准公共产品分为接近于纯公共产品的农村准公共产品、中间性准公共产品和接近于市场

---

① 田志刚：《论以政府间财政职能失效层次划分政府间财政支出》，《经济研究参考》2008年第59期。

② 负鸿琬：《农村公共产品多元化供给主体的责任划分》，《农村经济》2009年第8期。

产品的准公共产品三类，他们认为，由于三类农村准公共产品的公共性有所不同，因此，可分别采取政府、农民和农民合作组织等多渠道供给方式，实行政府与受益人成本分摊的合理负担。① 显然，其供给效率标准不同，效率水平也会有较大差异。

2. 农村生产性公共产品和生活性公共产品

从公共产品的功能作用角度，将农村公共产品区分为生产性公共产品和生活性公共产品是一种比较经典的划分方式。在农业生产领域，一方面由于大量的农业基础设施、病虫害防治、动物防疫等具有明显的正外部性或负外部性，政府提供这类农村公共产品可以提高整个国家或地区的农业生产能力、保障粮食和大宗农产品安全；另一方面，由于我国农业现阶段仍然处于分散式家庭经营为主、规模化产业化经营较少的阶段，从整体上讲，农业还属于弱质产业，许多与农业生产密切相关的大型农机具应用、科技创新与推广、农业面源污染治理等公共产品，还很难通过市场竞争方式收回成本。因此，也需要政府采取补贴的方式进行扶持。这些与农业生产密切相关的生产性公共产品，目前仍然是政府供给农村公共产品的重点，但是，由于生产性农村公共产品直接与农业生产发展水平相关，所以，随着我国农业生产技术发展和农业产业竞争力增强，特别是在农业市场化、农业生产组织化程度不断提高的条件下，企业可以更多地承担相应的供给内容，政府也可以逐渐从这些领域退出。

在农业生产领域之外，与农民生活密切相关的公共产品也不少，有时也被称为"消费类公共产品"。这类公共产品既有受益范围较大的全国性公共产品，例如农村义务教育、农村电信等，也有受益范围较小的社区公共产品，例如文化娱乐设施、生活垃圾处理等。它们具有一定的非竞争性和非排他性，并具有改善农村农民生活环境条件的共同特征。在农村生活性公共产品需求日益增长的情况下，农民为了满足自身需求，甚至被迫成为此类公共产品真正意义上的供给者并主动承担供给成本。国际经验还表明，一国人均 GDP 从 1000 美元向 3000 美元的过渡时期，生活性公共产品需求迅速增长，随着农民人均可支配收入的不断提高，农民生活性公共产品的需求结构也会随之改变，逐渐由消费型向发展型转变。②

① 于奎：《关于农村公共产品问题的研究综述》，《经济学动态》2005 年第 7 期。
② 胡绍雨：《我国农村公共产品供给问题研究》，《经济论坛》2014 年第 4 期。

3. 全国性农村公共产品、地区性农村公共产品和社区性农村公共产品

依据农村公共产品服务范围的大小，通常又可分为全国性农村公共产品、地区性农村公共产品和社区性农村公共产品。全国性农村公共产品是受众面覆盖至全国的农村公共产品，比如中央政府针对全国所有农村制定的相关制度、规则以及国防、电视、广播频道等；地区性农村公共产品是指覆盖整个地方（省、市、县）的公共产品，根据地方的等级，可以作进一步的细分；社区性农村公共产品的受众面最窄，一般是村集体内固定的受益群体，通常以"村"为单位进行供给，指的是一个村级组织辖区内的公共产品。

4. "硬"的农村公共产品和"软"的农村公共产品

西方经济学一直有把公共产品局限于"物质"层次的研究传统。这种学术传统主要研究"硬"公共产品，对于"软"公共产品的研究显得不足，这种学科局限一直影响着人们对公共产品供给内容与供给责任的认识。在这里，所谓"硬"公共产品就是物质形态的公共产品，而所谓"软"公共产品其实就是非物质形态的公共服务，包括公共政策、法律制度等，也可以理解为是一种精神文化形态的公共产品。有学者从社会资本理论视角，将农村公共产品分为物质型与服务型、制度与规则型、社会心理层面农村公共产品，其中社会心理层面公共产品主要指社会信任、社会责任与义务等。[①] 本书认为，此种分类方法虽不多见，但是，它的确有益于克服只重视公共产品的"物质性"而忽视其"精神性"、"文化性"的缺陷，为合理分担各种农村公共产品的供给主体责任提供了基本规范，有益于人们认识什么是农村公共产品，更易于理解农村公共产品的具体内容。

此外，还有一种农村公共产品分类方法非常重要，即将农村公共产品分为基本类公共产品和发展类公共产品。本书正是基于这种重要的分类方法来观察分析农村公共产品供给内容对其效率的影响。我们将生产性农村公共产品和生活性（或称消费性）农村公共产品都归入基本类农村公共产品，而将对"三农"政治经济社会长远发展发挥重要公益性支撑作用

---

① 张润君、任怀玉：《社会资本视角下的农村公共产品分类与供给主体责任研究》，《贵州商业高等专科学校学报》2007 年第 12 期。

的公共产品称之为农村发展类公共产品。农村发展类公共产品是从农业、农村和农民长远可持续发展的要求出发，具有公共性、公益性特征的公共产品或准公共产品。随着国民经济和社会发展的进步，农村发展类公共产品的具体内容不断变化，一些过去属于私人领域的产品可能进入发展类公共产品的范畴，而原来属于发展类的公共产品也可能转变为基本类公共产品。目前我国正在大力建设社会主义新农村和农业现代化，农村发展类公共产品还可细分为经济发展类、社会发展类、政治发展类、文化发展类、生态文明发展类等不同的发展类公共产品。例如，社会主义核心价值观建设就是一种典型的文化发展类公共产品，而乡村协商民主制度则是一种重要的政治发展类农村公共产品。

二　农村生产性公共产品的量化特征探讨

农村生产性公共产品是指在农业生产领域、为农业生产条件改善和促进农业生产进步而提供的，具有一定的非竞争性和非排他性的公共产品或准公共产品。现阶段我国农村生产性公共产品主要包括农村水利基础设施、农村公路和公共交通工具、病虫害治理、农技推广、水土流失及土地沙化治理、大中型农用机械设备、农业信息平台建设等。农村生产性公共产品的提供，可降低生产成本、运输成本、销售成本等农业经营成本，从而提高农业生产效率，农村生产性公共产品还能促进农业生产的专业化、规模化、商品化、产业化和市场化。

1. 农村公共产品财政投入对农业生产总值的影响

在这里，我们以湖南省为例。湖南省2003—2011年农业生产总值和农业财政支出的相关数据如表5-5所示，数据反映了政府农村生产性公共产品的投入对农业生产总值的贡献大小，其中农村生产性公共产品对农民收入增长的影响主要体现在其对农业生产总值的贡献上。

表5-5　　　　　湖南省农业生产总值和农业财政支出　　　　单位：亿元

年份（n）	第一产业增加值（Y_i）	农业财政支出（X_i）	$X_i Y_i$	X_{i2}
2003	885.87	36.13	32006.48	1305.38
2004	1155.85	72.26	83521.72	5221.51
2005	1254.98	71.91	90245.61	5171.05
2006	1331.31	87.4	116356.5	7638.76

年份（n）	第一产业增加值（Y_i）	农业财政支出（X_i）	X_iY_i	X_{i2}
2007	1611. 45	130. 1	209649. 6	16926. 01
2008	2007. 40	197. 40	396260. 8	38966. 76
2009	1969. 67	262. 6.	517235. 3	68958. 76
2010	2339. 44	322. 1	753533. 6	103748. 4
2011	2733. 66	394. 3	1077882	155472. 5
2012	3004. 2	437. 9	1315539	191756. 4
2013	3009. 2	500. 2	1505202	250200
$\sum$	21303. 03	2249. 7	6097433	845365. 6

资料来源：2004—2013 年《湖南省国民经济和社会发展统计公报》、2004—2013 年湖南省预算执行情况报告，http：//www. hntj. gov. cn/tjgb/hntjgb/。

假定湖南省第一产业增加值为因变量，农业财政支出为自变量，并假定其他条件不变。建立一元线性回归模型，并使用最小二乘法可以得到：

$$\begin{cases} \sum Y = na + b \sum X \\ \sum XY = a \sum X + b \sum X^2 \end{cases} \qquad (5-1)$$

将表 5-5 中数据代入公式（5-1）中（$n=9$），可求解出：

$$\sum Y = 21303. 03, \quad \sum X = 2249. 7, \quad \sum XY = 6097433, \quad \sum X^2 = 845365. 6$$

于是，我们可以拟合出一元线性回归模型如下：

$$y = 900. 55 + 4. 54x \qquad (5-2)$$

从式（5-2）可知，在没有进行农业财政投入的时候，全省的第一产业增加值为 900.55 亿元，而农业财政投入每增加一个单位（元），所增加的第一产业增加值为 4.54 元。因此，从上述模型分析可以看出，生产性农村公共产品供给对第一产业增加值的贡献具有非常明显的促进作用，产出弹性为 4.54 亿元。生产性公共产品对第一产业增加值的影响不仅有短期的边际收入效应，而且其供给所形成的固定资产还具有长期边际收入效应。

由实证分析可知：一旦政府增加农业财政投入，即政府花更多的钱在农村公共产品供给上时，第一产业增加值会急速增加，在一定程度上也反映出农民收入的增加。所以，政府应该逐步完善农村公共产品的供给制度，加大供给投入，来达到提高农村生产总量、改善农民生活水平的目的。

2. 农村生产性公共产品供给动态变化

在农村的生产性公共产品的供给中，对农业、水利、综合开发等方面的财政投入最能够体现政府对农村公共产品的供给力度，表5－6是湖南省2003—2011年的财政支农支出基本情况，反映了近年来湖南省农村生产性公共产品的供给趋势［表5－6中"财政支出（农业）"的数据与表5－5中的"农业财政支出"数据由于来源不同，所以数据有所不相同］。

表5－6　　　　　　　　湖南省农业财政支出数据　　　　　单位：万元

年份	财政支出（农业）	财政支出（水利）	财政支出（农业综合开发）
2003	226221	70006	—
2004	340831	73556	—
2005	402771	89791	—
2006	480973	108391	—
2007	1259175	—	—
2008	1344000	391024	86566
2009	1505620	608608	117074
2010	1520184	668113	135128
2011	1509950	1141866	160800

资料来源：《湖南统计年鉴（2013年）》，中国统计出版社2013年版。

从表5－6中可以看出政府对农村公共产品的供给越来越重视，财政对农业、水利、农业综合开发的投入不断增加。特别是从2007年开始，农业财政支出有了很大幅度的提升，从2008年的数据也可以看出财政对水利的支出增加，这与我国在2006年开始全面免收农业税的政策是同步的，体现了政府对"三农"问题的高度关注，新增财政支出对农村有较大倾斜，有力提高了农业生产效率，改善了农民生活水平。从长远来看能够缩小贫富差距、保障社会公平。通过2011年湖南省省级财政决算情况报告了解到，全省该年度重点支持病险水库治理、农村安全用水等水利建设，提高生态公益林补偿标准，积极开展高寒山区扶贫解困试点，"一事一议"奖补政策覆盖的行政村由 33% 扩大到 50%。可见，政府不仅高度重视农村生产性公共产品的供给投入，也非常重视农村公共产品的决策科学化民主化改进。

三 农村生活性公共产品的量化特征探讨

农村生活性公共产品，也称农村消费性公共产品、农村非生产性公共产品等，主要是与农民生活、农村生活环境改善等密切相关，旨在提高农民生活水平的公共产品。农村生活性公共产品的供给有利于实现农村生活的现代化。与城市公共产品供给相比，在广大农村解决基本生活条件方面的困难是公共产品供给的重要内容，因为当前农村基本公共产品还存在短缺，农民基本的衣食住行方面的困难在一些欠发达地区的农村仍然普遍存在。所以，向农村提供生活性公共产品是城市文明向农村延伸的桥梁，是广大农民分享经济发展成果的有效手段，能够在一定程度上改变农村的贫穷落后面貌。

1. 农民消费水平对农村公共产品供给的影响

我们以湖南省为例，先分析农民的消费结构及其消费水平。表 5 - 7 是湖南省农村居民家庭人均生活消费支出构成，通过研究农民的消费需求，能够使农村公共产品供给更好地满足农民的实际需求，农民消费需求增长快的项目正是政府公共产品投入需要加大的项目。

表 5 - 7　　　　　　湖南省农村居民家庭人均生活消费支出构成

项目	2003	2004	2005	2006	2007	2008	2009	2010	2011
食品	1111	1339	1433	1463	1675	1948	1968	2088	2343
衣着	106	122	128	138	162	169	182	210	260
居住	272	293	307	421	508	630	692	719	970
医疗保健	105	124	219	250	279	286	341	344	422
交通和通信	147	175	329	342	294	279	291	316	347
家庭设备及服务	80	92	114	120	153	171	204	244	331
文教、娱乐用品及服务	271	280	168	197	220	244	258	294	397
其他商品及服务	48	57	58	74	87	79	85	96	111
生活消费支出合计	2139	2472	2756	3013	3377	3805	4021	4310	5179

资料来源：《湖南统计年鉴（2013 年)》，中国统计出版社 2013 年版。

表5-7描述了湖南省2003—2011年农村居民生活消费支出的结构，也在很大程度上体现了农村居民对公共产品供给的需求。从表5-7中不难发现，2003—2011年，湖南省农村居民家庭平均每人生活消费支出中，食品支出仍然是农民消费支出的主要部分，占总支出的一半以上；居住支出上升的比例非常快，主要是由于现在房价、地价上升迅猛，且建筑建材的费用上升，农民用于租用住房、修建住房以及住房改造装修等方面的费用占农民家庭生活支出的重要部分，支出比例逐渐提高；在农民的消费支出中，医疗保健、交通和通信、家庭设备及服务的支出增长也很快，这是由于近年人口流动性增强，而且人们对生活卫生健康状况日益重视，恰好反映了这一领域农村公共产品供给是农民最有需求的，而且现实情况是供小于求，需求空间十分广阔。

在湖南省农村的实地调研中，[①] 我们了解到目前农村的电网普遍比较老化，甚至在雷雨时节还会出现漏电伤人的现象。村级公路狭窄陈旧，还有些村落偏僻的地方没有通公路。农村的信息化建设仍然处于很薄弱的阶段，移动通信设备的普及率不高，电视存在信号不稳定、节目少，网线的铺设覆盖面非常窄。因此，生活性基础设施的落后在一定程度上限制了农村对彩电、电冰箱、洗衣机、电脑等基本家用电器的需求。国家开展"家电下乡"惠农利民项目，旨在提高农民的消费需求并提高农村居民的生活质量，但是由于基础设施建设没有跟上，农民消费能力还是没有完全挖掘出来。如果农村和城市在用电方面能做到同网同价，并对农村基础设施加大投入，同时修缮电网、卫星电视接收设施等，加强农村高新信息化的基础设施建设，完善网线铺设，提供计算机培训课程等，那么，不仅会推动农村家庭对家电产品的消费，而且还能够大幅提升农民的生活质量水平。

从以上分析可以看出，农村公共产品供给与消费的相关性主要表现在以下几个方面，首先，农村生活性公共产品供给对农民的生活环境、消费水平和幸福感能够产生直接的影响；其次，农村生活性公共产品供给还能

---

① 我们的调查对象地区包括湖南省的永定区、桑植县、龙山县、凤凰县、湘潭县、长沙县、醴陵市、桃江县、桃源县、邵阳县、洞口县、娄星区、北湖区、汝城县、衡南县15个县（市、区）。

够增加农民的收入水平，从而间接影响农民的消费水平。[①] 假设在农村预算收入一定的条件下，农村消费可分为私人产品消费和公共产品消费，并具有完全可替代性。私人产品的消费价格一般由市场决定，而农村公共产品的价格可以用政府向农民征收的税收来表示，这样农村社会消费最优化条件就是对下述方程的求解：

$$\begin{cases} \text{Max}U = f\left(X_1,\ X_2\right) \\ Y = X_1 P_1 + X_1 P_2 \end{cases} \qquad\qquad (5-3)$$

在式（5-3）中，U 为效用函数，X_1 为公共产品消费量，X_2 为私人产品消费量；Y 为农民消费的预算收入，P_1 为公共产品供给价格，P_2 为私人产品供给价格。在消费预算收入约束下，农民消费的均衡条件是农民用最后一单位货币购买到的农村公共产品和私人产品所获得的边际效用相等，或者说农民对这两种产品的主观评价（边际替代率）等于价格的客观评价（两种物品的价格之比），用公式可以表示为：

$$dX_1 / dX_2 = P_1 / P_2 \text{ 或 } MU_1 / P_1 = MU_2 / P_2 \qquad\qquad (5-4)$$

在式（5-4）中，MU_1 为农村公共产品 X_1 的边际效用，MU_2 为农村私人产品 X_2 的边际效用。如果用曲线图表示，可以用效用无差异曲线与农民预算约束线的切点决定的两者消费量的最佳组合来决定，如图 5-1 所示。在图 5-1 中，纵轴 X_1 为公共产品消费量，横轴 X_2 为私人产品消费量，U_0 为效用无差异曲线，AB 为农民收入预算约束线，AB 与 U_0 相切于 E_0 点，我们记为 $E_0\left(X_{1,0};\ X_{2,0}\right)$。从理论上讲，在这个点上可以实现农村公共产品与私人产品消费的最佳组合，即农村公共产品供给效率的帕累托效率点。

但是，从我国现实情况看，广大农村普遍存在公共产品供给短缺现象，农民对公共产品的需求由于受主客观条件的限制难以受到重视。在图 5-1 中，E_0 点假定为在较低水平实现的农村公共产品供求均衡状态（帕累托最优点），如果在私人产品消费不变的情况下，政府增加农村公共产品供给，则初始的预算约束线 AB 将向右上方转移至 CB，并与较高的效用曲线 U_1 相切于 E_1 点，我们记为 $E_1\left(X_{1,1},\ X_{2,1}\right)$。在这个点上，农民在私人产品消费不变的情况下，即农民的消费能力不变的情况下，政府增加农

---

① 黎东升、何蒲明：《我国农村公共产品供给对农民消费影响的实证研究》，《农业技术经济》2009 年第 6 期。

村公共产品供给，能使农民获得更多的消费收益，即实现帕累托改进。当农民改变了消费理念并且可支配收入有了增加，那么以往的自给自足和简单的私人产品消费就不能满足其生活需求，而只要通过农村公共产品的供给来刺激农民的个人消费需求。在这种新情况下，农民的私人产品消费与公共产品对农民消费的促进作用越来越具有互补性关系，在图5-1中，初始的预算约束线 AB 将不断向右方平移至 CD，并与更高的效用曲线 U_2 相切于 E_2 点，我们记为 $E_2(X_{1,2}, X_{2,2})$。在这个切点上，将实现农村公共产品与私人产品消费更高水平的供求平衡，即帕累托最优点。扩大县乡政府农村公共产品供给，就是要推动农村公共产品供给不断伴随社会经济的发展与农民私人产品消费的增长相适应，从而不断创造出新的供求平衡点，不断提高农村公共产品供给效率的新水平。

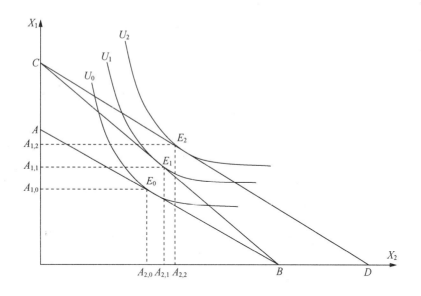

图5-1　农民消费水平与农村公共产品供给最佳组合效率改进示意图

2. 农村生活性公共产品的供给趋势分析

在农村生活性公共产品中，基础教育、医疗卫生设施、社会福利等财政投入最能体现政府在此类公共产品方面的供给力度。表5-8是湖南省2003—2011年主要农村生活性公共产品财政投入基本情况。

表 5 - 8   湖南省农业财政支出数据   单位：万元

年份	农村中小学教育经费	农村财政卫生支出	财政对社会保障金的补助
2003	389452.28	62212.37	—
2004	436927.35	68940.47	—
2005	497901.44	66476.81	—
2006	675394.92	98404.14	—
2007	854049.86	133250.88	—
2008	1111122.57	204996.33	992811
2009	1258239.46	360213.06	1071435
2010	1394729.71	409323.00	1358864
2011	1558522.81	583965.39	1849219

资料来源：《湖南统计年鉴（2013 年）》，中国统计出版社 2013 年版。

表 5 - 8 显示，2003—2011 年，湖南省农村中小学义务教育阶段的财政投入逐步提升，说明政府对基础教育的重视程度随着经济发展逐步增强。政府对农村教育的投入一直非常关注，始终占农村生活性公共产品支出的主要部分。财政对农村卫生的投入逐年增加，由于新型农村合作医疗在农村全覆盖，农村财政卫生支出在 2007 年出现一个向上的拐点，此后，每年都以较大的幅度增长，反映了近年来国家高度重视增加对农村医疗卫生公共产品的供给。近年来，在推进城乡统筹发展进程中，财政对农村社会保障的支出迅速增大，2010 年、2011 年增幅较大，这与国家在农村实行新型农村养老保险试点、农民最低生活保障制度等密切相关。长期以来，以农补工形成的"剪刀差"支持着中国城市的发展，"工占农利"在国家财政支出结构中也有明显反映。党的十六大以后，国家逐步实行"以工补农、以城带乡"的公共财政制度，加强工业反哺农业、城市带动农村的多予、少取、放活的强农惠农政策，在加强农业基础设施建设、确保粮食安全的同时，大力建设社会主义新农村，公共财政对农村生活性公共产品的支出规模迅速增大，农村公共产品供给结构得到快速优化，其对农村经济、政治、社会、文化和生态文明建设都产生了积极的促进作用。为更加深入分析农村生活性公共产品的供给趋势，我们选用 2003—2011 年湖南省农村财政卫生支出、农村中小学教育费用两项生活性公共产品的

财政支出数据，运用图示法进行供给趋势分析，如图 5 - 2 所示。

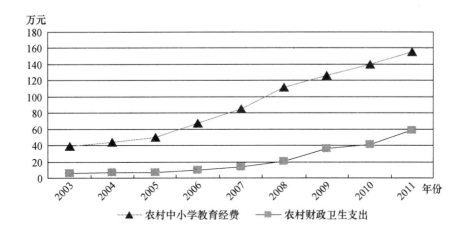

图 5 - 2　湖南省农村中小学教育经费和农村财政卫生支出变化趋势图

　　从图 5 - 2 中可以看出，2006 年开始，农村中小学教育经费投入迅猛增加，这与我国当时对农村的政策倾斜是一致的。农村卫生投入发展相对缓慢，但是从 2008 年开始也有一个较大的提升，说明我国在农村地区，对教育方面的重视比在对卫生方面的注重开始得更早。但总体上这两者的供给趋势是增长较快的，说明政府越来越重视对农民生活性公共产品的投资。

四　农村公共产品供给结构失衡分析

　　现阶段我国农村分散的生产组织结构对农村公共产品具有强烈的依赖性，农村公共产品供给无论对农业生产、农民生活还是农村发展来说，都有十分重要的意义。然而，不同的农村公共产品供给结构，不仅因为具体农村公共产品的数量、质量或分布结构的差异，可能对农村公共产品供给效率产生影响，而且，多种农村公共产品共同组成的供给结构还具有系统整体效应。因此，分析农村公共产品供给结构失衡问题，对于破解当前我国农村公共产品供给效率偏低的现实难题非常必要。

　　从一般意义上讲，我国农村公共产品供给总量严重不足，特别是在国家财政提供的公共产品供给结构中，城乡公共产品供给严重失衡，农村公共产品供给数量、质量和地区分布的偏态等，从广义上讲都属于农村公共产品供给失衡的范畴。我们在这里，仅仅分析农村公共产品供给体系内部的结构性矛盾。从农村公共产品供给体系内部认识供给结构问题，包含着四重基本内容：一是价值目标。什么样的结构是一个"好结构"？最直接的表现就是对农村公共产品供给"优先序"的排列。从经济学角度看，它就是帕累托效率最优的供给结构，但这往往难以衡量。从政治学角度看，它是一个公共管理"善治"问题，即最大多数农民满意的供给结构。二是整体的结构形态。也就是说，从整体上看，农村公共产品供给结构是同质性明显，即表现为不同地区的供给同构化，还是异质性鲜明，不同地区的供给结构具有其明显的地区特色。供给结构本身是不同类别农村公共产品的数量份额及其相互之间的关系，过度的同构化实际上导致供给结构本身的"异化"。三是分布维度。农村公共产品供给从纵向和横向两个维度上具有何种特征，这往往成为人们关心的焦点问题。四是不同类别具体农村公共产品的比例关系。这也是人们讨论最多、最为关切的问题。

1. 供给结构分析的价值依据：农村公共产品供给"优先序"

农村公共产品供给是一个复杂的系统工程。在财力有限的情况下，供给主体需要确定一个合理的优先次序。然而在怎样确定优先次序方面却有多种不同的观点，反映出不同的供给主体和供给受体存在着对农村公共产品供给结构的价值目标差异。有研究根据农村公共产品供给效率的大小来确定供给的优先次序，即越有效的公共产品越要优先供给。[1] 这种方法从理论上讲，符合农村公共产品供给的目标，但是，在现实中效率评价实际上非常复杂，也并不十分精准，操作起来有一定难度。有研究从公共服务均等化程度来判断农村公共产品政府供给的优先序，研究采用泰尔指数分析城乡公共产品在教育、医疗卫生和社会保障方面供给的不均等化程度。研究认为，不均等化程度最高的具体公共产品，就是应当最优先发展的农村公共产品。[2] 许多研究者根据供给与需求相互决定的原理，从供给的对立面——需求的角度研究农村公共产品供给结构问题。这种研究的基本思路是，通过对农村公共产品需求结构进行探讨，先提出农村公共产品需求优先顺序，然后为确立农村公共产品供给优先顺序、优化农村公共产品供

---

① 李丽、蔡超：《基于贫困脆弱性视角的农村公共产品供给研究》，《财政研究》2014 年第 1 期。

② 高萍、徐天群：《基于城乡比较的农村公共产品政府供给优先序分析》，《中南财经政法大学学报》2013 年第 4 期。

给结构提供依据。有学者运用文献研究方法，通过对大量同行专家学者的相关文献进行研究，将其他专家的研究成果经过计算，最后得出结论认为农村公共产品供给优先顺序为"医疗卫生＞基础教育＞基础设施"。[1] 也有研究直接调查分析农民对某些具体农村公共产品的需求偏好，来确定政府供给农村公共产品的优先序，[2] 还有专家利用农民对具体农村公共产品的需求偏好调查数据，采用灰色关联分析方法，对农村公共产品的需求进行优先排序后，提出为优化农村公共产品供给结构，应优先发展农村社会保障和教育，在实现农民对该类公共产品一定满意程度基础上，统筹兼顾，注重协调发展。[3] 需要指出的是，根据农民的需求意愿进行农村公共产品供给优先序排列，虽然一定程度上反映了供给受体的效用，但是难以克服农民在需求表达中集体非理性行动的困境。

2. 供给的整体结构形态分析：农村公共产品供给同构性

目前我国农村公共产品供给结构方面存在的最突出问题之一，就是中国各级政府农村公共产品的供给同构性偏高。从纵向来看，中央政府到乡（镇）的五级政府，其供给的农村公共产品同构性较高。五级政府都供给社会安全与紧急救灾、国土资源管理与生态环境保护等公共产品。这一方面是由于中国各层级政府职能部门的设置强调"上下对口"，中央政府设置的公共产品供给行政主管部门，省、市、县、乡（镇）政府几乎都有相对应的政府机构，各级政府几乎行使雷同的农村公共产品供给职能。另一方面也由于我国农村公共产品供给决策体制机制相同，各级地方政府都是按照中央政府下达的"红头文件"决定供给什么、供给多少、向谁供给。从横向来看，同级不同地方政府供给的农村公共产品同构性也较高。这同样与中国目前同层级上任何两个不同地方政府的机构部门设置高度相似性密不可分。[4]

---

① 睢党臣：《基于需求的农村公共产品供给结构研究》，《吉林大学社会科学学报》2010 年第 3 期。

② 徐丹丹、杨静、孟潇：《北京农村公共产品供给的优先次序选择》，《管理学刊》2009 年第 5 期。

③ 高萍、冯丹丹：《农村公共产品农民需求优先序的灰色关联分析》，《财政研究》2012 年第 3 期。

④ 转引自王能发、蔡绍洪《公共资源管理中克服公地悲剧的轻微利他博弈分析》，《贵州财经学院学报》2011 年第 4 期。

3. 两个分布维度的供给结构失衡：纵向与横向观察

农村公共产品纵向维度上供给结构失衡的最突出表现，就是地方政府供给的农村公共产品所占比重远远大于中央政府供给的比重，并与中央和地方财政规模极不适应。地方政府供给公共产品的财政支出占所有纵向层级政府供给公共产品的财政支出比重2000年为65.25%，2008年上升为78.68%，但中央政府供给公共产品的财政支出占所有纵向层级供给公共产品的财政支出比重2000年为34.75%，2008年下降为21.32%。[①] 在地方政府农村公共产品供给横向结构方面，各地政府均把追求经济建设（GDP）目标放在首位，财政支出中的公共经济所占比重最大，其他公共产品财政支出排列其后。我们对比分析2012年和2003年地方政府财政支出中主要公共产品供给支出的情况，详见图5-3。可以看出，2012年地方政府财政支出中教育、社会保障与就业、一般公共服务、农林水事业、医疗卫生、公共安全、科学技术、文化体育与传媒的支出依次排列，分别约为20141亿、12000亿、11702亿、11471亿、7171亿、5928亿、2242亿、2075亿元，2003年分别约为2697亿、1118亿、2889亿、870亿、756亿、

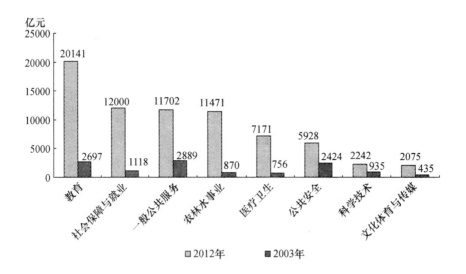

图5-3 2012/2003年地方政府财政支出项目排序示意图

资料来源：《中国统计年鉴》（2013年，2014年）。

---

① 戴昌桥：《中美地方公共产品供给模式比较研究》，《中南财经政法大学学报》2013年第3期。

2424 亿、935 亿、435 亿元。从时间序列来看，地方政府在提供社会保障公共产品的财政支出方面有较大的排序变化，反映出政府对此项公共产品的重视程度正在迅速加强。相比而言，在公共安全方面，近年来地方政府财政支出的重视程度明显下降了，而教育始终都处于地方政府财政支出的重要位置。

4. 具体公共产品供给结构差距：有限理性与财政约束

当前我国农村公共产品供给结构不合理现象突出表现在三个方面：一是农村居民急需的公共产品供给不足，需求不大的公共产品供给过剩。二是重农业生产，轻社会事业发展。地方政府重视对农业基本建设等生产类农村公共产品的投资，而忽视对社会事业发展急需的消费类、发展类农村公共产品的投入。三是农村公共产品供给的区域之间不平衡。东部地区要明显优于中部地区，中部地区又要强于西部地区，沿海省份好于内陆和西部省份。① 导致具体农村公共产品供给产生结构性差距的原因，一般认为有两个方面：

第一，供给决策与农民需求的有限理性。从农村公共产品供给方来说，政府的供给决策是"有限理性"的。在计划经济时期，政府最重要的职能是经济建设，财政支出中经济建设支出占最重要的地位。随着市场经济体制改革不断深入，特别是城乡二元结构使得城乡居民收入差距越来越大，发展农业生产、促进农民增收是政府加强农村公共产品供给的首要目标，这个阶段政府主要供给诸如农田水利基础设施建设、农村道路交通、病虫害防治、农业科技推广等生产类农村公共产品。随着我国城乡一体化战略的实施，农村人口大量流向城镇，农村公共产品供给无论是时间、空间还是区域内生产性基础设施，都将对农村其他公共产品供给产生重要影响。只有到了一定程度之后，生产性基础设施、生活性基础设施、基础教育以及医疗卫生公共产品才会独立运行。此时，政府在推进城乡一体化进程中，加大生产性基础设施公共产品配置必将成为优先选择。随着城乡一体化进程的加快，经济发展水平会越来越高，教育、医疗卫生公共产品会为基础设施建设带来强大推动力，进而促进基础设施建设。农村公共产品供给结构是一个有机系统，有着内在的逻辑和刚性安排需求，城乡

一体化是一个循序渐进的过程，因此在优化农村公共产品结构过程中，政府必须考虑到地方区域差异问题，并通过动态适应、战略调整来不断优化农村公共产品结构。① 但是，农民又是农村公共产品供给的受体，其需求满足程度将直接影响到县乡政府农村公共产品的供给效率。从客观情况来看，政府对农村公共产品供给的长期目标是理性的，但与农民对农村公共产品供给的短期需求存在一定矛盾，因而政府的这种供给决策只能是有限理性的。由于政府供给农村公共产品的决策并非需求主导型的，农民的需求得不到反馈，没有真正参与到农村公共产品的供给当中去，基层政府及村级组织对农村公共产品供给与农户需求没有对接上，存在供求错位，以致农民满意度不高。大量农村公共产品的供给不足和一部分特殊的公共产品供给过剩，最终导致供给结构失衡。而且基层政府在农村公共产品供给上的广泛事权与有限财权不匹配，所以会存在缺位、错位和越位三种状态，这是具体农村公共产品供给失衡的主要原因。②

第二，农民的多元需求与政府供给的财政约束。长期以来，我国城市发展远远快于农村，城乡公共基础设施建设差距巨大。在推进城乡一体化进程中，又必然伴随着城乡要素向城市流动，尤其表现为农村人口向城镇的转移，大量的农民储蓄向城镇转移，以城郊土地资源为主的紧缺资源向城镇转移，以适应新型工业化和新型城镇化发展的需要。在这种情况下，广大农民对农村公共产品的需求呈现出多元化趋势。进城农民工企盼享有城市居民的"完全市民"待遇，包括就业、社会保障、子女就学、住房保障等。农业生产发展需要大量小额金融信贷，要求国家政策性银行和商业银行增加农村经营网点，缓解农业生产资金压力。农民要求更多的土地权利，特别是要求在土地资源流动中平等参与市场交易、平等享受改革带来的利益。但是，政府在新型城镇化、新型工业化和农业现代化进程中，必须统筹兼顾。既要满足农民多元化的农村公共产品供给需求，又受财政支出刚性约束，不得不按照"轻重缓急"原则来安排农村公共产品供给优先序。政府在探索放开户籍限制、积极为农民工提供各种公共产品和公共服务的同时，必须考虑城市公共服务饱和容量的限制。国家政策性银行和国有商业银行在大力推动农村金融改革的同时，不得不面对银行业激烈

---

① 李伟：《如何优化农村公共产品供给》，《光明日报》2014 年 2 月 16 日。
② 李晶：《农村公共物品供给短缺的形成机理探析》，《农村经济》2009 年第 9 期。

的市场竞争对国有商业银行形成的"倒逼"压力。政府在鼓励农村土地流转、支持农民平等参与竞争以享有改革"红利"的同时，控制城镇房地产价格、管控城市建设发展成本，同样也是为农村人口向城镇流动降低"门槛"。如此种种，政府受到财政约束的压力也越来越大。公允地说，不是政府不了解农民对公共产品的多元需求，更多的是政府受财力约束而显得力不从心。这可能是农村公共产品供给结构失衡的更深层次的原因。

第四节　供给层次对供给效率的影响

从管理幅度与管理层级的关系来说，管理幅度与管理层级不匹配，就会导致管理效率损失。我国各个层级的政府及村民自治组织，作为农村公共产品最主要的供给主体，根据不同的供给责任所形成的供给层次，对农村公共产品供给效率具有重要影响。但是，不同的学者对农村公共产品供给层次的划分有着不同的看法，有些学者认为农村公共产品的供给责任应该向中央政府和省级政府上移，以减轻基层政府的财政压力；[①] 另外一些学者则认为农村公共产品应该由县乡政府来提供，因为最基层的政府最了解农民的需求，而上级政府所要做的就是将财权和事权都下放到县乡政府，可以取消市一级政府对农村公共产品的供给层级，提出通过"强县扩权"途径来改进县乡政府农村公共产品供给效率。[②] 还有学者认为，应根据受益范围来确定供给的主体以及供给的层次，除了具有外溢性的公共产品可以酌情由各级政府共同提供以外，其他都可以由县、乡、村、组等低级别层次来分别提供，并根据地方公共需求偏好合理配置公共资源，这样可以根据农民的真实需求提供更有实际价值的农村公共产品。[③] 有学者认为，村民自治为农村公共产品供给以及我国的民主政治建设做出了重要贡献，除了政府机构能进入最主要的供给层次之外，村民自治这一组织形

---

①　黄立华：《论农村公共产品供给中的政府责任》，《吉林大学社会科学学报》2009 年第 4 期。

②　雷晓康、方媛、王少博：《强县扩权背景下我国基层政府公共服务供给能力研究》，《中国行政管理》2011 年第 3 期。

③　安福仁：《强县强国与财政体制创新》，《东北财经大学学报》2009 年第 5 期。

式也应该在提供村级公共产品中发挥核心作用，这样不仅可以更方便地了解农民的需求，而且减少了供给层次、精简了工作人员，也能在一定程度上减少公共财政支出。① 也有学者在全面分析国家行政力量主导下村庄合并政策所产生的政治及社会后果的基础上，提出了实行村组合并、减少基层供给层次、形成以县域为单位的纵横交错新型服务网络和服务体系来提供农村公共产品的观点。② 总之，农村公共产品供给的决策层级、具体农村公共产品供给与生产组织层级等因素，是观察与分析农村公共产品供给层次影响效率的主要因素。

一 农村公共产品的多层次供给

从总体上看，农村公共产品供给的层次主要在各级政府中划分，大致可区分为三个层次：中央政府对全国性公共产品统筹供给，这种农村公共产品能够影响整体国民福利；区域政府（省级）对区域内部公共产品统筹供给，这种农村公共产品有利于区域经济发展；地方政府（县、乡）对地方性公共产品统筹供给，是基层政府从地方经济发展水平和发展战略视角来提供农村公共产品。除各级政府供给外，农村村级组织供给也不可忽视。

1. 中央政府供给农村公共产品

中央政府主要提供受益范围遍及全国的农村公共产品，并且协同地方政府供给具有外溢性的农村公共产品。中央政府在提供农村公共产品时能够弥补地方政府在提供跨区域公共产品时不便协调的缺陷，对于国防建设、河流治理、环境工程、农业科技研发与推广、跨区域重大动物疫病防治、森林火灾及其他重大自然灾害防治等具有很强的协调功能，能够更好地把握全局、统筹规划，而且此类农村公共产品往往耗资巨大，由中央政府来提供更为现实，也能够减轻地方财政的压力。③ 中央政府可以通过改变现有国家财政支出结构的办法，并可适当发行国债，针对跨区域农村公共产品而集中事权，并把农村纯公共产品供给所需的资金全部纳入财政预算范围，加大财政对农村公共产品的投入。④

---

① 彭大鹏：《村民自治已经没有意义了吗?》，《理论与改革》2011 年第 1 期。
② 邢健：《国家建设视角下的村庄合并政策研究》，《天津行政学院学报》2012 年第 4 期。
③ 张要杰：《农村公共物品供给：主体选择、融资决策与投资序列》，《软科学》2008 年第 1 期。
④ 杨勇、罗能生：《农村公共产品供给中政府作用的国际经验及启示》，《上海经济研究》2008 年第 5 期。

2. 省级政府供给农村公共产品

省级政府提供省域范围内受益的农村公共产品是比较合理的，因为省级政府能够较好地把握全省农村的整体情况，对省内各地区的差异了解得较为透彻，宏观上也掌控得更好。从财政的角度来看，省级政府的财政资金也较为充裕，由省级政府提供农村公共产品能够减轻县乡政府的财政压力，也不会加重农民负担。当然，省级政府也会通过财政转移支付让一部分公共产品供给资金由县乡政府自由裁量，如此配合起来能够为广大农村提供更多的公共产品。省级政府应该从政策、技术、资金等方面加大对农村公共产品的投入。

3. 县乡政府供给农村公共产品

县乡政府供给农村公共产品是近年来学术界的热门话题。1994 年我国实行分税制改革以后，财力逐渐上移，而事权逐步下移，中央财政与地方财政收支比重出现严重不对称，地方财政尤其是县乡财政支出压力逐年增大（详见表5-9、表5-10）。"重新集权化"全面挤压了县乡政府，直接加剧了县乡政府与上级政府的紧张关系，间接加剧了县乡政府与基层民众的紧张关系，[①] 县乡政府供给农村公共产品的自决权被严重削弱。进入 21 世纪以来，县乡政府在政府体系中的位势进一步发生重要变化，县乡政府在与上级政府的博弈中完全处于劣势地位。"下管一级"财政管理体制和部分以"上级交办制"为特征的事权划分方法与国际上通行的财政联邦制原则相抵触，并且两者偏离了地方民主财政规则和程序的补充，这些因素均不利于提高我国的县乡财政管理体制的效率。[②] 由于落实上级各种政策如"三支一扶"、"进村进社"等造成的县级财政供养人口的不断增多，使得县乡政府承担的责任与可支配财力不相对称的问题更加明显。[③] 可见，加快省以下特别是县乡财政管理体制创新，努力建设农村公共产品供给财责与事权统一的县乡政府农村公共产品供给体制，已成当务之急。

---

① 赵树凯：《县乡政府治理的危机与变革——事权分配和互动模式的结构性调整》，《人民论坛·学术前沿》2013 年第 21 期。

② 冯兴元：《县乡财政管理体制：特点、问题与改革》，《农业经济问题》2010 年第 1 期。

③ 财政部财政科学研究所课题组：《建立和完善县级基本财力保障机制》，《中国财政》2012 年第 19 期。

表 5 - 9　　　　　　1993/2010 年中央与地方财政收支结构统计表

年度	全国财政总收入（亿元）	中央财政收入（亿元）	占比（%）	地方财政收入（亿元）	占比（%）
1993 年	4349	958	22	3391	78
2010 年	83080	42470	51.1	40610	48.9
年度	全国财政总支出（亿元）	中央财政收入（亿元）	占比（%）	地方财政收入（亿元）	占比（%）
1993 年	4642	1312	28.3	3330	71.1
2010 年	89875	15937	17.8	73938	82.2

资料来源：《中国财政年鉴（2013 年）》，中国财政杂志社 2013 年版。

表 5 - 10　　　　　2010 年各级地方政府一般预算收支结构统计表

地方政府层级	省级（%）	市（地）级（%）	县级（%）	乡（镇）级（%）	合计（%）
一般预算收入	21.7	32.3	34.3	11.7	100.0
一般预算支出	20.8	27.4	45.5	6.3	100.0

资料来源：《中国财政年鉴（2013 年）》，中国财政杂志社 2013 年版。

4. 村组自治供给农村公共产品

村民委员会和村级社区都是村民自治组织，村组集体是对农村事务进行管理的最基本的单位，这决定了村组与农民利益息息相关。从理论上讲，村干部由村民直接选举产生，代表的是辖区内农民最根本的利益。村组具有了解农民需求、直接反馈农民意愿、协助基层政府决策的优势，但村组财力十分有限。村组作为农村公共产品供给的一个层次，它在提供农村公共产品的范围上通常较为局限，受益者固定，公共产品的服务范围较窄。因此，政府既要从巩固村组作为农村公共产品供给层次地位的要求出发，给予村组一定的财政支持、提升农民的组织化程度，又要依法支持村民自治，协调县乡政府与村委会的关系，防止县乡级供给层次对村组层次的干预，促进二者相辅相成，共同为农村公共产品的供给服务。

二　各供给层次间的委托—代理关系

不管是经济领域还是社会领域普遍存在委托—代理关系，这种关系是随着生产力的发展和规模化生产而产生的。因为生产力发展使分工进一步细化，权利的所有者由于知识、能力或者是权限问题难以行使所有权利；而社会分工产生了一批具有专业技能的职业代理人，他们的职责就是行使委托的权利。但是在委托—代理关系中，委托人和代理人都会追求自身利益最大化，委托人希望在代理人的协助下得到最大的利益，而代理人则希望在取得委托人授权和信赖的情况下，获得最高的代理费用。因此，在建立委托—代理关系的时候需要建立相应的约束机制和监督机制，以防止代理者行使委托者权利的时候产生越权或谋取私利的情况。同时，为了化解委托—代理关系中仍然可能出现的利益冲突问题，在出现有损委托人利益的行为时，还需要委托人来激励代理人按照自己的意志行事。

与追求利益最大化的企业不同，政府具有多元目标。政府在考虑经济效益的同时，应更多地顾及公益性，要考虑社会公平、环境保护等涉及社会长远发展的目标。政府公务员的一些工作往往无法量化，较难考核，而且政府公益目标与谋求经济高速发展往往具有内在矛盾性。通常情况下，政府公务员通过晋升机制进行内部激励，通过内部各个级别的相互监督以及社会大众对政府的监督来实行约束。有效的激励和约束机制能够让政府官员更加专注于提供更优质的服务和长远利益。在农村公共产品供给领域也存在委托—代理关系，不仅是农民授权政府，而且各级政府之间即各个供给层次之间也存在委托—代理关系。也就是说，在农民与政府之间、上下级政府之间产生两个层次上的委托—代理关系。此外，农民和政府都可能根据具体农村公共产品供给的便利，委托"第三部门"供给或生产农村公共产品，如图5-4所示。图中箭头指向代理人，另一端为委托人。下面对这两个层次上的委托—代理关系进行分析。

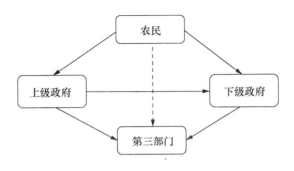

图5-4　农村公共产品供给的委托—代理关系

1. 农民在与政府的委托—代理关系中始终处于弱势地位

在农村公共产品供给中，农民是绝对的受益者，但是在与政府的关系中，作为终极委托人的农民，仍然处于弱势的一方。[①] 首先，农民社会地位不高。改革开放以来，随着农村经济发展，广大农民群众的社会地位逐渐提升，但是农民在社会上仍然处于底层，相较于城市居民来说，各方面享受的待遇和获得的尊重都远远不够。比如就业渠道狭窄、低水平的社会福利、农民工子弟教育资源缺乏，都充分体现出我国"城乡二元结构"政策对农民的歧视。其次，虽然我国是农业大国，农民人口众多，但农民集体的谈判能力较差，主要是因为农民的文化素质偏低，参与政治生活的能力有限，所以在农村公共产品供给的过程中，不能完整地表达自身的诉求，导致农村公共产品供需失衡。再次，农民缺乏现代治理意识。我国农民的宗法意识很重，农民大多老实本分不张扬，自身感觉社会地位低下，遇事希望在家族范围内解决，不愿意寻求自己社交圈之外的帮助，也没有求助政府的意识，不太敢主张自身的需求，更缺乏监督政务的能力。最后，虽然从社会实证和规范实证的角度看，农民集体具有社会组织的团体性和法律主体的人格性，也具备独立的责任能力，即集体成员并不为农民集体的债务承担连带责任。[②] 农民群体属于社会的弱势集团，对政府的约束能力也相对较小，所以政府有可能做出有损农民利益的制度安排。这就为作为代理人的政府逾越自己的权限、侵犯委托人农民的合法权益提供了可能。

2. 各级政府之间的多重委托—代理关系错综复杂

我国中央、省、市、县、乡多个层级的政府之间，在农村公共产品供给过程中存在错综复杂的委托—代理关系。政府的公信力象征着政府的合法性，是社会对政府形成的一种约束机制，一级政府所拥有的财政大权也会对其执行事务产生约束作用。[③] 通常情况下，上级政府往往关注社会公信力，基层政府则看重本级财政基本财力大小对其供给公共产品所产生的约束作用。因此，政府并不能超脱社会经济利益关系，都会有自身的价值关注点。在我国自上而下的行政体制中，下级政府官员的职位晋升很大程度上掌握在上级政府手里。因此，在权力博弈过程中，上级政府处于主导

① 王海员、陈东平：《村庄民主化治理与农村公共产品供给》，《中国农村经济》2012 年第 6 期。

② 阿荣、祝之舟：《论农民集体的法律地位》，《现代经济探讨》2014 年第 2 期。

③ 张益丰、张少军：《中国农村公共产品供给架构建设——基于发展视角的分析》，《经济学家》2009 年第 2 期。

地位，会做出有利于自身的制度安排，比如说将税收权上移而下放事权，导致县乡政府缺乏行政经费，更难以承担起提供农村公共产品的重担。但是，上级政府也难以完全掌控下级政府，"上有政策，下有对策"，由于上下级政府之间的信息不对称，往往使得下级政府可以采取谎报实际情况、编造虚假报表等手段骗取上级政府更多的财政拨款。由于信息不对称、监督中间隔的层级较多，掌握农村公共产品供给决策权的中央政府，对承担具体农村公共产品供给责任的县乡政府，往往很难有效地进行适时控制。各级政府作为农村公共产品供给的主体，层级之间的委托—代理关系没有理顺，最后还是容易损害终极委托人——农民——的利益。

3. 其他代理关系对农村公共产品供给层次的影响

在图 5-4 中我们还看到，除了各级政府与农民之间、上下级政府之间的委托—代理关系之外，实际上针对某些具体农村公共产品的供给，还存在着其他代理关系，即农民或政府委托第三部门供给或生产农村公共产品。第三部门以"志愿契约"方式参与农村公共产品供给，它有自身的组织使命。第三部门的组织使命并不是始终都与政府供给农村公共产品的目标相一致，也不一定都能满足农民对公共产品的实际需求。但是，第三部门由于具有其独特的优势，比如说，它与下级政府相比对上级政府更具有自主性。再比如，它与政府部门相比，在控制供给成本、创新生产方式等方面，具有更加灵活的特点。所以，充分发挥第三部门在农村公共产品供给中的作用，有利于动员更多社会资源进入农村公共事业领域，以扩大农村公共产品供给。不过，必须坚持各级政府在农村公共产品供给层次中的主导力量，同时要加强对第三部门的"契约规范"，也要管控好可能由于信息不对称导致的"契约失灵"，从而保证各个供给层次与最终受益者农民之间的利益耦合，推动各个供给层次为农村公共产品供给协同合作，最终实现优化农村公共产品供给结构、提高供给效率的目的。

三　各供给层次间的监督行为与意愿分析

我们利用课题组 2012 年对湘、鄂、赣、贵、粤 5 省 19 个县、43 个乡（镇）、93 个行政村的调查数据，① 分别从农民在与政府委托—代理关系中的地位、各级政府之间的多重委托—代理关系、第三部门代理关系三个

---

① 调查对象中的 19 个县（市、区）包括永定区、桑植县、龙山县、凤凰县、湘潭县、长沙县、醴陵市、桃江县、桃源县、邵阳县、洞口县、娄星区、北湖区、汝城县、衡南县、松桃县、崇义县、仁化县、来凤县。

方面，对其影响农村公共产品供给层次的情况进行实证分析。针对农民在与政府委托—代理关系中的地位调查，我们设计了"是否发现过政府干部错误执行公共政策行为"、"采取何种方式表达自己的意愿（与干部协商、村级组织集体反映诉求、家族宗室内部调解、上访或诉诸法律、不了了之）"、"问题最终是否得到妥善解决"三个问题。针对上下级政府之间信息不对称情况的调查，我们设计了"是否相信下级部门上报的报表（完全相信、基本相信、不相信）"、"上级干部是否干预本级职权范围内的工作"两个问题。针对第三部门的"契约委托"关系调查，我们设计了"愿意与政府合作（接受检查或不接受检查）"、"接受委托项目情况（接受或不接受）"。本次调查结果详见表 5－11。

根据表 5－11 的调查结果，我们分别对农民、县乡政府干部和第三部门负责人在农村公共产品多层次供给中的合作关系进行如下分析：

1. 农民的弱势地位明显

在全部调查对象中，有 31.8% 的农民发现过政府干部错误执行政策，部分调查对象直言县乡干部损害过自己享受公共产品的切身利益。在这部分调查对象中，最后只有 28.0% 的人承认所发现的问题最终得到了满意或基本满意的解决，大多数问题最后没有得到妥善解决。这从一个侧面说明，农民在这种多层级供给农村公共产品的博弈关系中，话语权缺失，地位相对较低。在对 371 位发现过政府干部错误执行公共政策的农民进行深度访谈中，我们进一步发现，农民表达自己不满意意见的主要方式也显示其参与治理意识、能力、方法等方面的严重不足。在 371 名调查对象中，有 32.9% 的农民选择通过"家族宗室内部调解"，依靠族人、亲戚，找关系、托熟人去表达诉求和解决问题。这种方式成为最主要的方式。有 11.6% 的农民通过"村级组织集体反映诉求"，还有 7.3% 的农民选择"上访或诉诸法律"来解决问题。也就是说，采取组织或法律行为表达自己维护公共产品利益的受访者，只有不到 1/5 的人，这一方面说明村级组织在这种多层级供给博弈中缺乏"集体谈判"能力，另一方面也反映出农民的法律意识不强、运用法律维权的能力有限。在 371 名调查对象中，面对政府干部错误执行公共政策，持"不了了之"态度的人最多，占到 44.5%，反映出农民的无奈，也反映出农民面对县乡干部"无能为力"的弱势地位。令人遗憾的是，只有 3.8% 的农民选择"与干部协商"解决问题的途径，这又从一个侧面反映出县乡干部在这种博弈中的强势。

表 5-11　　　　农村公共产品多层次供给主体间合作关系调查

调查项目	样本数（人）	农民回答		县乡政府干部回答		第三部门负责人回答	
		是（人）	占比（%）	是（人）	占比（%）	是（人）	占比（%）
一　委托—代理关系中农民的地位	农民有效样本数（1167）						
1. 是否发现过政府干部错误执行公共政策行为		371	31.8	164	39.3	17	77.3
2. 采取何种方式表达自己的意愿							
与干部协商		14	3.8				
村级组织集体反映诉求		43	11.6				
家族宗室内部调解		122	32.9				
上访或诉诸法律		27	7.3				
不了了之		165	44.5				
3. 问题最终是否得到妥善解决		104	28.0	132	80.5	16	94.1
二　上下级政府之间信息不对称情况	县乡干部有效样本数（417）						
1. 是否相信下级部门上报的报表							
完全相信				69	16.5		
基本相信				269	64.5		
不相信				79	18.9		
2. 上级干部是否干预本级职权范围内的工作				295	70.7		
三　第三部门的"契约委托"	第三部门负责人样本数（22）						
1. 接受委托项目情况							
接受						13	59.1
不接受（含从未接受过）						9	40.9
2. 愿意与政府合作							
接受检查						12	92.3
不接受检查						1	7.7

　　注："农民"样本中包括"村干部"。"第三部门"样本中不包括企业等营利组织。表中"接受委托项目"包括接受政府购买或合同外包形式。

2. 政府间信息不对称

在各级政府之间的多重委托—代理关系中，除了各级政府之间自身的利益关系十分复杂、个别政府官员"设租"、"寻租"诱导等原因外，最大的困难在于不同层级和同层级不同地方政府之间的信息不对称。我们在对417位县乡干部进行的调查中发现，有164位干部其实也发现政府部门干部有错误执行政策的情况，但是只有132位干部认为，"问题最终得到妥善解决"。就现阶段来说，这个比例虽然不算太低，但是，仍然说明县乡干部还是没有真正把农民利益放在首位，"上有政策不执行、发现问题不改正"的现象不在少数。针对政府之间的信息不对称现象，在417位调查对象中，有81%的干部相信下级部门上报的各类报表，其中完全相信的有16.5%、基本相信的有64.5%。不相信下级部门上报的各类报表的占到18.9%。如果考虑到信息的完整性，那么，只有16.5%的县乡干部"完全相信"下级部门提供的报表信息，这个数据就显得偏低了。我们在调查中还发现，417位县乡干部中有70.7%的人认为"上面不相信我们"，因此，上级部门的领导经常采取"要求修改调整报表数据"、"经常否决下级提出的方案"、"直接干预办事"等方式，干预本级干部职权范围内的工作。这样既反映出在上下级政府博弈关系中，上级政府处于强势地位，也反映出上下级政府之间的合作信任关系不牢靠。

3. 其他合作关系补充功能不强

第三部门作为政府与农民之外的第三方，在多层级供给农村公共产品的合作博弈关系中，应当较好地发挥补充功能。但是，调查中我们发现，政府和农民都对第三部门的作用缺乏足够认识，其作用发挥也十分有限。我们在19个县（市、区）的43个乡（镇）中，只调查到22个样本，这个数据足以说明目前在农村公共产品供给中第三部门参与严重不足。虽然样本不多，但22个第三部门负责人中仍然有77.3%的人"发现过政府干部错误执行公共政策"，有94.1%的人认为"问题最终得到了妥善解决"。这两个数据都超过了政府干部自身对问题的认识，从某种意义上讲，也说明第三部门负责人发现问题的能力及"参政"的意识较强。在另一个方面，我们也发现，政府对第三部门的信任度并不高，吸引第三部门参与农村公共产品供给的渠道还不畅通。22个样本中只有59.1%的人接受过政府委托的公共产品供给项目，有超过四成的第三部门没有接受过相关委托项目。在接受政府委托项目的调查对象中，有92.3%的人愿意与政府合作，接受政府对其采取的各种监督检查措施，这是很正常的。我们在深度访谈中也了解到，农民对由第三部门来承担某些政府委托的公共产品供给项目同样持"怀疑"态度，农民即使对各级政府干部或多或少有所抱怨，但他们仍然相信"政府供给公共产品'更靠谱'"。可见，要想让更多的社会资本投向农村建设、吸纳更多的社会组织在农村兴办各类事业，必须加快社会管理创新、加快培育社会组织并建立相应的法律法规以规范其行为，提高包括第三部门在内的各种社会组织参与农村公共产品供给的能力。

第六章　农村公共产品供给模式分析

学者们对公共产品供给模式的理解至今尚无统一认识。有学者从公共产品供给事权、财责与管理的维度，将公共产品供给模式主要理解为资金提供的来源。这种观点认为，公共产品供给模式包括由"哪级政府或者哪个部门决定做该项公共服务"，通俗地讲就是"谁决定干这件事"；"哪级财政负责提供这项公共服务的资金投入"，通俗地讲就是"谁负责掏钱"；"哪级政府具体管理这项公共服务"，通俗地讲就是"谁负责干这件事"。[①] 简单来讲，公共产品供给模式就是由"谁决定—谁掏钱—谁干事"组成的。也有学者从生产成本分摊或成本回收的角度来理解农村公共产品供给模式。这种观点认为，政府供给模式是政府通过税（费）筹集资金，具有强制性；而民间供给模式则是由民间供给主体通过公共产品服务的收益回收，不具有强制性。这种观点还将民间供给模式细分为三种模式，即通过服务收费回收成本的"私人供给公共产品"模式，内部成员通过效益回收分摊成本的"俱乐部产品"供给模式，通过服务收费等回收的"公共产品的私人产品化"供给模式等。[②] 我们认为，所谓农村公共产品供给模式，是指能够集中代表公共产品供给所需资金来源及其具体生产的、具有典型性的较为固定的方式或方法的总称。农村公共产品供给模式既包含公共产品供给所需资金的提供方式，也包含公共产品的具体生产方式，是资金提供与产品生产方式的相互匹配形式。新供给经济学、新公共管理学认为，随着农村公共产品供给投资主体日益多元化以及政府供给不断扩大，市场配置资源在农村公共产品供给中也发挥着越来越重要和广泛的作用。单纯从农村公共产品供给投资渠道来考察其供给模式，不能充分

---

① 倪红日、张亮：《基本公共服务均等化与财政管理体制改革研究》，《管理世界》2012 年第 9 期。

② 林万龙：《家庭承包制后中国农村公共产品供给制度诱致性变迁模式及影响因素研究》，《农业技术经济》2001 年第 4 期。

发现扩大农村公共产品供给渠道的空间，更难以创新农村公共产品灵活的生产机制。因此，着眼于农村公共产品供给环节，从其供给投资方式与生产方式的相互匹配形式来区分农村公共产品供给模式，更有利于深刻剖析农村公共产品供给模式对供给效率的影响。

第一节　供给模式影响供给效率：文献与经验借鉴

学术界对农村公共产品供给模式影响供给效率的研究十分丰富。基本的研究结论是，农村公共产品与其他公共产品一样，采用不同的供给模式对其供给效率将会产生不一样的影响。事实上，在农村经济社会发展的不同阶段，这种影响作用也会有所不同。埃莉诺·奥斯特罗姆通过对若干个"公用地"案例的分析发现，事实上，在公共产品供给模式评价方面，并不存在什么样的模式是"最好的"，因为，具体情况千差万别，因而很难找到解决问题的"最好的"办法。[①] 从提高供给效率的角度来看，公共产品的供给模式选择存在多种可能性，但不意味着必然性。著名经济学家刘国光强调"资源配置有宏观、微观不同层次，还有许多不同领域的资源配置。在资源配置的微观层次，即多种资源在各个市场主体之间的配置，市场价值规律可以通过供求变动和竞争机制促进效率，发挥非常重要的作用，也可以说是'决定性'的作用"。与此同时，刘国光也深刻地指出，"在资源配置的宏观层次，如供需总量的综合平衡、部门地区的比例结构、自然资源和环境的保护、社会资源的公平分配等方面，以及涉及国家社会安全、民生福利（住房、教育、医疗）等领域的资源配置，就不能都依靠市场来调节，更不用说'决定'了。市场机制会在这些宏观领域存在很多缺陷和不足，需要国家干预、政府管理、计划调节来矫正、约束和补充市场的行为，用'看得见的手'来弥补'看不见的手'的缺陷。"[②] 经验分析证明，家庭承包制实施以来，"农村出现了多种形式的公共产品民间供给模式。农村公共产品筹资制度问题的解决是一个重要方

---

① ［美］埃莉诺·奥斯特罗姆等：《规则、博弈与公共池塘资源》，王巧玲等译，陕西人民出版社2011年版。

② 刘国光：《关于政府和市场在资源配置中的作用》，《当代经济研究》2014年第3期。

面，但不是问题的全部"①，多元供给主体的制度变迁和农村公共产品生产方式的多元化，都是农村公共产品供给模式创新的重要研究课题。综观多数学者从投资和生产相结合的视角综合理解公共产品供给模式，学者们普遍认为公共产品供给模式在不同的社会经济发展时期有着不同的形式与特点，它甚至是特定历史时期政府公共政策的一个缩影，不同的农村公共产品供给模式对农村公共产品供给效率具有极其重要的影响，也具有极其重要的研究价值。

一　改革开放初期农村公共产品供给模式演变及其影响

党的十一届三中全会以后，农村普遍开展家庭联产承包责任制试点，1983 年中央一号文件《当前农村经济政策的若干问题》，明确实施"生产责任制，特别是联产承包制"及"政社分设"的体制改革，人民公社体制正式退出历史舞台。在当时，极大地促进了农村私人产品供给。但与此同时，由于集体内在力量的削弱，农村公共产品供给一度迎来巨大挑战。在党中央"逐步增加对农业的投资"，"广辟资金来源、解决资金问题"，"切不可重复过去一切大办的错误做法"② 等基本方针的指导下，当时中国农村公共产品供给逐渐形成以农业发展基金，劳动积累义务工制度和农业承包上交制度为主体的多渠道供给机制或制度安排。这种在地方政府、乡镇企业和个体农户之间特有的制度关系和文化背景下内生出来的独特的农村公共产品供给模式，在当时来说，是一种有效提供农村公共产品的可行模式。③

改革开放初期农村公共产品供给模式对农村公共产品供给效率的正面影响突出表现在三个方面：从政府供给来说，为实现主要农产品的规模效应，政府和社区直接对农村基础设施等基本公共产品进行投资，有效克服了由于条块分割导致的农村基础设施重复布局和效率低下问题；从市场供给来说，家庭承包制实施以来，随着农民收入增长、消费者支付能力增强、市场规模扩大或供给者资产的增加，都将增强乡村集体合伙供给向个体单独供给转移的趋势。事实上，许多农村公共产品甚至已经完全私人产

---

① 林万龙：《家庭承包制后中国农村公共产品供给制度诱致性变迁模式及影响因素研究》，《农业技术经济》2001 年第 4 期。

② 1983 年中央一号文件：《当前农村经济政策的若干问题》。

③ 张军、蒋维：《改革后中国农村公共产品的供给：理论与经验研究》，《社会科学战线》1998 年第 1 期。

品化。① 市场供给模式降低了农村公共产品供给决策的成本，并且能够使供给者获得部分的外溢收益。从农民自愿供给来说，一方面由于农业增长和非农产业发展改变了农村对公共产品需求的内涵和结构，诱导私人提供局部公共产品的可能性大大提高。农民供给主体灵敏地根据市场对其成员的需求作出反应，在管理监督和信息搜寻上显示出更高的效率。另一方面，农业生产的市场导向提高了农业的市场风险，一些地方出现了自愿联合组成的民间合作服务组织，进行自我服务。这种供给组织按自愿原则组建，负责向社员提供有偿服务，盈利返还社会。这种小范围内信息共享和行为协作的供给模式，提高了农业生产自身抗衡自然灾害和市场风险的能力。②

二　分税制改革背景下农村公共产品供给模式的新特征

农村税制改革后，国家和地方政府实行财政包干，除大型水利建设、农村电网改造等外，国家把公共产品供给任务交给县乡政府，不再像税制改革前那样通过拨款加以支持。分税制实施后，农村公共产品的供给主体由国家转向县乡政府，中央政府无须再向农民提供农村公共产品了。作为农村公共产品供给主体的县、乡政府，由于财政紧张，对农村公共产品的投入锐减。财力的捉襟见肘使经济落后地区的县乡政府难以担当农村公共产品供给主体的角色。③ 从整体上看，这一时期农村公共产品供给投入减少成为供给效率降低的主要原因。

对于这一时期农村公共产品供给模式下的效率影响评价，学者们褒贬不一。有学者认为，这一时期农村公共产品供给模式存在三个方面的主要问题，一是采用体制外筹资方式供给农村公共产品，致使农民分担的成本增长过快。二是中央与地方的农村公共产品供给责任划分不清，乡村两级负担过重。三是采取"自上而下"的决策方式，使农村公共产品供给偏离需求、结构失衡、效率低下。④ 也有学者认为，依靠税制改革推动农村公共产品供给模式改革"所形成的利益已经发挥到极高的水平"，"下一

---

① 林万龙：《家庭承包制后中国农村公共产品供给制度诱致性变迁模式及影响因素研究》，《农业技术经济》2001 年第 4 期。

② 张军、蒋维：《改革后中国农村公共产品的供给：理论与经验研究》，《社会科学战线》1998 年第 1 期。

③ 黄志冲：《农村公共产品供给机制创新的经济学研究》，《中国农村观察》2000 年第 6 期。

④ 李雄斌：《农村公共产品供给模式创新探讨》，《陕西日报》2004 年 4 月 7 日。

步的发展必须靠投入，而且是在公共产品方面的大投入"。① 还有学者指出，一直以来承袭"事权与财权相统一"的传统理念认为，分税制改革前的"分灶吃饭"体制是地方事权与财权、财力相匹配的体制，因此对分税制改革后中央适当集中财权和财力存在错误的看法，脱离了市场经济的实际。这种观点指出，在社会主义市场经济情况下，恰恰要建立各个地方政府"事权与财权不相统一"的财政管理体制。因为，从全国来看，公共服务的配置要求按照均等化原则进行，但资源流动和配置带来的外部性不可能由市场机制来解决，需要政府通过财政进行矫正性的再分配，这就要求中央财政在全国范围内进行区域间的财力再配置，为此中央财政收入必须占有主动性的财权和财力。②

　　这一时期农村公共产品供给模式基本特征的形成，充分体现在中央对农业农村问题集中关注的 2004—2008 年连续五个"一号文件"之中。它以取消农业税、投资农村基础设施建设、推广农业技术等为主要内容，形成了"多予少取"的改革特征，从而对改善农业生产、缩小城乡差距发挥了重要作用。这一时期农村公共产品供给模式改革蕴含于国家公共政策改革之中，政策设计聚焦于如何促进公共财政从增量投入向存量结构调整转变，促进农村公共服务的制度化建设并进而突破公共服务的城乡二元结构，而较少涉及调动社会力量共同参与公共事务治理等方面。③ 具体而言，农村公共产品供给模式形成三大新的特征：一是农村公共产品供给规模迅速扩大。通过落实中央政府"新增财政主要用于农村"的基本政策，快速扩大公共财政覆盖农村的范围，国家财政用于农业支出的比重也以前所未有的增速不断提高，着力于解决农村公共产品供给"钱从哪里来"的实际困难。④⑤ 二是农村公共产品供给从以生产性公共产品供给向消费性公共产品供给转型的模式日益明显。有论者认为，从这一时期农村公共

---

　　① 李大胜、范文正、洪凯：《农村生产性公共产品供需分析与供给模式研究》，《农业经济问题》2006 年第 5 期。

　　② 倪红日、张亮：《基本公共服务均等化与财政管理体制改革研究》，《管理世界》2012 年第 9 期。

　　③ 郁建兴、高翔：《农业农村发展中的政府与市场、社会：一个分析框架》，《中国社会科学》2009 年第 6 期。

　　④ 韩俊：《新农村建设钱从哪里来？》，《瞭望》2006 年第 5 期。

　　⑤ 陈锡文、韩俊、赵阳：《我国农村公共财政制度研究》，《宏观经济研究》2006 年第 5 期。

产品供给的具体内容来看，政府对农村的投入以实现"村容整洁"的基础设施建设为起点，逐步走向教育、医疗、公共卫生和社会保障体系等领域。在农村公路建设、农村能源建设以及电力、网络建设等都取得良好成效的同时，医疗、养老等农村社会保障体系初步建立，农村公共卫生、教育情况得到改善。[①] 三是农村公共产品供给的国家责任基本确立。这一时期，公共财政向农村的投入由项目化向制度化转变，由增量投入向存量结构调整转变，农村公共产品供给模式改革逐步形成了制度化的协调城乡发展政策。但是，与此同时，政府主导供给农村公共产品的模式也忽略了社会共同参与治理对公共服务绩效提升的积极作用，政府公共服务供给的效率和效益不尽如人意。[②]

总之，对于1994年以来的分税制改革，学者们普遍认为：这次改革奠定了适应社会主义市场经济体制的政府间财政管理体制框架。但是，分税制财政体制在农村公共产品供给模式创新中，仍然存在地方财政事权与财力不匹配的基本矛盾，突出表现在地区间公共服务水平差距较大，关键原因是分税制改革没有到位。由于地方财政还保留着"分灶吃饭"体制特征，地方财政收支与GDP直接相关，所以地区间公共服务水平差距依然明显。[③] 即使在同一地区内，不同社会群体的公共服务水平也存在明显差距。在城乡二元分割的体制下，农村劳动力转移仅仅体现为促进就业的意义，附着于户籍制度的政府社会管理和公共服务职能尚未发生相应转变，这导致了农民工群体的形成。[④] 特别是近城郊区和偏远农村的公共产品供给也有很大差别。围绕政府应该提供哪些市场无法有效提供的、但对社会有益的、必需的农村公共产品和公共服务，学者们也有争议。但是，已经形成共识的观点认为，在经济转轨时期，随着政府逐步解除与个人之间传统的社会保障契约关系，公民对教育、医疗和社会保障等公共服务的需求会迅速上升，也对新体制下的公共服务提供机制提出了更多、更高的

---

① 郁建兴、高翔：《农业农村发展中的政府与市场、社会：一个分析框架》，《中国社会科学》2009年第6期。

② 同上。

③ 倪红日、张亮：《基本公共服务均等化与财政管理体制改革研究》，《管理世界》2012年第9期。

④ 郁建兴、高翔：《农业农村发展中的政府与市场、社会：一个分析框架》，《中国社会科学》2009年第6期。

要求。①

三　城乡统筹发展阶段农村公共产品供给模式创新及其制约

2009 年中央一号文件落实党的十七届三中全会精神，将"城乡基本公共服务均等化明显推进，农村文化进一步繁荣，农民基本文化权益得到更好落实，农村人人享有接受良好教育的机会，农村基本生活保障、基本医疗卫生制度更加健全，农村社会管理体系进一步完善"等基本内容，列入 2020 年我国农村改革发展的基本目标任务之中。② 2012 年 7 月，我国颁布第一个明确将基本公共服务纳入国家责任的规范性文件——《国家基本公共服务体系"十二五"规划》，从全社会范围确立了政府提供基本公共服务保障的社会意识。③ 2014 年中央一号文件是我国从"农村改革"到"全面深化农村改革"的历史演进新起点，文件明确提出"按照提高公共资源配置效率的原则，健全农村基层管理服务体系"，"扩大小城镇对农村基本公共服务供给的有效覆盖，统筹推进农村基层公共服务资源有效整合和设施共建共享"，④ 着力于改善县乡政府农村公共产品供给模式、提高供给效率。

这一时期农村公共产品供给模式，是在国家城乡统筹发展新的战略方针指导下，根据全面深化农村改革的新要求应运而生的，其总体目标是实现城乡统筹、建设现代农业，基本手段是实施基本公共服务均等化，同时也受到三个方面制约因素的困扰。

1. 政府供给"缺位"与"越位"并存但"缺位"更为明显

在中国垂直管理体制下，县级政府主要对上级负责，以 GDP 为中心的政绩考核制度使得县级政府追求尽可能高的经济增长率，而不是居民效用最大化。县级财政的生产性支出严重地偏离了向公共财政转型的财政体制改革方向和"公共服务型政府"建设的目标。它是造成地方财政"越位"与"缺位"问题的根源。⑤ 从越位来看，政府对于一些可以由市场主体参与提供的准公共产品、俱乐部产品，没有放开准入约束，政府不仅参

---

① 吕炜、王伟同：《发展失衡、公共服务与政府责任——基于政府偏好和政府效率视角的分析》，《中国社会科学》2008 年第 4 期。

② 2009 年中央一号文件：《关于 2009 年促进农业稳定发展、农民持续增收的若干意见》。

③ 国务院：《国家基本公共服务体系"十二五"规划》，2012 年 5 月 16 日。

④ 2014 年中央一号文件：《关于全面深化农村改革、加快推进农业现代化的若干意见》。

⑤ 尹恒、朱虹：《县级财政生产性支出偏向研究》，《中国社会科学》2011 年第 1 期。

与供给而且直接组织生产，与民争利，降低了供给效率。从缺位来看，政府过于热衷市场机制，把一些应该由政府供给的农村公共产品推向市场。政府缺位还体现在供给农村公共产品质量方面存在缺陷。有学者认为，我国农村公共产品质量不高主要体现在，其一，农村公共产品功能不齐全。具体体现在乡村医疗卫生设施、农民培训、农村社会保障、农业技术推广网络等的不完善上，受资金和缺乏市场竞争等因素影响，这些产品中有的尚难以解决农民实际问题。其二，农村公共产品实用性不强。其三，农村公共产品特别是农村基础设施的安全系数较低，产品生命周期短。[①] 乡村秩序与乡村社区公共产品供给密切相关。在乡村秩序形态的演进中形成了不同的村社公共产品供给模式，在传统乡村社会，内生秩序占主导的乡村社会形态形成了村社自足的公共产品供给模式。而新中国成立后至税费改革前，外生秩序占主导的乡村社会形态形成了国家统合的公共产品供给模式。时至当下后税费时代，乡村社会外生、内生秩序出现了双向并弱的态势，造成了公共产品供给的困境，[②] 形成严重缺位的局面。

2. 农村公共产品供给的"公共性流失"困境凸显

一方面，在转型时期，许多原有的农村社会化服务体系遭受严重破坏，网破、线断、人散，现在恢复重建成本畸高，即使利用原有的农村社会化服务体系提供公共产品，也不得不依托原有残存的资产，租赁、变卖给私人以维持运行，但现实中其经营却严重背离"非营利性"的公共服务本质。另一方面，新增公共产品的投资建设和后期管护出现严重问题。虽然投资由公共部门提供，但农村公共产品的后期管护问题很多，要么因资金短缺无人管，要么因管护者背离非营利性而高收费。有学者指出，在农村公共产品市场化供给过程中，公共性流失问题日益突出，部分地方政府把农村公共产品市场化供给作为推卸自身责任的手段，市场化供给偏离了公益性目标，其结果缺乏公平性、过程缺乏公开性，这样的市场化供给反而制约了农业生产的发展。[③] 出现农村公共产品供给"公共性流失"困境，究其根本原因则在于政府对农村公共产品供给的公共性管理能力落

---

①　鄢奋：《如何确保农村公共产品质量》，《中国质量报》2009 年 3 月 18 日。

②　刘祖云、韩鹏云：《乡村社区公共品供给模式变迁：历史断裂与接合——基于乡村秩序演进的理论视角》，《南京农业大学学报》（社会科学版）2012 年第 1 期。

③　曲延春：《农村公共产品市场化供给中的公共性流失及其治理——基于农村水利市场化的分析》，《中国行政管理》2014 年第 5 期。

后。政府投资制度缺乏以公共性作为其核心的价值理念和出发点，我国现阶段的政府投资实践明显存在公共性的流失问题。① 许多农业基础设施缺乏科学规划，投入与产出不成比例。为缓解经费紧张，一些地方低价对农村公共产品进行承包、拍卖或租赁，抵消部分债务。有些公共用品不列入固定资产账，不提折旧，不明确保管人、使用人，甚至没有流水账，公共产品在单位间流动没有规范性手续。另外，对购置、报废资产也没有一套行之有效的制度，农村公共产品管理混乱。由于缺乏制度约束和行政监管，一些农村的公共产品有流失的危险。②

3. 多中心治理机制尚未能在供给模式创新中发挥主导作用

奥斯特罗姆夫妇提出的多中心供给公共产品供给理论认为，政府、市场及各种第三部门都能够成为公共产品的供给主体，并共同推动公共产品供给的社会化和市场化。新公共管理运动中，一些西方发达国家以市场为基础将公共产品实际需求委托于个人、企业或市场来供给，这些供给主体以追求自身利益最大化为主要目标，以调控价格的方式，通过有偿服务提供一定的排他性和竞争性的公共产品，实现农村公共产品需求和供给两方面的相对平衡。③ 面对以政府供给公共产品的模式和以市场为导向的经营模式，公共产品的供给往往会出现"政府失灵"、"市场失灵"现象，对诸如贫困地区教育这类公共产品而言，以社区为基础的自愿性公共产品供给模式更有效。它可以同时避免政府干预微观细致的管理和市场经营的过度营利行为。④ 但是，也有学者研究认为，社区供应模式的缺点在于第三部门组织和其他社会组织融资能力弱，供给实力不强。⑤ 事实上，目前我国农村社会组织在供给公共产品方面的作用还十分有限。长期以来我国缺乏系统完整的农村社会组织政策支持和资金支持，没有为其参与农村公共服务供给培育基础环境，也没有制定法律规范公共服务供给行为，保障农

---

① 孙放：《政府投资制度逻辑的回归与适用——政府投资公共性流失的对策》，《云南社会科学》2014 年第 4 期。

② 未名：《关注农村公共产品的"生命安全"》，《中国审计报》2009 年 2 月 20 日（2）。

③ 李武、胡振鹏：《农村公共产品供给模式及对策研究》，《江西社会科学》2012 年第 3 期。

④ 董明涛、孙钰：《我国农村公共产品供给模式选择研究——基于地区差异的视角》，《经济与管理研究》2012 年第 7 期。

⑤ 赵曼丽：《从协同到共生：农村公共服务供给的理论建构与超越》，《江海学刊》2013 年第 5 期。

村社会组织提供农村公共服务的正常秩序和根本利益。① 有学者通过对我国农村公共产品供给实践中形成的"三个集中"、"镇村同治"和"村级公共产品分类供给"等多种经验模式的实证研究后发现，这些农村公共产品供给模式在实现农村公共产品城乡统筹供给和管理方面的确发挥了一定作用，但是，这些创新模式并没有在基层治理制度建设上有所突破，在原有基层治理制度下，由于民主决策机制的缺陷，居民仍然无法有效参与到本级公共事务的决策制定和实施当中，不利于充分发挥自治组织管理公共事务的功能。②

四　农村公共产品供给的国际经验及其创新模式

国外鲜有专门关于农村公共产品供给模式研究的文献。我们从为数不多的国内作者研究文献中发现，欧美国家及一些发展中国家的农村公共产品供给模式，虽然有其国情的特殊性，例如国家财力基础雄厚，或有特殊的社会组织体系为其支撑，但其公共产品资金供给与生产方式结合的运行模式，仍有不少值得借鉴之处。

1. 美国的地方公共产品供给模式及其特征

美国广大农村地区的公共产品大多由州及州以下地方政府供给，这与美国实现联邦制的财政制度密不可分。与我国农村公共产品供给模式相比，美国地方公共产品供给有两个方面的显著特点，一是供给主体多元化，二是供给与生产职能高度分化。从供给主体来看，由于美国有地方自治的传统，市场经济发育充分，公民社会发育成熟，因此，政府机制、市场机制、社会机制同时存在于美国地方公共产品供给中并充分发挥各自的功能作用。在美国地方公共产品供给领域，地方政府在办职业性运动、治安、福利，公司企业也在办学校、救火消防队、公共工程，许多非政府组织在办银行、办房地产、处理垃圾废弃物、办监狱，社区居民自己办警务、日托托儿所、负责协调仲裁部分暴力冲突争端，家庭在办学前儿童家庭教育、监管未成年的青少年犯。③ 在美国，同一基层地区可以同时存在

---

① 杨玉明：《多中心治理理论视野下农村公共服务供给模式创新路径研究》，《云南行政学院学报》2014年第3期。

② 张义方、路征、邓翔：《我国农村公共产品供给模式的实践创新分析》，《农村经济》2014年第4期。

③ 转引自薛辉《浅析公共管理主体多元化的政治学意义》，《中国行政管理》2004年第4期。

多个地方公共产品供给主体，同一地方公共产品可同时由多个不同主体供给，多元化供给使得美国公民可以享受到地方政府协同市场组织、社会组织、准政府组织等各类主体共同分摊供给的大量公共产品或准公共产品。不过，美国地方公共产品供给主体多元化，虽然可以增加地方公共产品供给的民主性和高回应性，弥补单一的市场供给机制、政府供给机制或社会供给机制的失灵与不足，但是，这种多元化的地方公共产品供给主体，容易导致地方公共产品供给权的分散，引起地方公共产品供给体制一定程度上的"碎片化"，不利于将各种分散的力量集中起来供给那些需要耗费大量资源和集中统一供给的基础性公共产品，容易造成特大型地方公共产品供给的失灵和不足。① 再从供给与生产职能分化状况来看，美国地方公共产品供给实行公共产品供应与生产环节分离，目前美国地方公共产品供应职能与生产职能分化程度高。美国在地方公共产品供给方式上，供应任务主要交由扮演推动者、协调者、规划者、掌舵者、服务者的地方政府承担，而地方公共产品的具体生产任务则主要通过市场机制、社会机制交由公民、市场组织、社会组织承担。在地方公共产品供给方式上很少采用公有资产出售方式，较多采用合同外包、地方政府债券、公私伙伴关系、股份化、放松规制、特许经营、补助、凭单制等市场化方式，尤其是合同外包方式采用最多，占美国地方公共产品市场化的一半左右。② 一项对人口超过 5000 人的市镇和人口超过 25000 人的县的调查表明：99% 的政府实施过合同外包。③ 事实上，供给和生产职能分开之后，美国政府对地方公共产品供给的质量和效率监管能力得以大大提高。

2. 澳大利亚的地方公共产品供给模式及其特征

澳大利亚地方政府（州）承担广大农村地区公共产品供给责任，地方公共产品供给的最大特点在于供给领域市场竞争与生产过程严格监管。澳大利亚政府积极拓宽融资渠道，引进多种市场主体参与地区公共产品生产，从政府独资的单一模式，转变为政府独资、公私合作、私人企业独资

① Frug, G. R., Fragmentation of Local Governance in America. *Journal of Urban and Metropolitan Affairs*, 2010 (10): 78 – 81.

② 戴昌桥:《中美地方公共产品供给模式比较研究》,《中南财经政法大学学报》2013 年第 3 期。

③ Steven Rathgeb Smith, The Transformation of Public Services: The Contract Rental of Social and Medical Services in America. *The Journal of Public Administration*, 1996 (74): 74 – 76.

等多元模式。其中，公私合作成为最主要的投资运营模式。在地区公共产品供给模式中，政府投资所占份额非常小。例如著名的维多利亚州东联高速公路建设项目，政府投资只在整个项目总投资 39 亿澳元中占有 1.6 亿澳元，其余约 96% 的投资通过银行债券、发行股票的方式引入私人企业投资。在公共项目生产过程中，政府实施严格监管。大多数地区公共产品纳入政府强制采购范畴，纳入强制采购的大多数地区公共产品须实行公开招投标，并在制度层面规定了严格的招投标程序。例如，新南威尔士州创立的二次评标机制由两个相互独立的评标委员会分别对投标商进行审查，第一次评标侧重于审查工作业绩、工程质量、客户反映、诚信状况等，第二次评标侧重于审查财务状况。第一次评标结果要接受第二次评标的审查。这种开放式的多元模式，使政府不再过多地从事具体的生产，减少了事权，也减少了权力腐败的机会。澳大利亚实行综合、立体监管，政府专门派出廉洁审查员和独立审核员对公共项目进行"贴身"监督，独立审核员负责对项目资金的使用、项目预算的调整、项目设计的变更以及工程建设质量、工程进度等进行全程监督。与此同时，他们不断创新项目管理模式，将公共项目全过程分为战略测评、商业计划、采购战略、招标决策、收益评估等六个阶段，并对每个阶段进行独立评审。所有项目只有通过前一阶段的评审，才能进入下一阶段。这种动态的、全过程的跟踪评价，能够及时发现项目建设过程中存在的问题，确保政府投资达到预期效果。[①]

3. 新加坡政府主导型公共产品供给模式及其特征

公共住房是新加坡政府向国民提供的最重要的公共产品之一，富有特色。1960 年新加坡政府成立建屋发展局，积极实施"居者有其屋"计划，大量建设并向居民提供公共住房——"组屋"。新加坡政府认为，在自由市场原则的基础之上，那些消费之后虽并不能带来收益，但却能提升社会整体福利水平的产品都应当由政府来提供，公共住房就属于此类公共产品。新加坡最初实施公共住房计划是针对低收入群体提供住房公共产品，到 20 世纪七八十年代，公共住房开始大规模扩展至偏远农村和甘榜（ka-

---

① 陈善光：《澳大利亚推行市场机制——防治公共产品生产领域腐败》，《中国纪检监察报》2011 年 4 月 16 日。

mpung，即马来语的村庄）地区。① 新加坡的"组屋"建设是政府提供住房公共产品的典型模式，其基本运作方式可概括为"国家控制土地—强制低价征收土地—充分利用现有公共基础设施—低成本建设组屋—低价格向居民供给组屋——提供较低的购房补贴"。整个计划以 1967 年通过的《土地征用法令》为支撑，并获得中央公积金制度强力支持。最初的"组屋区"是通过大规模清除新加坡贫民区和非法占据土地者获得住房土地资源，并建设在市中心半径 5 英里范围之内，以充分利用现有城市基础设施和可获得的任何土地。我们在新加坡对 6 个组屋区的 47 家户主进行过调查，同时，也在市区采用偶遇式方法对至少 62 名市民进行调查，可以说国民对政府提供"组屋"的价格"100% 认为合理"。一位黄姓"出租车"司机告诉我们，像他这样的工薪阶层，学校毕业后参加工作最多五年内，就可以在中央公积金制度支持下购得一套三房式"组屋"并偿清所有的银行购房贷款。新加坡"组屋计划"在国家肩负福利责任的背后，同时还存在着更宏大的社会目标和政治目标。新加坡是一个多民族新兴国家，国民虽以华人为主，但马来人、印度人与华人共同构成国民"三个主要族群"。新加坡政府规定，每个"组屋区"都要按照华人、马来人、印度人的一定比例购屋"组屋"，并至少在"组屋区"居住五年以后才可出卖或转让，但是，无论是出卖还是转让，都只能在同一民族的族群内进行，这就为确保每个"组屋区"不致成为"单一族群社区"，有利于各民族居民长期和谐共存共荣。为了不断改善"组屋区"居民公共住房状况，新加坡政府一直坚持对原有"组屋"进行改造。近年来，先后推出了邻区更新计划（Neighbourhood Renewal Programme，简称 NRP）、家居改进计划（Home Improvement Programme，简称 HIP）、乐龄易计划（Enhancement for Active Seniors，简称 EASE）等。② 新加坡政府正是通过实施公共住房等一系列公共产品供给计划并许诺提供更多优质公共服务，创造更多更美的"新加坡之梦"，将新加坡国民的福利目标与政府执政目标紧密相连。

4. 泰国的中央政府和农村居民自主管理结合模式及其特征

泰国政府在农村公共产品供给方面的显著特征就是通过发展社群经济

---

① 黄大志、亚得列·雅蒲：《新加坡：从普遍提供公共住房到满足日益增长的私人住房需求》，张占力译，《经济社会体制比较》2013 年第 4 期。

② 李静仪：《组屋翻新将更快更多更好》，新加坡《联合早报》2014 年 9 月 11 日。

来供给和管理农村公共产品。以泰国为代表的东南亚发展中国家，农业在国民经济中占有十分重要的地位，大部分人口居住在农村地区，加上整体经济发展水平很低，农村公共产品供给严重不足。在泰国，农村基础设施、基础教育、健康卫生等公共产品主要由中央政府负责供应和管理，并且管理和财政都十分集中，较低层级的地方政府和社群发挥着微不足道的作用。[①] 为了解决农村公共产品的供需矛盾，泰国政府积极发展社群经济以不断加强农村公共产品供给。次郡和行政村不是泰国法定的"政府机构"，次郡和行政村由当地人民推选的代表进行管理。泰国的行政村主要基于居民之间的联合和社会关系形成，并有正式的管理机构和领导层，管委会每月召开会议讨论公共事务，村民通常通过集体决策的方式来处理公共事务。[②] 显然，这种基层行政管理结构十分有利于利用自愿形成的社群组织来供给和管理公共产品，一般的农村公共事务、垃圾处理、部分环境治理、信息服务、金融服务等领域，以行政村为核心的社群和以农民为主体的合作社发挥着重要作用。事实上，泰国正是通过发展农村社群经济，有力地促进了农村地区发展，缓解了农村公共产品的供给矛盾。受分权化改革进度缓慢和地方财力不足的影响，泰国地方政府在农村公共产品治理中发挥的作用十分有限，起核心作用的是中央政府和农村居民自主管理的社群组织。[③]

第二节　供给模式影响供给效率的理论分析

在前面章节我们已经讨论过农村公共产品供给模式的基本内涵（参见图2-3），农村公共产品供给模式既包含公共产品供给所需资金的提供方式，也包含公共产品的具体生产方式，是资金提供与产品生产方式的相互匹配形式。从新供给经济学视角而言，投资是理解农村公共产品供给模

① S. Fan, S. Jitsuchon and N. Methakunnavut, The Importance of Public Investment for Reducing Rural Poverty in Middle - income Countries: the Case of Thailand, DSGD Discussion Paper, No. 7, Washington, USA: International Food and Policy Research Institute, 2004, pp. 12 - 19.

② S. Shigetomi, Organizational Capability of Local Societies in Rural Development: A Comparative Study of Microfinance Organizations in Thailand and the Philippines, IDE Discussion Paper, No. 47, Chiba, Japan: Institute of Developing Economics (IDE), JETRO, 2006, pp. 10 - 12.

③ 路征、张义方、邓翔：《基于社群经济的农村公共产品供给：泰国经验分析》，《东南亚研究》2013年第6期。

式的重要因素。增加投资无疑会带来扩大供给的效果，进而有利于提高农村公共产品供给效率。农村公共产品供给的资金渠道或称投资方式，主要有政府投资、市场融资、第三部门捐资和多元主体混合筹资等基本方式。在不同的农村公共产品供给领域、农村公共产品供给不同的发展阶段，政府、市场和社会等不同主体所扮演的角色和发挥的作用不尽相同。不同农村公共产品的投资规模、不同主体之间的投资结构以及由此形成的供给决策地位，都会对农村公共产品供给效率产生不同影响。新供给经济学强调生产方式对公共产品供给效率的影响作用，针对不同特征的农村公共产品，在不同的社会经济与自然条件环境下，采取不同的具体生产方式也会对农村公共产品供给效率产生不同影响。新供给经济学认为，只有将农村公共产品供给资金投入模式与生产方式科学有机地结合起来，才能综合分析评价农村公共产品供给模式对供给效率的影响。

一 农村公共产品供给投资规律的重新认识

新供给经济学理论认为，公共产品供给投入的来源决定着生产决策权地位，受约束的生产决策权决定着生产的科学性、决策的民主性，最终形成供给的有效性。然而，新供给经济学在强调增加公共产品供给投入以扩大供给的同时，并不认为投资规模大必然会提高公共产品供给的效率。新供给经济学认为，农村公共产品供给模式对供给效率的影响，不仅受供给投资规模的约束，更重要的是还受到由投资主体结构及其形成的特殊的投资主体关系的约束，农村公共产品供给投资主体之间的投资结构关系决定着公共产品的生产决策方式，最终决定着具体公共产品的生产方式，这才是供给模式影响农村公共产品供给效率的根本之所在。经验证明，财政过度投入农村公共产品或财政投入严重不足，都将导致农村公共产品生产疲软引致低效率，只有财政投入与私人投入均衡的农村公共产品供给投入模式才是效率最好的模式，这就是中国农村公共产品供给投资的基本规律。必须清晰地认识到，在这里，我们讲农村公共产品投资规模变化可能给供给效率所带来的影响，不能单纯地从主流经济学的"边际报酬"和"规模报酬"理论去理解农村公共产品投资问题。理解新供给经济学的"供给投资规律"，必须联系公共产品治理理论、协同理论和产权理论，从农村公共产品供给的政治回应性、不同投资主体在供给决策中的权力结构及其相互关系的相容性来全面考察。

公共产品治理理论作为新政治经济学领域的一项基本理论，为政府职能的转变、政府与市场关系的处理、公共产品市场化、构建公共财政收支平衡体系提供了坚实的理论基础。詹姆斯·罗西瑙的治理理论认为，治理是指"公共或私营部门，个人或机构在管理公共事务方面多种方式的加和"，治理是一种政府、社区和公民由相同目标而支持的公共管理活动，政府不一定是这些管理活动的主体，这些管理活动的实现也不需要太多的政府力量参与。政府最重要的职能在于提供良好的治理环境和平台，而并非耗费大量的公共资源或投资，贯穿整个治理过程的是协调因素而不是强制的控制，多方主体以互动的形式对公共或共同的事务进行协调管理，在不断的沟通、协商、调整过程中使治理趋于完善。① 在农村公共产品供给领域，治理是国家与农民社会之间的合作，更是强制与自愿之间的合作，有利于激发广大农民参与农村公共产品供给投资、生产和管理的积极性与创造力。首先，目前较为流行的多元互动型农村公共产品供给模式是联合政府、市场和社会自愿组织等供给主体，发挥各自的优势共同提供公共产品的模式。这种供应模式的优点是能够创造有利的投资和供应环境，高效率的供应将有助于减轻政府的财政负担。② 其次，多元互动型农村公共产品供给模式促进投资者与生产者、消费者有机结合。农民既是农村公共产品的消费者，又参与农村公共产品供给投资与生产，可以减少供给决策失误、避免生产浪费，即使在政府财政投资降低的情况下，也能够有效利用公共资源、提高公共产品供给效率。最后，在农村公共产品供给的国家与农村社会组织（包括村民自治组织、专业合作社或其他农民自愿组织等）合作治理中，有利于保证农村公共产品供给的"公共性"目标实现。多元互动型农村公共产品供给模式，既有政府把握农村公共产品供给的公共性目标方向，有效地管控私人投资以防止其偏离公共目标，又不是简单地依赖政府供给，它通过构建政府、市场与社会之间的联系与互动机制引入社会和市场力量，共同实现农村公共产品供给的公共性目标。在和谐的社会关系为基本保障下，坚持以农村公共产品供给资金的最大化筹集为前提，经过合作、协调、补充来实现多元主体的共同利益，赢得更多的良性互动。

---

① ［美］詹姆斯·N. 罗西瑙主编：《没有政府的治理》，张胜军、刘小林等译，江西人民出版社 2001 年版。

② 汪杰贵、裴志军、张俊华：《以农民满意为导向的农村公共服务多元化协同供给模式研究》，《农村经济》2012 年第 1 期。

德国的哈肯是协同理论的创始人之一。在哈肯看来，协同学研究协同系统从无序到有序的演化规律，而所谓的协同系统就是由许多子系统组成的，能以自组织方式形成宏观的空间、时间或功能有序结构的开放系统。根据哈肯的协同理论，任何自组织系统演化的动力都来自其系统内部的两种作用——竞争与协同。但是，竞争是协同的基本前提和条件。竞争一方面造就了系统远离平衡态的自组织演化条件，另一方面推动了系统向有序结构的演化，即产生了子系统之间普遍存在着的"协同作用"。① 这一理论同样可以用来解释农村公共产品供给投资系统内部不同投资主体之间的竞争与协同关系。新供给经济学认为，公共产品供给不仅在于投资规模本身的大小，更在于投资主体之间的协同性。不同投资主体之间如果"不协同"就会产生公共产品投资的"挤出效应"，如果"协同"则会产生"汲取效应"。随着公共治理和公共管理的理论的复杂发展，协同合作逐渐成为大家关注的焦点，并随之出现了"协同治理"、"协同政府"、"跨部门协作"、"整体政府"等新概念，这些概念的讨论都建立在公共产品协同的共同讨论基础之上。一方面，政府与农村社会组织之间的竞争与协同演化，推动农村公共产品供给结构有序发展。最典型的例子如社会主义新农村建设中的乡村道路建设。我们在广大农村看到，政府投资仅能购买钢材、水泥，农民投入全部劳动力修建乡村道路，农村社会组织协调农民内部各种矛盾以让出足够的土地扩宽道路，甚至采取公开招标方法承包了道路建设项目，农村社会组织还建立制度对乡村道路进行养护与管理。另一方面，不同地方政府之间在农村公共产品供给领域也有竞争与协同关系。地方政府之间定期并有效地进行跨界合作，并吸引辖区内的其他社会组织增强公共价值认同，共同参与农村公共产品供给。我们在湖南省的常德市、益阳市和岳阳市调查发现，这里的政府定期举办"环洞庭湖生态环境保护"协调会议，不仅政府投入大量资金用于解决当地的环境污染问题，而且吸引了区内许多企业、乡村共同参与这一"公共问题"的根本治理。农村公共产品不同供给主体之间的跨界合作，能够充分体现各领域优势，突破单一主体供给所面临的困境，成功解决供给过程中存在的诸多问题，提高供给效率，达到有效供给的目标。

---

① ［联邦德国］哈肯：《信息与自组织：复杂系统的宏观方法》，四川教育出版社 1988 年版。

　　最后，我们在讨论农村公共产品供给投资规模问题时，还必须联系公共产品的产权理论。罗纳德·科斯早在 1974 年发表《经济学上的灯塔》一文中，通过对英国早期灯塔机制的研究，对公共产品由私人供给的可能性进行了证实。科斯的研究发现：早在 17 世纪初期至中期，英国领事海港工业行业协会虽然拥有建造海上灯塔的特殊权利，但是从来没有建造任何一个新灯塔，反而是那些获得政府准许并拿到经营许可证的私人承包者建造了数十个新灯塔。在那个时候的灯塔机制下，私人要想经营灯塔必须向政府进行申请，通过租用政府的土地进行建设，租期届满之后，重新交给政府并由领事海港工会加以管理经营。科斯的研究表明，政府在公共产品供给过程中并不是积极主动的，私人提供公共产品不仅具有可能性，而且有可能比政府供给的效率更高。① 对于市场与私人联合生产的公共产品供给模式，史蒂文斯在其所著的《集体选择经济学》一书中给予过充分肯定。史蒂文斯认为，传统理论之所以认为公共产品不可能进行合作生产是因为囚徒困境的博弈的存在，由于公共产品的产权模糊，个人存在严重的"搭便车"行为。然而，当这一博弈转换为动态的形式，局中人从另外局中人那里收集反馈信息，并依此做出行动，那么合作就有可能产生。② 在史蒂文斯看来，集体选择过程中合作产生的利他效应，可以超越传统产权理论对人们行动的限制。在博弈过程中，当他人从改进后果中得到较好的效用时，自己本身也将得到效用，这就是公共产品供给由市场和私人合作生产存在很大可能性的前提。因此，史蒂文斯认为完全可以让市场或市场与私人合作共同供给公共产品，并制定出合适的激励机制加强公共产品和私人物品之间的联系。新供给经济学在认识农村公共产品供给投资规模结构中的产权问题时，将更多的注意力放在产权结构改革有利于中国公民社会福利最大化的视域中去观察。新供给经济学针对产权问题有一系列创新观点，虽然有些观点仍需要在历史发展中去检验，例如，它认为"把生产资料给穷人，其结果反而延缓了人类财富的增加"。但是，这些新观点为我们开启了认识产权改革的一扇扇新窗户。新供给经济学特别强调"避免产权改革陷阱，选择尊重产权的市场化改革道路"，特别强调探索理想的产权关系形成过程中政府和市场的角色，它认为即使在公共经济

① 吴易风：《产权理论：马克思和科斯的比较》，《中国社会科学》2007 年第 2 期。
② ［美］乔·B. 史蒂文斯：《集体选择经济学》，杨晓维等译，格致出版社等联合出版，2014 年。

领域内，首先也要明确政府角色，约束政府行为，政府应致力于建立和保护明确的产权关系，而具体的产权关系成熟和优化的过程借助于市场运作来完成。这与党的十八届三中全会以来，市场在资源配置中发挥决定性作用、政府推进行政审批制度改革、简政放权等一系列改革实践是完全相符的。在新供给经济学看来，农村公共产品供给投资体系形成过程中，政府角色的关键在于明确产权的性质和所属关系，而并非政府投资"一家独大"，政府所要做的最重要的方面在于硬化产权约束，大力培育产权市场，通过市场交易来优化农村公共产品供给投资结构及由此形成的产权结构，而不是由政府再次拿起大刀切分财富蛋糕。[①]

二 农村公共产品供给模式的理论分析框架

新供给经济学强调从供给投资与具体生产方式两方面的有机结合来综合分析农村公共产品供给模式对供给效率的影响。根据新供给经济学的这一基本理论观点，我们构建中国农村公共产品供给模式影响供给效率的理论分析框架。首先，要以农村公共产品供给投资方式分析为逻辑起点。农村公共产品供给的投资主体一般包括政府投入、农民投入和其他社会投入两种基本类型。完全由政府投入的农村公共产品，其产权属性是一种纯公共产品。农民投入和其他社会投入的农村公共产品，其产权属性表现出典型的"俱乐部产品"性质。产权理论认为，投资主体地位决定了产品的产权主体地位。我们可以从任何一种农村公共产品供给投入中政府投入所占的比重来区分其产权属性，将政府投入比重特别大的农村公共产品定义为"政府强投入"（简称"强投入"）公共产品。相应的，我们将政府投入比重中等或较少的农村公共产品，定义为"中投入"（或称"适度投入"）或"弱投入"公共产品。其次，要从农村公共产品供给生产的角度，分析在不同社会经济与自然环境条件下，不同投入主体间所采取的具体生产协同关系可能对农村公共产品供给效率所产生的影响作用。农村公共产品具体的生产方式有两种，一种是市场交易方式，即将农村公共产品的生产交由市场进行。另一种是非市场交易方式，或由政府直接组织生产，或由农村公共产品的直接消费者组织"内部生产"。当然，现实生活中完全采用市场交易或完全排斥市场交易来生产具体的农村公共产品都较少见。因此，我们可以从任何一种具体农村公共产品的供给生产中市场化

---

① 滕泰：《民富论：新供给主义百年强国路》，东方出版社2013年版。

程度的高低来区分其生产特征，将市场化程度特别高的农村公共产品定义为"高市场生产"（简称"高市场"）公共产品。相应的，我们将市场化程度适度或较低的农村公共产品，定义为"中市场"（或"适度市场"）和"低市场"公共产品。目前在农村公共基础设施建设中出现的 BOT 模式就是一种政府弱投入—高市场生产的"弱高型"供给模式，而 PPP 模式则是一种政府投入适中、市场化程度适度的"双适型"供给模式。再次，要从农村公共产品的功能特征这一关键来把握其供给效率评价目标和评价结果。从根本上讲，农村公共产品的功能可区分为经济性公共产品和非经济性公共产品两大类。经济性农村公共产品是指那些被消费过程中或使用后能够直接创造经济价值、直接扩大经济效益的公共产品。例如，农业技术推广项目、农田水利基本建设项目等。非经济性农村公共产品是指那些被消费过程中或使用后不能够直接创造经济价值、不能明显扩大直接经济效益的公共产品，例如，农村义务教育、农村图书馆等。最后，要针对不同性质的农村公共产品，在农村公共产品不同的供给社会经济与自然环境条件下，从不同投入主体协同治理的角度深入分析农村公共产品具体供给模式的效率评价及其影响因素。上述分析框架可用图 6 - 1 做一个形象的归纳。图 6 - 1 显示，不同的政府投入强度与不同的市场化交易程度相互结合，可能形成 9 种供给模式，即模式Ⅰ—双高型（强投入—高市场）、模式Ⅱ—双适型（中投入—中市场）、模式Ⅲ—双低型（弱投入—低市场）、模式Ⅳ—强中型（强投入—中市场）、模式Ⅴ—强低型（强投入—低市场）、模式Ⅵ—中高型（中投入—高市场）、模式Ⅶ—中低型（中投入—低市场）、模式Ⅷ—弱高型（弱投入—高市场）和模式Ⅸ—弱中型（弱投入—中市场）。供给模式本身的差异会对供给效率产生着重要影响。

描述和评价农村公共产品供给效率是一件十分复杂的工作，我们在《农村公共产品供给效率论》中已经有过非常详尽的讨论，并且也提出了一种基于政府与农民两个视角的"双层效率因素分析（DEFA）"模型。[①] 由于大多数基于公开统计数据的研究成果受统计数据缺陷的影响，一些研究成果遭到诟病。例如，从《中国统计年鉴》上所获得的农民平均受教育年限的数据，使得许多辍学的农村青少年受教育程度"被平均"了，这

---

① 李燕凌：《农村公共产品供给效率论》，中国社会科学出版社 2007 年版。

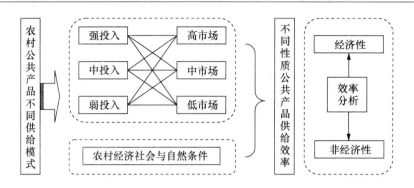

图 6 - 1　农村公共产品供给模式影响供给效率示意图

就容易带来对于农村教育公共产品的效率评价不真实的结果，以至于对问题的剖析亦不够客观。一些学者更为乐观地认为，我国目前农村公共产品供给已经基本结束了"农民自我供给"状态，政府开始成为农村公共产品供给的主体，并主要存在"政府出资、政府生产"、"政府出资、社会生产"、"政府社会合作投资"、"政府出制度、社会投资"等模式。① 但是，我们在近年来的实际调查中发现，农村社会自治供给的模式仍然比较普遍，政府对农村社会自治供给给予的财政补贴有了很大程度的提高。过去我们习惯采用的"农民满意度"评价公共产品效率，实际上也比较粗放，许多农民在回答调查提问时只能给出模糊的评价。在此之前，我们曾经注意到农村公共产品供给不同的投资方式可能对其供给效率所产生的影响，例如，我们在 2005 年至 2006 年间，曾经对毛泽东、刘少奇等 16 位"革命前辈"故乡村和 19 个"其他村庄"进行了农村社会调查。在所调查的 35 个村庄中，我们对调查所获取的村级基本情况资料进行了入户复核，并对村民做了个别深度访谈，共发放调查问卷 1964 份，农户抽样调查率达 5.02%，其中有效问卷 1821 份。问卷共涉及 36 个问题，包括 200多个信息项。② 这次调查的结果显示，"革命前辈"故乡村虽然因为其特殊的政治背景而获得了较为充足的农村公共产品供给投资，但农村公共产品供给的私人投入几乎没有，公共产品的生产与管理非常粗放，其供给效率并不理想。而在 19 个"其他村庄"中，有些属于国家级或省级贫

---

　　① 李圣军：《农村公共产品的政府供给模式及其演变》，《江汉论坛》2012 年第 5 期。
　　② 李燕凌、曾福生：《托达罗人口流动模型对社会主义新农村建设的启示》，《湖南社会科学》2006 年第 5 期。

困县的贫困村庄，虽然长期获得财政扶贫资金投入当地农村公共产品建设的支持，但是，由于当地农民生活贫困，无法形成私人对农村公共产品的供给投入，一些村庄甚至出现直接瓜分政府财政资金的现象，严重影响了农村公共产品供给效率。在"其他村庄"中的一些农村，农村公共产品供给的财政投入与私人投入均衡发展，供给效率水平高。不过，我们采用"满意度"评价方法时仍然过于简单。最近，也有一些优秀的文献在运用"满意度"评价方法时更加细致，例如，李培林等设计了一系列影响因子，分析它们在"社会安全感、社会公平感、对政府满意度和对未来的预期"等不同模型中的影响情况。[①] 这样的研究无疑更有政策参考价值。

第三节　供给模式影响供给效率的实证分析

新供给经济学强调同时调动农村公共产品供给投入与供给生产两方面积极性，从根本上解决农村公共产品供给不足的问题。农民是农村公共产品的最终消费者，农民对农村公共产品供给绩效的评价是衡量农村公共产品供给效率水平最重要的依据。本节将依据农民对农村公共产品供给绩效的评价结果，从农村公共产品供给投资和生产相结合的视角全面理解公共产品供给模式及其对供给效率的影响。

一　农村公共产品供给模式对效率影响的调查设计

根据图 6-1 刻画的农村公共产品供给模式对供给效率的影响过程，研究农村公共产品供给模式影响效率问题，首先需要对不同农村、不同功能特征的农村公共产品采取的具体供给模式进行判断，然后必须全面了解农村具体的经济社会与自然环境条件。在严格定义经济性农村公共产品（简称"经济类"）和非经济性农村公共产品（简称"非经济类"）两类不同功能特征的农村公共产品之后，我们需要详细了解农民在本村特定的农村公共产品供给模式条件下对农村公共产品供给效率的评价。为进一步深入分析农村公共产品供给模式对供给效率影响的程度，我们还需要对农村的具体经济社会与自然条件给出明确界定，以准确判断在不同农村经济

---

① 李培林、李炜：《近年来农民工的经济状况和社会态度》，《中国社会科学》2010 年第 1 期。

社会与自然条件下的农村公共产品最优供给模式。

1. 农村公共产品的功能特征定义

从农村公共产品消费过程所产生的经济效用视角，我们可以一般地将农村公共产品区分为经济性农村公共产品和非经济性农村公共产品，简称"经济类"和"非经济类"农村公共产品。经济类和非经济类农村公共产品有许多具体产品或服务，我们选择在不同农村普遍共有的七种农村公共产品进行调查，前者具体包括农业产业科技推广项目、农田水利基本建设等，后者主要包括义务教育学校建设、村图书馆或文化室、卫生改厕工程、村级道路建设、村民清洁饮水工程等。

2. 农村经济社会与自然条件分组

农村经济发展状况不仅决定着农民和其他农村社会组织向农村公共产品领域的投入能力，直接影响农村公共产品生产、经营和管理的市场化，而且也影响农民实际消费农村公共产品的水平。我们选择以调查样本村农民家庭人均纯收入水平为标志代表当地农村经济发展水平，并参照全国农村居民家庭人均纯收入水平，将样本村农户平均收入水平超过该水平20%（含）的归入"经济发达村"，低于该标准20%（不含）的归入"经济欠发达村"，介于两者之间的村归入"经济一般村"。

农村居住人口规模、消费习惯、年龄与民族结构等社会发展状况，都会一定程度地影响具体农村公共产品的生产与消费。我们选择农村人口规模为标志代表当地农村社会发展状况，并参照调查村所在省（市、区）的平均水平，将样本村人口规模在2000人以上（含）的村定义为"大规模村"，1000人以下（不含）的村定义为"小规模村"，介于两者之间的村归入"规模一般村"。

农村自然条件包括地形地貌、土地资源、气候条件等众多环境因素，但是，农村距离城镇、特别是距离大中城市的远近，对农村公共产品的供给所产生的影响最为突出。一方面，距离城镇的距离可能直接影响政府或其他社会组织投入农村公共产品的积极性；另一方面，偏远农村由于离城镇太远，其农村公共产品生产经营的市场化程度也会受到极大制约。我们选择调查村距离县城的距离为标志代表当地农村自然条件，将样本村距县城10公里以下（不含）定义为"近距离村"，25公里以上（含）定义为"远距离村"，介于两者之间的村归入"中等距离村"。

3. 农村公共产品供给模式分类

我们根据农村公共产品供给资金投入与供给生产相结合的形式来定义其供给模式，以经济类和非经济类两类不同农村公共产品的政府投入占总投入比重、市场化生产经营程度为标志，分别将样本村农村公共产品供给模式定义为模式Ⅰ、模式Ⅱ…模式Ⅸ。具体定义参见图 6 - 2。

4. 农民对农村公共产品供给模式的效率评价

农民是农村公共产品的直接消费者，农民对农村公共产品供给模式的综合评价，可以反映农村公共产品供给模式对供给效率的影响结果。我们参考李培林（2010）的研究方法，没有简单地采用农民对具体农村公共产品供给模式的"满意度"评价方法，而是将农民对农村公共产品供给模式在公平感、效用感、稳定感（或称可持续性）三个方面的评价态度分别进行调查，更加精细地描述了不同农村公共产品供给模式对实现农村公共产品供给目标的程度。公平感目标反映农民对农村公共产品可得性的评价态度，效用感目标反映农民对农村公共产品可及性的评价态度，稳定感目标反映农民对农村公共产品长期可持续供给的评价态度。我们对这三种主观评价态度分别定义"满意"和"不满意"两种评价结果，以"不满意"评价结果为参照对象。我们通过计算农民对农村公共产品供给不同模式的综合得分来判断具体供给模式的优劣排序，同时确定农民对农村公共产品供给模式"公平感"、"效用感"和"稳定感"评价结果在综合评价中的权重。另外，我们还可以通过计算每个样本村农民对农村公共产品供给模式的平均综合得分，建立回归方程来分析农村公共产品供给模式及经济社会与自然条件等因素对农村公共产品供给效率的实际影响。

二　变量、数据与计量分析方法

1. 变量选择及其定义

针对不同功能性质的农村公共产品及不同农村公共产品供给模式的效率评价，是一个十分复杂的效率评判问题。我们在这里首先参考朱玉春等已有的研究，[①] 对每一种具体的农村公共产品供给模式，从农村公共产品供给投入与供给生产两个方面进行综合评价，并按政府投入占农村公共产品供给总投入的比重分别将供给投入变量赋值为"强投入"、"适度（中）

---

① 朱玉春、唐娟莉、郑英宁、霍学喜：《基于模糊评判法的陕西农村公共物品供给模式选择分析》，《中国人口·资源与环境》2012 年第 2 期。

投入"和"弱投入"三个定性变量，按农村公共产品生产市场化程度将供给生产变量赋值为"高市场"、"适度（中）市场"和"低市场"三个定性变量。然后我们参考李培林等已有的研究，[①] 从"公平感（可得性）"、"效用感（可及性）"和"稳定感（可持续性）"三个方面全面考察农民对不同功能农村公共产品的不同供给模式的绩效"综合满意度"，我们对农民在"公平感"、"效用感"和"稳定感"每个方面的评价态度均赋值为"满意＝1"、"不满意＝0"。农户对不同农村公共产品供给模式的绩效"公平感"评价，实质上反映出农村公共产品供给的效用可得性，即从理论上讲在调查村任何农民可以均等地获得这类公共产品的效用。农户对不同农村公共产品供给模式的绩效"效用感"评价，实质上反映出农村公共产品供给的效用可及性，即在现实中被调查的农民实际获得这类公共产品的效用。农户对不同农村公共产品供给模式的绩效"稳定感"评价，实质上反映出农村公共产品供给的效用可持续性，即被调查农民从长远角度考虑对享用这类公共产品的效用可持续性评价。例如，有些扶贫资金，对农民来说今年享用了明年未必可获得，也许是脱贫了不可再获得，也许是政策原因或操作原因不能再获得。此外，根据调查设计方案，我们还对调查中涉及的样本村经济社会与自然条件等，分别选择了样本村的经济发展水平、居住人口规模和距县城距离三个变量，对每个变量进行了明确定义，并通过对这三个变量的定义将变量转化为定性变量。相关变量的定义详见表 6 - 1 和表 6 - 2。

2. 数据来源

我们利用课题组 2012 年对湘、鄂、赣、贵、粤 5 省 19 个县（含市、区，下同）中的 93 个行政村调查数据，[②] 对农村公共产品供给模式进行综合影响调查。这次调查共向农户（包括村支"两委"干部）发放问卷 1897 份，收回问卷 1625 份，剔除内容填写不全、有逻辑错误的问卷，实际有效问卷 1480 份，占全部发放问卷的 78.02%。调查中样本农户的人口数占调查村全部人口数的 5.08%。这次调查的全部数据描述统计结果详见表 6 - 1 和表 6 - 2。

---

① 李培林、李炜：《近年来农民工的经济状况和社会态度》，《中国社会科学》2010 年第 1 期。

② 调查对象包括永定区、桑植县、龙山县、凤凰县、湘潭县、长沙县、醴陵市、桃江县、桃源县、邵阳县、洞口县、娄星区、北湖区、汝城县、衡南县、松桃县、崇义县、仁化县、来凤县 19 个县（市、区）。

表6-1　农村公共产品供给模式及影响因素样本村调查数据描述统计

分类	变量名称	定义	经济类农村公共产品			非经济类农村公共产品		
			村个数（个）	占比%（或均值）	标准差	村个数（个）	占比%（或均值）	标准差
农村公共产品供给模式		政府投入强度						
	强投入	总投入≥66%	35	37.63	0.23	38	40.86	0.24
	适度（中）投入	33%≤总投入<66%	35	37.63	0.23	25	26.88	0.20
	弱投入	总投入<33%	23	24.73	0.19	30	32.26	0.22
		生产市场化程度						
	高市场	市场交易≥70%	34	36.56	0.23	28	30.11	0.21
	适度（中）市场	30%≤市场交易<70%	31	33.33	0.22	41	44.09	0.25
	低市场	市场交易<30%	28	30.11	0.21	24	25.81	0.19
经济社会与自然条件		经济发展水平						
	经济发达村	全国平均≥120%	43	8556.2	4769.3	43	8556.2	4769.3
	经济一般村	80%≤全国平均<120%	28	7063.1	1865.9	28	7063.1	1865.9
	经济欠发达村	全国平均<80%	22	5219.8	2891.5	22	5219.8	2891.5
		居住人口规模						
	大规模村	人口≥2000人	14	2165.0	976.4	14	2165.0	976.4
	规模一般村	1000人≤人口<2000人	61	1468.0	301.2	61	1468.0	301.2
	小规模村	人口<1000人	18	874.0	147.8	18	874.0	147.8
		距县城距离						
	近距离村	距离<10公里	57	7.3	3.96	57	7.3	3.96
	中等距离村	10≤距离<25公里	13	16.6	6.24	13	16.6	6.24
	远距离村	距离≥25公里	23	28.9	19.74	23	28.9	19.74
总样本数（个）			93					

注：①表中"占比%"指样本村个数占总样本村的比例。②在政府投入之外包括农民投入和其他社会投入，我们不再进行区分而统称为"私人投入"。③表中"市场交易"指样本村该类农村公共产品的生产、经营或管理按交易量计算占总交易量的比重。④我们以《中国统计年鉴》公布的2011年全国农村居民家庭人均纯收入水平6977.29为基准线，将样本村农户平均收入水平超过基准线20%（含）的归入"经济发达村"，低于基准线20%（不含）的归入"经济欠发达村"，在这两者之间的村归入"经济一般村"。⑤调查资料来源于调查村村民委员会提供的财务统计资料。

表6-2　农民对不同功能农村公共产品的不同供给模式的绩效评价统计结果及列联分析表

模式类型	投资强度	市场化程度	定义标记	经济性（类）农村公共产品					非经济性（类）农村公共产品				
				样本村（个数）	调查户数（户）	公平感（满意=1，不满意=0）满意户数（户）	效用感（满意=1，不满意=0）满意户数（户）	稳定感（满意=1，不满意=0）满意户数（户）	样本村（个）	调查户数（户）	公平感（满意=1，不满意=0）满意户数（户）	效用感（满意=1，不满意=0）满意户数（户）	稳定感（满意=1，不满意=0）满意户数（户）
模式I（双高型）	强投入	高市场	33	8	121	50	47	65	10	187	118	117	134
模式II（双适型）	中投入	中市场	22	8	128	106	108	112	12	194	91	94	124
模式III（双低型）	弱投入	低市场	11	5	82	15	22	33	9	127	21	32	61
模式IV（强中型）	强投入	中市场	32	13	219	128	132	146	21	355	268	253	282
模式V（强低型）	强投入	低市场	31	14	194	87	103	83	7	127	94	94	106
模式VI（中高型）	中投入	高市场	23	18	297	171	200	210	5	68	37	39	40
模式VII（中低型）	中投入	低市场	21	9	141	96	105	113	8	109	53	51	64
模式VIII（弱高型）	弱投入	高市场	13	8	131	39	61	55	13	181	55	56	69
模式IX（弱中型）	弱投入	中市场	12	10	167	43	77	85	8	132	43	49	65
合计				93	1480	735	855	902	93	1480	780	785	945
卡方值（χ²）						185.9943	132.7018	145.8258			232.9046	168.9110	143.3432
列联相关系数（c）						0.33413	0.2869	0.2995			0.3687	0.3201	0.2972
显著水平（p值）						p<0.001	p<0.001	p<0.001			p<0.001	p<0.001	p<0.001

注：强投入=3，中投入=2，弱投入=1，高市场=3，中市场=2，低市场=1。

我们在调查中发现各地农村"政府对农村公共产品投资比重"的差异，还与当地地方政府财政能力具有密切关系。县（市、区）地方财政配套的能力在一定程度上会影响到调查村实际获得上级政府（省及省以上政府）对农村公共产品供给的投资规模。例如，在湖南省，我们调查发现：农村义务教育经费的投入采取中央与地方政府按一定比例分担投资，地方政府又按省、市、县三级分担比例，但具体到调查村的投资比例则各有不同。该省40个享受西部大开发政策的县（市、区）所需农村义务教育经费中的公用经费补助自2011年起由中央与地方按8∶2分担，其余县（市、区）由中央与地方按6∶4分担。对于农村义务教育经费中的家庭经济困难寄宿生生活补助，中央按50%的比例给予奖励性补助，另外的50%由地方财政承担。农村义务教育经费中的校舍维修改造资金，中央与地方也是按5∶5比例分担。在地方政府之中，省、市、县三级政府的分担比例各地亦有不同，省直管县前的原标准部分：国扶县、省扶县、民族县（共44个）所需资金由省、市按9∶1比例返回，县级不分担。其余县（市、区）按2004年供养人口人均财力在2万元以下的，按省、市、县6∶1∶3的比例分担；人均财力在2万—3万元的县（市、区），由省、市、县按5∶1∶4的比例分担；人均财力在3万元以上的全部由县财政承担。[①] 不过，需要特别说明的是，虽然这种"地方财政配套供给农村公共产品"的政策，在一定程度上可能加重了经济落后地区农村公共产品供给投资的困难，但是，由于在农村公共产品实际供给中，省政府以下的市、县（市、区）级财政落实的配套供给资金极少，其对供给效率的影响有限。调查中也很难获取真实的省以下政府财政实际落实配套的资金规模，因此，我们没有在变量设计中考虑这一因素。

3. 计量分析方法

为全面分析农户对农村公共产品供给模式的绩效，本书将农户对农村公共产品供给模式的满意度评价分成公平感、效用感、稳定感分项进行评估，但为了对各种农村公共产品供给模式的绩效有一个综合评估，须对各种供给模式的优势进行排序并深入分析其影响因素。

第一步：采用列联分析方法对不同农村公共产品供给模式的农民公平

---

① 《2013年湖南财政重大公共惠民政策概要》，湖南省财政厅预算处印（内部资料），2013年。

感、效用感、稳定感评价结果进行特征分析。列联分析方法通常适用于分析分类变量与分类变量之间的内在关系。本书采用列联分析分项检验不同农村公共产品供给模式的农民公平感、效用感、稳定感评价是否具有统计显著差异，并判断供给模式与农民公平感、效用感、稳定感评价这些属性变量之间的关联程度。

进行列联分析必须构建由两个以上的变量进行交叉分类形成的频数分布表，即列联表（contingency table）。我们将农民公平感、效用感、稳定感评价作为因变量并放在行（row）的位置，称为行变量，其类别数（行数）用 R 表示，农村公共产品供给模式为自变量放在列（column）的位置，称为列变量，其类别数（列数）用 C 表示，从而构建如下期望频数函数：

$$f_e = \left(\frac{RT}{n}\right) \times \left(\frac{CT}{n}\right) \times n \tag{6-1}$$

在式（6-1）中，RT 为给定单元格所在行的合计频数，CT 为给定单元格所在列的合计频数，n 为样本量，f_e 为期望频数。

设 f_0 为实际观察频数，然后计算实际观察频数（表6-2中"满意"与"不满意"评价的实际频数）与其期望频数之间的吻合程度 χ^2 值以及列联相关系数 c，以定量分析农村公共产品供给模式与农民公平感、效用感、稳定感评价之间是否有关联以及其关联程度的大小。χ^2 值与列联相关系数 c 值分别按式（6-2）和式（6-3）计算所得：

$$\chi^2 = \sum \frac{(f_0 - f_e)^2}{f_e} \tag{6-2}$$

$$c = \sqrt{\frac{\chi^2}{\chi^2 + n}} \tag{6-3}$$

第二步：采用变异系数法确定农民公平感、效用感、稳定感评价在农村公共产品供给模式绩效综合评价结果中的权数。变异系数法（Coefficient of variation method）是直接利用结构数据中各成分数据所包含的信息，通过计算成分数据的变异程度而获得其在结构数据整体评价中的权重的一种客观赋权方法。在评价农村公共产品供给模式的综合绩效时，差异越大的指标，也就是越难以实现的指标，这样的指标更能反映被评价单位的差距。本书采用变异系数法将通过计算农民公平感、效用感、稳定感评价观察结果的"异众比率"来判断其变异程度，从而最终确定不同评价在农村公共产品供给模式绩效综合评价中的权数。设定满意为 1，不满意为 0，每种具体模式的综合评价得分计算式如下：

$$Y_i = \sum_{j=1}^{3} \frac{f_{ij}}{n_i} \cdot V_{rj} \qquad V_{rj} = 1 - \frac{f_m}{n} \qquad (6-4)$$

式（6-4）中，设 Y_i 是不同评价对象的综合评估得分。j 指农民对农村公共产品供给模式公平感、效用感、稳定感的分项评价，$j = 1，2，3$，f_{ij} 是不同评价对象对农村公共产品供给模式绩效评估中第 j 项评价结果为满意的观察频数。n_i 是不同评价对象的样本数，当取 $i = 1，2，\cdots，9$ 时，i 指农村公共产品供给投入与生产方式匹配相同的 9 种供给模式；当取 $i = 1$，$2，\cdots，93$ 时，i 指不同调查农户对本村农村公共产品供给模式的综合评估样本村个数。V_{rj} 是第 j 项评价结果的变异系数，我们用 V_{rj} 作为不同供给模式绩效综合评估得分中第 j 项评价结果的权重系数，f_m 为众数组的频数。我们可利用式（6-4）分别获得 9 种不同的农村公共产品供给模式及不同调查样本村农户对本村农村公共产品供给模式绩效的综合评估结果。

第三步：采用方差分析模型对农村公共产品供给模式的效率分布进行因素分析。以农户对农村公共产品供给绩效评价的综合得分为被解释变量，以样本村农村公共产品供给模式的差异、样本村经济社会和自然条件为解释变量，采用方差分析模型分析不同因素对农村公共产品供给模式绩效综合评价结果的影响程度。

英国统计学家 R. A. Fisher 于 1923 年首先提出方差分析（ANOVA）概念。方差分析方法最早被应用于提高农作物产量的主要因素分析之中。此后，在长达近一个世纪的统计实践中，方差分析逐渐被广泛应用于科学实验、医学、化工、社会科学等各个领域。在人文社会科学研究中，方差分析是用于研究定类变量和定距变量之间相关性的一种最为经典的研究方法。本书旨在分析调查村农户对农村公共产品供给模式的满意度如何受农村公共产品供给模式、调查村的人口规模、家庭平均经济收入水平以及距县城距离的影响及其交互影响，并通过这种影响因素分析以发现农村公共产品最佳供给模式。本书具体分析模型如下：

设 y_{ml} 为在某因素的第 l 类影响下的第 m 个观测值（$l = 1，2，\cdots，4$，$m = 1，2，\cdots，n$），我们可建立如下方差模型：

$$y_{ml} = \mu + a_l + \varepsilon_{ml} \qquad s.t. \quad \sum_{l=1}^{4} a_l = 0 \qquad (6-5)$$

式（6-5）中，μ 为总体平均值，a_l 为第 l 个水平上的效应，ε_{ml} 为随机误差项。

为简化符号，可设 $Y = (y_{ml})'$，$\varepsilon = (\varepsilon_{ml})'$，$\beta = (\beta_1, \beta_2, \cdots, \beta_{l+1})' = (\mu, a_1, a_2, \cdots a_l)'$，

$$Z_{(ln) \cdot (l+1)} \begin{bmatrix} 1 & 1 & 0 & \cdots & 0 & 0 \\ 1 & 0 & 1 & \cdots & 0 & 0 \\ \vdots & \vdots & \vdots & \vdots & \vdots & \vdots \\ 1 & 0 & 0 & 0 & 1 & 0 \\ 1 & 0 & 0 & 0 & 0 & 1 \end{bmatrix}$$

则有　　$Y = Z\beta + \varepsilon$ 　　　　　　　　　　　　　　　（6-6）

定义残差平方和为　$LMSSE(\beta) = \sum_m \sum_l (y_{ml} - \hat{\mu} - \hat{a}_l)^2$　（6-7）

在式（6-5）的约束条件下求式（6-7）的最小值，可求得 μ 和 a_l 的估计量 $\hat{\mu}$，$\hat{a}_l$，再进一步判断分类 l 的影响对观测值是否显著。

令回归平方和为　$SSE(\beta) = \sum_m \sum_l (y_{ml} - \hat{\mu} - \hat{a}_l)^2$　（6-8）

总平方和为　$SSY = \sum_m \sum_l (y_{ml} - \hat{\mu})^2$　　　　　（6-9）

并定义　$F = \dfrac{(SSY - SSE)/df(reg)}{SSE/df(error)}$ 　　　　　　　　　（6-10）

式（6-10）中 $df(reg)$ 是回归平方和的自由度，即独立变量的个数；$df(error)$ 是残差平方和的自由度，即样本个数减去独立变量的个数。F 值越大表明该因素的影响作用越显著。

最后，我们针对不同功能性质的农村公共产品，在不同经济社会与自然条件状况下，分别从改善农民公平感、效用感、稳定感及综合评价态度等多重视角考虑，对不同的供给模式适应性进行讨论，并提出供给模式的优化途径。

三　回归结果及其进一步分析

本书利用课题组 2012 年对湘、鄂、赣、贵、粤 5 省 19 个县（含市、区，下同）中的 93 个行政村调查数据，对各变量进行交叉分类形成农户对不同农村公共产品供给模式绩效的满意率频数分布表（即列联表），并运用式（6-2）和式（6-3）计算卡方值和列联相关系数，得出不同农村公共产品供给模式绩效评价的列联分析结果，详见表 6-2。

根据农民对不同供给模式中不同功能性质的农村公共产品在公平感、效用感、稳定感等方面的评价结果，我们运用式（6－4）分项计算获得公平感、效用感和稳定感评价结果的异众比率并将其作为综合评价的权数，从而获得农户对不同功能性质不同农村公共产品供给模式绩效的满意率综合评价结果，详见表6－3。当然，我们同时还可计算获得不同调查农户对本村不同功能性质农村公共产品供给模式绩效的满意率综合评价得分结果，详见表6－4。

利用上述计算结果，本书分别对经济性（类）农村公共产品和非经济性（类）农村公共产品供给模式构建方差模型，并运用式（6－7）、式（6－8）和式（6－9）计算方差模型的残差平方和、回归平方和以及总平方和，我们再运用式（6－10）计算模型的 F 值，最后进行方差检验，检验结果分别见表6－5和表6－6。

1. 农户对农村公共产品供给模式绩效评价与供给模式差异的列联分析

表6－2是一个复杂的列联表，我们省略了对列联表期望值的计算过程，仅给出了卡方检验值、列联相关系数和统计显著水平检验结果。表6－2列联分析结果显示：农户分别从公平感、效用感和稳定感三个方面对农村公共产品供给模式绩效评价的结果，的确与不同功能性质不同农村公共产品供给模式的差异存在关系，而且这种关系都在1%水平上具有统计显著意义，反映出相互关系的密切程度很高。从表6－2列联相关系数反映的测度意义来看，农户对经济性农村公共产品和非经济性农村公共产品在不同供给模式中的公平感、效用感和稳定感的评价基本接近，但排序稍有变化。在对经济性农村公共产品的供给模式绩效评价中，公平感的关联程度大于稳定感的关联程度，而效用感的关联程度最小；在对非经济性农村公共产品的供给模式绩效评价中，公平感的关联程度大于效用感的关联程度，而稳定感的关联程度最小。总体来说，无论是对经济性农村公共产品还是对非经济性农村公共产品的供给模式绩效评价，农户最关心的还是公平感，体现出"不患寡患不均"的历史传统。

表6-3　农村公共产品不同供给模式绩效综合评价结果计算表

经济性（类）农村公共产品

模式类型	样本户数（户）	统计量	公平感 分项得分	效用感 分项得分	稳定感 分项得分	满意率综合评价得分
模式I（双高型）	121	满意频数	0.4132	0.3884	0.5372	0.4425（6）
		加权评分	0.1570	0.1243	0.1612	
模式II（双适型）	128	满意频数	0.8281	0.8438	0.8750	0.8472（1）
		加权评分	0.3147	0.2700	0.2625	
模式III（双低型）	82	满意频数	0.1829	0.2683	0.4024	0.2761（9）
		加权评分	0.0695	0.0859	0.1207	
模式IV（强中型）	219	满意频数	0.5845	0.6027	0.6667	0.6150（4）
		加权评分	0.2221	0.1929	0.2000	
模式V（强低型）	194	满意频数	0.4485	0.5309	0.4278	0.4687（5）
		加权评分	0.1704	0.1699	0.1284	
模式VI（中高型）	297	满意频数	0.5758	0.6734	0.7071	0.6464（3）
		加权评分	0.2188	0.2155	0.2121	
模式VII（中低型）	141	满意频数	0.6809	0.7447	0.8014	0.7374（2）
		加权评分	0.2587	0.2383	0.2404	
模式VIII（弱高型）	131	满意频数	0.2977	0.4656	0.4198	0.3881（8）
		加权评分	0.1131	0.1490	0.1260	
模式IX（弱中型）	167	满意频数	0.2575	0.4611	0.5090	0.3981（7）
		加权评分	0.0978	0.1475	0.1527	
异众比率（权数）			0.3800	0.3200	0.3000	

非经济性（类）农村公共产品

模式类型	样本户数（户）	统计量	公平感 分项得分	效用感 分项得分	稳定感 分项得分	满意率综合评价得分
模式I（双高型）	187	满意频数	0.6310	0.6257	0.7166	0.6530（3）
		加权评分	0.2272	0.2252	0.2006	
模式II（双适型）	194	满意频数	0.4691	0.4845	0.6392	0.5223（5）
		加权评分	0.1689	0.1744	0.1790	
模式III（双低型）	127	满意频数	0.1654	0.2520	0.4803	0.2847（9）
		加权评分	0.0595	0.0907	0.1345	
模式IV（强中型）	355	满意频数	0.7549	0.7127	0.7944	0.7508（2）
		加权评分	0.2718	0.2566	0.2224	
模式V（强低型）	127	满意频数	0.7402	0.7402	0.8346	0.7666（1）
		加权评分	0.2665	0.2665	0.2337	
模式VI（中高型）	68	满意频数	0.5441	0.5735	0.5882	0.5671（4）
		加权评分	0.1959	0.2065	0.1647	
模式VII（中低型）	109	满意频数	0.4862	0.4679	0.5872	0.5079（6）
		加权评分	0.1750	0.1684	0.1644	
模式VIII（弱高型）	181	满意频数	0.3039	0.3094	0.3812	0.3275（8）
		加权评分	0.1094	0.1114	0.1067	
模式IX（弱中型）	132	满意频数	0.3258	0.3712	0.4924	0.3888（7）
		加权评分	0.1173	0.1336	0.1379	
异众比率（权数）			0.3600	0.3600	0.2800	

注：①满意率综合评价得分栏中括号内数据为得分排序标志；②小数点后一律保留四位小数。

2. 农户对农村公共产品供给模式绩效的满意率综合评价结果及其排序

表 6 - 4　　　　　样本村农村公共产品供给模式绩效影响因素

及农户满意率综合评价结果统计表

样本村代码	经济性（类）农村公共产品					非经济性（类）农村公共产品				
	被解释变量	解释变量				被解释变量	解释变量			
	农户满意率综合评价（样本村平均评价）	人口规模	经济水平	距城距离	供给模式	农户满意率综合评价（样本村平均评价）	人口规模	经济水平	距城距离	供给模式
N1	0.7788	2	3	1	21	0.4447	2	3	1	12
N2	0.3833	2	3	1	13	0.3893	2	3	1	22
N3	0.6604	3	3	1	32	0.4226	3	3	1	32
N4	0.1645	1	3	1	33	0.3236	1	3	1	13
N5	0.5767	1	3	2	31	0.2367	1	3	2	13
N6	0.4931	2	3	1	31	0.4450	2	3	1	22
N7	0.6875	2	3	1	32	0.2800	2	3	1	12
N8	0.2944	2	3	2	11	0.7133	2	3	2	31
N9	0.6216	2	3	3	32	0.4084	2	3	3	11
N10	0.8082	1	3	2	22	0.3418	1	3	2	22
N11	0.7086	2	3	2	32	0.1314	2	3	2	11
N12	0.7535	2	3	2	21	0.4400	2	3	2	12
N13	0.7400	2	3	1	23	0.3356	2	3	1	12
N14	0.3068	3	3	1	33	0.6416	3	3	1	33
N15	0.5344	1	3	1	31	0.7689	1	3	1	23
N16	0.5227	2	3	1	31	0.6800	2	3	1	21
N17	0.7328	2	3	1	21	0.2578	2	3	1	13
N18	0.4400	2	3	1	31	0.1971	2	3	1	11
N19	0.4220	2	3	1	33	0.3707	2	3	1	13
N20	0.7800	2	3	1	23	0.7800	2	3	1	32
N21	0.3221	2	3	3	11	0.6171	2	3	3	21
N22	0.7025	2	3	2	21	0.3425	2	3	2	13
N23	0.0809	1	3	1	31	0.6036	1	3	1	21
N24	0.6788	2	3	1	21	0.5035	2	3	1	23

续表

样本村代码	经济性（类）农村公共产品					非经济性（类）农村公共产品				
	被解释变量	解释变量				被解释变量	解释变量			
	农户满意率综合评价（样本村平均评价）	人口规模	经济水平	距城距离	供给模式	农户满意率综合评价（样本村平均评价）	人口规模	经济水平	距城距离	供给模式
N25	0.6338	2	3	1	32	0.1754	2	3	1	11
N26	0.4077	2	3	1	33	0.4000	2	3	1	21
N27	0.5620	2	3	1	31	0.3360	2	3	1	11
N28	0.3922	3	3	3	12	0.9165	3	3	3	32
N29	0.5114	2	3	1	31	0.3971	2	3	1	12
N30	0.3240	1	3	1	31	0.3920	1	3	1	22
N31	0.7813	3	3	2	23	0.7478	3	3	2	32
N32	0.6538	2	3	1	33	0.2900	2	3	1	13
N33	0.5386	2	3	2	31	0.3914	2	3	2	11
N34	0.6463	3	3	2	32	0.7967	3	3	2	31
N35	0.4033	2	3	1	12	0.8000	2	3	1	31
N36	0.5889	1	3	1	33	0.3556	1	3	1	11
N37	0.8667	2	3	1	22	0.4187	2	3	1	22
N38	0.6638	2	3	1	32	0.3925	2	3	1	13
N39	0.4494	2	3	1	33	0.2376	2	3	1	11
N40	0.1964	2	3	1	13	0.4029	2	3	1	21
N41	0.5620	2	3	2	32	0.3707	2	3	2	13
N42	0.2620	1	3	1	31	0.2280	1	3	1	13
N43	0.7692	2	3	1	21	0.2585	2	3	1	13
N44	0.8850	1	2	1	22	0.4100	1	2	1	23
N45	0.8344	2	2	1	22	0.4500	2	2	1	21
N46	0.5660	2	2	1	33	0.3280	2	2	1	12
N47	0.5433	2	2	1	32	0.4756	2	2	1	12
N48	0.2326	3	2	2	11	0.6957	3	2	2	33
N49	0.7336	2	2	1	23	0.4943	2	2	1	21

续表

样本村代码	经济性（类）农村公共产品					非经济性（类）农村公共产品				
	被解释变量	解释变量				被解释变量	解释变量			
	农户满意率综合评价（样本村平均评价）	人口规模	经济水平	距城距离	供给模式	农户满意率综合评价（样本村平均评价）	人口规模	经济水平	距城距离	供给模式
N50	0.2653	2	2	2	13	0.8824	2	2	2	32
N51	0.8563	2	2	1	22	0.6000	2	2	1	22
N52	0.8533	1	2	1	22	0.3133	1	2	1	11
N53	0.7819	2	2	1	23	0.5850	2	2	1	23
N54	0.8139	2	2	1	22	0.5933	2	2	1	22
N55	0.4300	2	2	3	23	0.8514	2	2	3	32
N56	0.8200	3	2	3	23	0.5878	3	2	3	32
N57	0.7418	1	2	1	23	0.2727	1	2	1	13
N58	0.3406	2	2	1	23	0.4150	2	2	1	22
N59	0.5092	3	2	1	31	0.5888	3	2	1	33
N60	0.4037	2	2	2	12	0.6168	2	2	2	33
N61	0.7507	2	2	1	21	0.5086	2	2	1	22
N62	0.5453	2	2	1	31	0.3953	2	2	1	12
N63	0.6800	1	2	2	23	0.9100	1	2	2	32
N64	0.7493	2	2	2	23	0.7280	2	2	2	32
N65	0.2200	2	2	2	12	0.8677	2	2	2	32
N66	0.7179	2	2	2	21	0.6286	2	2	2	23
N67	0.5513	2	2	1	13	0.7573	2	2	1	31
N68	0.5885	2	2	1	32	0.5662	2	2	1	13
N69	0.4982	2	2	1	12	0.6847	2	2	1	31
N70	0.2986	2	2	3	11	0.6229	2	2	3	33
N71	0.6038	3	2	1	32	0.5433	3	2	1	32
N72	0.4518	1	1	3	12	0.5891	1	1	3	33
N73	0.7543	3	1	2	23	0.7391	3	1	2	22

续表

样本村代码	经济性（类）农村公共产品					非经济性（类）农村公共产品				
	被解释变量	解释变量				被解释变量	解释变量			
	农户满意率综合评价（样本村平均评价）	人口规模	经济水平	距城距离	供给模式	农户满意率综合评价（样本村平均评价）	人口规模	经济水平	距城距离	供给模式
N74	0.2504	3	1	2	12	0.6892	3	1	2	33
N75	0.5587	2	1	1	23	0.9093	2	1	1	32
N76	0.3717	1	1	1	32	0.7200	1	1	1	33
N77	0.3064	2	1	1	12	0.6829	2	1	1	31
N78	0.6336	1	1	2	23	0.8364	1	1	2	32
N79	0.2285	2	1	3	11	0.8892	2	1	3	32
N80	0.6106	2	1	2	23	0.7859	2	1	2	32
N81	0.5017	1	1	1	31	0.8500	1	1	1	32
N82	0.3757	3	1	1	23	0.4278	3	1	1	32
N83	0.3671	3	1	3	13	0.8683	3	1	3	31
N84	0.5887	2	1	3	12	0.9147	2	1	3	32
N85	0.4000	2	1	3	13	0.8300	2	1	3	32
N86	0.5407	2	1	3	12	0.7286	2	1	3	33
N87	0.2450	1	1	1	23	0.7600	1	1	1	32
N88	0.8520	3	1	2	22	0.5568	3	1	2	22
N89	0.4306	2	1	1	13	0.6489	2	1	1	33
N90	0.5967	1	1	2	32	0.4100	1	1	2	21
N91	0.7440	2	1	2	21	0.3147	2	1	2	13
N92	0.7583	2	1	2	23	0.8644	2	1	2	32
N93	0.5650	1	1	3	13	0.6367	1	1	3	22

注：①满意率综合评价得分小数点后一律保留四位小数；②表中"人口规模"的赋值为"大 = 3，中 = 2，小 = 1"，"经济水平"的赋值为"经济发达 = 3，经济一般 = 2，经济欠发达 = 1"，"距城距离"的赋值为"距离远 = 3，距离中等 = 2，距离近 = 1"，农村公共产品"供给模式"采用 AB 结构，A 为政府投入强度，B 为生产市场化程度，赋值为政府投入强度"强 = 3，中 = 2，弱 = 1"，生产市场化程度"高 = 3，中 = 2，低 = 1"。

表6-5　经济性农村公共产品供给模式绩效多因素方差分析模型的估计结果

被解释变量：供给模式绩效综合评分

方差来源（Source）	Type III Sum of Squares	df	Mean Square	F	Sig.
Corrected Model （校正模型即总体结果）	1315. 231ᵃ	62	21. 213	5. 203	0. 000
截距项	3455. 572	1	3455. 572	847. 560	0. 000
人口规模	369. 747	2	184. 874	45. 345	0. 000
经济水平	0. 169	2	0. 084	0. 021	0. 980
距城距离	26. 458	2	13. 229	3. 245	0. 053
供给模式	575. 895	8	71. 987	17. 657	0. 000
人口规模×距城距离	26. 091	2	13. 046	3. 20	0. 055
人口规模×供给模式	48. 117	5	9. 623	2. 360	0. 064
距城距离×供给模式	58. 944	7	8. 421	2. 065	0. 079
人口规模×距城距离× 供给模式	209. 864	32	6. 558	1. 609	0. 097
Error	122. 312	30	4. 077		
Total	4893. 115	93			
Corrected Total	1437. 543	92			
a. R Squared	0. 915				
Adjusted R Squared	0. 739				
观察样本数（村个数）	93				

注：交互效应不显著的方差来源项不再在表中列出。

表6-6　非经济性农村公共产品供给模式绩效多因素方差分析模型的估计结果

被解释变量：供给模式绩效综合评分

方差来源（Source）	Type III Sum of Squares	df	Mean Square	F	Sig.
Corrected Model （校正模型即总体结果）	1734. 023ᵃ	60	28. 900	10. 754	0. 000
截距项	4295. 230	1	4295. 230	1597. 918	0. 000
人口规模	40. 555	2	20. 277	7. 545	0. 002
经济水平	21. 563	2	10. 781	4. 012	0. 028
距城距离	10. 660	2	5. 330	1. 983	0. 154
供给模式	1077. 715	8	314. 714	50. 117	0. 000

方差来源（Source）	Type III Sum of Squares	df	Mean Square	F	Sig.
人口规模×经济水平	23.415	2	11.708	4.084	0.027
人口规模×供给模式	35.920	5	7.184	2.506	0.052
经济水平×供给模式	60.734	9	7.184	2.354	0.038
人口规模×经济水平×供给模式	148.885	32	1.623	0.010	0.093
Error	86.001	30	2.688		
Total	6115.226	93			
Corrected Total	1820.023	92			
a. R Squared	0.953				
Adjusted R Squared	0.864				
观察样本数（村个数）	93				

注：交互效应不显著的方差来源项不再在表中列出。

表6-3计算结果反映了农民对不同供给模式中不同功能性质的农村公共产品从公平感、效用感、稳定感等方面进行综合评价的结果。我们以计算获得的公平感、效用感和稳定感评价结果异众比率作为综合评价的权数，异众比率计算结果显示：在农户对经济性农村公共产品供给模式绩效评价中，公平感评价占综合评价的权数为0.38、效用感权数为0.32、稳定感权数为0.3，在农户对非经济性农村公共产品供给模式绩效评价中，公平感评价与效用感评价所占权数均为0.36，稳定感评价所占权数只有0.28。上述结果说明，农户对农村公共产品供给模式的公平感评价仍然在综合评价中具有最为重要的地位。表6-3的计算结果还给出了农户对不同功能性质的不同农村公共产品供给模式绩效满意率综合评价结果的优先排序：

从农户对经济性农村公共产品供给模式绩效满意率综合评价看，农户比较满意的供给模式（满意率综合评价得分超过0.5以上）依次为双适型（0.8472）、中低型（0.7374）、中高型（0.6464）和强中型（0.6150），政府投入适度且市场化生产程度适中的"双适型"供给模式最受农民欢迎。农户不满意的供给模式（满意率综合评价得分低于0.5）由小至大依次为双低型（0.2761）、弱高型（0.3881）、弱中型（0.3981）、双高型（0.4425）和强低型（0.4687）。从这一结果中不难发现，政府投入适度是农户满意供给模式的共同特征，而政府投入偏低则成为农户不满意供给模式的普遍规律。

从农户对非经济性农村公共产品供给模式绩效满意率综合评价看，农户对农村公共产品供给模式绩效满意率综合评价排序前三位的依次为强低型（0.7666）、强中型（0.7508）和双高型（0.6530），充分反映出针对非经济性农村公共产品而言，农民更欢迎政府着力加大投入的愿望。农户满意率综合评价排序后三位从小至大依次为双低型（0.2847）、弱高型（0.3275）和弱中型（0.3888），这三种供给模式的农户满意率均低于0.5，其共同特征即为政府投入比重偏低。针对非经济性农村公共产品而言，农户对中高型（0.5671）、双适型（0.5223）和中低型（0.5079）三种模式基本满意，满意率综合评价得分处于0.5至0.6之间。

上述评价结果显示出两个基本特征：第一，无论是对经济性农村公共产品还是对非经济性农村公共产品，农户都十分关注政府投资农村公共产品的强度，而对农村公共产品的具体生产方式的关注程度并未形成有规律性的共同特点；第二，就经济性农村公共产品与非经济性农村公共产品的供给模式比较而言，农户对非经济性农村公共产品供给模式中的政府投入依赖性更为强烈，充分反映出农户要求政府对基本公共服务发挥更有力的保障作用，并在一定程度上反映出农户对经济性农村公共产品更具接受市场供给的潜力。

3. 农户对农村公共产品供给模式综合绩效评价结果的多因素方差分析

我们利用表6-4构建样本村农户对农村公共产品供给模式绩效的多因素方差分析模型，并在SPSS20.0软件中输出模型估计结果（见表6-5和表6-6）。多因素方差分析结果反映了每个样本村的总评分受某种因素及多种因素交互作用影响的具体程度，F值越大表示影响程度越大。

表6-5结果显示：从农户对经济性农村公共产品供给模式绩效满意率综合评价的影响因素来看，Corrected Model表示校正的模型，即总体结果，F统计量观测值为5.203，对应显著性值接近于0，说明检验结果显著，即农户对经济性农村公共产品供给模式绩效的公平感、效用感和稳定感评价的总体均值具有显著差异。由于判定系数a. R Squared = 0.915，说明农户对经济性农村公共产品供给模式绩效满意率综合评价的差异，至少有91.5%能被样本村的农村公共产品"供给模式"以及样本村的"人口

规模"和"距城距离"等经济社会和自然条件因素及其相互之间的交互作用影响所解释。由于样本村的"经济水平"显著性值为0.980，不能拒绝原假设，因此样本村"经济水平"因素对农户评分没有显著影响。不难看出，其他影响因素与"经济水平"交互作用对农户评分也没有显著影响。从各种影响因素及其交互作用的影响程度看，依据F统计量观测值的大小排序，影响程度从大至小依次为人口规模、供给模式，均在1%水平上具有统计显著意义；距城距离以及人口规模×供给模式、人口规模×距城距离、距城距离×供给模式、人口规模×距城距离×供给模式等交叉影响因素均在10%水平上统计显著。表6－5中Error行中数据是组内样本方差平方和，Total行中数据是样本总方差平方和数据，Corrected Total行中数据是校正以后的样本总方差平方和数据。

表6－6结果显示：从农户对非经济性农村公共产品供给模式绩效满意率综合评价的影响因素来看，F统计量观测值为10.754，对应显著性值接近于0，说明检验结果显著，即农户对非经济性农村公共产品供给模式绩效的公平感、效用感和稳定感评价的总体均值具有显著差异。由于判定系数a. R Squared＝0.953，说明农户对非经济性农村公共产品供给模式绩效满意率综合评价的差异，至少有95.3%能被样本村的农村公共产品"供给模式"以及样本村的"人口规模"和"经济水平"等经济社会因素及其相互之间的交互作用影响所解释。由于样本村的"距城距离"显著性值为0.154，不能拒绝原假设，因此样本村"距城距离"因素对农户评分没有显著影响。同时，我们也发现，其他影响因素与"距城距离"交互作用对农户评分也没有显著影响。依据F统计量观测值的大小排序，各种影响因素及其交互作用对农户评分的影响程度从大至小依次为供给模式、人口规模、人口规模×经济水平以及经济水平、人口规模×供给模式、经济水平×供给模式、距城距离、人口规模×经济水平×供给模式，这些因素对农户评分的影响作用分别在1%、5%和10%水平上统计显著。

农户对不同功能性质农村公共产品供给模式绩效综合评价模型的方差分析结果显示出两个基本特征：第一，样本村的"供给模式"和"人口规模"及其交互影响，始终是农户综合评价的显著相关影响因素。不论是对经济性农村公共产品还是对非经济性农村公共产品，"供给模式"和"人口规模"因素对农户评价的影响程度都远远大于其他因素的影响：在非经济性农村公共产品供给模式的影响中，"供给模式"本身差异的影响程度更大。第二，各种影响因素的单独影响远比不同因素之间交互作用的影响要大。从 F 统计量观测值判断，供给模式、人口规模、经济水平、距城距离等四个主效应因素较之这些因素之间的二维交互效应及三维交互效应而言，其影响程度要大得多。因此，在实际操作中，我们可以忽略这些主效应因素之间的交互作用。

四 农村公共产品供给模式的适应性分析及其优化路径

总体而言，样本村的"供给模式"和"人口规模"都是农户对农村公共产品供给模式绩效综合评价的重要影响因素。但是，农户在对经济性农村公共产品供给模式绩效评价中，样本村的经济水平不具有统计显著意义，一定程度上反映出经济性农村公共产品供给与当地经济发展水平不相适应；农户在对非经济性农村公共产品供给模式绩效评价中，样本村"距城距离"不具有统计显著意义，一定程度上反映出非经济性农村公共产品受自然条件的影响在减弱，这可能是近年来国家加快推进农村基本公共服务均等化产生的实际效果所致。我们可根据表6-4的结果得到农户综合评价结果频数分布，并按照样本村不同的农村公共产品供给模式以及不同功能性质的农村公共产品供给模式差异，进一步从政府投入强度和具体生产市场化程度两方面对农村公共产品供给模式的适应性分别进行讨论，详见表6-7和表6-8。我们通过对现有状况下农村公共产品供给模式在不同样本村的适应性状况进行分析，为发现改进这种适应性的路径优化提供理论依据与政策支撑。

1. 不同政府投入强度的农村公共产品供给模式适应性分析

表6-7结果显示，针对经济性农村公共产品而言，农户对政府强投入的农村公共产品供给模式整体上"基本适应"，农户综合评价结果"基本适应"的频数分布，根据农村公共产品生产市场化从高至低程度不同，其排序依次为87.5%、92.31%和85.71%。农户对政府中等投入的农村公共产品供给模式则整体上处于"适应"状态，农户综合评价结果"适应"的频数分布，根据农村公共产品生产市场化从高至低程度不同，其排序依次为55.56%、100.00%和88.89%，并基本没有"不适应"状况。农户对政府弱投入的农村公共产品供给模式的综合评价相对较为复杂，在调查村中"不适应"状况相对较多，并且完全没有"适应"村。可见，从政府投入强度来看，不论其生产市场化程度如何，政府采取适度（中等）投入的农村公共产品供给模式，都最适合于经济性农村公共产品的供给。

表6-7 按政府投入强度分不同供给模式的农户综合评价结果频数分布统计表

样本村模式	样本村个数（个）	频数分布	经济性（类）农村公共产品			样本村个数（个）	频数分布	非经济性(类)农村公共产品		
			适应	基本适应	不适应			适应	基本适应	不适应
33	8	村个数（个）	0	7	1	10	村个数（个）	2	8	0
		占比（%）	0.00	87.50	12.50		占比（%）	20.00	80.00	0.00
32	13	村个数（个）	1	12	0	21	村个数（个）	17	4	0
		占比（%）	7.69	92.31	0.00		占比（%）	80.95	19.05	0.00
31	14	村个数（个）	0	12	2	7	村个数（个）	5	2	0
		占比（%）	0.00	85.71	14.29		占比（%）	71.43	28.57	0.00
23	18	村个数（个）	10	7	1	5	村个数（个）	1	4	0
		占比（%）	55.56	38.89	5.56		占比（%）	20.00	80.00	0.00
22	8	村个数（个）	8	0	0	12	村个数（个）	1	11	0
		占比（%）	100.00	0.00	0.00		占比（%）	8.33	91.67	0.00
21	9	村个数（个）	8	1	0	8	村个数（个）	0	8	0
		占比（%）	88.89	11.11	0.00		占比（%）	0.00	100.00	0.00
13	8	村个数（个）	0	6	2	13	村个数（个）	0	7	6
		占比（%）	0.00	75.00	25.00		占比（%）	0.00	53.85	46.15
12	10	村个数（个）	0	8	2	8	村个数（个）	0	7	1
		占比（%）	0.00	80.00	20.00		占比（%）	0.00	87.50	12.50
11	5	村个数（个）	0	1	4	9	村个数（个）	0	5	4
		占比（%）	0.00	20.00	80.00		占比（%）	0.00	55.56	44.44

注："适应"村满意率综合得分≥0.7，"不适应"村满意率综合得分<0.3，0.3≤"基本适应"村满意率综合得分<0.7。

针对非经济性农村公共产品而言，有强中型、强低型两种模式处于"适应"状况，农户综合评价结果频数分布分别为80.95%和71.43%，其他7种模式都处于"基本适应"状态，农户综合评价结果频数均在50%以上。值得关注的是，在非经济性农村公共产品供给模式的适应状况中，政府强投入和中等投入两种模式完全没有"不适应"村。换言之，大多数调查村（93个样本村中的79个村）的农户都希望政府对非经济性农村公共产品有较多投入，且与其具体生产的市场化方式关系不大。

2. 不同具体生产方式的农村公共产品供给模式适应性分析

表6-8结果显示，针对经济性农村公共产品而言，有"中高型"、"双适型"和"中低型"三种模式处于"适应"状态，农户综合评价结果频数分布分别为55.56%、100.00%和88.89%。另有强高型、弱高型、强中型、弱中型和强低型五种模式"基本适应"。只有弱低型一种模式明显"不适应"。我们观察三种"适应"状态模式不难发现，不论经济性农村公共产品具体生产的市场化程度如何，处于"适应"状态的模式都是政府适度投入的模式。这也从另一个方面说明，并非政府对经济性农村公共产品供给模式的投入越多越好。总体而言，从农村公共产品具体生产方式来看，调查村的经济性农村公共产品的供给模式没有表现出明显的不适应，其调整优化的空间也较大（有5种模式处于"基本适应"状态）。

针对非经济性农村公共产品而言，除了"强中型"和"强低型"两种模式处于"适应"状态外，其余7种模式都处于"基本适应"状况。对于非经济性农村公共产品供给来说，农户虽然普遍认可政府应加大投入强度，但其生产市场化程度也很重要。在市场化程度高的条件下，政府不同投入强度的农村公共产品供给模式适应性都不理想，特别是政府弱投入、市场化程度高的"弱高型"模式，其农户综合满意率频数分布为0。总体来说，在非经济性农村公共产品的供给模式中农户更青睐市场化程度较低同时政府投入强度较高的供给模式。

3. 农村公共产品供给模式的优化路径

农村公共产品供给模式的优化不仅要考虑针对不同功能性质的农村公共产品问题，经济性与非经济性农村公共产品的政府投入强度、具体公共产品生产市场化程度，都应当有所区别。同时，还必须考虑农村的具体经济社会与自然条件差异。因此，本书提出的农村公共产品供给模式优化路

表6-8 按生产市场化程度分不同供给模式的农户综合评价结果频数分布统计表

样本村模式	样本村个数（个）	频数分布	经济性（类）农村公共产品			样本村个数（个）	频数分布	非经济性（类）农村公共产品		
			适应	基本适应	不适应			不适应	基本适应	适应
33	8	村个数（个）	0	7	1	10	村个数（个）	2	8	0
		占比（%）	0.00	87.50	12.50		占比（%）	20.00	80.00	0.00
23	18	村个数（个）	10	7	1	5	村个数（个）	1	4	0
		占比（%）	55.56	38.89	5.56		占比（%）	20.00	80.00	0.00
13	8	村个数（个）	0	6	2	13	村个数（个）	0	7	6
		占比（%）	0.00	75.00	25.00		占比（%）	00.00	53.85	46.15
32	13	村个数（个）	1	12	0	21	村个数（个）	17	4	0
		占比（%）	7.69	92.31	0.00		占比（%）	80.95	19.05	0.00
22	8	村个数（个）	8	0	0	12	村个数（个）	1	11	0
		占比（%）	100.00	0.00	0.00		占比（%）	8.33	91.67	0.00
12	10	村个数（个）	0	8	2	8	村个数（个）	0	7	1
		占比（%）	0.00	80.00	20.00		占比（%）	0.00	87.50	12.50
31	14	村个数（个）	0	12	2	7	村个数（个）	5	2	0
		占比（%）	0.00	85.71	14.29		占比（%）	71.43	28.57	0.00
21	9	村个数（个）	8	1	0	8	村个数（个）	0	8	0
		占比（%）	88.89	11.11	0.00		占比（%）	0.00	100.00	0.00
11	5	村个数（个）	0	1	4	9	村个数（个）	0	5	4
		占比（%）	0.00	20.00	80.00		占比（%）	0.00	55.56	44.44

注："适应"村满意率综合得分≥0.7，"不适应"村满意率综合得分<0.3，0.3≤"基本适应"村满意率综合得分<0.7。

径，不是针对任何条件下都适用的一种制度变革方案。具体来说，我们认为中国农村公共产品供给模式的优化路径应当从三个方面来探讨：

第一，改进农村公共产品供给模式的经济发展水平适应性。就经济性农村公共产品而言，一种偏见是农村经济发展水平越高，政府对当地的经济性农村公共产品投入强度就越大。其实，我们的实证研究反映出，经济性农村公共产品供给模式的农户综合满意率与此并无关联。长期以来，政府供给在我国经济性农村公共产品供给模式的整个变迁过程中一直担当着最为重要的角色，强大充足的财政资源以及全面有效的执行体系是政府作为供给主体最大的优势所在，然而，其优势也正是阻碍农村公共产品有效供给的最大影响因素。多年来我国经济性农村公共产品的供给往往是政府作为供给主体通过行政指令自上而下决定的，并不是对农民真正需求的满足。农村公共产品供给的提供者为了追求更多的政绩，在供给过程中表现出明显的急功近利，把摸得着、看得见的经济性"硬"公共产品的提供放在重要地位，把短期效果不太明显的非经济性"软"公共产品的提供放在较轻的地位，这样忽视自下而上而重视自上而下的公共产品供给机制大大削弱了农民真实需求的回应性，从而导致供给效率低下、供需错位、供需扭曲、供给过剩等问题。与此同时，从经济性农村公共产品的具体生产方式看，地方政府作为"自利者"时，政府在具体农村公共产品生产过程中还存在通过建设实体企业等形式直接获取经济利益和通过促进当地企业发展和有序竞争来间接获取经济利益的两种方式的自利。总之，政府热衷于运用其垄断力介入市场竞争，且拥有远远大于其他企业的市场控制力，扭曲了政策目标的同时也破坏了市场竞争。[①] 与此相反，就非经济性农村公共产品供给而言，实证分析结果显示，其供给模式与当地经济发展水平密切相关，政府特别需要针对经济欠发达农村加大投入强度，而具体农村公共产品的生产市场化程度却不宜过高，特别是对那些经济发展水平较落后的农村而言，最优的农村公共产品供给模式即要求政府高强度投入，又要求政府直接组织生产。

第二，合理调整农村公共产品供给模式的地域差异适应性。实证分析证明，在非经济性农村公共产品供给中，农户对供给模式的综合满意评价

---

① 赵静、陈玲、薛澜：《地方政府的角色原型、利益选择和行为差异》，《管理世界》2013年第2期。

与距城距离并无关联，反映出近年来我国在促进偏远地区农村基本公共服务方面所取得的成就。但是，就经济性农村公共产品供给而言，地域差异仍然对农村公共产品供给模式的选择产生重要影响。一般来说，地方政府更愿意对那些距城市较近、更能直接产生看得见摸得着的经济性农村公共产品提供更多投入，而对地处偏远农村的教育、医疗卫生、社会保障等农村公共产品的投入支持明显不够。从具体农村公共产品生产的市场化程度来看，由于偏远农村公共服务基础设施条件相对较差，许多非经济性农村公共产品往往依赖于个体服务者生产。例如，因为偏远农村基层医疗卫生机构建设落后、医疗卫生人员极少，地方政府往往采取向个体从医者购买服务的方式，一定程度上降低了农村医疗卫生公共服务的数量和质量。从经济性农村公共产品供给来看，地方政府受地域差异的影响，对不同地区农村公共产品的供给投入强度也具有很大差别。一般而言，距城市较近、可以借助城市基础设施功能并有利于发挥城市经济辐射作用的地区，较容易获得政府的高强度投入；而地处偏远的农村其公共产品供给获得政府投入的力度要明显减弱。从经济性农村公共产品的具体生产方式看，距城市距离也是影响其市场化水平的一个重要因素，离城较近的农村往往可以较好地利用城市经济市场化功能，吸引更多民间资本进入准公共产品供给领域，并更好地采取灵活的市场机制进行生产，从而获得较好的公共产品供给效率。本书实证结果显示，优化农村公共产品供给模式应当因地制宜地选择不同地区、不同功能性质农村公共产品的供给模式，在距城较近的农村，可以利用近城经济发展优势，充分吸纳民间资本进入农村公共产品供给领域，并积极采取市场化生产机制；而在偏远农村，政府应加强对非经济性农村公共产品供给服务的基础设施建设，通过提高农村公共产品的实际消费能力以达到提高农村公共产品供给绩效的根本目的。政府应加大对偏远农村经济性农村公共产品供给的投入强度，适度引进市场化生产机制，加强与当地产业发展的配套服务，通过促进地方经济发展以获得较佳的农村公共服务绩效。

第三，综合平衡农村公共产品供给模式的人口规模适应性。从现实状况来看，政府更愿意在那些人口规模较大、农业经济产业集聚度较高的农村加大对农村公共产品的投入，而那些人口规模小的农村往往被忽视。另外，人口规模的大小也容易影响到农村当地的经济市场化水平，由于消费市场本身受规模经济制约，因此，人口规模小的农村具体公共产品生产方式也不易市场化。针对这种实际情况，我们认为优化农村公共产品供给模式，应当综合平衡人口规模适应性，对人口规模小的农村，政府宜加大农村公共产品供给投入并采取政府直接组织生产的方式，以确保农村公共产品供给的可得性、提高农户实际享用农村公共产品的水平。对人口规模大的农村，政府可适度放开农村公共产品供给准入门槛，积极吸纳社会资本进入农村公共产品供给领域，并充分利用市场机制组织具体农村公共产品生产。

当然，农村公共产品供给模式优化是一个复杂的系统工程，需要全面考虑农村的经济发展水平、人口规模、距城距离等多种因素的综合影响，科学选择具体供给模式并因地制宜、因时制宜地推进供给模式改革，最终达到提高农村公共产品供给绩效的根本目标。

第七章　农村公共产品供给绩效分析

新供给经济学理论认为，从供给端解决农村公共产品供给绩效，不仅能够从根本上解决县乡政府农村公共产品供给的生产性绩效问题，即通过增加农村公共产品供给以改善农村生产条件、改善农村投资环境、提高农业生产效率，从而达到促进农村生产发展的效果；而且能够刺激农民消费，实现农村公共产品的消费性绩效，即通过增加农村公共产品供给以满足农民消费需要，提高农民生活水平。同时还可以促进农村公共产品的社会效益，即通过增加农村公共产品供给对农村社会经济环境产生有益影响。现有的大量相关研究文献，虽然也研究农村公共产品供给效率，但多从生产性绩效方面来考虑，鲜有从生产性、消费性和社会效益三个方面对农村公共产品供给所产生的实际经济社会效果进行综合量化分析的文献。本章将在梳理以往研究成果的基础上，力图对农村公共产品供给从生产性绩效、消费性绩效和社会效益三个方面进行更加全面和深入的探讨。

第一节　农村公共产品供给绩效研究进展

当前我国农村改革已经进入一个新的历史时期。农村经济社会正处于一个以兼业农户向专业农户转化、传统农业向市场化农业转化、宗法型村庄向专业农户居民点转化为特征的，由传统或半传统社会向现代社会过渡的经济社会转型期。长期以来我国客观上存在的城乡二元公共服务体系已经严重不适应我国农村社会经济发展的要求。在农村经济社会转型期这个基本前提条件下，农村公共产品供给体系必然发生深刻变革，农村公共产品供给不仅在体制上会发生显著变化，在内容和供给方式上也都会发生变化，从而导致农村公共产品供给绩效发生改变。[1] 在这种社会经济转型期，许多学者认为，所谓农村公共产品供给绩效，其实是指农村公共产品各供给主体在政府主导下，发挥其供给优势，为农民供给公共产品所产生的效果和成绩。[2] 埃莉诺·奥斯特罗姆提出，公共产品的供给绩效可分为总体绩效和间接绩效两个方面，其中总体绩效包括效率、财政平衡、再分配、责任、适应性几个方面，间接绩效包括供给成本和生产成本两个方面。[3] 总之，越来越多的研究成果趋向于对农村公共产品供给绩效进行生产性绩效、消费性绩效和社会效益的细分研究。

一　农村公共产品供给生产性绩效研究成果

国内为数众多的文献研究农村公共产品供给效率问题，所涉及的领域包括农村教育、医疗卫生、社会保障、扶贫与救济、农村公共政策、基础设施建设、科技投入，乃至农村土地制度、粮食补贴政策等各种农村公共产品供给效率研究。这些研究文献不仅有抽象意义上的规范研究，也有具体调查对象基础上的实证分析，而且普遍存在着农村公共产品供给必然产生显著的生产性绩效这种基本前提假设。已经有学者从历史制度主义分析范式出发，对我国农村公共产品供给制度的历史沿革进行较为深刻的分析后提出，农村公共产品供给直接决定了农业生产效率的高低及农村社会经济的发展。农村公共产品供给成为影响中国农业、农村发展的关键变量。[4]

早期有关中国农村公共产品供给生产性绩效的实证研究，主要集中于农村公共产品投入资金的实际水平、影响因素、使用规模、效率测评方法等研究。例如，樊胜根、张林秀、张晓波（2002）基于中国1970—1997年的省级数据构建了联立方程模型，以此估计了农村道路、教育、通信等政府公共投入对农村经济增长和缓解贫困的影响。崔元锋、严立冬（2006）利用DEA（数据包络分析）模型对我国财政农业支出资金DEA绩效系数进行了测算，结果显示我国财政农业支出资金整体效率不高，且

①　王春来：《农村公共产品供给问题研究综述及转型期思考》，《中国农村水利水电》2013年第5期。

②　董明涛、孙钰：《农村公共产品多元合作供给效应实证研究》，《江西财经大学学报》2011年第3期。

③　埃莉诺·奥斯特罗姆等：《制度激励与可持续发展》，上海三联书店2000年版。

④　韩鹏云、刘祖云：《我国农村公共产品供给制度的结构与历史性变迁》，《学术界》2011年第5期。

自 1995 年后一直处在下降的趋势。钱克明（2003）从政策与制度层面，定量分析了各投入要素对农牧业总产值的贡献值，并确定各投入要素的优先次序依次为农业科技投入、农村教育投入、农业基础设施投入、农牧户物质投入。李焕彰、钱忠好（2004）对财政支农增长和农业产出增长之间的关系进行了计量分析，结果表明，在中国财政支农支出项目中，边际产出效应最高的是科技三项费用，其次是基本建设支出，再次是生产性支出和事业费。对中国财政支农支出规模大小方面，各学者各有其见解，大部分学者认为，中国当前支农支出规模太小，阻碍了此类农村公共产品供给效率的提高，不能保证农业较好、较快、较稳地发展（李焕彰、钱忠好，2004；迟慧，2005；韩俊，2006 等）；还有学者认为，中国财政支农支出已具备一定规模，大幅度提高财政支农支出不太现实，且有可能弊大于利（例如朱刚，1998）。而要确定中国财政支农支出最优规模，弄清楚中国财政支农支出的目标选择是必经之路（侯石安，2004）。许冰（2006）运用局部线性非参数回归模型对省级财政支农的时变边际效应以及财政支农时变弹性进行了估计，并发现可以依此来寻找农业经济低投入、较高产出区域。马栓友（2000）对中国政府财政最优规模进行了估计。何振国（2006）建立了中国财政支农最优取向的增长模型，估计出了中国财政支农支出的最优规模，并对 2006—2020 年的财政支农支出总量进行了预测。①

　　近期有学者指出，农村公共产品供给绩效突出表现在其对农村经济增长产生明显作用：一方面，有效的农村公共产品供给可以促进农村经济增长和提高农民收入。例如供给农村市场信息公共产品，可以在经济活动中降低农民的市场风险、提高农民竞争能力，增加经济收入。另一方面，有效的农村公共产品供给制度有利于减轻农民负担，增加经济收入。楚娜、王艳（2014）还以 2002 年到 2006 年陕西省地方电力供给数据，采用多元回归、协整分析等方法，实证检验了农村基础设施公共产品供给对陕西省农村经济增长的贡献。研究显示，电力支出波动系数为 0.92，短期内电力支出是农民人均纯收入的格兰杰原因，说明电力支出波动对农民人均纯收入的影响比较大。政府在农村公共产品的供给类别上，应加大生产性农

---

　　① 晁毓欣：《公共产品政府供给绩效评价：机理与运用》，博士学位论文，山东大学，2011 年 5 月。

村公共产品的供给，并且确保此类公共产品供给的稳定性。[1] 赵京、杨钢桥、汪文雄（2013）采用《中国统计年鉴》、国研网及《中国财政年鉴》统计数据，根据时间序列的 DEA 测算 1988—2010 年农业生产效率，在此基础上运用协整分析、误差修正模型、格兰杰因果检验系统分析了政府农村公共产品投入对农业生产效率的影响。格兰杰因果关系检验显示，农业生产效率与政府农村公共产品投入之间存在单向格兰杰因果关系，即政府农村公共产品投入是农业生产效率的格兰杰原因，而反向的关系不成立。协整关系检验显示，政府农村公共产品投入增加 1%，农业生产效率随之提升 0.045%。研究结果说明，政府农村公共产品投入与农业生产效率存在长期均衡关系，政府农村公共产品投入对农业生产效率的提高有推动作用。[2] 李延霞（2013）选择吉林省 2002—2011 年 40 个县（市）级行政区域的面板数据为样本，运用 C – D 函数进行对数化处理，并加入政策虚拟变量及其与公共投资变量对数值的交互项构建实证模型，分别做了固定效应（FE）和随机效应（RE）分析并进行 Hausman 检验。研究结果表明：农林事务支出和农技投入等农村公共产品供给对吉林省农业经济增长具有显著的正效应。[3]

　　测评农村公共产品供给效率的方法大致分为以下两类：一是基于严格管理学意义上的绩效评估，通常被称为"工具性效率"目标；二是基于公共产品供给价值目标基础之上，相应地被称为"非工具性效率"目标。从管理学意义上采用工具性效率标准，前提条件具备严格的约束，即农村公共产品供给决策机制是内生的，公共资源配置是自由的，公共产品消费者可以流动且信息充分对称。然而，由于我国长期以来的城乡二元结构，致使我国公共产品供给呈现城乡两个标准、两套模式的格局。相比城市，农村公共产品供给效率低下，亦存在极大程度的不公平。由此可见，单纯依靠工具性效率评价方法并不能准确对农村公共产品的供给效率进行测评。一些学者引进"非工具性效率"方法，从主观方面加强对农村公共产品供给效率评价的研究。例如，李燕凌（2007）基于农村公共产品供

　　[1]　楚娜、王艳：《税费改革后农村公共产品供给与经济增长的实证分析》，《未来与发展》2014 年第 4 期。

　　[2]　赵京、杨钢桥、汪文雄：《政府农村公共产品投入对农业生产效率的影响分析》，《经济体制改革》2013 年第 3 期。

　　[3]　李延霞：《吉林省农村公共产品投入产出效应分析》，《农业经济》2013 年第 12 期。

给效率价值目标体系，从宏观与微观两个层面，以政府与农民两种视角，采用计量经济研究方法，分别从影响农村公共产品供给效率的内生变量与外生变量两方面，对湖南省农村公共产品供给效率进行了严密的实证研究。[①] 陈俊红、吴敬学、周连弟（2006）借助 DIY 式抽样调查方法对北京市公共产品的投资需求进行了分析，并依据被调查对象对所在社区农村公共产品供给的"满意度"和需要政府投资建设的紧迫程度对各项公共产品的优先指数进行计算和排序。朱玉春、乔文、王芳（2010）对陕西省陕北和关中地区多个村的农民进行了"农村公共产品满意度"调查，他们选择了农村道路、教育、医疗卫生、农田水利设施、生活饮水和生活垃圾处理等重要投资项目，并运用 Logit 回归模型对其进行了实证分析，研究结果显示，农民对各项农村公共产品的支持情况等的满意度有优先次序，且除家庭人均收入外，农民其他个体特征对满意度无显著影响。肖亮（2012）基于湖北省三个地区的调查数据，计量分析了农民对农村公共产品的满意度及其影响因素，研究结果表明，社会保障、交通状况、住房状况、教育投入和医疗投入都显著地影响农民对农村公共产品供给的满意度。此外，年龄、收入来源、文化程度对满意度亦有显著影响，其中文化程度对其影响最大。[②]

二 农村公共产品供给消费性绩效研究成果

有学者针对农村公共产品市场化供给中农民的经济能力制约其对公共产品的市场选择权问题，提出盲目的农村公共产品市场化供给导致其消费性绩效下降的观点。王晔、臧日宏（2014）以新型农村合作医疗的政府财政供给绩效为研究对象，选取 2003—2011 年中国大陆 30 个省级地区的面板数据，运用变截距固定效应模型实证分析了政府财政投入的农村公共产品供给绩效。研究发现，政府财政对新农合投入每增加 1 个百分点，农村居民家庭人均纯收入将增加约 1.99 个百分点。[③] 曲延春（2014）研究认为，在农村公共产品市场化供给中，由于农村公共产品价格机制缺乏公开性，因而从消费性绩效方面对农民利益产生较大负面影响。一般来说，农村公共产品市场供给的成本是多少，政府的财政补贴额度是多少，其收

---

① 李燕凌：《农村公共产品供给效率论》，中国社会科学出版社 2007 年版。

② 董明涛：《农村公共产品供给机制创新研究》，博士学位论文，天津大学，2011 年 5 月。

③ 王晔、臧日宏：《我国财政分权体制对农村公共产品供给的影响》，《经济问题》2014 年第 6 期。

费标准如何确定等，市场主体通常不会向农民公开，即使公开也是大而化之，农民对此缺乏知情权，从而也无法维护自身利益。根据很多学者的调查研究，我国在农田水利设施、农村医疗以及农村基础教育等方面的市场化供给中普遍存在价格偏高的问题，其结果就是部分农民难以享受基本的公共服务，农民享受农村公共产品供给消费性绩效利益难以得到保障。①

虽然近年来有关政府基本公共服务绩效评估的研究成果日益丰富，但针对公共产品供给消费性绩效的研究成果并不多见。在实证研究方面，冯海波和刘勇政（2011）同时采用了多种静态和动态面板数据模型，对公共支出效率进行了实证分析。在他们的研究成果中，体现了政府公共财政支出对居民消费能力的影响作用。② 卢洪友和贾智莲（2010）从公共产品供给的最终有效产出角度，基于动态因子分析法与固定效应面板数据模型，对2001—2006年省级政府的教育与民生类公共产品的有效供给水平进行了综合评价。③ 从公共财政支出角度观测农村公共产品供给消费性绩效的文献更为少见。较早的文献有：李立清等（2005）采用"布朗—杰克逊"公共支出扩展模型，从农村公共产品供给中公共支出与私人消费的相关性视角，对中国东、中、西部地区农村公共支出消费性绩效进行了实证研究。研究认为，财政支农支出对改进农民消费结构具有正向相关关系。沈坤荣和张憬（2007）利用多变量回归和格兰杰因果检验方法，对农村公共支出、农民收入增长及其城乡收入差距之间的关系进行了实证研究。杨颖（2011）基于2002—2008年中国贫困县相关数据，对政府一般性公共支出、政府专项扶贫支出的减贫效果进行了实证分析。研究发现，整体来说农村公共支出对农民减贫具有显著的正向作用，但具体每项公共支出作用的显著性各异。④

最近有学者采用 Probit 模型，分析了不同收入层次农民对农村公共产品供给的评价及其影响因素。研究发现，不同收入组的农民对农村公共产

---

① 曲延春：《农村公共产品市场化供给中的公共性流失及其治理》，《中国行政管理》2014年第5期。

② 冯海波、刘勇政：《腐败、公共支出效率与长期经济增长》，《经济研究》2011年第9期。

③ 卢洪友、贾智莲：《财政分权与教育及民生类公共产品供给的有效性——基于中国省级面板数据的实证分析》，《数量经济技术经济研究》2010年第6期。

④ 杨颖：《公共支出、经济增长与贫困——基于2002—2008年中国贫困县相关数据的实证研究》，《贵州财经学院学报》2011年第1期。

品的消费性评价效果具有明显差异，农民对县乡政府评价、农户参与满意度等因素显著地影响了农户对农村公共产品供给效果的评价。① 近年来，顾客满意度理论以及顾客满意度指数（Customer Satisfaction Index）研究方法被逐渐运用到农村公共产品研究领域。国内学者对农村公共产品农民满意度的研究主要集中在农民对农村公共产品需求意愿和农民对农村公共产品评价研究。在农民对农村公共产品需求意愿方面，朱玉春、唐娟莉、郑英宁（2010）采用因子分析法和二元离散选择模型，实证分析农民对农村公共服务的满意度，研究结果显示，农民对农村公共服务的消费需求具有一定的层次和阶段性，而农民满意度根据其消费需求状况呈现一定的次序性。② 针对农民对农村公共产品的评价研究，较早的文献有何精华等（2006）以长江三角洲部分地区为例研究了农村公共服务所产生的农民收入增长及农民消费支出变化效果。李燕凌、曾福生（2008）基于湖南省126 个乡（镇）的相关数据，采用 CSI – Probit 回归模型对农户的农村公共产品供给"满意度"及其影响因素进行了实证分析。研究结果显示，农民受教育年限、医疗可及性、农民收入水平等是影响农民 CSI 的主要因素。③ 最近的研究文献有方凯、王厚俊（2012）基于因子分析法，从物质性农村公共产品和精神性农村公共产品两个层面对农村公共产品消费性绩效的农民满意度进行了评价。研究结果显示，被调查地区农村公共产品的农民满意度总体偏低，但其中农民对精神性农村公共产品的满意度相对物质性农村公共产品较高。④ 肖亮（2012）运用因子分析法将农村公共产品农民满意度的影响因素归为五类，并通过建立线性回归模型对其进行了实证分析，结果显示，农村公共产品供给的消费性绩效突出体现在对农民享受社会保障的水平、农村交通状况、住房状况、教育状况、医疗服务等方面的消费水平有了明显改善。⑤

---

① 朱玉春、唐娟莉、罗丹：《农村公共产品供给效果评估：来自农户收入差距的响应》，《管理世界》2011 年第 9 期。

② 朱玉春、唐娟莉、郑英宁：《欠发达地区农村公共服务满意度及其影响因素分析——基于西北五省 1478 户农户的调查》，《中国人口科学》2010 年第 2 期。

③ 李燕凌、曾福生：《农村公共产品供给农民满意度及其影响因素分析》，《数量经济技术经济研究》2008 年第 8 期。

④ 方凯、王厚俊：《基于因子分析的农村公共产品农民满意度评价研究——以湖北省农户调查数据为例》，《农业技术经济》2012 年第 6 期。

⑤ 肖亮：《农村公共产品供给农民满意度分析及评价》，《农业技术经济》2012 年第 7 期。

三 农村公共产品供给社会效益研究成果

有关农村公共产品供给社会效益的研究主要集中在城乡公共产品供给差异、促进农民收入增长和实现贫困农民减贫目标等方面。

有学者从城乡差别扩大的角度，对农村公共产品供给不足造成"弱者恒弱的恶性循环"现象，提出了提高农村公共产品供给社会效益是推动城乡统筹发展的关键举措。[①] 马骁、王宇、张岚东（2011）基于政治支持差异假设，建立了地方政府供给公共产品的政府官员政治支持函数，对地方政府官员在公共产品供给决策中的行为偏好、资源配置与城乡公共产品供给的政治支持效果进行了规范研究。研究结论指出，增加或减少农村公共产品供给对地方政府官员的政治支持的影响最小。因此，地方官员将优先安排有利于经济增长的公共产品（多集中在城市）以获得上级政治支持，然后安排满足城市居民需求的公共产品，最后安排满足农村居民的公共产品，这就在客观上造成城乡公共产品供给水平的较大差距，降低了农村公共产品供给的社会效益。[②]

财政部财政科学研究所博士后满莉（2012）研究认为，我国长期以来对农村公共产品供给方面存在着制度性的缺陷，迫切需要新的发展思路和理念并提高农村公共产品供给绩效水平。满莉认为，为农民提供基本而又有保障的公共产品，可以实现缩小城乡居民收入差距的经济效果，而且能够达到促进社会稳定的社会效益。[③] 马志敏、吴朝阳（2013）研究认为，在城乡二元分治的结构下，我国城乡之间在公共产品的供给上缺乏城乡统筹与均衡发展，存在明显的差别和不公平。现行的农村公共产品供给制度滞后，缺乏长效机制，农村公共产品主要依靠农民自筹解决，使得农村公共产品总量不足、质量不高、结构失衡等问题并存。农村公共产品的匮乏又制约了农业发展、农民收入的提高及农村经济的繁荣，从而导致恶性循环，城乡差距越拉越大，极大降低了农村公共产品供给的社会效益。[④] 刘斌（2011）运用重庆市2008—2010年数据，测算了重庆市所辖

① 孔祥智、郑力文、何安华：《城乡统筹下的小城镇公共产品供给问题与对策探讨》，《林业经济》2012年第1期。

② 马骁、王宇、张岚东：《消减城乡公共产品供给差异的策略》，《经济学家》2011年第1期。

③ 满莉：《城乡一体化中农村公共产品配置优化研究》，《江苏社会科学》2012年第4期。

④ 马志敏、吴朝阳：《城乡统筹视阈下我国农村公共产品供给的路径探讨》，《经济问题》2013年第5期。

的 40 个区县农村公共产品供给指数，并对农村公共产品供给的区域水平差距进行了实证研究。研究结果显示，地方政府农村公共产品供给的非均衡程度相当严重，客观上导致了农村公共产品供给的社会效益不佳。制约地方政府农村公共产品供给社会效益的因素十分复杂，但地方财政能力的不均衡是造成地方公共产品供给困境的主要原因。①

李丽、蔡超（2014）运用中国健康与营养调查（CNHS）大型微观面板数据，选择数据库中 1967 个样本农户建立分位数回归模型，对农村公共产品供给缓解农民贫困的绩效进行了实证研究。研究结论显示，农村公共产品供给对缓解农民贫困具有显著影响，并且不同农村公共产品的减贫效应也不同。农村公共产品的减贫效应随着农户贫困脆弱性分位数的提高而增加，即这些农村公共产品对越脆弱的家庭越有效。②

综观已有研究文献，我们可对现有研究成果做如下归纳：第一，目前关于农村公共产品供给绩效的研究大多集中在农村公共产品供给生产性绩效评价及其效率分布方面，且研究较为成熟，比较一致的观点认为，政府在农村基础设施建设、农业科技服务与推广、农林水事业支出等方面的财政投入和公共服务，对提高农业生产效率、促进农业产业发展、推动农村经济等具有重要作用，取得了较好的效果。第二，有关农村公共产品供给消费性绩效的研究文献尚不多见，少有的文献研究了农村公共产品供给对农民消费结构的影响及其效应。农村公共产品供给既在客观上改变了农民的消费结构，使得农民在诸如教育、医疗卫生和养老保险等方面的支出有所提高，改善了农村的生活消费质量，又直接促进了农民收入增长和消费增长，例如，农村电力公共产品供给为农民消费电力产品带来了方便。第三，越来越多的文献关注农村公共产品供给的社会效益。农村公共产品供给的社会效益突出体现缩小城乡差别、缩小城乡居民收入与消费水平差异、实现贫困地区和贫困群体的减贫目标、改善农村社区建设面貌等方面。但是，这方面的实证研究成果亦不多见。总之，有关农村公共产品供给绩效研究的文献虽然日益增多，但是，综合考虑农村公共产品供给生产性绩效、消费性绩效和社会效益的研究成果却十分鲜见，特别是综合三种绩效整体进行实证研究则更是今后研究的重点和发展方向，具有非常广阔

① 刘斌：《我国地方政府公共产品供给现状案例研究》，《软科学》2011 年第 11 期。

② 李丽、蔡超：《基于贫困脆弱性视角的农村公共产品供给研究》，《财政研究》2014 年第 1 期。

的研究空间。

第二节　农村公共产品供给绩效分析方法

　　研究农村公共产品供给绩效离不开对其方法的讨论。事实上，有多种定义农村公共产品供给绩效的方法，公共产品的"绩效评价一直是当今公共管理领域最热门的话题之一"。[①] 我们曾经详细讨论过农村公共产品供给绩效的定义准则，那就是首先必须明确农村公共产品供给的价值目标。不同的供给目标条件下，农村公共产品供给绩效水平必定有差别。新供给经济学强调从供给端改善农村公共产品供给效率。因此，我们提出农村公共产品供给绩效应当包括生产性绩效、消费性绩效和社会效益三个方面的供给目标。也就是说，农村公共产品供给可以解决农业生产领域、农民扩大消费领域和农村社会发展进步中的一些问题。从另一个方面来看，即使我们确定了农村公共产品供给目标，但由于我们选择的评价方法不同，其绩效评价结果也会有差异。对任何一种绩效评价结果，人们都可能提出不一样的看法。但是，毕竟我们可能找到一种相对最好的方法。这就是我们在这里进行讨论的全部意义之所在。

　　一　农村公共产品供给绩效评价基本概念

　　国外学者一般认为，绩效是一个综合考虑效益、效率和效果的复合概念。约翰·鲍恩提出，绩效评价需要评价投入—产出的效益、效率和效果，并指出效益取得活动开展后应有的质量而最大限度地减少支出，效率指投入和产出间的关系，效果则指衡量实际效应和预期效应的关系。美国的 H. Hatry 教授提出，绩效是对服务或项目的结果和效率进行的定期评价，绩效评价的关键特征是对绩效信息进行"定期"跟踪。而 OECD 认为绩效评价是一种用来评价战略目标实现情况的工具，它可以从"生产"和"结果"两个层面进行衡量，"生产过程"包括投入转化为产出的过程和活动，结果则包括该项政策或项目所带来的广泛的经济、社会等各方面

---

　　① Dalehite，E. G.，Determinants of Performance Measurement：An Investigation into the Decision to Conduct Citizen Surveys. *Public Administration Review*，2008，68（5）：891—907.

的变化。[1]

我国学者有关公共产品供给绩效内涵的讨论一直较为活跃。学者们一般认为，公共产品供给绩效是实现公共产品供给目标的投入产出结果。因此，公共产品供给绩效的内涵包含两层深刻含义，即必须从公共产品供给的"投入产出"与"职能过程"两个方面进行评价。从公共产品的"投入产出"方面看，政府公共产品供给绩效重在政府供给公共产品的投入与其产出的效果比较，它是政府供给公共产品的"财务核算"结果；从公共产品供给的"职能过程"方面看，公共产品供给绩效重在政府行使职能的过程，反映了政府履行公共服务的目标实现程度。较早的文献有：马国贤（2001）提出，所谓公共支出绩效是"可量化的，已经实现的事业目标和事业效果"，其中效率则是效果的投入评价。[2] 马国贤认为，政府绩效管理既是解决我国财政矛盾的现实途径，又是建设廉洁高效政府的核心问题，公共产品供给效率可分为经济效率、行政效率和财政效率三大类，应从这三个方面对政府绩效进行全面评价。[3] 陈国权、李志伟（2005）研究认为，政府的价值选择是多元的，因而在政府绩效评估的实践中，评估主体也应该多元化。公共产品供给应从绩效评价结果及绩效信息的需求者角度对绩效内涵进行了进一步的阐释，以根据绩效与其利益相关者的相关程度进行评价主体的确定。[4] 崔述强、王红、崔萍、闫明、陈明（2006）等认为，政府公共产品供给绩效是一个综合性范畴，它不仅包括成本、速度、质量、效率、公平，还包括政府的民主性、责任性、回应性等多元目标，它关注政府与社会主体之间的关系，特别强调社会组织和公民的满意度。[5] 卓越（2007）基于产出角度，认为公共部门的绩效即是在保证组织有效运行的前提下，使公共产出达到最大化。政府的公共产品供给绩效具有双导效应，既包括工具理性，又包括价值理性。[6] 蔡立辉

---

① Tommasi（edited），R. A. D. ，*Managing Public Expenditure.* A Reference Book for Transition Countries，2001. Chapter 15.

② 马国贤：《中国公共支出与预算政策》，上海财经大学出版社 2001 年版。

③ 马国贤：《政府绩效管理原理研究》，《扬州大学税务学院学报》2005 年第 2 期。

④ 陈国权、李志伟：《从利益相关者的视角看政府绩效内涵与评估主体选择》，《理论与改革》2005 年第 3 期。

⑤ 崔述强、王红、崔萍、闫明、陈明：《中国地方政府绩效评估指标体系探讨》，《统计研究》2006 年第 3 期。

⑥ 卓越主编：《政府绩效管理概论》，清华大学出版社 2007 年版。

（2007）在深入研究我国政府绩效评价理论及实践现状后，提出政府绩效评价的内涵应当是"根据绩效目标，运用评价指标对政府部门履行行政职能所产生的结果及其影响进行评价、划分绩效等级、提出绩效改进计划和运用评价结果来改进绩效的活动过程"。对政府绩效进行评价首先应当确立包含效率、服务质量、行政能力、公众满意度和公共责任等方面的评价标准，而进行评价的目标则是规范行政行为、提高行政效能，以使政府相关部门更有效地管理公共事务、提供公共服务和改善公众生活质量。[①] 丁元竹等（2008）认为可以从客观的基本公共服务水平和主观的基本公共服务感受这两个层面对公共服务绩效进行评价。[②]

最近的研究文献更注重对绩效评价的具体操作方法。有学者综合国外政府绩效评价方法及其步骤提出了我国政府公共产品供给"5 步绩效考核程序"，即选择目标（主要目的是在有限的经费限制下决定考核什么）、指标设置（哪个指标应该被选取以及选择多少指标）、信息收集（信息的可信度和有用性）、绩效信息分析和绩效考核信息报告。[③] 郑方辉、廖鹏洲（2013）认为，政府绩效管理应当突出目标导向，第一步就要明确政府公共产品供给的目标，包括价值目标及技术目标。政府绩效管理的价值目标即是民主目标，可视为政府的公信力；技术目标即政府管治的效率效果，体现政府的执行力。然后，再通过数据收集进行公共产品供给绩效的实证分析。[④] 晁毓欣（2013）将绩效评价看作一种管理工具，以 3E 评价（经济性、效率和效果）为基本内容，通过测度被评价对象的绩效与既定计划、战略目标等进行比较，以了解目前实现情况，并根据绩效信息完善相关管理活动。[⑤]

综观学术界对政府公共产品供给绩效的研究文献，目前学术界关于"绩效"的分析涵盖了"效率评价"、"效果考评"、"效益评估"、"综合

---

① 蔡立辉：《政府绩效评估：现状与发展前景》，《中山大学学报（社会科学版）》2007 年第 5 期。

② 国家发展改革委宏观经济研究院课题组丁元竹、杨宜勇、李爽、严浩、王元：《促进我国的基本公共服务均等化》，《宏观经济研究》2008 年第 5 期。

③ 董礼胜、刘选会：《政府绩效管理过程反思》，《中国行政管理》2012 年第 12 期。

④ 郑方辉、廖鹏洲：《政府绩效管理：目标、定位与顶层设计》，《中国行政管理》2013 年第 5 期。

⑤ 晁毓欣：《我国对财政绩效评价的认识深化、现存问题与完善思路——基于投入产出表和损益表的模拟测算》，《地方财政研究》2013 年第 6 期。

绩效测定"等广泛的内容。借鉴这些理论与概念，我们的研究除特别说明外，均采用"综合绩效评价"概念，即不区别公共产品与公共服务、不区分"硬公共产品"和"软公共产品"。我们认为，农村公共产品供给绩效的评价既包括供给主体的内部评价，又包括农村公共产品的消费者对供给绩效的外部评价。实际上，我们可以从多个角度对农村公共产品政府供给绩效进行研究和考察，譬如从公共产品供给主体角度，或是公共产品供给活动角度，还可以从公共产品供给政策角度。本书将从农村公共产品不同类型的角度及其供给后给农村经济社会所实际产生的生产性绩效、消费性绩效和社会效益三个方面对农村公共产品供给绩效进行分析。

二　农村公共产品供给绩效的典型评价方法

有关农村公共产品供给绩效的评价方法十分丰富，较常见的方法是指标评价法和包络数据分析方法。前者依据预先确定的农村公共产品供给价值目标，建立一系列农村公共产品供给指标，并采取一定方法确定各项指标权重以构建评价指标体系。后者则主要依据农村公共产品供给的投入与产生数据，对不同的农村公共产品供给决策单元进行供给效率比较。近年来，一些新的评价方法在实证研究中得到应用。农村公共产品供给绩效评价方法日益呈现出多样性趋势。这里简要介绍几种典型评价方法。

1. 指标评价法

运用指标评价法评价农村公共产品供给绩效，一般先要对影响农村公共产品供给绩效的各种因素进行分析，再选取具有代表性的因素构建绩效指标评价体系。采用指标评价法的难点在于指标"权重"的设计。文献中常见的赋权方法有德尔菲法（又称专家主观赋权法、头脑风暴法等）、熵值法。王俊霞、张玉、鄢哲明、李雨丹（2013）研究指出，在现有文献中，一般采用了 AHP 法、因子分析法和主成分分析法等赋权方法。不同方法产生了差异性的权重结果，使得同一个指标在不同方法中的权重值可能存在明显不同。为了解决多种赋权方法对相同指标权重的差异"困惑"，王俊霞等以陕西省咸阳市农村公共产品供给满意度调研数据为基础建构了一个综合绩效评价指标体系，并运用组合赋权法为农村公共产品供给绩效评价指标体系设定权重，对分乡镇的农村公共产品绩效评价值进行测算和比较。采用组合赋权法的前提条件是客观上存在着若干个由不同赋权方法产生的权向量，或称为原始权向量。组合赋权法的中心思想是通过构造一个优化模型，使得待求的组合权向量与原始权向量尽可能地贴近，即与所有原始权向量之间距离之和最小，以此来求得一个最优的组合权向量，最后根据绩效评价指标体系结构和对应的指标数据，采取线性加权集合方法计算绩效评价值。[①] 这种赋权方法可以用来消除客观上存在的不同赋权方法可能得到的不同赋权结果之间的差异，但是，在实证分析中的运用实际上是非常困难的。因为，它要进行多种赋权方法的数据收集，然后才能运用组合赋权法，这在操作上工作量非常大。

2. 包络数据分析法

崔治文、毛斐斐、周毅（2013）利用我国 2006—2010 年农村公共产品投入和产出面板数据，运用 DEA 模型对我国不同省份之间农村公共产品供给效率差异进行了实证研究。崔治文等并将供给农村公共产品看作政府公共部门的一种生产活动，利用 Malmquist 指数测算了我国农村公共产品供给的全要素生产率。[②] 包络数据分析法在农村公共产品供给绩效评价研究中得到广泛运用。陈诗一、张军（2008）利用 DEA 非参数技术和受限 Tobit 模型，核算财政分权改革后中国省级地方政府财政支出的相对效率。[③] 韩华为、苗艳青（2010）采用 Tobit 模型对政府财政支出效率及其影响因素进行了实证分析。[④] 李燕凌、欧阳万福（2011）运用 DEA 方法，选择农村人均基础教育支出、人均财政卫生支出、农业基本建设支出、支援农业生产支出等变量，构造基于投入的 C^2R 模型测算财政支农支出效率水平，并利用湖南省县乡政府 2004—2006 年的混合数据，在县级层面上运用 Tobit 模型分析了平均机械动力、距县城距离、城市化水平、人均收入水平以及农民年龄、性别等个体特征变量对县乡政府财政支农支出效率的影响。[⑤]

3. 模糊综合评价法

近年来，模糊综合评价法在工业产品质量评价、农业资源环境评价、

---

① 王俊霞、张玉、鄢哲明、李雨丹：《基于组合赋权方法的农村公共产品供给绩效评价研究》，《西北大学学报》（哲学社会科学版）2013 年第 2 期。

② 崔治文、毛斐斐、周毅：《我国农村公共产品供给效率研究》，《理论探讨》2013 年第 5 期。

③ 陈诗一、张军：《中国地方政府财政支出效率研究：1978～2005》，《中国社会科学》2008 年第 4 期。

④ 韩华为、苗艳青：《地方政府卫生支出效率核算及影响因素实证研究——以中国 31 个省份面板数据为依据的 DEA – Tobit 分析》，《财经研究》2010 年第 5 期。

⑤ 李燕凌、欧阳万福：《县乡政府财政支农支出效率的实证分析》，《经济研究》2011 年第 10 期。

城市公共基础设施项目评价、公共危机管理等领域得到越来越广泛的应用。但是，模糊综合评价法在农村公共产品供给绩效评价中的应用刚刚开始。主要文献有陈宇（2010）以农民对农村公共产品的需求层次为标准将农村公共产品划分为生活类公共产品、发展类公共产品和娱乐类公共产品，并由此建立一个有四个一级指标、十二个二级指标和三十五个三级指标的评价指标体系。在此基础上应用模糊综合评价模型对农村公共产品供给绩效进行评价。① 王蕾、朱玉春（2012）从农村公共产品供给的农户满意度视角，利用陕西省 556 个农户调查数据，运用模糊综合评价法对农村公共产品供给绩效进行了实证分析。王蕾、朱玉春构建的模糊综合评价模型分为四个步骤：第一步，建立综合评价指标体系。通过对影响评价对象的各种因素进行归纳，选取评价指标。第二步，确定指标权重。该项研究采取专家赋权和统计分析相结合的方法对各项评价指标进行赋权。第三步，收集相关数据，求出隶属函数和模糊评价矩阵。第四步，将模糊评级矩阵和权重向量耦合，得出各级因素的得分值。②

4. 嫉妒指数评价法

在公共产品供给均等化研究领域，西方的"无嫉妒公平"理论应用日益丰富。一些学者提出，提升农村公共产品供给的公平程度，相对于其他的公平观念来说，最理想的目标应该以"免于嫉妒"或"无嫉妒公平"为特征。政府应采取相应的措施不断地降低"嫉妒指数"或实现"无嫉妒"改进。近年来，一些学者积极探讨构建农村公共产品的"嫉妒指数"并实现"无嫉妒改进"。③ 辛波等（2011）研究认为，衡量一个社会公平程度的标准可以是嫉妒水平或嫉妒指数，而一个社会接近公平的过程实际上就是消除嫉妒的过程。辛波等为了分析中央政府在农村公共产品供给问题上的相关政策对于嫉妒指数的影响，分别选取了相对贫困地区和相对富裕地区的居民平均收入水平为研究对象，以两类地区居民收入、社会保障、居住条件、社会生活、环境情况、心理状况等为福利函数的变量，构建了考虑到农民享受农村公共产品收益后的地区间嫉妒指数模型，为研究

---

① 陈宇：《农村公共产品供给绩效的模糊综合评价决策模型》，《华中农业大学学报》（社会科学版）2010 年第 5 期。

② 王蕾、朱玉春：《基于农户视角的农村公共产品供给效果评价》，《西北农林科技大学学报》（社会科学版）2012 年第 4 期。

③ 辛波等：《农村公共产品供给的理论基础与政策选择》，《经济学动态》2011 年第 9 期。

中央和地方政府财政转移支付政策对地区间嫉妒指数的影响、收费政策对地区内部嫉妒指数的影响提供了一个规范研究的框架。[①]

三　误差修正模型理论基础

早在 1957 年 Phillips 就提出了误差修正（error correction）的概念，Davidson 等人（1978）将这一思想引入到宏观经济学中。误差修正模型的基本思路是，对于非稳定时间序列，通过差分的方法将其化为稳定序列，然后再建立经典的回归分析模型。在宏观经济研究中运用误差修正模型，就是在不同变量之间存在协整关系时，我们可以用误差修正模型将被解释变量的短期波动通过差分方法修正为稳定序列，然后建立长期稳定的均衡关系模型。在建立误差修正模型之前，我们必须对各变量进行协整检验，以确定其协整关系。我们可以根据系统变量个数的不同，将误差修正模型分为两类：当研究的是双变量系统时，可采用单方程的误差修正模型（ECM）；当研究的是多变量系统，则可能存在多个协整关系，我们就需要采用向量误差修正模型（VECM）。

1. 长期均衡关系与协整

变量间的长期均衡关系是指由变量组成的系统内不存在破坏均衡的内在机制，而根据相关经济理论，现实中确实存在这样的经济变量。若这些变量在某个阶段受到干扰偏离其长期均衡点，其内在均衡机制将会在下一期或几期对其调整将其拉回长期均衡点。两变量间的均衡关系可由式（7 - 1）给出。

$$Y_t = \alpha_0 + \alpha_1 X_t + \mu_t \qquad (7-1)$$

式（7 - 1）中，μ_t 是随机干扰项。式（7 - 1）表明，在第 t 期时，当取定 X 值时，Y 的均衡值为 $\alpha_0 + \alpha_1 X_t$，那么 $t-1$ 期末将有可能出现以下情况：

第一，Y 与其均衡值相等

$$Y_{t-1} = \alpha_0 + \alpha_1 X_{t-1} \qquad (7-2)$$

第二，Y 小于其均衡值

$$Y_{t-1} < \alpha_0 + \alpha_1 X_{t-1} \qquad (7-3)$$

第三，Y 大于其均衡值

---

① 辛波等：《对农村公共产品供给的经济学分析》，《武汉大学学报（哲学社会科学版）》2011 年第 6 期。

$$Y_{t-1} > \alpha_0 + \alpha_1 X_{t-1} \qquad\qquad (7-4)$$

在时期 t，若 X 变化了 ΔX_t，倘若此时 X 与 Y 在 t 与 $t-1$ 末期仍然满足其长期均衡关系，那么 Y 的相应变化量 ΔY_t 可以建立如下差分回归模型：

$$\Delta Y_t = \alpha_1 \Delta X_t + \nu_t \qquad\qquad (7-5)$$

式中，$\nu_t = \mu_t - \mu_{t-1}$。然而，现实情况往往并非如此。若 $t-1$ 期末，Y 小于其均衡值，那么此时 Y 的变化量往往会比第一种情况式（7-2）中 Y 的变化量 ΔY_t 大一些；相反的，若 $t-1$ 期末，Y 大于其均衡值，那么 Y 变化量往往会比第一种情况式（7-2）中的 ΔY_t 小。

由此可知，倘若式（7-1）能够准确地体现 X 与 Y 间的长期稳定"均衡关系"，且误差项 μ_t 不存在序列相关，那么 Y 仅仅是"临时性"地偏离其均衡点。则差分式 $\Delta Y_t = \alpha_1 \Delta X_t + \nu_t$ 中的 ν_t 是一个一阶移动平均时间序列，因而是序列相关的。而这就必须要求随机干扰项 μ_t 是平稳序列。因为如果 μ_t 存在上升或下降的随机性趋势的话，会使得 Y 对其均衡点的任何偏离都将随着时间而累积，不能消除。同时，我们也称 μ_t 为非均衡误差，它可以表示为 X 与 Y 的一个线性组合：

$$\mu_t = Y_t - \alpha_0 - \alpha_1 X_t \qquad\qquad (7-6)$$

若式（7-4）中 X 与 Y 间存在长期均衡关系的话，μ_t 则应该为平稳时间序列，且其期望值为 0，即此非均衡误差是均值为 0 的 $I(0)$ 序列。

但是在实际经济生活中，有许多变量是非平稳的，也就是说它们是一阶或高阶的单整时序变量。此时，如果它们是同阶的，尽管不是平稳的时序数据，其线性组合照样是平稳的。如式（7-1）中的 X 与 Y 是 $I(1)$ 序列，该式所表述的是 X 与 Y 之间确实存在长期均衡关系的话，那么式（7-6）中的线性组合则是 $I(0)$ 序列。这时我们称变量 X 与 Y 是协整的。

一般的，如果序列 X_{1t}，X_{2t}，$\cdots$，X_{kt} 都是 d 阶单整的，存在向量 $\alpha = (\alpha_1, \alpha_2, \cdots, \alpha_k)$，使得 $Z_t = \alpha X'_t \sim I(d-b)$，其中 $b > 0$，$X_t = (X_{1t}, X_{2t}, \cdots, X_{kt})$，则认为序列 X_{1t}，X_{2t}，$\cdots$，X_{kt} 是 (d, b) 阶协整，记为 $X_t \sim CI(d, b)$，α 为协整向量。

由此可见，如果两个变量都是单整变量，只有当它们的单整阶相同时，才可能协整。如果它们的单整阶不相同，就不可能协整。三个以上的变量，如果具有不同的单整阶数，有可能经过线性组合构成低阶单整变

量。例如，如果存在 $W_t \sim I(1)$，$V_t \sim I(2)$，$U_t \sim I(2)$

并且

$P_t = aV_t + bU_t \sim I(1)$

$Q_t = cW_t + eP_t \sim I(0)$

那么认为

V_t，$U_t \sim CI(2, 1)$

W_t，$P_t \sim CI(1, 1)$

（d，d）阶协整是一类非常重要的协整关系。它体现了具有各自不同波动规律的时序变量间的长期稳定关系，这对研究时序变量间直接或间接相互影响关系具有重要作用。[1]

误差修正模型实际上是协整检验的延伸。因此，在建立误差修正模型前必须检验变量之间的协整关系。同时，基于变量之间是否具有协整关系的前提下进行模型变量的选择，其数据基础和统计性质都是比较良好的。协整检验根据检验对象可分两种基本方法：一是基于回归残差的 E－G 两步检验法。恩格尔（Engle）和格兰杰（Granger）于1987年提出两步检验法（也称 EG 检验），第一步用普通最小二乘法估计式（7－1）并计算非均衡误差，第二步检验方程的单整性；[2] 二是基于 VAR 模型采用极大似然估计法检验多变量之间协整关系存在性的 Johansen 协整检法（即 JJ 检验法）（Johansen & Juselius，1990）。[3][4]

2. 误差修正模型（ECM）

误差修正模型（Error Correction Model，简称 ECM）是一种具有特定形式的计量经济学模型，它的主要形式是由大卫德森（Davidson）、亨格瑞（Hendry）、斯巴（Srba）和耶（Yeo）于1978年提出的，因此又称为 DHSY 模型。其基本思想可以简单地理解为：假设 I（1）过程两个变量 X 与 Y 的长期均衡关系满足如下要求：

$$Y_t = \beta_0 + \beta_1 X_t + \beta_2 X_{t-1} + \delta Y_{t-1} + \mu_t \quad \delta \neq 1 \qquad (7-7)$$

---

[1]　李子奈、潘文卿：《计量经济学》，高等教育出版社2010年版。

[2]　Engle，R. E.，Granger，C. W. J.，Cointegration and errorcorrection：Representation，estimation，and testing. *Econometrica*，1987（55）：251－276.

[3]　Johansen，S.，Juselius，K.，Maximum likelihood estimation and inference on cointegration with applications to the demand for money. *Oxford Bulletin of Economics and Statistics*，1990（52）：169－210.

[4]　Johansen S.，Estimation and hypo thesis testing of cointegration vectors in gaussian vector autoregressive models. *Econometrica*，1991，59（6）：1551－1580.

该模型显示第 t 期的 Y 值不仅与 X 的变化有关，而且与 $t-1$ 期 X 与 Y 的状态有关。由于变量可能是非平稳的，因此不能直接运用普通最小二乘法。对（7-7）适当变形整理得：

$$\Delta Y_t = \beta_0 + \beta_1 \Delta X_t + (\beta_1 + \beta_2) X_{t-1} - (1-\delta) Y_{t-1} + \mu_t \qquad (7-8)$$

或 $\qquad \Delta Y_t = \beta_1 \Delta X_t - \lambda (Y_{t-1} - \alpha_0 - \alpha_1 X_{t-1}) + \mu_t \qquad (7-9)$

式中，$\lambda = 1 - \delta$，$\alpha_0 = \beta_0 / (1-\delta)$，$\alpha_1 = (\beta_1 + \beta_2) / (1-\delta)$

在这里，若将式（7-9）中 α_0、α_1 与式（7-1）中相对应的参数视为相等，则式（7-9）中的 $Y_{t-1} - \alpha_0 - \alpha_1 X_{t-1}$ 即系统 $t-1$ 期的非均衡程度。那么式（7-1）的经济意义是指，X 的变化及其与 Y 在前一期的非均衡程度共同导致了 Y 的变化。这表明，Y 当期的值已经根据前期的非均衡程度作出了修正。由于 X 与 Y 属于一阶单整，因此这里将式（7-9）称为一阶误差修正模型，其另一表述形式为：

$$\Delta Y_t = \beta_1 \Delta X_t - \lambda \times \text{ecm}_{t-1} + \mu_t \qquad (7-10)$$

式（7-10）中的 ecm 项对应式（7-9）中括号内的项，即为误差修正项。由于式（7-10）中的 $\lambda = 1 - \delta$，而一般情况下 $|\delta| < 1$，因此可以判断 $0 < \lambda < 1$。在这种情况下：如果在 $t-1$ 期，$Y > \alpha_0 + \alpha_1 X$，那么有 ecm > 0，因而有 $-\lambda \times \text{ecm} < 0$，此时 Y 的变化量会减少。如果在 $t-1$ 期，$Y < \alpha_0 + \alpha_1 X$，那么有 ecm < 0，因而有 $-\lambda \times \text{ecm} > 0$，此时 Y 的变化量会增大。长期非均衡误差就是这样来修正 Y_t 并对其进行控制的。[①]

3. 向量误差修正模型（VECM）

向量误差修正模型（VECM）是基于 VAR 基础上再对其添加协整约束的一种多方程模型，主要运用于具有协整关系的非平稳时序变量建模。因此，与 ECM 一样，在建模之前必须对其进行协整关系检验。一般来说，当进行多个时序变量之间的协整关系检验时，通常采用 Johansen 检验方法，用以考察模型方程中的回归系数。考虑如下的 p 阶 VAR 模型：

$$Y_t = A_1 Y_{t-1} + A_2 Y_{t-2} + \cdots + A_p Y_{t-p} + B X_t + \mu_t \qquad (7-11)$$

式（7-11）中，Y 表示系统中的内生变量及不确定的外生变量，而确定性的外生变量则由 X_t 来表示。将此式进行转化，改为以下形式：

$$\Delta Y_t = \prod Y_{t-1} + \sum_{i=1}^{p-1} \Gamma_i \Delta Y_{t-i} + B X_t + \mu_t \qquad (7-12)$$

---

① 李子奈、潘文卿：《计量经济学》，高等教育出版社 2010 年版。

式（7-12）中，$\prod = \sum_{i=1}^{p-1} A_i - I, \varGamma_i = -\sum_{j=i+1}^{p} A_j$。若式（7-11）中的 K 维 I（1）向量 Y_t 中的时序变量间存在协整关系，且式（7-12）中不包含确定性的外生变量 X_t，则可以将式（7-12）改写为以下形式：

$$\Delta Y_t = \alpha \mathrm{ecm}_{t-1} + \sum_{i=1}^{p-1} \varGamma_i \Delta Y_{t-i} + \mu_t \qquad (7-13)$$

式（7-13）中的误差修正项是 $\mathrm{ecm}_{t-1} = \beta Y_t$，由此可见，式（7-13）是一个向量方程组，它是由多个单方程的误差修正模型所构成的。其中，ecm_{t-1} 反映的是 Y_t 与 X_t 间的长期均衡关系，与单方程的误差修正模型一样，Y_t 的变化由 X_t 的变化及其与 Y_t 在前期的非均衡程度共同决定，而向量 α 则表示 Y_t 偏离均衡点之后调整回长期均衡状态的速度。误差修正项反映的是变量之间的长期均衡关系，而 $\sum_{i=1}^{p-1} \varGamma_i \Delta Y_{t-i}$ 反映的则是变量间的短期波动关系。[1][2]

第三节　农村公共产品供给绩效实证研究

——以湖南省为例

新供给经济理论认为，从供给侧研究农村公共产品供给绩效问题，既要分析其生产性绩效，即一方面观察农村公共产品供给对农户农业生产成本的降低程度进而影响农业经济的增长程度，另一方面观察农村公共产品供给提高农业劳动生产率进而促进农民增收的程度；又要分析其消费性绩效，即县乡政府农村公共产品供给影响农民消费结构和消费水平的程度；还要分析其社会效益，即农村公共产品供给对经济社会环境的整体影响，包括农村公共产品供给对缓解贫困、缩小贫富差距、促进社会和谐稳定等方面的作用。由于本书所观察的诸多变量可能在一个长期均衡过程中存在着短期波动的协整约束关系，因此，我们选择向量误差修正模型进行实证分析。为方便研究，我们从可获得数据的实际情况出发，选择以湖南省为

---

① 高铁梅主编：《计量经济分析方法与建模》，清华大学出版社 2009 年版。
② ［美］詹姆斯·H. 斯托克、马克·W. 沃森：《计量经济学》，沈根祥、孙燕译，格致出版社、上海三联出版社、上海人民出版社 2012 年版。

例进行实证分析，其研究方法可一般性在全国其他省份适用，也可用于进行全国性分析。

一 变量选取、数据来源及计量模型

我们从影响农村公共产品供给的生产性绩效、消费性绩效和社会效益三个方面分别选取变量，以分别刻画农村公共产品供给在这三个方面所产生的绩效水平，从而更加细致地分析农村公共产品供给效率问题。

1. 变量选取

第一，生产性绩效变量的选取。本书采用的农村公共产品供给生产性绩效变量主要包括农业产值、农村居民人均纯收入、财政支农支出等。从生产性绩效来看，农村公共产品供给主要产生推动农村经济发展和促进农民增收两方面绩效。因此，我们分别选择农业产值和农村居民人均纯收入两个变量作为被解释变量，选择综合反映农村公共产品供给的财政支农支出作为解释变量。

农业产值是根据农户取得的主产品产值汇总而来的。农业主产品产值指农业生产者通过各种渠道出售主产品所得收入和留存的主产品可能得到的收入之和，其中售出部分按实际出售收入计算，留存产品（包括自食用的、待售的、馈送他人的）按已出售产品的综合平均价格和留存数量计算价值，但如果调查期内尚未开始出售或尚未大量出售的，则按照当地该产品大量上市后的预计出售价格计算。[①] 我们采用的农业产值是一个包括农、林、牧、渔业全部产品和对农、林、牧、渔业生产活动进行的各种支持性服务活动价值总量的货币表现。[②] 我们将人均农业产值变量记为 A_ gdp，作为农村公共产品供给生产性绩效的被解释变量。

农村居民人均纯收入是按农村住户人口平均计算农户当年从各种来源得到的总收入扣除有关费用性支出后的收入总和，它反映了农村居民的平均收入水平。农村生产性公共产品投入通过改善农村生产条件、改善农村投资环境、提高农业生产绩效，从而降低农业生产成本、提高农业产值，进而提高农民受益水平。因此，本书选取农村居民人均纯收入（Income_per）作为另一衡量农村公共产品供给生产性绩效的被解释变量。

---

① 国家发展和改革委员会价格司编：《全国农产品成本收益资料汇编（2013）》，中国统计出版社2013年版。

② 湖南省统计局编：《湖南统计年鉴（2013）》，中国统计出版社2013年版。

财政支农支出是指政府财政用于农业和农村的各项支出。鉴于目前财政支农项目庞杂、涉及部门众多、数据统计口径不一致且获取难度大等实际情况，为方便研究，我们仅在政府财政支农支出中占比重最大的农林水事务支出，作为财政支农支出的代表性变量。本书将人均农林水事务支出记为 Pro_ dis，作为农村公共产品供给生产性绩效的解释变量。

第二，消费性绩效变量的选取。消费性公共产品是指可直接供消费者消费，并给消费者带来直接效用的公共产品。农村消费性公共产品供给对于改善农民消费条件、提高农民消费水平将会产生一定的消费效应，这种消费效应直接反映在改善农民消费结构或扩大相应的消费规模水平上。本书采用农村居民人均消费支出作为农村公共产品供给消费性绩效的被解释变量，选择农村人均财政教育支出和农村人均财政卫生支出两个最具代表性的农村消费性公共产品投入变量作为农村公共产品供给消费性绩效的解释变量。

农村居民人均消费支出是指农村常住住户对货物和服务的全部最终消费支出，我们将其记为 Cons_ level，作为衡量农村公共产品供给消费性绩效的被解释变量。

目前我国政府供给的农村公共产品中，消费性公共产品主要包括义务教育、医疗卫生保险和养老社会保障支出，其中义务教育和医疗卫生保险支出占极大比重。鉴于历年来统计口径的差异及统计数据的可获得性等实际情况，本书仅选用农村人均财政教育支出和农村人均财政卫生支出表示农村消费性公共产品投入，分别记为 Edu_ dis 和 Hyg_ dis，作为农村公共产品供给消费性绩效的解释变量，其中农村人均财政教育支出作为教育公共产品投入的代表变量，包括农村小学和初中的财政教育支出，农村人均财政卫生支出作为农村医疗卫生公共产品投入的代表变量。

第三，社会效益变量的选取。从已有文献中发现，农村公共产品供给绩效的社会效益突出体现在两个方面，一是农村公共产品供给缓解了贫困地区、贫困农户的贫困状况，产生明显的贫困救济效应。二是促进了城乡居民均衡享受公共服务，缩小了城乡居民差距，特别是间接导致了城乡居民收入差距缩小（满莉，2012；李丽、蔡超，2014）。本书以财政支农支出作为农村公共产品供给社会效益的解释变量，采用贫困发生率、城乡居民收入比两个变量作为农村公共产品供给社会效益的被解释变量。

本书中采用的贫困发生率是指按照国家民政部门标准确定的贫困县人

口数占全省人口总数的比重，它反映了调查地区农村的贫困程度。农村公共产品供给的反贫困作用是其社会效益的重要体现，突出表现在一个地区贫困县人口比例下降的情况。因此，本书采用贫困发生率作为农村公共产品供给社会效益的被解释变量，并将其记做 Pov_ inc。

城乡居民收入比是指城镇居民人均可支配收入与农村居民人均纯收入之比，它较大限度地反映了城乡收入差距以及城乡统筹的情况。新供给经济学理论认为，扩大农村公共产品供给可以较大限度地改善农村居民的福利待遇、缩小城乡差距、促进城乡统筹发展，这也是农村公共产品供给社会效益的主要目标体现。本书选取城乡居民收入比作为另一个体现农村公共产品供给社会效益的被解释变量，记为 Ratio。

财政支农支出是我国目前最主要的农村公共产品供给资金投入来源，财政支农支出的社会效益集中反映了县乡政府农村公共产品供给社会效益。我国财政支农支出中的义务教育、医疗卫生保险等支出，突出体现其社会功能，近年来养老社会保障支出所占比重越来越大，但由于数据缺乏连续性而不易获取。在全部财政支农支出中，支持农林水事务支出主要体现为生产性绩效功能，农村环境治理支出也因为数据缺乏连续性而不易获取。因此，本书仅选取农村人均财政教育支出（Edu_ dis）、农村人均财政卫生支出（Hyg_ dis）以及综合反映农村公共产品供给水平的人均财政支农支出（Pro_ dis）三个变量作为农村公共产品供给社会效益分析的解释变量。

2. 数据来源

本书中采用的数据均来源于 1993—2013 年《湖南统计年鉴》，部分数据通过相应年份《中国统计年鉴》、《全国农产品成本收益资料汇编》补充获得。个别数据通过计算获得。例如，贫困县人口比例（文中也称为农村贫困发生率）=（贫困县总人口数÷湖南省总人口数）×100%。由于 2013 年《湖南统计年鉴》中部分数据只统计至 2011 年，因此，除特别说明的情况之外，为统一各数据的统计口径，本书所选用数据的年限只在 1992—2011 年间。需要特别说明的是，虽然按照统计指标解释，财政支农支出主要包括支援农业生产支出、农林水事务支出、农业基本建设支出、农业科技三项费用等，但由于 1992—2013 年间统计口径不一致，以及农业基本建设支出、农业科技三项费用等统计数据不完整，因此，本书仅取占财政支农支出比重较大的农林水事务支出数据。另外，为了消除或减轻价格变动因素的影响，本书对人均农林水事务支出、农村人均财政教育支出及农村人均财政卫生支出均进行了物价平减处理，处理时均以1992年价格为基准，即各项农村公共产品供给财政支出项目的名义支出额均以农村商品价格指数（1992 = 100）、居民消费价格指数（1992 = 100）为基准进行物价平减处理，最终获得农村公共产品供给实际投入额，分别用 RA_ gdp、RPro_ dis、RIncome_ per、RCons_ level、RCons_ input、REdu_ dis、RHyg_ dis、RRpg_ input、RRatio 来表示。

3. 计量模型

本书主要基于湖南省1992—2011年时期的有关变量数据，对湖南省农村公共产品供给各方面因素之间的关系进行总量分析与结构分析，以求精准刻画农村公共产品供给绩效水平。本书建模的基本步骤是：第一步，对绩效（包括生产性绩效、消费性绩效和社会效益）进行描述性分析，主要分析其现状、数据特征及可能存在的问题。第二步，对相应的时间序列数据进行相关检验，即进行变量间的协整关系检验。第三步，根据检验结果判断变量间是否存在长期稳定的均衡关系，如果存在这种关系，则根据具体情况建立误差修正模型（ECM）或向量误差修正模型（VECM），对变量间长短期的波动及其相互影响和回归均衡状况进行分析，并将变量作为一个系统对其内在均衡机制进行剖析后，再对相关变量进行格兰杰因果检验，以揭示变量间的因果关系。

二 农村公共产品供给的生产性绩效

从供给端分析农村公共产品供给产生的生产性绩效，既要看县乡政府农村公共产品供给引起的农村经济增长效果，又要看县乡政府农村公共产品供给所带来的农民增收效果。

1. 农村生产性公共产品供给与农业产值、农村居民纯收入增长情况分析

改革开放以来，我国农业、农村发展迅速，农业产值与农村居民收入快速增长。但是从整体上看，体现农村生产力发展的农业产值与农村居民收入绝对水平还较低。湖南省是我国中部地区农业大省，截至2012年底，湖南省农业产值和农村居民人均纯收入分别为4904.1亿元和7440元，农村居民人均纯收入水平略高于全国农村居民纯收入7019元的水平。2012年湖南省农村居民的恩格尔系数为43.9%，高于全国平均数。从纵向看，改革开放30多年来，湖南省农村居民收入整体上增长较快，年均增幅达

5.48%，略高于同期城镇居民可支配收入 5.45% 的增幅。但是，目前农村居民收入水平仍远低于城镇居民收入水平，尤其若考虑到城乡居民的实际收入水平，差距则更大。因为城镇居民所享受到各种货币形式或实物形式的福利是农村居民远远无法相比的。由此可见，农村居民收入还处在较低水平，且增速较慢，亟待提高。综观国内外学者有关我国农业产值和农村居民收入较低的影响因素研究成果可以发现，生产性农村公共产品供给不足成为阻碍农业产值和农村居民收入增长的重要原因。本节重在分析农村生产性公共产品投入对农业产值和农村居民收入的影响，以考察农村公共产品供给的生产性绩效。从湖南省财政支农支出中占比较大的农林水事务支出历年来的数据来看，1992 年至 2011 年年底，湖南省农林水事务支出从 98497 万元增至 3962423 万元，20 年来名义年均增长20.29%，扣除物价因素，实际年均增长 14.26%。可见增速较快，增幅较大，并且与农业产值及农村居民纯收入保持同向趋势，具体变化趋势详见图 7 - 1。

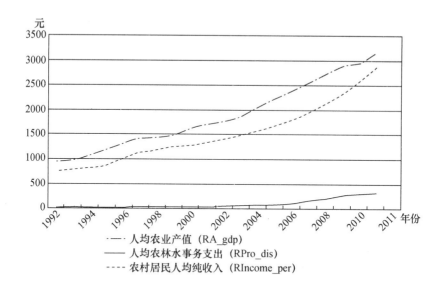

**图 7 - 1　1992—2011 年湖南省农村公共产品供给
生产性绩效各变量变化趋势图①**

---

① 　湖南省统计局编：《湖南统计年鉴》，中国统计出版社 1992—2013 年版。

2. 基于数据的实证分析

首先，我们对各变量进行平稳性检验。协整理论要求针对非平稳时间序列数据建立回归模型，其重要意义在于解决利用非平稳时间序列数据建立回归模型产生的伪回归问题。因此，协整检验的第一步是对各变量进行平稳性检验。我们采取 ADF 单位根检验方法，若所检验的时序数据是平稳的则没有单位根，反之，所检验的时序数据存在单位根则表明时序数据不平稳。下面，我们对1992—2011 年的变量 RA_ gdp 和 RPro_ dis 进行 ADF 单位根检验。

表 7－1 单位根检验结果显示，尽管人均农业产值与人均农林水事务支出的相应数据是非平稳的，但检验结果显示其二阶差分序列都是平稳的，也就是说序列 RA_ gdp 和 RPro_ dis 是二阶单整序列，都服从 I (2)，满足进行协整检验的先决条件。

表7－1　人均农业产值与人均农林水事务支出变量 ADF 单位根检验结果

序列	检验类型（C，T，K）	ADF 统计量	1% 临界值	5% 临界值	判断
RA_ gdp	（C，T，4）	－4. 77743	－4. 66788	－3. 7332	平稳***，I (2)
Rincome_ per	（C，T，4）	－8. 30902	－4. 80008	－3. 791172	平稳***，I (2)
RPro_ dis	（C，T，4）	－3. 42541	－4. 88643	－3. 828975	平稳*，I (2)

注：检验类型中的 C 表示带常数项（取 0 表示无常数项），T 表示带趋势项（取 0 表示无趋势项），K 表示滞后阶数，依据 Modified SIC 信息标准给定；*、**、*** 分别表示在 10%、5% 和 1% 的水平上显著。

然后，建模并进行协整检验。协整检验有 E－G 两步检验法和 Johansen 协整检验法两种基本方法。由于检验对象仅有 RA_ gdp 和 RPro_ dis 两组，所以运用 E－G 两步法依次检验 RA_ gdp、RIncome_ per 和 RPro_ dis 之间是否存在协整关系。我们以 RA_ gdp、RIncome_ per 为被解释变量、RPro_ dis 为解释变量，应用最小二乘法构建回归模型 I 和模型 II 如下：

回归模型 I　　$RA\_gdp_t = 1302.389 + 6.444 \cdot RPro\_dis_t$
　　　　　　　　（85. 51521）（1. 643846）

回归模型 II　　$RIncome\_per_t = 980.7982 + 5.823 \cdot RPro\_dis_t$
　　　　　　　　（60. 69651）（1. 456985）

模型Ⅰ和模型Ⅱ下面括号内数据为对应参数估计值的 t 统计量。在两个模型的回归结果中，模型Ⅰ中 $R^2 = 0.847682$、修正后的 $R^2 = 0.839219$，模型Ⅱ中 $R^2 = 0.900190$、修正后的 $R^2 = 0.894644$，这说明模型整体拟合度较高。回归结果还显示，在模型Ⅰ和模型Ⅱ中变量 RPro_ dis 的系数均在 1% 的水平上显著，表明 RPro_ dis 能够较大限度地解释 RA_ gdp、RIncome_ per 的变化。

进一步我们进行回归方程残差平稳性检验。依据样本数据计算出回归模型Ⅰ'和模型Ⅱ'的残差序列如下：

回归模型Ⅰ'　　$resid01_t = RA\_gdp_t - 1302.389 - 6.444 \cdot RPro\_dis_t$

回归模型Ⅱ'　　$resid02_t = RIncome\_per_t - 980.7982 - 5.823 \cdot RPro\_dis_t$

表 7 - 2 给出了对该残差序列 resid01、resid02 进行 ADF 单位根检验的结果：$resid01_t$ 在 10% 的显著水平下是平稳的，$resid02_t$ 在 5% 的显著水平下也是平稳的。由此可见，RA_ gdp、RIncome_ per 和 RPro_ dis 之间都存在长期均衡关系。

表 7 - 2　　　　残差序列 resid01 和 resid02 的 ADF 单位根检验结果

序列	检验类型（C，T，K）	ADF 统计量	1% 临界值	5% 临界值	判断
resid01	(0, 0, 4)	- 1.8006	- 2.69236	- 1.960171	平稳*
resid02	(0, 0, 4)	- 2.09286	- 2.69236	- 1.960171	平稳**

注：*、**分别表示在 10%、5% 的水平上显著。

由回归模型Ⅰ'和模型Ⅱ'可知，在其他影响因素不变的条件下，人均农林水事务财政支出每增加 1 元，人均农业产值将增长约 6.4 元、农村居民人均纯收入将增长约 5.8 元。这表明，从长期来看，增加农村生产性公共产品投入对农业生产具有显著的正向作用，直接或间接地促进了农业增产增值、农民收入增长。

在此基础上我们可以建立误差修正模型（ECM）对各变量进行协整分析。误差修正模型可以对具有协整关系的时间序列变量短期波动与长期均衡结合起来进行分析，模型中的误差修正项则是系统内在均衡机制的体现。当变量之间出现短期波动时，误差修正项必然将各变量拉回其均衡状态。通过上述分析我们发现，由于 RA_ gdp、RIncome_ per 与 RPro_ dis 之间存在协整关系，满足构建误差修正模型的基础条件。因此，我们可以构造误差修正模型，以便分析二者的短期波动及其相互影响和误差修正力度。为了考察湖南省人均农业产值、农村居民人均纯收入和生产性公共产品供给财政支出之间的动态关系，我们需要建立误差修正模型来分析 RA_ gdp、RIncome_ per 与 RPro_ dis 之间的短期波动及相互影响和误差修正力度。利用《湖南统计年鉴》数据，我们建立误差修正模型Ⅲ和模型Ⅳ，估计结果详见表 7 - 3 和表 7 - 4。

回归模型Ⅲ:

$\Delta^2 RA\_\ gdp_t = 11.35024 + 1.437439 \Delta^2 RPro\_\ dis_t - 1.266820 ecm_{t-1} + 0.630215 ecm_{t-2} + \mu_t$

表 7 - 3　人均农业产值与生产性农村公共产品关系的 ECM 模型结果

Variable	Coefficient	Std. Error	t - Statistic	Prob
C	11. 35024	15. 27475	0. 743072	0. 4697
D ［D（RPRO_ DIS）］	1. 437439	0. 801244	1. 794008	0. 0944
ecm（-1）	-1. 26682	0. 865632	-1. 695421	0. 0956
ecm（-2）	0. 630215	0. 618011	1. 144623	0. 1203
F 统计量概率值	0. 055484 *			

注：* 表示在 10% 的水平上显著。

回归模型Ⅳ:

$\Delta^2 RIncome\_\ per_t = 16.87543 + 0.50471 \Delta^2 RPro\_\ dis_t - 1.396726 ecm_{t-1} + 1.133768 ecm_{t-2} + \mu_t$

表 7 - 4　农村居民人均纯收入与生产性农村公共产品关系的 ECM 模型结果

Variable	Coefficient	Std. Error	t - Statistic	Prob.
C	16. 87543	12. 71642	1. 327059	0. 2057
D ［D（RPRO_ DIS）］	0. 50471	0. 667046	0. 756635	0. 4618
ecm（-1）	-1. 396726	0. 526891	-2. 145421	0. 0356
ecm（-2）	1. 133768	0. 469812	1. 974623	0. 0523
F 统计量概率值	0. 050136 *			

注：* 表示在 10% 的水平上显著。

模型Ⅲ估计结果的 F 统计量相应的概率值为 0.055484，表明整体模型估计在 10% 的水平上统计显著。$\Delta^2 RPRO\_$ dis 的系数估计值在 10% 的检验水平上显著，可以解释为人均农林水事务支出对人均农业产值具有一定短期效应，即人均农林水事务支出每增加 1 元，在短期内人均农业产值将增加约 1.44 元。误差修正项 ecm（-1）的系数估计值在 10% 的检验水平上显著，此项系数反映了人均农林水事务财政支出对人均农业产值偏离长期均衡关系的调整力度，其绝对值越大，则非均衡状态恢复到均衡的速度就越快。表 7-3 结果显示，系统将以 -1.26682 的速度对前一期人均农业产值与人均农林水事务支出之间的非均衡状态进行调整，使其回归均衡状态，以维持人均农业产值与人均农林水事务支出的长期均衡关系。这也表明当期的人均农业产值对上一期的人均农业产值有很大的依赖关系。

模型Ⅳ估计结果的 F 统计量相应的概率值为 0.050136，表明整体模型估计在 10% 的水平上是显著的。$\Delta^2 RPro\_dis$ 的系数估计值不显著，可以解释为人均农林水事务支出对农村居民人均纯收入的短期效应不显著。误差修正项 ecm（-1）和 ecm（-2）的系数估计值在 10% 的检验水平上显著，说明此两项系数反映了人均农林水事务支出对农村居民人均纯收入偏离长期均衡关系的调整力度。表 7-4 结果显示，当期的农村居民人均纯收入不仅对上一期而且对上上期的农村居民人均纯收入都有很大的依赖关系。这也表明农业产值从长期来看具有较大的惯性。

最后我们还要进行格兰杰因果检验。格兰杰因果关系检验是一种判断变量之间是否存在因果关系及其影响方向的检验方法。按照格兰杰因果关系检验基本假设，如果有变量 X 的变化引起变量 Y 变化，那么，变量 X 的变化必在先而变量 Y 的变化在后。尽管我们前面进行的协整检验证实了湖南省人均农业产值、农村居民人均纯收入与人均农林水事务支出水平之间存在长期均衡关系，但这种均衡关系是否构成短期因果关系还有待运用格兰杰方法进一步加以验证。为全面揭示人均农业产值（RA_gdp）、农村居民人均纯收入（RIncome_per）与人均农林水事务支出（RPro_dis）之间的短期因果关系，我们对各变量进行滞后 1—5 期的格兰杰因果关系检验，检验结果详见表 7-5（仅列出统计显著结果）。

表 7-5　　　　　　　　1992—2011 年湖南省人均农业产值与
人均农林水事务支出之间格兰杰因果检验

原假设	滞后期	F 统计量	P 值	结论
Rpro_dis 不是 RA_gdp 的格兰杰原因	1	4.332861	0.0357	拒绝 **
Rpro_dis 不是 RA_gdp 的格兰杰原因	2	2.501164	0.0624	拒绝 *

续表

原假设	滞后期	F 统计量	P 值	结论
Rpro_ dis 不是 Rincome_ per 的格兰杰原因	1	3. 84563	0.0492	拒绝**
Rpro_ dis 不是 Rincome_ per 的格兰杰原因	2	2. 224961	0.0751	拒绝*

资料来源：历年《湖南统计年鉴》，＊、＊＊分别表示在10%、5%的水平上显著。

由以上格兰杰因果检验结果可知：①人均农林水事务支出是人均农业产值、农村居民人均纯收入滞后1—2年的格兰杰原因。也就是说，人均农业产值和农村居民人均纯收入的较大波动有可能导致政府的应急反应，反应的时滞为1—2年。可能的原因是，当农业产值或农村居民纯收入状况不理想时，政府会立即重视农村农业生产，通过加大某些农业生产领域的财政投入或其他相应措施提高农村农业生产能力。而当这种情况有所缓解时，农业产值增加或农村居民纯收入提高，政府便开始转移注意力，将有限的财政资源投入到其他效益更鲜明的项目上。从这个角度看，反映出我国县乡政府农村公共产品供给的短视行为明显，尚未建立起持续重视农业综合生产能力建设的长效机制。②人均农林水事务支出是人均农业产值、农村居民人均纯收入滞后3—5年的格兰杰原因。也就是说，从长期来看，虽然农林水事务支出与农业产值、农村居民纯收入之间存在均衡关系，但它并未显著使农业增产、农民增收。这可能与没有建立一个稳定的财政支农投入增长机制与制度有关。农林水事务支出的短期波动使其难以发挥对农业增产、农民增收的促进作用。实际上，在政府开展某些应急行为时，所采取的配套措施（譬如提高农产品价格等）虽能在较短时间内显著提高农业产值和农村居民纯收入，但政府有可能将其认为是对农村公共产品投入进行调整的结果，致使出现农产品供给关系不理想的情况时，政府依旧通过对农村公共产品投入进行调整来达到目的，这就直接导致了农村公共产品投入的短期波动。

三　农村公共产品供给的消费性绩效

从供给端分析农村公共产品供给的消费性绩效，最根本的就是看政府加大对农村公共产品供给之后，农民消费总水平所发生的变化。农村公共产品供给既可带来农民消费水平的变化，也会引致消费结构的变化，而人均消费水平则可综合反映这两种变化的效果。

1. 农村消费性公共产品供给与人均消费支出基本情况分析

农村消费性公共产品供给绩效分析主要涉及的变量有农村财政卫生支出、农村财政教育支出和农村居民人均消费支出。改革开放以来，中国经济快速发展过程中也包括农村经济的迅速发展，政府对农村公共产品的财政投入大大增加，农村居民的消费水平也获得了很大程度的提高。本书以湖南省为例，由于《湖南统计年鉴》1978 年至 1991 年间有些相关数据缺失，本书采用的样本数据仅从 1992 年至 2011 年。1992—2011 年间，湖南省农村居民人均消费支出由 726 元增至 2607 元，名义年增长率约11. 36%，扣除物价因素，实际年均增长率约 5. 66%；农村财政卫生支出总额由 28584 万元增至 583965 万元，名义年增长率约 17. 21%，扣除物价因素，实际年均增长率约 10. 29%；农村财政教育支出总额由 97708 万元增至 1558523 万元，名义年增长率约 15. 69%，扣除物价因素，实际年均增长率约 8. 86%。农村居民人均消费支出与农村人均消费性公共产品投入均以较快速度呈同向变化趋势（详见图 7 – 2）。

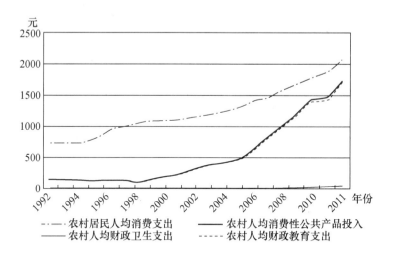

图 7 – 2　1992—2011 年湖南省农村公共产品供给
消费性绩效各变量变化趋势图①

---

① 湖南省统计局编：《湖南统计年鉴》，中国统计出版社 1992—2013 年版。

2. 基于数据的实证分析

首先，我们对各变量的平稳性进行检验。根据 ADF 单位根检验模型及 Modified Schwarz 信息准则，分别对 1992—2011 年间变量 RCons_ level、RCons_ input、REdu_ dis、RHyg_ dis 的平稳性进行 ADF 单位根检验。由表 7 - 6 可知，原变量 RCons_ level、RCons_ input、REdu_ dis、RHyg_ dis 都不平稳，但其二阶差分序列都是平稳的，也就是说它们都服从 I (2)，满足进行协整检验的先决条件。

表 7 - 6　农村公共产品消费性绩效分析中各变量 ADF 单位根检验结果

序列	检验类型 （C，T，K）	ADF 统计量	1% 临界值	5% 临界值	判断
RCons_ level	（C，T，0）	0. 369845	- 4. 532598	- 3. 673616	不平稳
D［D（RCons_ level)］	（C，T，4）	- 4. 383026	- 4. 616209	- 3. 710482	平稳**，I (2)
RCons_ input	（C，T，0）	0. 08135	- 4. 532598	- 3. 673616	不平稳
D［D（RCons_ input)］	（C，T，4）	- 6. 374946	- 3. 886751	- 3. 052169	平稳***，I (2)
REdu_ dis	（C，T，0）	0. 00018	- 4. 532598	- 3. 673616	不平稳
D［D（REdu_ dis)］	（C，T，4）	- 4. 114344	- 4. 886426	- 3. 828975	平稳**，I (2)
RHyg_ dis	（C，T，0）	0. 798556	- 4. 532598	- 3. 673616	不平稳
D［D（RHyg_ dis)］	（C，T，4）	- 5. 935569	- 4. 667883	- 3. 7332	平稳***，I (2)

注：**、*** 分别表示在 5% 和 1% 的水平上显著。

然后我们进行农村人均消费性公共产品投入与农村居民人均消费支出关系的协整检验。鉴于此处样本仅涉及两个变量，所以我们可采用 E - G 两步法检验 RCons_ input 和 RCons_ level 之间是否存在协整关系。

构建回归模型。以 RCons_ level 为被解释变量、RCons_ input 为解释变量量构建回归模型，利用 OLS 估计回归结果如下：

回归模型 V　　$RCons\_ level_t = 854. 5063 + 0. 704932 \cdot RCons\_ input_t$

　　　　　　　　（20. 74600）（12. 90584）

在模型 V 的回归结果中，P 值小于 0. 001、$R^2 = 0. 902471$、修正后的 $R^2 = 0. 897053$，表明回归方程整体上是显著的，且拟合程度较好。另外 RCons_ input 的估计参数值的 P 值也小于 0. 001，表明系数值在 1% 的检验水平上显著，反映解释变量 RCons_ input 较大限度地解释了被解释变量 RCons_ level 的变化。

进一步可进行回归方程残差平稳性检验。依据样本数据建立回归模型 V′的残差序列：

回归模型 V′ $resid03_t = RCons\_\ level_t - 854.5063 - 0.704932 \cdot RCons\_\ input_t$

从表 7 - 7 单位根检验结果可知，残差序列 resid03 在 5% 的显著水平上是平稳的。由此可判定，RCons_ input 和 RCons_ level 之间存在着长期均衡关系。

表 7 - 7 　　　　　　　　残差序列 **resid03** 的 ADF 单位根检验结果

序列	检验类型（C，T，K）	ADF 统计量	1% 临界值	5% 临界值	判断
resid03	(0, 0, 4)	- 2.610508	- 2.699769	- 1.961409	平稳**

注：** 表示在 5% 的水平上显著。

资料来源：历年《湖南统计年鉴》。

由回归方程可知，在其他影响因素不变的条件下，农村人均消费性公共产品投入额每增加 1 元，农村居民人均消费支出将增加约 0.7 元。这表明，从长期看，增加农村人均消费性公共产品投入对于提高农村居民人均消费支出具有比较显著的正向效应。农村消费性公共产品投入主要通过支援农村义务教育、农村医疗卫生服务、社会保障等建设，以降低农村居民的基本消费支出，从而刺激了农民整体消费水平提高。

再进行农村人均消费性公共产品投入结构与农村居民人均消费支出关系的协整检验。由于此处样本涉及 3 个变量，所以我们采用 Johansen 协整检验法对 RCons_ level 与 REdu_ dis、RHyg_ dis 之间的长期关系进行检验。Johansen 协整检验法是一种以 VAR 模型为基础的回归系数检验方法。因此，在进行协整检验之前，需对 RCons_ level、REdu_ dis 和 RHyg_ dis 建立 VAR 模型，并对其回归结果进行估计，详见表 7 - 8。

表 7 - 8 　　　　　　　　　　VAR 模型估计结果

	RCons_ level	REdu_ dis	RHyg_ dis
RCons_ level（-1）	1.178103***	0.231648	- 0.003721
	(0.26198)	(0.30959)	(0.02093)
	[4.49697]	[0.74824]	[- 0.17779]
RCons_ level（-2）	- 0.278612	- 0.057077	0.000536

续表

	RCons_ level	REdu_ dis	RHyg_ dis
	(0. 27332)	(0. 323)	(0. 02183)
	[- 1. 01935]	[- 0. 17671]	[0. 02456]
REdu_ dis（ - 1）	- 0. 063234	1. 239173 ***	- 0. 00132
	(0. 29302)	(0. 34628)	(0. 02341)
	[- 0. 21580]	[3. 57857]	[- 0. 05639]
REdu_ dis（ - 2）	0. 292185	- 0. 044861	0. 025143
	(0. 37891)	(0. 44777)	(0. 03027)
	[0. 77113]	[- 0. 10019]	[0. 83065]
RHyg_ dis（ - 1）	- 5. 384202 *	- 16. 74676 ***	0. 271972
	(3. 62068)	(4. 27871)	(0. 28924)
	[- 1. 48707]	[- 3. 91397]	[0. 94028]
RHyg_ dis（ - 2）	3. 178486	10. 48122 *	0. 216464
	(5. 83419)	(6. 89451)	(0. 46608)
	[0. 54480]	[1. 52023]	[0. 46444]
C	116. 9877	- 143. 7501	2. 292217
	(77. 2627)	(91. 3046)	(6. 17228)
	[1. 51416]	[- 1. 57440]	[0. 37137]
R - squared	0. 992929	0. 995127	0. 961704
Adj. R - squared	0. 989072	0. 99247	0. 940815

注：参数估计值下面圆括号内的数值是参数估计的标准误，方括号中的数值是参数估计的 t 统计量。∗、∗∗分别表示在10%和1%的水平上显著。

资料来源：历年《湖南统计年鉴》。

从表7 - 8 的 VAR 模型估计结果中可以看到，在 VAR 模型滞后 1 期或滞后 2 期的参数估计值的统计量中，均有统计显著的。而且每个方程的 R^2 都大于95%，修正后的 R^2 值也都在90%以上，由此可见所估计方程的拟合效果比较好。接下来，我们再对所建立的 VAR 模型进行 Johansen 协整关系检验，检验结果详见表7 - 9 和表7 - 10。

表7 - 9　　　　　　　　Johansen 协整统计量检验结果

原假设：协整方程的个数	特征值	迹统计量	1%临界值	P 值
None ***	0. 694026	37. 7453	35. 45817	0. 0049

续表

原假设：协整方程的个数	特征值	迹统计量	1%临界值	P 值
At most1	0.638325	17.61298	19.93711	0.0236
At most2	0.018868	0.323818	6.634897	0.5693

注：＊＊＊表示在 1%的水平上显著。

资料来源：历年《湖南统计年鉴》。

表 7－10　　　　　　　Johansen 协整最大特征值统计量检验结果

原假设：协整方程的个数	特征值	最大特征值统计量	1%临界值	P 值
None＊＊＊	0.694026	26.13232	25.86121	0.0089
At most1	0.638325	17.28916	18.52001	0.0161
At most2	0.018868	0.323818	6.634897	0.5693

注：＊＊＊表示在 1%的水平上显著。

资料来源：历年《湖南统计年鉴》。

检验结果显示，在 1%的显著性水平下，迹检验结果（见表 7－9）、最大特征值检验结果（见表 7－10）均显示各变量之间具有 1 个协整方程。其协整方程如下：

协整方程 I　　RCons_ level = － 1.088661REdu_ dis + 102.1452RHyg_ dis + μ_t

标准误差　　　　　　　　　　　（1.89355）　　　（64.1996）

由协整方程 I 可知：①在其他条件保持稳定的情况下，农村人均财政教育支出每增加 1 元，农村居民人均消费支出将下降约 1.09 元。这表明增加农村财政教育支出对于提高农村居民人均消费支出产生了显著的负向作用，其可能的原因是，在实现九年义务制教育目标前，中国农民在教育上的支出占农村居民消费总支出的比重很大。随着教育体制改革不断深入，政府在教育上财政投入的增加使得农村居民原本在教育上的消费大大降低，从而降低了农村居民的消费水平。②在其他影响因素不变的条件下，农村人均财政卫生支出每增加 1 元，农村居民人均消费支出将增加约 102.15 元。由此可见，农村财政卫生支出对农村居民人均消费支出具有显著的正向促进作用。这可能是因为农村医疗卫生类公共产品供给使得农村居民较大幅度地减少预防性储蓄而增加消费，从而拉动了农村居民的有效需求，这对提高农村居民消费支出具有显著的积极意义。

在明确各变量存在上述协整关系之后，我们再构建误差修正模型（ECM）和向量误差修正模型（VECM）对各变量进行协整分析。

第一步建立 RCons_ level 与 RCons_ input 的误差修正模型。由于 RCons_ level 与 RCons_ input 是二阶单整，因此我们建立误差修正模型Ⅵ对其进行分析：

$$\Delta^2 RCons\_\ level_t = 12.7583 + 0.343934\Delta^2 RCons\_\ input_t - 0.582023ecm_{t-1} + 0.371001ecm_{t-2} + \mu_t$$

模型Ⅵ的回归估计结果详见表7-11。

表7-11　　　　　农村居民人均消费支出与消费性农村公共

产品供给关系的 ECM 模型结果

Variable	Coefficient	Std. Error	t - Statistic	Prob.
C	12.7583	10.15322	1.256577	0.2295
D［D（RCons_ input）］	0.343934**	0.140982	2.439566	0.0286
ecm（-1）	-0.582023**	0.217597	-2.674782	0.0181
ecm（-2）	0.371001*	0.187992	1.973495	0.0685
F 统计量概率值	0.053243*			

注：*、**分别表示在10%、5%的水平上显著。

资料来源：历年《湖南统计年鉴》。

模型Ⅵ估计结果的 F 统计量相应的概率值为 0.053243，表明模型估计整体上在 10% 的水平上是显著的。$\Delta^2 RCons\_$ input 的系数估计值在 5% 的检验水平上显著，可以解释为农村人均消费性公共产品投入对农村居民人均消费支出具有比较显著的短期效应，农村人均消费性公共产品投入每增加 1 元，那么在短期内，农村居民人均消费支出将提高约 0.34 元。误差修正项 ecm（-1）、ecm（-2）分别在 5%、10% 的检验水平上显著，此两项系数反映了农村人均消费性公共产品投入对农村居民人均消费支出偏离长期均衡关系的调整力度。这里可以解释为：为了维持农村人均消费性公共产品投入与农村居民人均消费支出的长期均衡关系，当期将分别以约 -0.58 和 0.37 的速度对前一期和前二期农村人均消费性公共产品投入与农村居民人均消费支出之间的非均衡状态进行调整，并将其拉回长期均衡状态，体现了当期农村居民人均消费支出对往期的农村居民人均消费支出有较大的依赖关系。

第二步构建 RCons_ level 和 REdu_ dis、RHyg_ dis 的向量误差修正模型（VECM）。我们借助误差修正模型 $\Delta Y_t = \alpha_0 + \sum_{i=1}^{p} \alpha_i \Delta Y_{t-i} + \alpha_3 ecm_t + \mu_t$（其中 p 为合适的滞后阶数）来进行分析，得到如下向量误差修正模型Ⅶ：

$$
\begin{bmatrix} \Delta RCons\_\ level_t \\ \Delta REdu\_\ dis_t \\ \Delta RHyg\_\ dis_t \end{bmatrix} = \begin{bmatrix} 96.3460 \\ 79.9087 \\ 4.2328 \end{bmatrix}
$$

$$
+ \begin{bmatrix} 0.1875 & -0.4624 & -0.4840 \\ 0.2100 & 0.2054 & -13.0526 \\ -0.0007 & -0.0190 & -0.3127 \end{bmatrix} \cdot \begin{bmatrix} \Delta RCons\_\ level_{t-1} \\ \Delta REdu\_\ dis_{t-1} \\ \Delta RHyg\_\ dis_{t-1} \end{bmatrix}
$$

$$
+ \begin{bmatrix} -0.0110 \\ -0.0154 \\ -0.0010 \end{bmatrix} \cdot VECM_{t-1} + \mu_t
$$

模型Ⅶ的回归估计结果详见表 7 - 12：

表 7 - 12　　　　　农村居民人均消费支出与消费性农村公共
产品供给关系的 VECM 模型结果

Error Correction：	D（RCons_ level）	D（REdu_ dis）	D（RHyg_ dis）
CointEq1	- 0.011001 ***	- 0.015445 ***	- 0.000993 ***
	(0.00314)	(0.00404)	(0.00024)
	[- 3.49957]	[- 3.82661]	[- 4.08073]
D [RCons_ level（ - 1）]	0.1875	0.209965	- 0.000679
	(0.24404)	(0.31336)	(0.01888)
	[0.76830]	[0.67004]	[- 0.03595]
D [REdu_ dis（ - 1）]	- 0.462414 **	0.205388	- 0.018962
	(0.20891)	(0.26824)	(0.01616)
	[- 2.21350]	[0.76568]	[- 1.17304]
D [RHyg_ dis（ - 1）]	- 0.484073	- 13.05256 ***	- 0.31273
	(3.07967)	(3.95439)	(0.2383)

续表

Error Correction：	D（RCons_ level）	D（REdu_ dis）	D（RHyg_ dis）
	[-0.15718]	[-3.30077]	[-1.31233]
C	96.34603***	79.9087**	4.232784**
	(23.4699)	(30.1362)	(1.81608)
	[4.10508]	[2.65159]	[2.33073]
R - squared	0.596911	0.797976	0.68889
Adj. R - squared	0.472884	0.735815	0.593164

注：参数估计值下面圆括号内的数值是参数估计的标准误，方括号中的数值是参数估计的 t 统计量。**、***分别表示在5%和1%的水平上显著。

资料来源：历年《湖南统计年鉴》。

根据 AIC 准则和 SC 准则，我们确定模型Ⅶ的最优滞后长度为 1 期。从表 7-12 显示的模型Ⅶ有关检验结果可以看到，VECM 模型中 3 个方程的拟合优度分别为 0.596911、0.797976 和 0.68889，这在 VECM 模型中是比较高的，也就是说，VECM 模型总的拟合程度较好。VECM 模型中 3 个方程的误差修正项分别为 -0.011001、-0.015445 和 -0.000993，均小于 0，符合反向误差修正机制。向量误差修正模型Ⅶ揭示了 RCons_ level、REdu_ dis 和 RHyg_ dis 受到彼此短期波动的冲击而发生偏离均衡状态以及这种短期背离被逆向修正的情况：当短期内农村居民人均消费支出（农村财政教育支出/农村财政卫生支出）发生随机性波动，即相应出现 D [RCons_ level（-1）]、D [REdu_ dis（-1）] 和 D [RHyg_ dis（-1）] 分别以 0.1875（0.209965/ -0.000679）、-0.462414（0.205388/ -0.018962）和 -0.484073（-13.05256/ -0.31273）的系数对农村居民人均消费支出（农村财政教育支出/农村财政卫生支出）产生正向或负向冲击时，将导致 RCons_ level（REdu_ dis/RHyg_ dis）相应地发生偏离长期均衡状态的短期波动，但这种偏离均衡状态的短期波动被上一年度均衡误差以 0.011（0.015/0.001）的速度予以反向修正，因此总的调整力度较小。这也说明，农村居民人均消费支出和农村财政教育支出、农村财政卫生支出的短期波动偏离它们长期均衡关系的程度并不大。

最后我们要进行格兰杰因果检验。先对农村消费性公共产品投入总额与农村居民人均消费支出进行格兰杰因果检验。为验证农村消费性公共产品投入总额与农村居民人均消费支出之间的均衡关系是否构成短期因果关系，我们对其进行格兰杰检验验证，以全面揭示 RCons_ input 与 RCons_ level 之间短期因果关系。本书依次对其进行滞后 1—5 期的格兰杰因果关系检验，检验结果详见表 7 - 13（限于篇幅这里仅列出统计显著结果）。

表 7 - 13 　　　　　　湖南省农民人均消费支出与农村消费性
公共产品投入之间格兰杰因果检验

原假设	滞后期	F 统计量	P 值	结论
RCons_ input 不是 Rcons_ level 的格兰杰原因	1	3.96321	0.0664	拒绝*

注：*、**、***分别表示在 10%、5% 和 1% 水平上显著。

资料来源：《湖南统计年鉴》（1992—2011 年）。

　　格兰杰因果检验结果表明：①农村消费性公共产品投入是农村居民人均消费支出滞后 1 年的格兰杰原因。当农村居民人均消费支出出现较大波动时，短期内会引发政府的应急反应，时滞大约为 1 年。通常情况下，当农村居民人均消费支出降低并导致消费市场低迷时，政府会被动地提高对农村居民消费的重视程度，直接导致政府扩大对农村消费性公共产品的投入；当农村居民人均消费支出提高、消费市场回暖后，政府往往不再关注农村居民消费能力建设，相应会降低对农村消费性公共产品的财政投入。②在滞后 2—5 年情况下，农村消费性公共产品投入均不是农村居民人均消费支出的格兰杰原因。由此可见，尽管农村消费性公共产品投入与农村居民人均消费支出存在着长期均衡关系，然而保持农村消费性公共产品投入稳定增长是保证农村居民消费能力的必要前提，而农村消费性公共产品投入的短期波动使其很难发挥对农村居民消费能力的促进作用。

　　在对农村消费性公共产品投入总额与农村居民人均消费支出进行格兰杰因果检验之后，我们再对农村消费性公共产品投入结构与农村居民人均消费支出进行格兰杰因果检验。为了全面揭示 RCons_ level 分别与 REdu_ dis、RHyg_ dis 之间的短期因果关系情况，本书依次对它们进行滞后 1—5 期的格兰杰因果关系检验，检验结果详见表 7 - 14（限于篇幅这里仅列出统计显著结果）。

表 7 - 14　　　　　湖南省农村居民人均消费支出与各项农村
消费性投入之间格兰杰因果检验

原假设	滞后期	F 统计量	P 值	结论
REdu_ dis 不是 RCons_ level 的格兰杰原因	1	3.8176	0.071	拒绝*
RHyg_ dis 不是 RCons_ level 的格兰杰原因	4	4.55497	0.0637	拒绝*

注：* 表示在 10% 水平上显著。

资料来源：《湖南统计年鉴》（1992—2011 年）。

格兰杰因果检验结果显示：①农村财政教育支出是农村居民人均消费支出滞后 1 期的格兰杰原因，且在 10% 的检验水平上显著，结合前面的协整分析，这表明农村财政教育支出对农村居民人均消费支出具有明显的短期负向效应，时滞期大约为 1 年。②农村财政卫生支出是农村居民人均消费支出滞后 4 期的格兰杰原因，同样在 10% 的检验水平上显著，结合前面的协整分析，这表明农村财政卫生支出对农村居民具有明显的时滞正向效应，即增加农村财政卫生支出对提高农村居民人均消费支出具有显著的促进作用。

四　农村公共产品供给的社会效益

农村公共产品供给产生的社会效益十分丰富。从供给侧分析农村公共产品供给的社会效益，既有扩大农村公共产品供给后城乡基本公共服务均等化水平的改善，直接表现为城乡差距缩小，包括城乡收入差距缩小程度；又有扩大农村公共产品供给所带来的农村减贫效果，促进了农村社会进步与社会经济整体状况改善。

1. 农村公共产品供给与缩小城乡差距及农村减贫情况分析

本书采用的农村公共产品供给变量包括农林水事务支出、农村财政教育支出及农村财政卫生支出变量。1992—2011 年间，湖南省财政支农支出总额从 1992 年的 22.48 亿元增至 2011 年的 608.51 亿元，名义年增长率约 18.96%，扣除物价因素，实际年增长率约 11.93%（详见图 7 - 3）。图 7 - 3 显示，1992—2011 年间湖南省人均农村公共产品投入（农村人均财政支农支出额）以较快速度增长。特别是 2002 年以后，湖南省人均农村公共产品投入曲线有一个加快增长的趋势，这可能与 2002 年政府开始实施农村医疗卫生改革，增加农村医疗卫生支出有关。图 7 - 4 反映了湖南省贫困发生率（贫困人口所占比例）变化状况。图 7 - 4 显示，湖南省

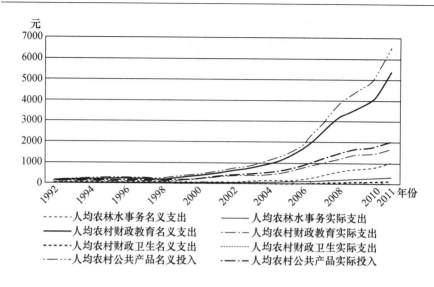

图 7 - 3 1992—2011 年湖南省农村公共产品供给
社会效益各变量变化趋势图①

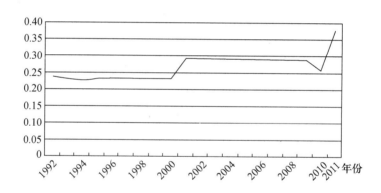

图 7 - 4 1992—2011 年湖南省贫困发生率（贫困人口所占比例）变化趋势图

贫困发生率从 1992 年的 0.2357 增至 2011 年的 0.3763，20 年间年增长率约为 2.49%，总体来说增速并不快，且 1992—2000 年间、2002—2009 年间农村贫困发生率相对比较稳定。2001 年与 2010 年出现了较大幅度上升，这与当年国家贫困线的调整幅度较大有关。1992—2011 年湖南省城乡居民收入比的变化趋势详见图 7 - 5，20 年间湖南省城乡居民收入比由

① 湖南省统计局编：《湖南统计年鉴》，中国统计出版社 1992—2013 年版，下同。

2.54 增至 6.23。总体来说，1992—2012 年湖南省人均农村公共产品投入与湖南省贫困发生率（贫困人口所占比例）、城乡居民收入比呈同向变化趋势。

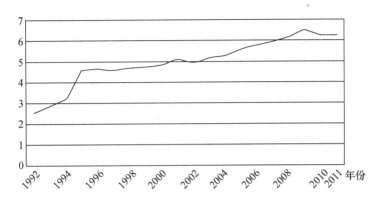

图 7-5　1992—2011 年湖南省城乡居民收入比变化趋势图

2. 基于数据的实证分析

首先，我们对各变量进行平稳性检验。根据 ADF 单位根检验模型及 Modified Schwarz 信息准则，分别对 1992—2011 年变量 RRpg_ input、RPov_ inc、RRatio 的平稳性进行 ADF 检验。由表 7-15 可知，尽管上述时序变量都是不平稳的，但其一阶差分序列变量都是平稳的，它们都是一阶单整序列，均服从 I（1）并满足协整检验的先决条件。

表 7-15　农村公共产品社会效益分析中各变量 ADF 单位根检验结果

序列	检验类型 （C，T，K）	ADF 统计量	1% 临界值	5% 临界值	判断
RRpg_ input	（C，T，0）	-0.330394	-4.532598	-3.673616	不平稳
D（RRpg_ input）	（C，T，4）	-5.703811	-4.728363	-3.759743	平稳***，I（1）
RPro_ dis	（C，T，0）	3.795210	-4.728363	-3.759743	不平稳
D（RPro_ dis）	（C，T，4）	-4.414803	-4.571559	-3.690814	平稳**，I（1）
RHyg_ dis	（C，T，0）	0.000180	-4.532598	-3.673616	不平稳
D（RHyg_ dis）	（C，T，4）	-3.997235	-4.571559	-3.690814	平稳**，I（1）
REdu_ dis	（C，T，0）	-0.431186	-3.857386	-2.660551	不平稳

序列	检验类型 （C，T，K）	ADF 统计量	1% 临界值	5% 临界值	判断
D（REdu_ dis）	（C，T，4）	-4.119720	-4.571559	-3.690814	平稳＊＊，I（1）
RPov_ inc	（C，0，0）	-0.763717	-3.831511	-3.02997	不平稳
D（RPov_ inc）	（C，0，4）	-4.388703	-3.857386	-3.040391	平稳＊＊＊，I（1）
RRatio	（C，T，0）	-2.576468	-4.532598	-3.673616	不平稳
D（Rratio）	（C，T，4）	-4.160953	-4.571559	-3.690814	平稳＊＊，I（1）

注：＊＊、＊＊＊分别表示在 5% 和 1% 的水平上显著。

资料来源：历年《湖南统计年鉴》。

然后，我们对农村公共产品投入总额（财政支农支出总额）与城乡居民收入比关系进行协整检验。由于此处仅涉及两变量间的协整检验，所以我们采用 E - G 两步法分别对 RRpg_ input 与 RPov_ inc 及 RRpg_ input 与 RRatio 之间的协整关系进行检验。

在进行 ADF 单位根检验前，我们先以 RPov_ inc、RRatio 为被解释变量，RRpg_ input 为解释变量构建 ADF 单位根检验模型Ⅷ和模型Ⅸ，再利用 OLS 估计模型的回归结果：

回归模型Ⅷ　　$RPov\_ inc_t = 0.236103 + 0.000461 \cdot RRpg\_ input_t$

　　　　　　　　　　（24.37036）　（4.095574）

回归模型Ⅸ　　$RRatio_t = 4.025241 + 0.014443 \cdot RRpg\_ input_t$

　　　　　　　　　　（16.03349）　（4.953085）

在模型Ⅷ和模型Ⅸ的回归结果中，模型Ⅷ的 $R^2 = 0.868523$，修正后的 $R^2 = 0.843610$，模型Ⅸ的 $R^2 = 0.895532$，修正后的 $R^2 = 0.860057$，说明这两个回归方程拟合得都较好。方程下面括号内的数字为对应估计参数的 t 统计量。回归结果显示所估计的常数值与系数值均在 1% 的水平上显著，表明解释变量 RRpg_ input 对被解释变量 RPov_ inc、RRatio 的变化具有较强的解释能力。

进一步可进行回归方程残差平稳性检验。依据样本数据建立回归模型Ⅷ'和模型Ⅸ'的残差序列：

回归模型Ⅷ'　　　　$resid04_t = RPov\_ inc_t - 0.236103 - 0.000461 \cdot RRpg\_ input_t$

回归模型Ⅸ'　　　　$resid05_t = RRatio_t - 4.025241 - 0.014443 \cdot RRpg\_input_t$

对残差序列 resid04、resid05 进行 ADF 单位根检验，检验结果详见表7-16。表7-16 结果显示，resid04、resid05 均在 1% 的显著水平下平稳。由此可见，RPov_inc、RRatio 分别与 RRpg_input 之间存在着长期均衡关系。

表7-16　　　　残差序列 resid04、resid05 的 ADF 单位根检验结果

序列	检验类型（C, T, K）	ADF 统计量	1% 临界值	5% 临界值	判断
resid04	(0, 0, 4)	-2.694061	-2.692358	-1.960171	平稳***
resid05	(0, 0, 4)	-2.887055	-2.692358	-1.960171	平稳***

注：*** 表示在 1% 的水平上显著。

资料来源：历年《湖南统计年鉴》。

由回归模型Ⅷ和回归模型Ⅸ均可以看出，尽管其参数估计值都在 1% 的水平上显著，但农村公共产品投入对贫困发生率（贫困人口所占比例）、城乡居民收入比的影响微乎其微。从长期来看，甚至还有一定的反向作用。这可能与当年国家贫困线的调整以及相关配套政策的实施有关。

接下来我们将农村公共产品投入结构分别与城乡居民收入比、贫困发生率（贫困人口所占比例）的关系进行协整检验。由于此处样本涉及 3 个变量间的协整检验，故采用 Johansen 协整检验法对 RPro_dis、REdu_dis、RHyg_dis 分别与 RPov_inc 和 RRatio 之间的长期关系进行检验。我们先对 RPro_dis、REdu_dis、RHyg_dis 和 RPov_in、RRatio 分别建立 VAR 模型，并对其进行估计，估计结果详见表7-17 和表7-18。

表7-17　　　　农村公共产品投入结构与贫困发生率之间
关系的 VAR 模型估计结果

	RPov_inc	RPro_dis	REdu_dis	RHyg_dis
RPov_inc（-1）	0.76813**	20.74929	1103.913	0.760768
	(0.33103)	(177.997)	(882.097)	(44.9107)
	[2.32039]	[0.11657]	[1.25147]	[0.01694]
RPov_inc（-2）	-0.132717	-435.7803**	-1166.681	-101.3468*
	(0.37482)	(201.541)	(998.776)	(50.8513)

	RPov_ inc	RPro_ dis	REdu_ dis	RHyg_ dis
	[− 0. 35408]	[− 2. 16224]	[− 1. 16811]	[− 1. 99300]
RPro_ dis（ − 1）	− 0. 000619	− 0. 269922	0. 953708	0. 030841
	(0. 00059)	(0. 31516)	(1. 56182)	(0. 07952)
	[− 1. 05691]	[− 0. 85647]	[0. 61064]	[0. 38785]
RPro_ dis（ − 2）	− 0. 000117	0. 127568	2. 624046 *	0. 096764
	(0. 00052)	(0. 2802)	(1. 38856)	(0. 0707)
	[− 0. 22397]	[0. 45528]	[1. 88976]	[1. 36872]
REdu_ dis（ − 1）	8. 88E − 05	0. 11045 *	1. 379515 ***	0. 000225
	(0. 00012)	(0. 06245)	(0. 3095)	(0. 01576)
	[0. 76494]	[1. 76853]	[4. 45727]	[0. 01428]
REdu_ dis（ − 2）	1. 93E − 05	0. 245859 **	− 0. 459224	0. 018933
	(0. 00019)	(0. 10176)	(0. 50429)	(0. 02568)
	[0. 10193]	[2. 41608]	[− 0. 91064]	[0. 73739]
RHyg_ dis（ − 1）	− 0. 003329	− 0. 967226	− 25. 27818 ***	− 0. 219155
	(0. 00256)	(1. 37633)	(6. 82068)	(0. 34727)
	[− 1. 30061]	[− 0. 70275]	[− 3. 70611]	[− 0. 63109]
RHyg_ dis（ − 2）	0. 009377 ***	− 2. 24587	6. 862084	− 0. 099257
	(0. 00291)	(1. 56473)	(7. 75433)	(0. 3948)
	[3. 22244]	[− 1. 43530]	[0. 88494]	[− 0. 25141]
C	0. 058204	93. 27009 ***	69. 13586	25. 8436 ***
	(0. 06879)	(36. 9907)	(183. 314)	(9. 3332)
	[0. 84606]	[2. 52145]	[0. 37714]	[2. 76900]
R − squared	0. 893902	0. 995598	0. 995956	0. 981969
Adj. R − squared	0. 799592	0. 991686	0. 99236	0. 965942

注：参数估计值下面圆括号内的数值是参数估计的标准误，方括号中的数值是参数估计的 t 统计量。* 、* * 、* * * 分别表示在 10% 、5% 和 1% 的水平上显著。

资料来源：历年《湖南统计年鉴》。

表 7 − 18 　　　　　农村公共产品投入结构与城乡居民收入比
之间关系的 VAR 模型估计结果

	RRatio	RPro_ dis	REdu_ dis	RHyg_ dis
RRatio（ − 1）	0. 511294 *	− 3. 264135	24. 07194	− 0. 110315

续表

	RRatio	RPro_ dis	REdu_ dis	RHyg_ dis
	(0.28888)	(12.7051)	(46.8932)	(3.14592)
	[1.76992]	[-0.25692]	[0.51334]	[-0.03507]
RRatio（-2）	0.068848	4.504383	2.413648	-0.396411
	(0.24479)	(10.766)	(39.7361)	(2.66577)
	[0.28126]	[0.41839]	[0.06074]	[-0.14870]
RPro_ dis（-1）	0.001827	-0.214819	0.543183	0.054967
	(0.00957)	(0.42098)	(1.55378)	(0.10424)
	[0.19083]	[-0.51029]	[0.34959]	[0.52732]
RPro_ dis（-2）	0.004506	0.228556	2.291981 *	0.119614
	(0.0085)	(0.37366)	(1.37913)	(0.09252)
	[0.53034]	[0.61167]	[1.66190]	[1.29283]
REdu_ dis（-1）	0.000201	0.060836	1.334718 ***	-0.004761
	(0.002)	(0.08813)	(0.32528)	(0.02182)
	[0.10019]	[0.69029]	[4.10332]	[-0.21816]
REdu_ dis（-2）	0.000756	0.227942	-0.390143	0.005718
	(0.00329)	(0.14488)	(0.53475)	(0.03587)
	[0.22952]	[1.57327]	[-0.72958]	[0.15938]
RHyg_ dis（-1）	-0.05682	0.354521	-21.88732 ***	0.014075
	(0.04105)	(1.80556)	(6.66412)	(0.44707)
	[-1.38405]	[0.19635]	[-3.28435]	[0.03148]
RHyg_ dis（-2）	-0.018522	-2.947129	5.757291	-0.108584
	(0.05445)	(2.39454)	(8.83798)	(0.59291)
	[-0.34020]	[-1.23077]	[0.65143]	[-0.18314]
C	2.249178 ***	-7.41395	-56.98763	4.142008
	(0.64367)	(28.3092)	(104.486)	(7.00964)
	[3.49429]	[-0.26189]	[-0.54541]	[0.59090]
R - squared	0.934613	0.991867	0.995855	0.967915
Adj. R - squared	0.876491	0.984638	0.99217	0.939396

注：参数估计值下面圆括号内的数值是参数估计的标准误，方括号中的数值是参数估计的 t 统计量。* 、 *** 分别表示在 10% 、1% 的水平上显著。

资料来源：历年《湖南统计年鉴》。

表7-17和表7-18结果显示，每个方程的 R^2 都大于90%，可见所估计方程的拟合效果较好。我们对所建立的 VAR 模型进行 Johansen 协整关系检验，检验结果详见表7-19—表7-22。

表7-19　　　　　农村公共产品投入结构与贫困发生率的
Johansen 协整迹统计量检验结果

原假设：协整方程的个数	特征值	迹统计量	1%临界值	P 值
None ***	0.985585	111.8095	54.6815	0.0000
At most1	0.7485	39.7388	35.4582	0.0026
At most2	0.583623	16.2734	19.9371	0.0381
At most3	0.077894	1.3786	6.6349	0.2403

注：*** 表示在1%的水平上显著。

资料来源：历年《湖南统计年鉴》。

表7-20　　　　　农村公共产品投入结构与贫困发生率的
Johansen 协整最大特征值统计量检验结果

原假设：协整方程的个数	特征值	最大特征值统计量	1%临界值	P 值
None ***	0.9856	72.0707	32.7153	0.0000
At most1	0.7485	23.4653	25.8612	0.0230
At most2	0.5836	14.8948	18.5200	0.0397
At most3	0.0779	1.3786	6.6349	0.2403

注：*** 表示在1%的水平上显著。

资料来源：历年《湖南统计年鉴》。

表7-21　　　　　农村公共产品投入结构与城乡居民收入比的
Johansen 协整迹统计量检验结果

原假设：协整方程的个数	特征值	迹统计量	1%临界值	P 值
None ***	0.9780	106.6772	54.6815	0.0000
At most1	0.8220	41.7550	35.4582	0.0013
At most2	0.4777	12.4148	19.9371	0.1381
At most3	0.0776	1.3728	6.6349	0.2413

注：*** 表示在1%的水平上显著。

资料来源：历年《湖南统计年鉴》。

表7-22 农村公共产品投入结构与城乡居民收入比的
Johansen 协整最大特征值统计量检验结果

原假设：协整方程的个数	特征值	最大特征值统计量	1% 临界值	P 值
None***	0.9780	64.9222	32.7153	0.0000
At most1	0.8220	29.3402	25.8612	0.0028
At most2	0.4777	11.0421	18.5200	0.1521
At most3	0.0776	1.3728	6.6349	0.2413

注：*** 表示在 1% 的水平上显著。

资料来源：历年《湖南统计年鉴》

检验结果显示，在 1% 的显著性水平下，迹检验结果（见表7-19、表7-21）、最大特征值检验结果（见表7-20、表7-22）均显示各变量之间有 1 个协整方程，其协整方程如下。

协整方程Ⅱ：

$RPov\_inc = -0.388447 RPro\_dis + 0.014483 RHyg\_dis + 0.0908 REdu\_dis + \mu_t$

标准误差 （0.03440） （0.00700） （0.10031）

协整方程Ⅲ：

$RRatio = -0.010657 RPro\_dis + 0.002648 RHyg\_dis - 0.63684 REdu\_dis + \mu_t$

标准误差 （0.00723） （0.00178） （0.31874）

协整方程Ⅱ是农村公共产品投入结构与贫困发生率（贫困人口所占比例）的协整方程。由协整方程Ⅱ可知，在其他变量不变的情况下，人均农林水事务支出每增加 1 元，贫困发生率降低约 0.388；人均农村财政卫生支出每增加 1 元，贫困发生率上升约 0.014；人均农村财政教育支出每增加 1 元，贫困人口比例上升约 0.09。方程Ⅱ估计参数在 10% 的检验水平上显著，但人均农林水事务支出、农村人均财政卫生支出及农村人均财政教育支出对贫困人口比例影响程度较小，只有人均农林水事务支出对降低贫困发生率产生正向作用，农村人均财政卫生支出和农村人均财政教育支出均对降低贫困发生率产生微弱的负向作用。这可能与政府财政支农投入的增加在一定程度提高了农村居民农业生产能力，使农村居民摆脱贫困状态，而农村教育与农村医疗卫生属于消费性农村公共产品，主要影响农村居民的消费水平及消费支出结构，因此其对农村减贫效果的影响较小。

协整方程Ⅲ是农村公共产品投入结构与城乡居民收入比的协整方程。由协整方程Ⅲ可知，在其他变量保持不变的情况下，人均农林水事务支出每增加1元，城乡收入比降低约0.011；人均农村财政卫生支出每增加1元，城乡居民收入比升高0.003；人均农村财政教育每增加1元，城乡居民收入比降低0.637。方程Ⅲ的估计参数在10%的水平上显著，且农林水事务支出和农村财政教育支出对缩小城乡居民收入差距具有显著正向作用，而农村财政卫生支出对城乡居民收入比产生微略的负向影响。这可能是政府财政支农投入和教育财政投入的增加对提高农村居民收入具有显著作用，但农村财政卫生支出对农村居民收入的影响不大，而且在农村医疗保障制度快速发展的同时，城镇医疗保障制度也在飞速发展，因此，农村财政卫生支出对缩小城乡居民收入差距的作用不明显。

进一步我们可构建相应的误差修正模型（ECM）和向量误差修正模型（VECM）。第一步，首先构建 RPov_ inc、RRatio 与 RRpg_ input 的误差修正模型。前面我们已经证实 RPov_ inc、RRatio 与 RRpg_ input 之间存在协整关系，因此可以构建误差修正模型来分析其短期波动及其相互影响的误差修正力度。为了考察湖南农村公共产品投入与贫困发生率之间的动态关系，我们利用《湖南统计年鉴》数据建立误差修正模型 X，模型估计结果详见表7-23：

模型 X $\Delta RPov\_ inc_t = 0.006074 + 0.000103\Delta RRpg\_ input_t + 0.729325 ecm_{t-1} + \mu_t$

表7-23 农村公共产品投入与贫困发生率之间关系的 ECM 模型结果

Variable	Coefficient	Std. Error	t - Statistic	Prob.
C	0.006074	0.007244	0.838598	0.414
D（RRpg_ input）	0.000103	0.000493	0.208609	0.8374
ecm（-1）	-0.729325	0.210809	-3.459644	0.0032
F 统计量概率值	0.011278 **			

注：＊＊表示在5%的水平上显著。

资料来源：历年《湖南统计年鉴》。

模型X估计结果的 F 统计量相应的概率值为 0.011278，表明整体模型估计在 5% 的水平上是显著的。$\Delta RRpg\_input$ 的系数估计值不具有统计显著意义，可以解释为农村公共产品投入对贫困的短期效应不明显，而误差修正项 ecm（-1）的系数估计值在 1% 检验水平上显著，这反映了农村公共产品投入对贫困发生率偏离长期均衡关系的调整力度。表 7-23 还显示，为维持农村公共产品投入与贫困发生率的长期均衡关系，当期将以 -0.729325 的速度对前一期农村公共产品投入与贫困发生率之间的非均衡状态进行调整，并将其拉回长期均衡状态，即当期的贫困发生率对上一期的贫困发生率有非常大的依赖关系。

为了考察湖南农村公共产品投入与城乡居民收入比之间的动态关系，我们利用《湖南统计年鉴》数据建立误差修正模型XI对其进行分析，模型估计结果详见表 7-24：

模型XI　　$\Delta RRatio_t = 0.213900 - 0.002313\Delta RRpg\_input_t + 0.006297ecm_{t-1} + \mu_t$

表 7-24　　　　　　　　农村公共产品投入与城乡居民

收入比之间关系的 ECM 模型结果

Variable	Coefficient	Std. Error	t-Statistic	Prob.
C	0.2139	0.100737	2.123351	0.0497
D（RRpg_input）	-0.002313	0.000951	-0.993547	0.2081
ecm（-1）	-0.006297	0.002644	-2.242172	0.0314
F 统计量概率值	0.052408 *			

注：* 表示在 10% 的水平上显著。

资料来源：历年《湖南统计年鉴》。

模型XI估计结果的 F 统计量相应的概率值为 0.052408，表明模型估计整体上在 10% 的水平上是显著的。$\Delta RRpg\_input$ 的系数估计值不显著，可以解释为农村公共产品投入对城乡收入比的短期效应不显著。而误差修正项 ecm（-1）的系数估计值在 5% 检验水平上显著，反映了农村公共产品投入对城乡居民收入比偏离长期均衡关系的调整力度，且表明当期城乡居民收入比对上一期城乡居民收入比具有较大惯性。

接下来我们再构建 RPro_dis、REdu_dis、RHyg_dis 与 RPov_inc 及 RRatio 的向量误差修正模型（VECM）。我们先分析 RPro_dis、REdu_dis、RHyg_dis 与 RPov_inc 的协整关系，得到向量误差修正模型XII，估

计结果见表 7 - 25：

$$
\begin{bmatrix} \Delta RPov\_\ inc_t \\ \Delta RPro\_\ dis_t \\ \Delta REdu\_\ dis_t \\ \Delta RHyg\_\ dis_t \end{bmatrix} = \begin{bmatrix} 5.14 \\ 19.83 \\ 0.04 \\ 107.12 \end{bmatrix}
$$

$$
+ \begin{bmatrix} -0.08 & -0.06 & 84.53 & -0.03 \\ 0.04 & -0.58 & 504.86 & 0.06 \\ -0.0006 & -0.0006 & 0.003 & -0.0003 \\ -8.14 & -1.16 & 1533.88 & 0.11 \end{bmatrix} \cdot \begin{bmatrix} \Delta RPov\_\ inc_{t-1} \\ \Delta RPro\_\ dis_{t-1} \\ \Delta REdu\_\ dis_{t-1} \\ \Delta RHyg\_\ dis_{t-1} \end{bmatrix}
$$

$$
+ \begin{bmatrix} -0.87 \\ -3.24 \\ -0.005 \\ -13.71 \end{bmatrix} \cdot VECM_{t-1} + \mu_t
$$

表 7 - 25　　　　　农村公共产品投入结构与贫困发生率
之间关系的 VECM 模型估计结果

Error Correction：	D（RPov_ inc）	D（RPro_ dis）	D（REdu_ dis）	D（RHyg_ dis）
CointEq1	− 0.865666 ***	− 3.239595 ***	− 0.004747 ***	− 13.71476 ***
	(0.14902)	(0.86556)	(0.00161)	(3.12028)
	[− 5.80887]	[− 3.74276]	[− 2.94257]	[− 4.39536]
D ［RPov_ inc （ − 1）］	− 0.082077	0.039157	− 0.000646	− 8.138434 *
	(0.22541)	(1.30922)	(0.00244)	(4.71961)
	[− 0.36412]	[0.02991]	[− 0.26483]	[− 1.72439]
D ［RPro_ dis （ − 1）］	− 0.056945	− 0.580265 **	− 0.000592	− 1.158052
	(0.04471)	(0.2597)	(0.00048)	(0.93621)
	[− 1.27354]	[− 2.23433]	[− 1.22369]	[− 1.23696]
D ［REdu_ dis （ − 1）］	84.53472 **	504.8644	0.003385	1533.884
	(44.4749)	(258.318)	(0.48148)	(931.214)
	[1.90073]	[1.95443]	[0.00703]	[1.64719]
D ［RHyg_ dis （ − 1）］	− 0.027325 **	0.061742	− 0.000304 *	0.109751
	(0.01365)	(0.07931)	(0.00015)	(0.28589)
	[− 2.00120]	[0.77853]	[− 2.05644]	[0.38389]

续表

Error Correction:	D（RPov_ inc）	D（RPRO_ dis）	D（REdu_ dis）	D（RHyg_ dis）
C	5. 143673 ***	19. 83498 ***	0. 039861 ***	107. 1206 ***
	(1. 0811)	(6. 27919)	(0. 0117)	(22. 636)
	[4. 75783]	[3. 15884]	[3. 40579]	[4. 73232]
R – squared	0. 827269	0. 786799	0. 602426	0. 821425
Adj. R – squared	0. 755298	0. 697965	0. 43677	0. 747018

注：参数估计值下面圆括号内的数值是参数估计的标准误，方括号中的数值是参数估计的 t
统计量。＊、＊＊、＊＊＊分别表示在 10%、5% 和 1% 的水平上显著。

资料来源：历年《湖南统计年鉴》。

根据 AIC 准则和 SC 准则，我们确定模型ⅩⅡ的最优滞后长度为 1 期。
表 7 – 25 结果显示，农村公共产品投入结构与贫困发生率关系的 VECM 模
型中四个方程的拟合优度分别为 0. 827269、0. 786799、0. 602426 和
0. 821425，在 VECM 模型中，这个指数相对较高，并且这 4 个方程的误差
修正项系数分别为 – 0. 865666、– 3. 239595、– 0. 004747 和 – 13. 71476，
均小于 0，符合反向误差修正机制。向量误差修正模型ⅩⅡ揭示了 RPov_
inc、RPro_ dis、REdu_ dis 和 RHyg_ dis 之间受到彼此短期波动的冲击而
发生偏离均衡状态以及这种短期背离被逆向修正的情况。

我们再分析 RPro_ dis、REdu_ dis、RHyg_ dis 与 RRatio 的协整关系，得
到向量误差修正模型ⅩⅡ，向量误差修正模型ⅩⅡ的估计结果见表 7 – 26：

$$
\begin{bmatrix} \Delta RRatio_t \\ \Delta RPro\_ dis_t \\ \Delta REdu\_ dis_t \\ \Delta RHyg\_ dis_t \end{bmatrix} = \begin{bmatrix} 0.16 \\ 26.35 \\ 0.05 \\ 117.35 \end{bmatrix}
$$

$$
+ \begin{bmatrix} 0.128 & -0.005 & -7.57 & 0.001 \\ -3.19 & 0.005 & 475.42 & -0.14 \\ -0.03 & 0.0002 & 0.03 & -0.0006 \\ -50.65 & 0.05 & 735.18 & -0.32 \end{bmatrix} \cdot \begin{bmatrix} \Delta RRatio_{t-1} \\ \Delta RPro\_ dis_{t-1} \\ \Delta REdu\_ dis_{t-1} \\ \Delta RHyg\_ dis_{t-1} \end{bmatrix}
$$

$$
+ \begin{bmatrix} -0.019 \\ -7.30 \\ -0.01 \\ -21.07 \end{bmatrix} \cdot VECM_{t-1} + \mu_t
$$

表 7 - 26   农村公共产品投入结构与城乡居民

收入比之间关系的 VECM 模型估计结果

Error Correction：	D（RRatio）	D（RPro_ dis）	D（REdu_ dis）	D（RHyg_ dis）
CointEq1	− 0. 018745	− 7. 295425 ***	− 0. 009739 ***	− 21. 07453 **
	(0. 04783)	(1. 30934)	(0. 00275)	(8. 64331)
	[− 0. 39189]	[5. 57184]	[3. 54301]	[2. 43825]
D［RRatio（ − 1）］	0. 12763	− 3. 190413	− 0. 030437 **	− 50. 65463
	(0. 28128)	(7. 69949)	(0. 01616)	(50. 8266)
	[0. 45375]	[− 0. 41437]	[− 1. 88289]	[− 0. 99662]
D［RPro_ DIS（ − 1）］	− 0. 004762	0. 005131	0. 000184	0. 045517
	(0. 00617)	(0. 16879)	(0. 00035)	(1. 11424)
	[− 0. 77234]	[0. 03040]	[0. 51998]	[0. 04085]
D［REdu_ DIS（ − 1）］	− 7. 574844	475. 42 **	0. 03313	735. 1804
	(7. 10041)	(194. 363)	(0. 40806)	(1283. 05)
	[− 1. 06682]	[2. 44604]	[0. 08119]	[0. 57300]
D［RHyg_ DIS（ − 1）］	0. 001084	− 0. 138558	− 0. 000569 ***	− 0. 315524
	(0. 00305)	(0. 08355)	(0. 00018)	(0. 55154)
	[0. 35526]	[− 1. 65838]	[− 3. 24661]	[− 0. 57208]
C	0. 162112	26. 35009 ***	0. 052548 ***	117. 3509 ***
	(0. 20234)	(5. 53879)	(0. 01163)	(36. 5631)
	[0. 80118]	[4. 75737]	[4. 51886]	[3. 20954]
R − squared	0. 747049	0. 86814	0. 688032	0. 62965
Adj. R − squared	0. 7008348	0. 813199	0. 558046	0. 475338

注：①参数估计值下面圆括号中的数值是参数估计的标准误，方括号中的数值是参数估计的 t 统计量。② * *、* * * 分别表示在 5%、1% 的水平上显著。

资料来源：历年《湖南统计年鉴》。

根据 AIC 准则和 SC 准则，我们确定模型Ⅻ的最优滞后长度也是 1 期。表 7 - 26 结果显示，农村公共产品投入结构与城乡居民收入比之间关系的 VECM 模型中四个方程的拟合优度分别为 0. 747049、0. 86814、0. 688032 和 0. 62965，在 VECM 模型中这些值也是比较高的，其误差修正项系数分别为 − 0. 018745、 − 7. 295425、 − 0. 009739 和 − 21. 07453，同样都小于 0，符合反向误差修正机制。模型Ⅻ揭示了 RRatio、RPro_ dis、

REdu_ dis 和 RHyg_ dis 之间受到彼此短期波动的冲击而发生偏离均衡状态以及这种短期背离被逆向修正的情况。

最后,我们对湖南省农村公共产品投入与贫困发生率、城乡居民收入比之间的关系进行格兰杰检验。为验证湖南省农村公共产品供给投入与贫困发生率、城乡居民收入比之间的均衡关系是否构成短期因果关系,本书依次对 RPov_ inc、RRatio 与 RRpg_ input 进行滞后 1—5 期格兰杰因果关系检验,检验结果见表 7 - 27(限于篇幅仅列出统计显著结果)。

表7 - 27　　　　　湖南省农村公共产品投入与贫困发生率、
城乡居民收入比之间格兰杰因果检验

原假设	滞后期	F 统计量	p 值	结论
RRpg_ input 不是 RPov_ inc 的格兰杰原因	2	6.02489	0.0154	拒绝**
RRpg_ input 不是 RPov_ inc 的格兰杰原因	3	3.94388	0.0476	拒绝**

注:** 表示在 5% 的水平上显著。

资料来源:《湖南统计年鉴》(1992—2011 年)。

格兰杰因果关系检验结果表明:农村公共产品投入是贫困发生率滞后 2—3 期的格兰杰原因,且其都在 5% 的水平上显著。可能的原因是县乡政府对农村救济费及相应的扶贫资金支出在农村公共产品投入中占有一定比例,因此增加农村公共产品投入对降低贫困发生率具有一定正向作用。表 7 - 27 结果反映,农村公共产品投入与城乡居民收入比之间不存在格兰杰原因的关系,可能的解释有两点:一是农村公共产品供给政策本身的社会福利性决定了农村居民增收并非许多农村公共产品供给最主要的目的。正如我们在前面分析中发现的那样,虽然农村生产性公共产品供给对农村居民纯收入具有显著正向作用,但由于生产性和消费性两类公共产品效应的冲击,导致农村公共产品供给对农民增收的效果并不明显。二是相关政策及配套措施客观上弱化了农村公共产品供给对农民增收的作用。例如,在加大农村公共产品投入的同时,县乡政府也在大力开展城镇建设,城市居民的实际收入增速可能比农民更快,也会导致城乡居民收入比越来越大。

为进一步精确分析湖南省农村公共产品投入结构与贫困发生率、城乡居民收入比之间的格兰杰关系,我们再对 RPro_ dis、REdu_ dis、RHyg_ dis 与 RPov_ inc 及 RRatio 之间的短期因果关系依次进行滞后 1—5 期的格兰杰因果关系检验，检验结果详见表 7 - 28 和表 7 - 29（限于篇幅仅列出统计显著结果）。

表 7 - 28 湖南省农村公共产品投入结构与贫困
发生率之间格兰杰因果检验

原假设	滞后期	F 统计量	P 值	结论
RHyg_ dis 不是 RPov_ inc 的格兰杰原因	1	3. 72454	0. 0728	拒绝 *
RHyg_ dis 不是 RPov_ inc 的格兰杰原因	2	4. 44722	0. 0359	拒绝 **
RHyg_ dis 不是 RPov_ inc 的格兰杰原因	3	4. 50564	0. 0342	拒绝 **
RHyg_ dis 不是 RPov_ inc 的格兰杰原因	4	4. 80706	0. 0442	拒绝 **
RPov_ inc 不是 RHyg_ dis 的格兰杰原因	1	2. 14353	0. 066	拒绝 *
RPov_ inc 不是 RHyg_ dis 的格兰杰原因	2	3. 82832	0. 0518	拒绝 *
RPov_ inc 不是 RHyg_ dis 的格兰杰原因	3	4. 96646	0. 0265	拒绝 **
RHyg_ dis 不是 RPro_ dis 的格兰杰原因	1	11. 9447	0. 0035	拒绝 ***
RHyg_ dis 不是 RPro_ dis 的格兰杰原因	2	10. 4303	0. 0024	拒绝 ***
RHyg_ dis 不是 RPro_ dis 的格兰杰原因	3	8. 39616	0. 0056	拒绝 ***
RHyg_ dis 不是 RPro_ dis 的格兰杰原因	4	9. 50703	0. 0091	拒绝 ***
RHyg_ dis 不是 RPro_ dis 的格兰杰原因	5	43. 6087	0. 0053	拒绝 ***
REdu_ dis 不是 RPro_ dis 的格兰杰原因	5	6. 52168	0. 0768	拒绝 *
RPro_ dis 不是 RPov_ inc 的格兰杰原因	2	9. 9279	0. 0029	拒绝 ***
RPro_ dis 不是 RPov_ inc 的格兰杰原因	3	3. 15965	0. 0786	拒绝 *
RPro_ dis 不是 RPov_ inc 的格兰杰原因	5	11. 0836	0. 0377	拒绝 **
RPov_ inc 不是 REdu_ dis 的格兰杰原因	2	16. 254	0. 0004	拒绝 ***
RPov_ inc 不是 REdu_ dis 的格兰杰原因	3	9. 30428	0. 004	拒绝 ***
RPov_ inc 不是 REdu_ dis 的格兰杰原因	4	4. 98587	0. 0409	拒绝 **
RPov_ inc 不是 REdu_ dis 的格兰杰原因	5	112. 145	0. 0013	拒绝 ***
RHyg_ dis 不是 REdu_ dis 的格兰杰原因	2	4. 81604	0. 0291	拒绝 **
RHyg_ dis 不是 REdu_ dis 的格兰杰原因	3	4. 1879	0. 0411	拒绝 **
RHyg_ dis 不是 REdu_ dis 的格兰杰原因	4	3. 46506	0. 0853	拒绝 *

注：* 、** 、*** 分别表示在 10% 、5% 和 1% 水平上显著。

资料来源：《湖南统计年鉴》（1992—2011 年）。

表 7 - 29　　　　　　　　　湖南省农村公共产品投入结构与城乡
居民收入比之间格兰杰因果检验

原假设	滞后期	F 统计量	p 值	结论
RHyg_ dis 不是 RPro_ dis 的格兰杰原因	1	11.9447	0.0035	拒绝 ***
RHyg_ dis 不是 RPro_ dis 的格兰杰原因	2	10.4303	0.0024	拒绝 ***
RHyg_ dis 不是 RPro_ dis 的格兰杰原因	3	8.39616	0.0056	拒绝 ***
RHyg_ dis 不是 RPro_ dis 的格兰杰原因	4	9.50703	0.0091	拒绝 ***
RHyg_ dis 不是 RPro_ dis 的格兰杰原因	5	43.6087	0.0053	拒绝 ***
RRatio 不是 RPro_ dis 的格兰杰原因	5	6.52168	0.0768	拒绝 *
REdu_ dis 不是 RPro_ dis 的格兰杰原因	5	6.52171	0.0769	拒绝 *
RHyg_ dis 不是 RRatio 的格兰杰原因	2	4.81604	0.0291	拒绝 **
RHyg_ dis 不是 RRatio 的格兰杰原因	3	4.1879	0.0411	拒绝 **
RHyg_ dis 不是 RRatio 的格兰杰原因	4	3.4651	0.0853	拒绝 *
RHyg_ dis 不是 REdu_ dis 的格兰杰原因	2	4.81604	0.0291	拒绝 **
RHyg_ dis 不是 REdu_ dis 的格兰杰原因	3	4.1879	0.0411	拒绝 **
RHyg_ dis 不是 REdu_ dis 的格兰杰原因	4	3.46506	0.0853	拒绝 *

注：*、**、***分别表示在10%、5%和1%水平上显著。

资料来源：《湖南统计年鉴》（1992—2011 年）。

表 7 - 28 给出了农村公共产品投入结构与贫困发生率之间的格兰杰因果检验结果，结果显示：①农村财政卫生支出是贫困发生率滞后 1—4 期的格兰杰原因，且在 10% 和 5% 水平上显著。结合前面的分析结果，可以说明农村财政卫生支出对贫困发生率具有显著的长期影响效应。同时，贫困发生率也是农村财政卫生支出滞后 1—3 期的格兰杰原因。可见，农村财政卫生支出与贫困发生率之间具有双向因果关系，即二者之间存在长期相互影响。农林水事务支出也是贫困发生率滞后 2、3、5 期的格兰杰原因，且依次在 1%、10% 和 5% 水平上显著，说明农林水事务支出对贫困发生率也具有显著的长期影响。②贫困发生率是农村财政教育支出滞后 2—5 期的格兰杰原因，且分别在 1% 和 5% 水平上显著，表明贫困发生率对农村财政教育支出具有显著的长期效应。这可能与政府针对农村贫困群体的教育专项支出有关。农村财政卫生支出也是农村财政教育支出滞后 2—4 年的格兰杰原因，且分别在 5% 和 10% 水平上显著，说明农村财政卫生支出对农村教育也具有一定的长期效应。③农村财政卫生支出是农林

水事务支出滞后 1—5 期的格兰杰原因，且均在 1% 水平上显著。农村财政教育支出是农林水事务支出滞后 5 年的格兰杰原因，且在 10% 水平上显著。结合前面分析结果可见，农村财政卫生支出、农村财政教育支出对农林水事务支出具有显著的长期效应，并且相互之间还存在一定的依赖关系。

表 7－29 给出了农村公共产品投入结构与城乡居民收入比之间的格兰杰因果检验结果，结果显示：①农村财政卫生支出是城乡居民收入比滞后 2—4 年的格兰杰原因，检验结果在 5% 和 10% 水平上显著，表明农村财政卫生支出对城乡居民收入具有显著的长期效应。②城乡居民收入比是农林水事务支出滞后 5 年的格兰杰原因，且在 10% 的水平上显著，表明城乡居民收入比对农林水事务支出的变化具有一定的长期影响作用。③农村财政卫生支出是农林水事务支出滞后 1—5 年的格兰杰原因，且均在 1% 的检验水平上显著，表明农村财政卫生支出对农林水事务支出的变化具有比较显著的长期效应，这可能与政府在各项公共投入上的财政分配有关。农村财政卫生支出是农村财政教育支出滞后 2—4 期的格兰杰原因，且分别在 5% 和 10% 水平上显著，表明农村财政卫生支出对农村财政教育支出具有比较显著的长期效应。农村财政教育支出是农林水事务支出滞后 5 年的格兰杰原因，前者对后者的变化具有一定程度的长期影响作用。

五 简要的政策启示

本书基于湖南省的相关统计年鉴数据，采用误差修正模型（ECM）和向量误差修正模型（VECM）对湖南省农村公共产品财政投入及其生产性、消费性和社会效益绩效之间的关系进行了总量分析和结构分析。从实证分析结果中我们得出如下主要政策启示：

第一，农村公共产品供给的生产性绩效比较显著，即农村生产性公共产品在农业生产上产生了明显的正向作用。研究结果表明此类公共产品的投入显著地增加了农业产值及农村居民纯收入。因此，我们认为，政府应持续重视农业综合生产能力建设并确保财政支农投入稳定增长，并加快建立与之相适应的县乡政府农村公共产品供给体制与机制。

第二，尽管农村公共产品供给的消费性绩效比较显著，且具有明显的短期效用，但其中农村财政教育投入对农村居民人均消费支出产生了显著的负向作用，而农村财政卫生投入对农村居民人均消费支出具有较大的促进作用。为此，我们认为，政府在加强财政教育投入的同时，要充分考虑教育资源均等化配置，尽可能减少农民因为教育支出导致过重的教育负担（例如学校集中建设导致学生"上学难、上学贵"问题）。还要在防止农村医疗卫生支出"信息不对称"导致农民卫生消费扩大的同时，谨防农村医疗卫生资源浪费和公共卫生过度支出。

第三，虽然农村公共产品供给对减少贫困发生率（贫困人口比例）和降低城乡居民收入比具有一定影响，但影响作用却微乎其微。为此，我们认为，县乡政府应当采用更加有效的"精准式扶贫"措施，积极采用"参与式扶贫"机制，以促进农村公共产品供给社会效益增长。同时，应加快推进城乡统筹发展，加快推动城乡基本公共服务均等化，在城乡公共产品供给的"农村短腿"一方，以"壮士断腕"的勇气调结构、扩规模、跨越式追赶。

第八章　解决五大基本问题的路径与对策

本书基于新供给经济学理论，从我国农村公共产品供求关系变化的现实周期分析中，论证了县乡政府农村公共产品供给效率的根本问题在于供给，并将农村公共产品供给问题归纳为农村公共产品供给效率标准、农村公共产品供给决策、农村公共产品供给结构、农村公共产品供给模式和农村公共产品供给绩效等五个基本问题。我们对五个基本问题影响县乡政府农村公共产品供给效率的机制进行了规范分析，并以具体的农村公共产品为例对其影响效果进行了实证研究。深入的研究进一步表明，当前，我国经济社会发展正处在转型期，农村改革发展面临着更加复杂的环境和困难挑战。要着力解决好县乡政府农村公共产品供给效率的五大基本问题，首先要进行科学的顶层设计。必须进一步解放思想，坚决破除体制机制弊端，全面深化农村改革，坚持社会主义市场经济改革方向，处理好政府和市场的关系，从供给端发力解决五大基本问题，创新公共财政济农理论，激发农村公共产品供给活力。其次要积极稳妥地选择改革路径。必须加强探索创新，稳中求进，采取差异性、过渡性的制度和政策安排，城乡统筹联动，推进城乡公共资源均衡配置，[①] 最终实现城乡居民公共服务均等化目标，有效提高县乡政府农村公共产品供给规模和质量水平，让广大农民平等参与现代化进程、共同分享现代化成果。最后要接地气、出实招、重成效。必须瞄准问题、立足现实，从县乡政府农村公共产品供给效率标准、决策机制、结构优化、模式创新和绩效评估五个方面，采取有力度、有深度、可持续、效果强的对策措施。

---

① 中共中央、国务院：《关于全面深化农村改革，加快推进农业现代化的若干意见》，2014年1月19日。

第一节　现实判断与理论支撑

——从供给端解决问题

在本书的前面五章中，我们力图从微观层面对县乡政府农村公共产品供给的五个基本问题进行了科学刻画。我们借助于实地调查和一些公开数据，对影响县乡政府农村公共产品供给效率的五个基本问题进行了定量分析。毫无疑问，本书不仅描述了五个基本问题在县乡政府农村公共产品供给效率形成过程中所发挥的重要影响作用，而且也详细地分析了这种影响形成的过程及其实际影响力。可以说，在前面各章中，本书已经完成了从供给端分析县乡政府农村公共产品供给效率问题的基本任务。接下来的任务是如何从供给端解决县乡政府农村公共产品供给效率问题。本书将从新供给经济学视角，对从供给端解决五大基本问题的现实判断和理论基础进行科学论证。

一　"国富"与"农民富"的现实判断

毋庸置疑，改革开放三十多年来，中国的国民经济获得了一个较长时期的快速持续增长，中国的国民收入水平也取得显著提高。但是，另一个重要的事实是，在过去的三十多年里，国民经济的发展速度、国家财政收入的增长速度远远高于一般国民的收入增长水平，特别是农村居民家庭人均收入增长速度较国民经济发展和财政收入增长更慢。回顾三十多年的发展历程，我们认为，中国在过去三十多年从计划经济向社会主义市场经济转型过程中，可能既没有发挥好市场在资源配置中的决定性作用，也没有很好地发挥政府的宏观调控作用，因此，导致出现一系列结构性问题。最明显的问题当然包括"国富"速度远远快于"民富"速度。在过去大约十年当中，政府一直着力于鼓励消费拉动经济，以维持一个高水平的增长速度。许多地方政府瞄准GDP这个最能综合反映"政绩"的指标展开"竞争锦标赛"，不惜弱化"民生发展"基本职能，导致在公共产品供给和公共服务领域内积累大量"欠债"。政府财政收入规模庞大和税负过重，使得一般国民（包括企业）的财富积累速度缓慢。可以说，今天到了非改革不可的地步。当中国的改革进入攻坚期和深水区时，加快转变政府职能，健全宏观调控体系，健全以国家发展战略和规划为导向、以财政政策和货币政策为主要手段的宏观调控体系，增强宏观调控前瞻性、针对性、协同性①等一系列重要措施更是十分必要。

表 8 - 1 1994—2012 年国家经济财政增长与城乡居民收入水平变化比较

年份	国内生产总值（亿元）	农业增加值（亿元）	全国财政收入（亿元）	中央财政收入（亿元）	地方财政收入（亿元）	城镇居民家庭人均可支配收入（元）	农村居民家庭人均纯收入（元）	城乡居民收入差距比（农民收入 = 1）
1994	48197.86	9572.69	5218.10	2906.50	2311.60	3496.20	1221.00	2.86
1995	60793.73	12135.81	6242.20	3256.62	2985.58	4283.00	1577.70	2.71
1996	71176.59	14015.39	7407.99	3661.07	3746.92	4838.90	1926.10	2.51
1997	78973.03	14441.89	8651.14	4226.92	4424.22	5160.30	2090.10	2.47
1998	84402.28	14817.63	9875.95	4892.00	4983.95	5425.10	2162.00	2.51
1999	89677.05	14770.03	11444.08	5849.21	5594.87	5854.00	2210.30	2.65
2000	99214.55	14944.72	13395.23	6989.17	6406.06	6280.00	2253.40	2.79
2001	109655.17	15781.27	16386.04	8582.74	7803.30	6859.60	2366.40	2.90
2002	120332.69	16537.02	18903.64	10388.64	8515.00	7702.80	2475.60	3.11
2003	135822.76	17381.72	21715.25	11865.27	9849.98	8472.20	2622.20	3.23
2004	159878.34	21412.73	26396.47	14503.10	11893.37	9421.60	2936.40	3.21
2005	184937.37	22420.00	31649.29	16548.53	15100.76	10493.00	3254.90	3.22
2006	216314.43	24040.00	38760.20	20456.62	18303.58	11759.50	3587.00	3.28
2007	265810.31	28627.00	51321.78	27749.16	23572.62	13785.80	4140.40	3.33
2008	314045.43	33702.00	61330.35	32680.56	28649.79	15780.80	4760.60	3.31
2009	340902.81	35226.00	68518.30	35915.71	32602.59	17174.70	5153.20	3.33
2010	401512.80	40533.60	83101.51	42488.47	40613.04	19109.40	5919.00	3.23
2011	473104.05	47486.21	103874.43	51327.32	52547.11	21809.80	6977.30	3.13
2012	519470.10	52373.63	117253.52	56175.23	61078.29	24564.70	7916.60	3.10
平均增速	14.12%	9.90%	18.87%	17.88%	19.95%	11.44%	10.94%	

资料来源：国家统计局编：《2013·中国统计年鉴》，中国统计出版社 2013 年版。

---

① 《中共中央关于全面深化改革若干重大问题的决定》，2013 年 11 月 12 日。

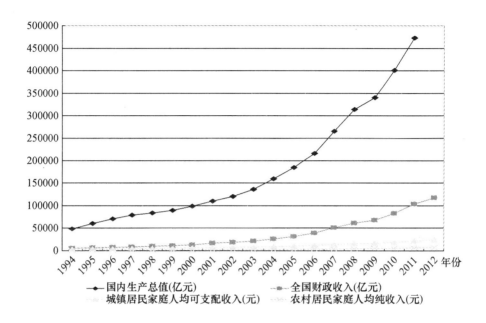

图 8 - 1　国民经济财政增长与城乡居民收入变化趋势图

　　我们说中国的改革进入攻坚期和深水区，最需要做的事实判断就是改革利益分配问题。今天很多人在讲"改革红利"，那么，究竟谁是最大的获利者？利益分配是否均衡？我们的基本判断是：我国财政收入增长速度超过 GDP 增长速度，更远远超过城乡居民收入增长速度。农民收入增长慢于国家经济增长、慢于国家财政增长、慢于城镇居民收入增长，而且这种趋势短期内难以有根本性改变。

　　表 8 - 1 显示，从 1994 年以来的二十年间，中国的国内生产总值、农业增加值、全国财政收入、中央财政收入、地方财政收入、城镇居民家庭人均可支配收入和农村居民家庭人均纯收入等几项反映国民经济、财政收入与居民收入增长水平的指标中，地方财政收入的平均增长速度是最快的，平均接近 20% 。全国财政总收入的平均增速居第二位，也达到18.87% 。国内生产总值的平均增速达到 14.12% 。相比而言，城乡居民收入增长速度要低得多。特别是农村居民家庭人均纯收入平均增长速度最低，只有 10.94% ，与同期农业增加值的平均增长速度相当。图 8 - 1 进一步反映出上述各项指标增速变化的趋势，国内生产总值曲线、全国财政

收入曲线在 2003 年以后斜率增大，而城镇居民家庭人均可支配收入和农村居民家庭人均纯收入两条曲线一直比较平缓。

我们可以更深入地来探讨国内生产总值、全国财政收入、城镇居民家庭人均可支配收入和农村居民家庭人均纯收入四项基本指标的变化情况，从而对"改革红利"的实际受益情况进行更细致的判断。表 8 - 1 选择我国实行分税制体制改革的 1994 年为时间分析起点，表中数据反映国民经济增长的总量指标 GDP 和反映国家财富增长的总量指标财政收入总额都迅速大幅增长，而反映国民财富的城乡居民收入指标却相对增长缓慢，城乡居民收入差距之比逐渐扩大，从 1994 年的 2.86 扩大到 2012 年的 3.10。

表 8 - 2　　　　　1995—2012 年四项基本指标增长速度比较　　　　单位:%

年份	国内生产总值（GDP）增长速度	财政收入增长速度	城镇居民人均可支配收入增长速度	农村家庭居民人均纯收入增长速度
1995	26.13	19.63	22.5	29.21
1996	17.08	18.68	12.98	22.08
1997	10.95	16.78	6.64	8.51
1998	6.87	14.16	5.13	3.44
1999	6.25	15.88	7.91	2.23
2000	10.64	17.05	7.28	1.95
2001	10.52	22.33	9.23	5.01
2002	9.74	15.36	12.29	4.61
2003	12.87	14.87	9.99	5.92
2004	17.71	21.56	11.21	11.98
2005	15.67	19.9	11.37	10.85
2006	16.97	22.47	12.07	10.2
2007	22.88	32.41	17.23	15.43
2008	18.15	19.5	14.47	14.98
2009	8.55	11.72	8.83	8.25
2010	17.78	21.28	11.26	14.86
2011	17.83	25.00	14.13	17.88
2012	9.80	12.88	12.63	13.46
平均增速	14.12	18.87	11.44	10.94

资料来源：国家统计局编：《2013·中国统计年鉴》，中国统计出版社 2013 年版。

我国自 1994 年实行分税制改革以来，国家财政收入的增速明显加快，特别是地方财政收入的增速更是在 2011 年度超过了中央财政收入的增长速度。国家财政收入增速高于城乡居民收入增速 70% 至 80%，明显呈现出"国富"远快于"民富"的态势。由于城乡居民收入差距不但没有缩小反而扩大，所以，又呈现出"农民富"得最慢的状况。因此，从财政调节收入分配的功能来看，这一阶段的财政政策效率不佳。从"国富"的角度来看，这一阶段的财政政策促进经济发展的功能也发挥得不佳。从表 8 – 2 中我们可以发现，在 1994 年至 2012 年的 19 年里，除了分税制改革之后最初的 1995 年财政收入增长速度低于 GDP 增长速度外，自 1996 年以后的 17 年中财政收入增长速度一直高于 GDP 增长速度，最高年份甚至高出 11 个多百分点，直到 2012 年二者的差距才缩小到 3 个百分点左右。从宏观上讲，我们认为企业的税负是偏高的，而且国家财政的建设功能偏重，财政投入拉动经济增长的效果并不理想。因此，在"民富"增速缓慢的同时，"国富"增速也没有实现政府的预期目标。图 8 – 2 显示，在这 19 年中，国家财政积累了大量资金，国家财政收入增长曲线一直处于 10% 以上的高位，最高年份达到 32.41%，并长期位于国内生产总值增长曲线和城乡居民收入增长曲线之上。可见，加强民生建设、缩小城乡居民收入差距，都亟须从改革财政税收政策、扩大公共财政民主支出和公共产品供给规模入手，加快转变政府职能，健全宏观调控体系。

科学研判中国改革进入攻坚期和深水区之后的"国富"与"农民富"的辩证关系，我们不仅要观察国家财政收入增速与城乡居民收入增速的变化，而且还要从国家财政支出角度把农村居民享受享受公共服务和消费公共产品的情况考虑进去，从更深层次更全面地分析"改革红利"所带来的实际利益分配均衡矛盾。我们的研究认为，考虑到农村居民享受公共服务和消费公共产品的情况（我们这里采用国家财政"三农"支出数据进行分析，参见表 8 – 3、图 8 – 3a），那么，"国富"与"农民富"的增长变化实际差距将会更大。

表 8 – 3 显示，自 1995 年以来，我国国家财政支出总额、中央财政支出总额和中央财政"三农"支出总额都有较快增长。18 年中，国家财政支出总额每年都保持着两位数的增长速度，平均增长 18.9%，2008 年达到 25.7% 的最高增长速度。除少数年份之外，中央财政支出总额每年

表 8-3　　1995—2012 年国家财政支出及"三农"财政支出增长趋势

年份	国家财政支出总额（亿元）	比上年增长（%）	中央财政支出总额（亿元）	比上年增长（%）	中央财政"三农"支出总额（亿元）	比上年增长（%）	中央财政"三农"支出年增长额（亿元）	中央财政"三农"支出占国家财政总支出的比重（%）	中央财政"三农"支出占中央财政支出的比重（%）	中央财政"三农"支出年增额占国家财政支出总额比例（%）	中央财政"三农"支出年增额占中央财政支出总额比例（%）
1995	6824	—	1995	—	575	—	—	8.3	28.8	—	—
1996	7938	16.3	2151	7.8	700	21.7	125	8.8	32.5	1.6	5.8
1997	9234	16.3	2533	17.8	766	9.4	66	8.3	30.2	0.7	2.6
1998	10798	16.9	3126	23.4	1155	50.8	389	10.7	36.9	3.6	12.4
1999	13188	22.1	4152	32.8	1086	-5.9	-69	8.2	26.2	-0.5	-1.7
2000	15887	20.5	5520	32.9	1232	13.4	146	7.8	22.3	0.9	2.6
2001	18903	19.0	5768	4.5	1457	18.3	225	7.7	25.3	1.2	3.9
2002	22053	16.7	6772	17.4	1581	8.5	124	7.2	23.4	0.6	1.8
2003	24650	11.8	7420	9.6	1755	11.0	174	7.1	23.7	0.7	2.4
2004	28487	15.6	7894	6.4	2338	33.2	583	8.2	29.6	2.1	7.4
2005	33930	19.1	8776	11.2	2450	4.8	112	7.2	27.9	0.3	1.3

续表

年份	国家财政支出总额（亿元）	比上年增长（%）	中央财政支出总额（亿元）	比上年增长（%）	中央财政"三农"支出总额（亿元）	比上年增长（%）	中央财政"三农"支出年增长额（亿元）	中央财政"三农"支出占国家财政总支出的比重（%）	中央财政"三农"支出中中央财政支出的比重（%）	中央财政"三农"支出年增额占国家财政支出总额比例（%）	中央财政"三农"支出年增额占中央财政支出总额比例（%）
2006	40423	19.1	9991	13.8	3173	29.5	723	7.9	31.8	1.8	7.2
2007	49781	23.2	11442	14.5	4318	36.1	1145	8.7	37.7	2.3	10.0
2008	62593	25.7	13344	16.6	5956	37.9	1638	9.5	44.6	2.6	12.3
2009	76300	21.9	15256	14.3	7253	21.8	1297	9.5	47.5	1.7	8.5
2010	89874	17.8	15990	4.8	8580	18.3	1327	9.5	53.7	1.5	8.3
2011	109248	21.6	16514	3.3	10498	22.4	1918	9.6	63.6	1.8	11.6
2012	125953	15.3	18765	13.6	12388	18.0	1890	9.8	66.0	1.5	10.1
平均		18.9%		14.5%		19.7%		9.0	42.7	1.6	7.6
国家财政＝1	21.09%		9.01%								

资料来源：国家财政总支出和中央财政支出数据来源于国家统计局编《2013中国统计年鉴》，中国统计出版社2013年版。中央财政"三农"支出数据来自国家统计局农村社会经济调查司编《2013中国农村统计年鉴》，中国统计出版社2013年版。

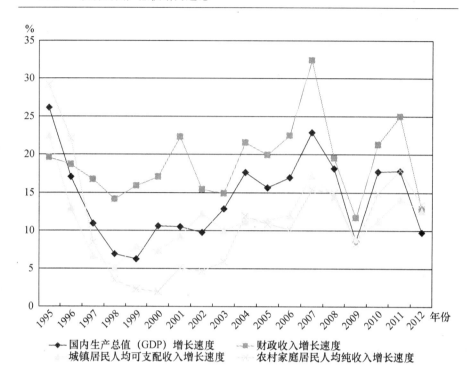

图 8－2　四项基本指标增长速度变化趋势图

也保持着两位数的增长速度，平均增长 14.5%，1999 年和 2000 年达到最高增长速度水平，增速均接近 33%。中央财政"三农"支出总额的平均增长速度是最快的，18 年平均达到 19.7%，2008 年达到 37.9% 的最高增长速度。近年来，中央高度重视加大对"三农"的财政支持力度，特别是自 2006 年以来，中央财政"三农"支出的增长速度每年基本上都保持在 20% 左右，2007 年和 2008 年都超过了 35%。我们从图 8－3a 还可以看出，中央财政"三农"支出年增长额自 2004 年开始发生重大变化，中央提出的对"三农"采取"多予少取"的财政政策发挥了重要作用，中央财政"三农"支出大幅增加。

　　但是，国家财政的"三农"支出结构性失衡矛盾依然十分突出。虽然中央一直强调加大财政对"三农"的扶持力度，然而自 1995 年以来的 18 年中，除 1998 年因特大洪水灾害中央当年大幅增加农村救灾和水利投资外，其余各年份中央财政"三农"支出占国家财政总支出的比重始终徘徊在 10% 以下，平均只有 9%。中央财政"三农"支出年增额占国家财政支出总额的比例更是小到平均只有 1.6% 的水平，只有极少数年份达到了 2% 以上。虽然近年来，中央反复要求健全"三农"投入稳定增长机制，完善财政支农政策，公共财政要坚持把"三农"作为支出重点，优先保证"三农"投入稳定增长[①]。2010 年中央财政"三农"支出占中央财政支出的比重也迅速提高到超过 50% 的水平（参见图 8 – 3b），18 年间的平均比重达到 42.7%。但由于长期形成的城乡二元结构制度"路径依赖"，致使中央财政"三农"支出年增加额占中央财政支出总额的平均比例仍然只有 7.6%，公共财政的支出重点还是难以转向"三农"，通过加大国家财政支持"三农"力度来实现加快"农民富"目标的财政支持机制终究难以形成。

二　公共财政济农的理论基础

我在《农村公共产品供给效率论》的"研究展望"中，曾经提出过解决中国"三农"问题必须扩大农村公共产品供给、改进农村公共产品

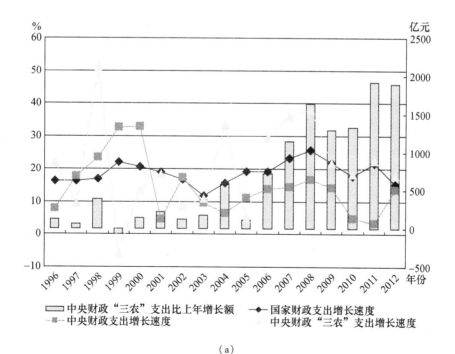

（a）

---

① 中共中央、国务院：《关于全面深化农村改革加快推进农业现代化的若干意见》，2014 年 1 月 19 日。

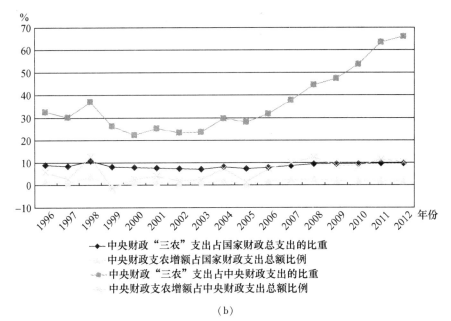

(b)

图 8 - 3　国家财政支出及 "三农" 财政支出增长

供给效率。为此，我提出了所谓的 "公共产品济农论" 或 "财政富农论" 的设想。① 客观地讲，在当时，这一设想还只是一个并不完善的理论构想，今天仍然是我们研究的重点。我们从新供给经济学理论出发，探讨从供给端解决县乡政府农村公共产品供给效率的五个基本问题，仍然需要进一步丰富这一公共财政支持 "三农" 发展的理论构想，即所谓的 "公共财政济农理论"。本书提出的公共财政济农理论，是指通过大幅度扩大公共财政投入，以缩小城乡居民享受公共服务和公共产品消费水平，促进农业生产和农民加快致富速度，全面推动城乡统筹和现代农业发展的一系列概念、理论观点及其政策范式。在这里，我们主要阐释提出这一理论构想的逻辑思路。

　　首先，我们需要根据经验结果对加快农民致富、提高农民收入的途径做进一步判断。从过去三十多年的经验数据中不难发现，农民的工资性收入、家庭经营纯收入的增速逐渐放缓，在农民收入总额中的比重不断下降。但是，财产性收入和转移性收入增速很快，特别是转移性收入呈现出明显的加快之势，并且在农民收入总额中所占比重越来越大。从发达

---

① 参见李燕凌《农村公共产品供给效率论》，中国社会科学出版社 2007 年版。

国家的政策实践看，政府加强对农业和农民的财政补贴以提高农民收入、缩小城乡居民收入差距，是一种普遍的"绿箱"政策。从发展中国家的经验看，加大公共财政支农规模，特别是对农业和农民进行直接补贴，更是缩小城乡居民收入差距、加快农民向城市转移、实现城乡一体化发展目标的重要措施。可见，加快转移性收入增长对加快农民致富是一条重要途径。

其次，我们已经做出改革开放三十多年来，"国富"远快于"农民富"的速度判断。那么，加快调整公共财政支出结构，大幅度扩大公共财政对"三农"的支出就十分必要。问题的关键在于，我们应当如何优化公共财政支农支出结构？怎样才有可能实现这种结构的优化？过去，我们把许多政策关注力放在规范财政转移支付方面。然而，中央财政支出中扩大对"三农"支出的空间究竟还有多大？地方财政对"三农"的支出是否体现了合理调整"国富"与"民富"关系的目标要求？如何合理划分中央和地方政府的财责和事权，以扩大地方财政对"三农"的支出水平？这一系列的问题都是在构建"公共财政济农理论"的重要基础。

最后，实现城乡统筹发展是缩小城乡居民收入差距的根本途径，而扩大县乡政府农村公共产品供给则是促进城乡统筹发展的重要手段。改革开放三十多年来，市场经济并未使得中国的城乡居民收入差距缩小，特别是城乡之间的社会发展差距更是越来越大。有人说，中国今天的城市赛过欧洲、农村好比非洲。2010 年中央把统筹城乡发展作为"一号文件"的主旨，充分说明缩小城乡居民收入差距、缩小城乡社会发展差距，正在成为解决中国"三农"问题的重要目标。但是，如何实现城乡统筹发展？中央强调通过采取"多予少取"的财政和税收政策，落实"以工促农、以城带乡"的扶持政策。然而，我们应当如何通过减税、扩大投资、鼓励现代农业产业化发展等措施来加快农民致富步伐？我们应当在哪些领域、哪些环节采取减税、扩大投资和鼓励产业发展，才能最有效地增加农村公共产品供给并提高供给效率，以最终形成城乡统筹发展的体制机制？这是构建"公共财政济农理论"体系必须解决的基本问题。

基于以上分析，我们认为，从供给端解决县乡政府农村公共产品供给问题，必须坚持以"公共财政济农理论"为政策基础。为进一步阐释"公共财政济农理论"的政策主张，我们归纳说明该理论如下基本观点：

1. 扩大农村公共产品供给是加快改善"国富"与"农民富"关系的重要举措

"三农"问题的关键是农民问题，农民问题的根本在于增收。事实证明，以需求为导向解决中国经济持续发展困难并未收到预期效果，只有城乡居民，特别是广大农民真正富裕起来，才能极大打开需求空间。所以，在推动"国富"的同时，必须加快调整"国富"与"农民富"的关系，通过迅速扩大农村公共产品供给，形成"供给创造自己的需求"良好机制，实现"国富"与"农民富"的良性互动。

近年来，我国国家财政积极加快对"三农"的直接补贴，努力调整国家财富分配结构。这是一种典型的"绿箱"政策，既有力地扶持了农业产业发展，又实实在在地推动了"国富"与"农民富"关系的调整。表8-4反映出自2006年以来，国家财政在湖南省落实农业"四项补贴"的情况。7年间中央和地方财政共落实粮食直补资金、农资综合直补资金、良种补贴和农机具购置补贴等四项"直接补贴"达412亿多元，农民同期人年均受益水平达到147.97元。① 当然，必须看到国家财政对"三农"的直接补贴总体水平还不高，这仍然是今后改革财政支出结构的重要内容。我们以农资综合补贴为例不难发现，国家财政直接补贴对农民收入增长的直接推动作用还有十分广阔的空间。国家财政农资综合补贴自2006年开始实施，按湖南省原农业税计税面积内实际种植面积补贴，补贴标准2006年为每亩14.1元、2007年为每亩31.8元，自2008年起为每亩80.6元，三年间补贴标准提高了5.72倍，超过了同期农业生产资料价格上涨水平。如果说以粮食价格上涨速度为参照，国家财政"粮食直补"的标准也做较大调整，将每亩补贴标准从13.5元提高到27元，那么，要增加国家财政补贴约75亿元，农民同期年均受益水平将实现倍增，人均达到300元以上。

2. 加快转移性收入增长对农民提高收入和改善收入结构具有十分重要的意义

让市场在资源配置中发挥决定性作用是我国深化经济体制改革的指导思想和重要原则。全面深化改革必须推进城乡要素平等交换和公共资源均

---

① 此处农民同期人口数据来源于中国统计出版社2013年出版的《湖南统计年鉴·2013》。

衡配置，让农民平等参与现代化进程、共同分享现代化成果。① 然而要让农民平等参与现代化进程就必须化解由于城乡差距过大、凸显社会不公而可能导致的经济社会政治矛盾。只有加快公共财政对农民的扶持力度，加大转移性收入在农民收入结构中的比重，才能加快消除长期以来由于城乡二元结构导致的城乡居民发展能力不平衡的矛盾，以加快建立城乡要素平等交换的市场环境和农民消化公共资源均衡配置的能力。

表8-4　2006—2012年农业"四项补贴"中央与省级财政资金安排

年份	粮食直补资金（万元）		农资综合直补资金（万元）		良种补贴（万元）		农机具购置补贴（万元）	
	中央负担	地方配套	中央负担	地方配套	中央负担	地方配置	中央负担	地方配套
2006	61624	46981	58150	0	102000	0	2500	715
2007	61624	46981	131143	0	131087.9	0	9000	715
2008	61624	46981	332569	0	131141.9	0	19000	715
2009	61624	46981	332569	0	139279.3	0	67000	715
2010	61624	46981	332569	0	139279.3	0	74000	765
2011	108605	0	392826	0	139279.3	0	84000	765
2012	108605	0	493800	0	141649.3	0	102000	1215
合计	525330	234905	2073626	0	923717	0	357500	5605

注：补贴范围为原农业税计税面积中农民实际种粮面积。①粮食直补政策自2004年开始实施，补贴标准自2007年起每亩为13.5元。2011年起全部由中央财政负担。②农资综合补贴自2006年开始实施，补贴标准2006年为每亩14.1元、2007年为每亩31.8元，自2008年起为每亩80.6元。

资料来源：湖南省财政厅预算处编：《2012·湖南财政重大公共惠民政策概要》（内部资料）。

我们不过多地去论证中国城乡差距扩大的政治历史原因。我们从新供给经济学的角度来阐释"公共财政济农理论"，把分析重点放在未来中国政府职能转移的重点领域，即公共产品供给或公共服务方面，从农民收入构成变化探索或预测公共财政功能的影响。表8-5反映了自1995年以来我国农民收入增长的结构性变化趋势。

---

① 《中共中央关于全面深化改革若干重大问题的决定》，2013年11月12日。

表 8 - 5 1995—2012 年农民家庭人均纯收入结构 单位：元/人

年份	纯收入	工资性收入	家庭经营纯收入	财产性收入	转移性收入
1995	1577. 74	353. 7	1125. 79	40. 98	57. 27
1996	1926. 07	450. 84	1362. 45	45. 9	66. 88
1997	2090. 13	514. 55	1472. 72	40. 32	62. 54
1998	2161. 98	573. 58	1466	46. 48	75. 92
1999	2210. 34	630. 26	1448. 36	48. 21	83. 51
2000	2253. 42	702. 3	1427. 27	45. 04	78. 81
2001	2366. 4	771. 9	1459. 63	52. 22	82. 65
2002	2475. 63	840. 22	1486. 54	55. 12	93. 75
2003	2622. 24	918. 38	1541. 28	59. 02	103. 56
2004	2936. 4	998. 46	1745. 79	71. 86	120. 29
2005	3254. 93	1174. 53	1844. 53	88. 45	147. 42
2006	3587. 04	1374. 8	1930. 962	100. 51	180. 77
2007	4140. 36	1596. 22	2193. 67	128. 22	222. 25
2008	4760. 62	1853. 73	2435. 56	148. 08	323. 24
2009	5153	2061	2527	167	398
2010	5919. 01	2431. 05	2832. 80	202. 25	452. 92
2011	6977. 29	2963. 43	3221. 98	228. 57	563. 32
2012	7916. 58	3447. 46	3533. 37	249. 05	686. 70
平均增速	10%	14%	7%	12%	16%

资料来源：国家统计局编：《2013·中国统计年鉴》，中国统计出版社 2013 年版。

根据表 8 - 5 中数据，我们参照 Barro and salsi - Martin 构建的经典收敛回归模型，[①] 建立如下计量模型：

$$LnY_t - LnY_{t-1} = \alpha + \beta LnY_{t-1} + \varepsilon \qquad (8-1)$$

$$式中 \beta = 1 - e^{-\lambda} \qquad (8-2)$$

在式（8 - 1）中：Y_t 表示第 t 期的人均收入，Y_{t-1} 表示第 $t-1$ 期的人

---

① Barro, R. and M. McCleary, 2003, Religion and Economic Growth, Harvard University Working Paper.

均收入，α、β 为待估参数，ε 为随机误差项，Ln 为对数化处理，目的是为了消除收入变量年份间较大的差异造成模型拟合的偏差。如果得到的回归结果出现 $\beta < 0$，且结果显著，则说明人均收入收敛；如果 $\beta > 0$，且结果显著，则说明人均收入发散。在式（8-2）中，λ 表示收敛速度。

表8-5显示，农民纯收入结构中的转移性收入增速最快，家庭经营纯收入增长最慢，工资性收入和家庭经营纯收入在农民纯收入中所占比重逐渐下降。人均收入 Y_t 分别考虑农民纯收入中的工资性收入、家庭经营纯收入、财产性收入和转移性收入四种构成，我们将表8-5中的数据输入 R 软件，得到回归结果，见表8-6。

表8-6　　　　　　　　农民家庭人均纯收入收敛性回归检验结果

	工资性收入	家庭经营纯收入	财产性收入	转移性收入
α	0.0495 （0.3933）	-0.2904 （-0.7721）	-0.1371 （-0.8079）	-0.2071 （-1.3188）
β	-0.0122 （-0.6738）	-0.0478 （-0.9517）	0.0560 * （1.4458）	0.0717 ** （2.2734）
Adjusted R^2	0.0294	0.0569	0.1223	0.2563
F	0.4541	0.9056	2.0904	5.1685
Prob（F-statistic）	0.5107	0.3564	0.0688	0.0381
λ	0.0123	0.0490	0.0576	0.0744

注：括号里的数值表示 t 值，＊表示在10%水平上显著，＊＊表示在5%水平上显著，＊＊＊表示在1%水平上显著。

回归检验结果显示，工资性收入和家庭经营纯收入的回归结果不具有统计显著意义，财产性收入在10%的显著性水平下发散，转移性收入在5%的显著性水平下发散。由于工资性收入和家庭经营纯收入两项回归结果的 β 系数呈现负值特征，因此，可以近似地认为这两项收入具有收敛特征。将这一回归结果与图8-4进行综合观察，更能说明在未来发展趋势中，转移性收入和财产性收入将呈发散上涨之势，并且可能成为带动农民家庭人均纯收入增长的主要因素。

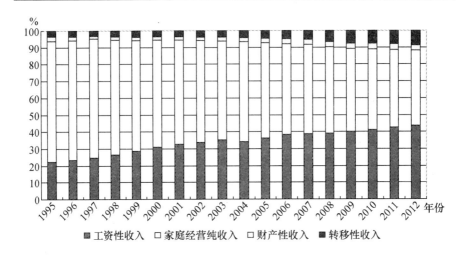

图 8 - 4　农民家庭人均纯收入中各项收入增长趋势图

我国农民家庭财产性收入包括城市化过程中农民的土地被征用获得的补偿收入、家庭承包的土地租赁收入、农民房屋出租收入及其他农业生产资料出租收入等，其中最主要的是土地征占用补偿收入和土地租赁收入。这块收入目前在农民纯收入中占比不高，主要是国家相关政策在农民土地权益方面的保护缺位造成的。一旦加强对农民承包经营土地的权益保护，建立起明晰农村土地产权、依法保护农村土地流转等政策体系，那么，农民的财产性收入就有极大的增长空间。可见，我们应当着重考虑鼓励农民增加财产性收入的政策创新，特别是要发展多种形式规模经营，鼓励有条件的农户流转承包土地的经营权，加快健全土地经营权流转市场，[①] 以推动财产性收入快速增长。

我国农民家庭转移性收入是指在城乡居民二次分配过程中，国家财政采取各种对"三农"的支持保护政策，包括财政补贴和补助资金等直接转化为农民家庭的收入部分。从扩大县乡政府农村公共产品供给的角度来看，加快转移性收入增长对提高农民家庭人均纯收入具有极大潜力。图8-4显示，近年来，转移性收入在农民家庭人均纯收入中所占的比重增长十分迅速。当农民家庭的工资性收入、家庭经营性收入增长空间较为有限，短期内又难以较大幅度地调整农地征占用补偿政策以迅速扩大财产性

---

① 《关于全面深化农村改革，加快推进农业现代化的若干意见》，2014 年 1 月 19 日。

收入的情况下，加快转移性收入增长对农民提高收入和改善收入结构就更具有重大意义。从制度创新来讲，除了强化农业支持保护制度、增加对农民的各项直接补贴政策之外，我们还可以通过采取贴息、奖励、风险补偿、税费减免等措施，拓宽"三农"投入资金渠道，带动金融和社会资金更多投入农业农村，将国家财政的直接补贴转化为新的"三农"投资，从而实现农民家庭转移性收入的效益升级。

3. 扩大财政对农村公共产品的供给必须优化调整中央与地方的财政支出结构

我国实施分税制改革以来，国家财政支出结构中的中央财政支出比重逐渐减小，地方财政支出比重逐渐增大。到 2011 年时，地方财政支出在国家财政支出中所占比重超过了中央财政支出比重。表 8－3 显示，从 1995 年以来的 18 年中，中央财政支出占国家财政支出总额的比重平均只有 21.09%，约占五分之一。虽然近年来国家再三强调加大中央财政支出对"三农"的扶持，但是，由于地方财政规模越来越大，因此，中央财政的"三农"支出增长空间较为有限。目前，国家财政对"三农"的支出普遍采取中央财政与地方财政配套的模式，但地方财政配套却非常困难，地方财政对"三农"的公共财政支出严重偏低。这也是今后国家财政对"三农"支出进行结构调整以扩大县乡政府农村公共产品供给的财政改革重点。

虽然地方财政在国家财政支出中所占比重越来越高，2012 年已经超过 85%。但是，地方财政受地方政府官员参与 GDP"竞争锦标赛"的制约，过度地向竞争性经济建设项目加强投入，导致地方财政配套的"三农"支出所占比重仍然很低。我们可以通过对湖南省部分农村公共服务和公共产品项目的中央与地方财政支出规模进行分析来进一步证明这一点。

近年来，中央财政连年加大对"三农"的公共财政支出，农村公共产品和公共服务的财政支出规模不断扩大。根据相关政策，中央要求省及省以下地方财政做出相应配套安排以支持"三农"发展。但是，地方财政实际安排的配套补助资金却十分有限。表 8－7a 反映了 2011—2012 年期间，湖南省农业综合开发、重点小型水库除险加固、生态公益林、农村饮水安全工程、重点地区中小河流治理、环洞庭湖基本农田整治等部分农村公共产品中央与地方财政的支出水平。表中显示，针对上述部分农村公共产品，2011 年中央与地方财政共安排 73 亿元支出，2012 年安排 116 亿元支出，比2011年增长近60%。按中央与地方财政支出口径区分，中央财政两年共安排141.89亿元，占财政支出总额的74.80%，地方财政两年共安排47.47亿元，占财政支出总额的25.20%，中央财政安排资金相当于地方财政安排资金的三倍。表8-7b反映了2011—2012年期间，湖南省农村低保补助资金、农村医疗补助资金、农家书屋建设补助资金、农村部分计划生育家庭奖励扶助、免费孕前优生健康检查补助资金、计划生育家庭特别扶助资金等部分农村公共服务项目中中央与地方财政的支出水平。表中显示，针对上述部分农村公共服务项目，2011年中央与地方财政共安排27.56亿元，2012年安排35.24亿元，比2011年增长近27.87%。按中央与地方财政支出口径区分，中央财政两年共安排51.28亿元，地方财政两年共安排11.52亿元。2011年中央财政安排的支出是地方财政安排支出的4.90倍，2012年为4.15倍。表8-7a和8-7b所反映的中央与地方财政支出对比情况，与国家财政支出总额中地方财政支出所占比重日益提高的地位明显不相适应。

表8-7a　　　　　　部分农村公共产品中央与地方财政支出规模　　　　单位:%

年份	农业综合开发①				重点小型水库除险加固②		生态公益林		农村饮水安全工程		重点地区中小河流治理		环洞庭湖基本农田整治		合计
	中央负担		地方财政		中央负担	地方财政	中央负担	地方财政	中央负担	地方财政	中央负担	地方财政	中央负担	地方财政	
	土地治理	产业化经营	土地治理	产业化经营											
2011	8.46	1.73	3.22	3.59	16.2	2.63	5.7	1.4	8.03	1.74	6.74	0.8	6.6	5.7	73
2012	11.3	2.36	4.27	0.52	32.1	16	5.6	1.3	18.9	2.25	6.49	1.48	7.6	6	116
合计	19.7	4.09	7.49	4.11	48.3	18.6	11	2.7	27	3.99	13.2	2.28	14.2	11.7	189

资料来源：湖南省财政厅预算处编：《2012·湖南财政重大公共惠民政策概要》（内部资料）。

---

① 农业综合开发补助政策自1989年开始实施，包括土地治理项目和产业化经营项目两种类型。湖南省最初纳入国家农业综合开发的县（市）32个，2012年，国家补助增加到95个县（市），地方补助13个县（市）。补助资金筹集办法是纳入国家农业综合开发的县（市）由中央补助，地方按1:0.4配套，农村集体和农民按1:0.2比例自筹。未纳入国家农业综合开发的县（市）由地方财政承担补助。

② 重点小型病险水库除险加固资金分"第一轮"和"第二轮"两轮安排，表中2011年数据为第一轮（2007—2009年实施），2012年数据为第二轮（2010—2012年实施）。

表8-7b　　　部分农村公共服务项目中央与省级财政支出规模比较

	年份	农村低保补助资金	农村医疗补助资金	农家书屋建设补助资金	农村部分计划生育家庭奖励扶助	免费孕前优生健康检查补助资金	计划生育家庭特别扶助资金	合计	中央比省（省=1）
中央财政支出（万元）	2011	153500	54400	11182	7678	708	1398	228866	4.90
	2012	197400	55700	11817	12454	4502	2091	283964	4.15
省财政支出（万元）	2011	30200	3000	7091	5228	272	956	46747	—
	2012	45200	3000	7090	8836	2864	1474	68464	—

资料来源：湖南省财政厅预算处编：《2012·湖南财政重大公共惠民政策概要》（内部资料）。

由此可见，进一步扩大财政对农村公共产品的供给，既要继续加大中央财政对"三农"的支出规模，又要合理调整中央与地方财政在农村公共产品供给中的财责与事权，要通过优化地方财政支出结构来实现地方财政对"三农"支出的快速增长，并形成长效机制。我们认为，扩大县乡政府农村公共产品供给，必须加快建立事权和支出责任相适应的制度。要在适度加强中央事权和支出责任的同时，将广大农村部分社会保障、跨区域重大项目建设维护等作为中央和地方共同事权，逐步理顺事权关系；农村区域性公共服务作为地方事权。中央和地方按照事权划分相应承担和分担支出责任。中央可通过安排转移支付将部分事权支出责任委托县乡政府承担。对于跨区域且对其他地区影响较大的农村公共服务，中央通过转移支付承担一部分地方事权支出责任。①

4. 完善一般性转移支付增长机制是扩大农村公共产品供给最重要的机制建设

财政转移支付是农村公共产品供给最重要的财政支持模式。但是，我国国家财政的"三农"支出存在着三个明显的结构性矛盾。一是专项性财政转移支付所占比例偏大，财政转移支付的透明性较差。近年来，我国财政支出中一般性财政转移支付与专项性财政转移支付的规模几乎相当，专项性财政转移支付规模明显偏大。二是省本级财政转移支付功能偏弱，难以发挥省本级财政在地区性农村公共产品供给中的调控功能。从2012年全国及各省（市、区）财政转移支付实际情况（参见表8-8）来看，

————————
① 《中共中央关于全面深化改革若干重大问题的决定》，2013年11月12日。

在全部财政转移支付中，省本级财政转移支付和市（州）本级财政转移支付仅占财政转移支付总额的比重不足 20%，中央和县（市）级财政转移支付占财政转移支付总额的比重超过 80%，形成"两头大、中间小"的纵向分布不均衡结构。三是财政转移支付的地区差异性特征十分明显，并与地方经济发展水平的地区差异不相适应。从表 8 – 8、表 8 – 9 和图 8 – 5a、8 – 5b、8 – 5c、8 – 5d、8 – 5e、8 – 5f 的对比观察分析中不难发现，县域经济发展最落后的地区并没有得到更多的财政转移支付。

表 8 – 8　　2012 年各省（市、区）财政转移支付与县域经济发展水平

地　区	人均财政转移支付总计（元）		其中：人均中央政府财政转移支付（元）		其中：人均县级财政转移支付（元）		县域经济发展水平		
	一般性转移支付	专项转移支付	一般性转移支付	专项转移支付	一般性转移支付	专项转移支付	人均地方公共财政收入（元）	农民人均收入超 1 万元的县(市)占比（%）	国家扶贫开发工作重点县(市)个数占比（%）
全　国	1666	1623	833	812	606	627	4511	11.89	28.07
北　京	1485	1266	742	633	289	118	16022	100.00	0.00
天　津	1021	1079	511	540	99	46	12456	100.00	0.00
河　北	1640	1364	820	682	624	520	2860	3.62	28.26
山　西	1818	1884	909	942	683	634	4199	2.06	36.08
内蒙古	3783	3478	1891	1739	1410	1556	6236	23.81	36.90
辽　宁	1873	1874	936	937	493	558	7075	38.64	0.00
吉　林	3058	3047	1529	1524	966	958	3786	0.00	19.51
黑龙江	2864	2943	1432	1472	693	752	3034	36.36	21.21
上　海	497	525	249	263	141	17	15730	100.00	0.00
江　苏	236	757	118	378	298	572	7400	67.19	0.00
浙　江	104	641	52	320	389	761	6283	70.97	0.00
安　徽	1860	1622	930	811	641	510	2994	3.23	27.42
福　建	722	1053	361	527	365	468	4739	11.86	0.00
江　西	2060	1807	1030	904	800	719	3046	1.23	25.93
山　东	639	884	320	442	285	330	4191	29.35	0.00
河　南	1721	1499	861	750	672	507	2169	4.55	28.18
湖　北	2045	1851	1023	926	724	737	3155	0.00	37.31
湖　南	1834	1733	917	867	664	653	2684	7.95	22.73

续表

地　区	人均财政转移支付总计（元）		其中：人均中央政府财政转移支付（元）		其中：人均县级财政转移支付（元）		县域经济发展水平		
	一般性转移支付	专项转移支付	一般性转移支付	专项转移支付	一般性转移支付	专项转移支付	人均地方公共财政收入（元）	农民人均收入超1万元的县（市）占比（%）	国家扶贫开发工作重点县（市）个数占比（%）
广　东	122	400	61	200	286	370	5880	17.95	0.00
广　西	2147	1507	1073	754	709	616	2491	0.00	34.57
海　南	3532	2198	1766	1099	932	989	4616	0.00	35.71
重　庆	1829	2112	915	1056	394	525	5784	0.00	57.69
四　川	1936	1850	968	925	764	786	2998	2.86	23.57
贵　州	2693	2049	1346	1025	875	761	2911	0.00	64.10
云　南	1794	2079	897	1040	806	943	2872	0.00	60.00
西　藏	16420	12655	8210	6327	1643	1437	2811	0.00	0.00
陕　西	2369	2281	1184	1141	926	576	4265	1.15	55.17
甘　肃	2970	3233	1485	1616	1019	1582	2019	1.32	55.26
青　海	7636	5582	3818	2791	1555	1320	3253	0.00	38.46
宁　夏	5044	4143	2522	2071	953	1324	4080	0.00	53.85
新　疆	4429	3144	2215	1572	1135	1080	4071	13.79	31.03
平均数	2651.03	2339.99	1325.52	1170	717.15	733.06	5035.81	20.58	25.58
极差率	158.17	31.67	158.17	31.67	16.64	93.91	7.94	——	——
标准差	2947.05	2184.05	1473.55	1092.03	377.61	398.14	3507.10	31.89	20.98
变异系数	1.1117	0.9334	1.1117	0.9334	0.5265	0.5431	0.6964	1.5496	0.8202

　　资料来源：①表中人均地方公共财政支出数据来源于《2013·中国统计年鉴》计算获得；②财政转移支付数据由财政部国库司编，经济科学出版社2010年10月出版的《2009·地方财政统计资料》计算获得的2009年数据；因省本级财政转移支付和市（州）本级财政转移支付仅占财政转移支付总额的比重不足20%，故本表中未单独列出。③表中县域经济发展水平数据来源于国家统计局农村社会经济调查司编，中国统计出版社2012年12月出版《2012·中国县（市）社会经济统计年鉴》。

　　我们根据表8-8提供的2012年全国及各省（市、区）财政转移支付的数据，综合考虑人均地方公共财政收入（Dcs）以及农民人均收入（Njs）超1万元的县（市）所占比重（%）、国家扶贫开发工作重点县

（市）（Gzp）个数所占比重（%）的情况，[①] 按照式（8-3）计算出各省（市、区）的经济发展水平综合指数 θ 值，再按 θ 值排序将各省（市、区）区分为地方经济发达、较发达、一般和落后等四个等次，详见表8-9。

$$\theta = 0.7 \times Dcs + 0.2 \times Njs + 0.1 \times Gzp \tag{8-3}$$

运用式（8-3）计算各省（市、区）的经济发展水平综合指数，首先根据表8-9对人均地方公共财政收入（Dcs）、农民人均收入（Njs）超1万元的县（市）所占比重（%）、国家扶贫开发工作重点县（市）（Gzp）个数所占比重（%）的数据进行无量纲化处理，然后代入式（8-3）中进行计算。式（8-3）中各变量的系数是我们采用德尔菲法调查部分专家后模拟的权重，反映了我们对各省（市、区）经济发展水平的综合评估结果。

表8-9　　　　　2012年各省（市、区）地方经济发达程度分类表

	经济发达地区	经济较发达地区	经济发展一般地区	经济水平落后地区
经济发展水平综合指数(θ)	2.0 < θ	0.4 < θ < 2.0	0 < θ < 0.4	θ < 0
省(市、区)	3	8	15	5
省(市、区)个数	北京（2.92）、上海（2.88）、天津（2.42）	江苏（1.40）、浙江（1.28）、辽宁（1.08）、广东（0.71）、内蒙古（0.67）、山东（0.59）、福建（0.49）、黑龙江（0.41）	新疆（0.30）、重庆（0.30）、海南（0.22）、山西（0.18）、吉林（0.17）、西藏（0.11）、陕西（0.11）、湖南（0.08）、宁夏（0.08）、四川（0.07）、安徽（0.06）、江西（0.05）、河北（0.04）、青海（0.02）、湖北（0.01）	河南（-0.05）、广西（-0.07）、云南（-0.12）、贵州（-0.13）、甘肃（-0.20）

注：括号内的数字为经济发展水平综合指数 θ 值，表中计算结题仅代表课题组观点，特此说明。

我们分别从一般性转移支付和专项转移支付两个方面，对图8-5a、8-5b、8-5c、8-5d、8-5e、8-5f反映出的人均财政转移支付总额、人均中央政府财政转移支付和人均县级财政转移支付的地区分布进行分析发现：

---

① 农民人均收入超1万元的县（市）所占比重、国家扶贫开发工作重点县（市）个数所占比重，均以各省（市、区）所辖县（市）的个数为基数计算所得，基数中不包含市辖区。表中相关数据来源于《2012·中国县（市）社会经济统计年鉴》。

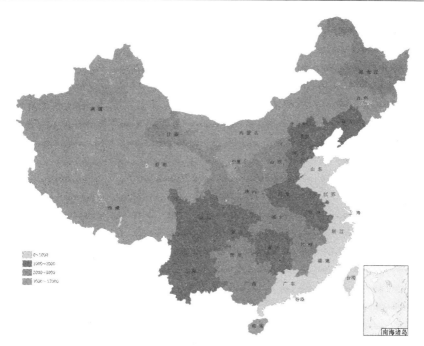

图 8 - 5a 全国人均财政一般性转移支付水平地区分布图

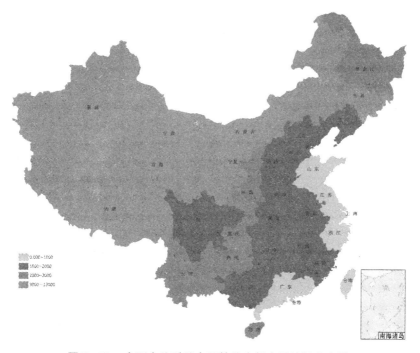

图 8 - 5b 全国人均财政专项转移支付水平地区分布图

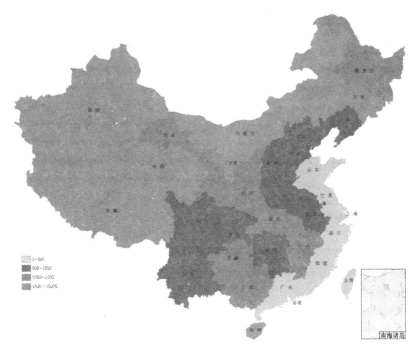

图 8 – 5c　人均中央财政一般性转移支付水平地区分布图

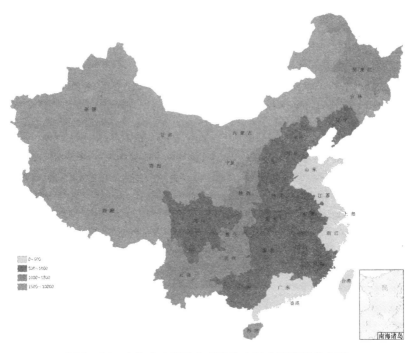

图 8 – 5d　人均中央财政专项转移支付水平地区分布图

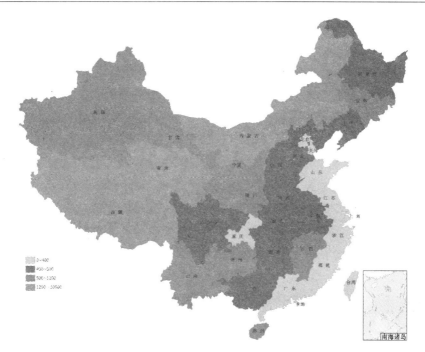

图 8 - 5e　人均县级财政一般性转移支付水平地区分布图

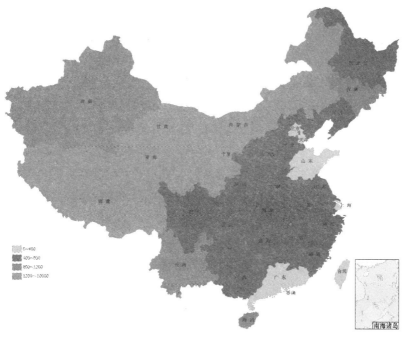

图 8 - 5f　人均县级财政专项转移支付水平地区分布图

从表 8-9 和图 8-5a 至图 8-5f 可以发现，河南、广西、云南、贵州、甘肃五省（区）的经济发展水平综合指数都在 0 以下，远远低于其他省（市、区），依次排名于全国各省（市、区）倒数后五位，处于全国各省（市、区）经济发展落后地区的水平。但是，除甘肃省的各级财政专项转移支付水平处于最高水平外，这五个省（区）的其他各级财政一般性转移支付和专项转移支付人均水平都没有达到全国各省（市、区）的最高水平。特别是河南、云南两省的全国财政一般性转移支付人均水平、中央财政一般性转移支付人均水平，广西的县级财政一般性和专项转移支付人均水平、全国财政和中央财政的专项转移支付人均水平，都排在全国各省（市、区）较低的水平上。贵州省的各项财政转移支付人均水平也刚刚达到全国各省（市、区）的平均水平而已。上述五省（区）的各级财政转移支付人均水平与其经济发展综合水平相比极不适应。另一方面，北京、上海和天津三市的经济发展水平综合指数在 2.0 以上，远远高于其他省（市、区），居于全国各省（市、区）的经济发达地区水平。但是，无论是全国人均财政一般性转移支付、人均中央财政一般性转移支付，还是全国人均财政专项转移支付、人均中央财政专项转移支付，北京和天津两市都不属于最低的，只有人均县级财政一般性转移支付和人均县级财政专项转移支付水平，北京、上海和天津三市才居于最低水平。从一般性财政转移支付和专项转移支付来看，虽然与地方经济发展综合水平相比都存在不相适应的矛盾，但是专项财政转移支付、特别是中央财政专项转移支付所存在的矛盾更为突出，例如，地方经济发展综合水平发达的北京、天津，较发达的辽宁、福建，与地方经济发展综合水平一般的湖南、湖北、江西以及落后的河南、广西等省（市、区），其中央财政专项转移支付人均水平同在一个水平上。

通过以上分析后我们认为，要扩大财政支出对农村公共服务和公共产品供给的支持，应当优先考虑规范专项转移支付项目，要通过对一般性转移支付进行调节来弥补中央出台增支政策形成的地方财力缺口。扩大县乡政府农村公共产品供给财政支出，除了重点增加对革命老区、民族地区、边疆地区、贫困地区的转移支付项目外，对其他各类专项性财政转移支付，要通过加强清理、整合、对保留专项进行甄别，属地方事务的划入一般性转移支付。[①] 只有不断减缩专项转移支付规模，进一步完善一般性转移支付增长机制，

---

① 《中共中央关于全面深化改革若干重大问题的决定》，2013 年 11 月 12 日。

才能从根本上建立起扩大农村公共产品供给的财政支持机制。

5. 扩大县乡政府农村公共产品供给的根本途径是实现公共产品城乡统筹发展

我国城乡居民享受公共服务和消费公共产品的水平存在明显差距，是一个不争的事实。以医疗卫生公共产品和公共服务来看，随着国民经济迅速增长，城乡居民对医疗卫生公共服务和公共产品供给的需求日益增长。但是，表8-10a显示，城乡居民医疗卫生公共服务和公共产品供给的差距却呈现不断扩大的趋势，农村居民所享有的医疗卫生公共服务和公共产品供给水平仍然偏低。

表8-10a   2003—2012年城乡居民医疗卫生公共服务基本数据比较

年份	城市每千人口卫生技术人员（人）	农村每千人口卫生技术人员（人）	城市每千人口医疗卫生机构床位（张）	农村每千人口医疗卫生机构床位（张）	城市卫生服务机构平均住院日（天）	乡镇卫生院平均住院日（天）	城市居民人均卫生总费用（元/年）	农村居民人均卫生总费用（元/年）
2003	4.88	2.26	4.1	1.32	11	4.2	1108.91	274.67
2004	4.99	2.24	4.15	1.34	21	4.4	1261.93	301.61
2005	5.82	2.69	4.16	1.38	17.2	4.6	1126.36	315.83
2006	6.09	2.7	4.18	1.47	15.5	4.6	1248.3	361.89
2007	6.44	2.69	4.9	2	13.1	4.8	1516.29	358.11
2008	6.68	2.8	5.17	2.2	13.4	4.4	1861.76	455.19
2009	7.15	2.94	5.54	2.41	10.6	4.8	2176.63	561.99
2010	7.62	3.04	5.94	2.6	10.4	5.2	2315.48	666.3
2011	6.68	2.66	6.24	2.8	10.2	5.6	2697.48	879.44
2012	8.55	3.41	6.88	3.11	10.1	5.7	2969.01	1055.89
平均	6.49	2.74	5.13	2.06	13.25	4.83	1828.22	523.09

资料来源：国家统计局编：《2013·中国统计年鉴》，中国统计出版社2013年版。

表8-10a显示，自2003年以来，城市每千人口卫生技术人员平均拥有量为6.49人，农村每千人口卫生技术人员平均拥有量只有2.74人，城市居民是农村居民的2.37倍；城市每千人口平均拥有医疗卫生机构床位5.13张，农村每千人口平均拥有医疗卫生机构床位2.06张，城乡居民实际拥有量之比为2.49:1；城市卫生服务机构平均住院日达13.25天，乡

镇卫生院平均住院日达 4.83 天，城市是农村的 2.74 倍；城市居民人均每年卫生总费用为 1828.22 元，农村居民人均每年卫生总费用为 523.09 元，城乡居民人均每年卫生总费用支出差距为 3.5 倍。可见，如果将城乡居民实际享受到的公共服务和公共产品消费情况计算到城乡差别之中，那么，城乡居民的实际收入差距远不止表 8-1 所反映的约 3.1 倍的水平。

表 8-10b　　2004—2012 年新型农村合作医疗筹资及补偿情况

年份	参合率（%）	农村参合人口（万人）	人均筹资（元）	当年基金支出（亿元）	受益人群人均补偿额（元）	补偿受益人次（亿人次）	参合人口平均补偿受益次数（人次）
2004	75.2	56930	50.4	26.4	4.64	0.76	0.13
2005	75.7	56430	42.1	61.8	10.95	1.22	0.22
2006	80.7	59040	52.1	155.8	26.39	2.72	0.46
2007	86.2	61630	58.9	346.6	56.24	4.53	0.74
2008	91.5	64415	96.3	662.3	102.82	5.85	0.91
2009	94.2	64940	113.4	922.9	142.12	7.59	1.17
2010	96	64428	156.6	1187.8	184.36	10.87	1.69
2011	97.5	64015	246.2	1710.2	267.16	13.15	2.05
2012	98.3	63130	308.5	2408	381.43	17.45	2.76
平均增速		1.3%	25.0%	76.0%	74.0%	48.0%	47.0%

资料来源：国家统计局编：《2013·中国统计年鉴》，中国统计出版社 2013 年版。

我国自 2002 年开始在少数农村开展新型农村合作医疗制度试点，到 2008 年底有 90% 以上的农民参加了新型农村合作医疗，2010 年基本实现了新型农村合作医疗制度全覆盖。表 8-10b 反映了我国自 2004 年以来农民参加新型农村合作医疗的参合率、参合人口、筹资水平、基金支出、受益人群补偿水平等基本情况。

虽然农村广泛实行了新型农村合作医疗制度，但是，表 8-10b 反映出我国农村居民享受的医疗卫生公共服务总体水平仍然很低。到 2012 年末，我国农村参合人口达 63130 万人，参合率超过 98%。当年农民人均筹资水平达到 308.5 元，受益人群人均补偿额提高到 381.43 元，但这个数据仍只占农民全部医疗卫生费用总支出的不足 20%，并且比同期城市居民医疗卫生保险受益水平低得多。据卫生部统计资料显示，2012 年我国城市居民人均卫生总费用支出为 2959. 41 元，农村居民人均卫生总费用支出为 1055. 89 元。2012 年我国综合医院的一个住院病人日均医药费就达到 793. 5 元。[①] 也就是说，一个参合农民在新农合一年平均享受的补偿金还不够在综合医院住一天院的医药费支出。可见，从根本上讲，还是要健全城乡发展一体化体制机制，形成以工促农、以城带乡、工农互惠、城乡一体的新型工农城乡关系，让广大农民平等参与现代化进程、共同分享现代化成果。[②]

从公共财政政策改革入手缩小城乡居民收入差距，一方面靠"多予"，另一方面靠"少取"。要从城乡统筹这个大视角来考虑农村公共产品供给问题，加大公共财政支持力度，通过健全体制机制，形成以工促农、以城带乡、工农互惠、城乡一体的新型工农城乡关系。[③] 扩大县乡政府农村公共产品供给的"少取"政策，基本途径是减少税费规模和取消各种农村"摊派"。就我国农业财税政策现状而言，减少税费规模的空间已经很小，县乡政府农村公共产品供给中的"一事一议"筹资途径也受到严格控制。扩大县乡政府农村公共产品供给的"多予"政策，既要扩大对现有农村公共服务和农村公共产品的财政支出规模，又要按照城乡一体化的要求扩大农村居民享受公共服务和公共产品的范围，将农村公共服务与公共产品供给纳入城镇"统一规划、统一建设"。然而，当前我国城乡公共服务与公共产品供给失衡的矛盾突出表现为农村公共产品投入太少，且在整个国家公共产品投入总量中所占比例太低（参见表 8 - 11）。由于长期以来农村公共产品投入"欠债"太多，致使城乡统筹发展困难重重。

从表 8 - 11 的数据可以发现，我国农村教育、农村医疗卫生、农村文化、农村养老保障等公共服务投入明显偏少。以农村养老服务为例，我国农村目前基本上还处于以传统的家庭式养老模式为主的保障阶段，农村老龄人口所占比例超过了 9. 39%，但是，到 2012 年末，每万农业人口中年被农村养老服务机构收养的人数仅仅只有 31. 14 人，机构收养比例不足

---

① 卫生部主编：《2013·中国卫生统计年鉴》，中国协和医科大学出版社 2013 年版。
② 《中共中央关于全面深化改革若干重大问题的决定》，2013 年 11 月 12 日。
③ 同上。

表8-11　　　　　　1995—2012年农村公共服务和公共产品供给状况

年份	农村教育		农村医疗卫生		农村文化	农村养老	社会救济	农村科技		
	每千农业人口义务教育专任教师数（人）	每万农业人口农民技术培训学校专任教师数（人）	每千农业人口乡镇卫生院床位数（张）	每千农业人口乡医生和卫生员人数（人）	每千农业人口拥有群众文化馆办文艺团体数（个）	每万农业人口中年末被农村养老服务机构收养的人数（人）	农村社会救济费占民政事业费支出总额比重（%）	企事业单位专业技术人员中农业技术人员比重（%）	国家科技支撑（攻关）计划中央财政拨款中农业项目比重（%）	国家重点基础研究发展计划（973计划）中央财政拨款中农业项目比重（%）
1995	6.20	1.58	0.85	1.48	0.84	7.02	2.9	1.98		
2000	6.63	1.81	0.91	1.44	0.36	5.29	3.8	2.32	24.73	16.62
2009	6.70	1.41	1.35	1.19	0.76	25.10	25.3	2.47	19.32	12.03
2010	6.65	1.37	1.48	1.23	0.83	27.19	24.6	2.45	22.03	8.08
2011	5.03	1.43	1.56	1.27	1.21	29.32	29.7	2.45	23.99	8.39
2012	4.88	1.37	1.71	1.25	1.36	31.14	27	2.39	17.90	11.68

资料来源：国家统计局农村社会经济调查司编：《2013·中国农村统计年鉴》，中国统计出版社2013年版。表中义务教育包括小学与初中。表中农业科技数据来源于国家统计局、科学技术部编，中国统计出版社出版的《2013·中国科技统计年鉴》，其中国家科技攻关计划2000年行中数据为2001年数据。

0.32%，[①] 超过九成的农村老龄人口得不到机构收养。从另一个角度看，农村公共产品和公共服务的财政投入占国家相应财政投入总量的比例也特别低。例如，在2012年我国企事业单位专业技术人员中农业技术人员所占的比重仅有2.39%，国家科技支撑（攻关）计划中央财政拨款中农业项目的比重为17.90%，国家重点基础研究发展计划（973计划）中央财政拨款中农业项目的比重更低，只有11.68%。

我们从新供给经济学理论出发研究认为，要实现城乡统筹发展的目标必须加大国家财政对"三农"的支持力度，同时，只有加快扩大县乡政府农村公共产品供给，才能从根本上推动实现公共产品城乡统筹发展。在具体政策层面上，应着力于健全城乡发展一体化体制机制，推进城乡基本公共服务均等化。要在教育、医疗卫生、计划生育、文化体育、社会养

---

① 国家统计局编：《2013·中国统计年鉴》，中国统计出版社2013年版。

老、最低生活保障、扶贫开发等领域，努力按照城乡一体化的目标，加快推进农村公共服务标准化试点，积极实施城乡统一规划、统一治理、统一建设。

第二节　改革路径与政策架构
——解决问题的顶层设计

党的十八大对我国全面深化改革的历史紧迫性、任务艰巨性、道路曲折性做出了科学判断，我国的改革开放正进入攻坚期和深水区。在攻坚期和深水区全面深化各项改革，不能驻足停留慢下来，也不能着急上火乱出步。提高农村公共产品供给水平，加强农村公共产品供给效率管理，是完善和发展中国特色社会主义制度的必然要求。我们应当从推进国家治理体系和治理能力现代化的改革要求出发，积极稳妥地设计改革路径、架设政策体系，以求全面实现从供给端解决县乡政府农村公共产品供给问题的重要目标。

一　基本公共服务保障与政府合法性基础

早在 1997 年，世界银行就在其《世界发展报告》中明确提出每个国家的政府核心使命即现代政府的五项最基本职能是确定法律基础、保持一个未被破坏的政策环境、投资于基本的社会服务和社会基础设施、保护弱势群体和保护环境。实际上，这五项最基本的政府职能都可以概括为提供"基本公共服务保障"。今天，当我们力图从供给端解决县乡政府农村公共产品供给问题时，首要的任务就是必须牢固树立起政府提供基本公共服务保障的社会意识，强化政府供给公共产品的合法性基础政治理念。

1. 政府提供基本公共服务保障的社会意识

什么是基本公共服务？目前理论界较为集中的统一认识是强调公共服务的公益性基本特征。学者们普遍认为，基本公共服务是指政府必须承担和满足的公共产品和服务，是一个社会非由政府提供才能有效满足和充分保障的基本福利水准（项继权，2008）。[①] 这一定义强调基本公共服务必须由政府来提供。正如世界银行在《世界发展报告》中所述：公共服务

---

① 项继权：《民权与民生》，西北大学出版社 2008 年版。

不会自动惠及穷人。由于政府掌握着公共资源，公共服务的公共属性，决定了民间提供公共服务的渠道和力度都是有限的。因而，政府应该是公共服务的天然提供者。[①] 2006 年，《中共中央关于构建社会主义和谐社会若干重大问题的决定》明确指出，我国政府基本公共服务的相关政策包括教育、文化、就业再就业、社会保障、生态环境、公共基础设施和社会治安等。基本公共服务是建立在一定社会共识基础上，依据经济社会发展阶段和总体水平，为维持本国经济社会稳定、基本的社会正义和凝聚力，保护个人最基本的生存权和发展权所必须提供的公共服务。[②]

2012 年 7 月，国务院公布《国家基本公共服务体系"十二五"规划》（以下简称《规划》）。这个《规划》是我国第一个明确将基本公共服务纳入国家责任的规范性文件，它从全社会范围确立了政府提供基本公共服务保障的社会意识。《规划》也成为今后我国政府加强基本公共服务建设的指导性文件。《规划》明确界定，"基本公共服务是指建立在一定社会共识基础上，由政府主导提供的，与经济社会发展水平和阶段相适应，旨在保障全体公民生存和发展基本需求的公共服务"，"基本公共服务范围，一般包括保障基本民生需求的教育、就业、社会保障、医疗卫生、计划生育、住房保障、文化体育等领域的公共服务，广义上还包括与人民生活环境紧密关联的交通、通信、公用设施、环境保护等领域的公共服务，以及保障安全需要的公共安全、消费安全和国防安全等领域的公共服务"。《规划》针对农村基本公共服务建设任务，进一步明确了农村基础设施、环境保护两个领域的基本公共服务重点任务包括：行政村通公路和客运班车，行政村通电，邮政服务做到乡乡设所、村村通邮，县县具备污水、垃圾无害化处理能力和环境监测评估能力，保障城乡饮用水水源地安全等。《规划》明确规定：我国基本公共服务"十二五"时期的主要目标是"供给有效扩大、发展较为均衡、服务方便可及、群众比较满意"，"到 2020 年实现全面建设小康社会奋斗目标时，基本公共服务体系比较健全，城乡区域间基本公共服务差距明显缩小，争取基本实现基本公共服务均等化"，《规划》从制度上进一步强调了基本公共服务建设的"群众满意度"，并将建设成果与全面建设小康社会紧密结合，从而更加突出了政

---

① 韩小威：《统筹城乡与农村基本公共服务供给模式的选择》，《求索》2013 年第 5 期。

② 陈昌盛：《公共财政支持农业保险发展的途径、标准与规模》，《保险研究》2007 年第 6 期。

府提供基本公共服务保障的社会意识。①

2. 政府供给公共产品的合法性基础政治理念

正义是社会体制的第一美德，罗尔斯把正义观的规定视为社会发展的基石。罗尔斯在其名著《正义论》中将实现合理的充分就业、维持最低限度的社会保障、通过税收和对财产权的必要调整以维持分配份额大致公平的正义性，作为合法政府推动社会改良的基本方向。② 党的十七大报告（2007 年）把实现基本公共服务均等化放在重要位置，明确指出："实现社会公平正义是中国共产党人的一贯主张，是发展中国特色社会主义的重大任务。"一般认为，公平正义是指社会的政治、经济和文化权益在全体公民之间公平而合理的分配。我国建设中国特色社会主义国家，必须坚持公平正义的基本价值目标。政府履行公共服务基本职能，提供基本公共服务保障，既是调节社会分配和再分配的重要手段，也是建设有中国特色社会主义国家各级政府合法性的重要基础之一。经历了从计划经济向社会主义市场经济转轨的三十多年改革开放，站在改革发展的历史新起点，我们必须以基本公共服务均等化为重点，尽快实现政府职能从"以经济总量为导向"向"以基本公共服务均等化为重点"的转变。因此，统筹城乡发展，扩大政府对农村公共产品的供给，缩小城乡基本公共服务供给之间的过大差距，是各级政府坚持以人为本、推动实现社会公平正义的最基本行政职能目标之一。

党的十八大报告（2012 年）要求："推动政府职能向创造良好发展环境、提供优质公共服务、维护社会公平正义转变"，"必须从维护最广大人民根本利益的高度，加快健全基本公共服务体系"。③ 党的十八届三中全会（2013 年）做出《中共中央关于全面深化改革若干重大问题的决定》（以下简称《决定》）提出，要紧紧围绕更好保障和改善民生、促进社会公平正义、深化社会体制改革，推进基本公共服务均等化。政府的职责和作用主要是保持宏观经济稳定，加强和优化公共服务，保障公平竞争，加强市场监管，维护市场秩序，推动可持续发展，促进共同富裕，弥

---

① 国务院：《国家基本公共服务体系"十二五"规划》，2012 年 7 月 11 日。

② 参见［美］约翰·罗尔斯《正义论》，何怀宏、何包钢、廖申白译，中国社会科学出版社 2009 年版。

③ 胡锦涛：《坚定不移沿着中国特色社会主义道路前进　为全面建成小康社会而奋斗——在中国共产党第十八次全国代表大会上的报告》，2012 年 11 月 8 日。

补市场失灵。① 《决定》明确规定我国政府的五大基本职能包括宏观调控、公共服务、市场监管、社会管理、环境保护。《决定》要求各级政府要按照完善和发展中国特色社会主义制度、推进国家治理体系和治理能力现代化的指导思想，切实转变政府职能，深化行政体制改革，创新行政管理方式，增强政府公信力和执行力，建设法治政府和服务型政府。② 国务院2012 年公布的《国家基本公共服务体系"十二五"规划》载明："享有基本公共服务属于公民的权利，提供基本公共服务是政府的职责"，"建立健全基本公共服务体系，促进基本公共服务均等化，是维护社会公平正义的迫切需要和全面建设服务型政府的内在要求"，"本规划确定的目标和任务，是政府对人民群众的承诺"。③ 可见，向人民提供基本公共服务不仅是服务型政府的基本责任范畴，更是法治型政府依法行政的重要法律依据，是政府合法性基础之一。

3. 公共服务的城乡差距和地区差距临近"警戒线"

目前我国城乡基本公共服务规模和水平的巨大差距，使农民不能享受与城市市民同质化的基本公共服务，农村的社会福利权利缺失，严重制约了广大农民的发展能力与发展机会，成为影响社会公正与和谐稳定的突出问题。④ 有研究成果显示，2005 年我国名义城乡收入差距为 3.22∶1，若把基本公共服务，包括义务教育、基本医疗等因素考虑在内，城乡实际收入差距已经达到 5.6∶1。按照这个分析，公共服务因素在城乡收入差距中的影响为 30%—40%。⑤ 事实上，随着我国国民经济的快速发展，城乡居民在享受公共服务与消费公共产品方面的这种差距并未能有所缓解，个别公共产品供给的城乡差距甚至临近"警戒线"。近年来，国内学者广泛研究了政府提供城乡居民基本公共服务保障的责任性功能，研究发现，为农村居民提供与城市居民均等的基本公共服务，是中央政府出台的、包含多种类服务项目的综合性、导向性的公共政策，政策本身在价值取向上具有极高的合法性。但从近几年的执行实践来看，很多地方的政策落实情况与

① 中共中央：《中共中央关于全面深化改革若干重大问题的决定》，2013 年 11 月 12 日。
② 同上。
③ 参见国务院《国家基本公共服务体系"十二五"规划》，2012 年 7 月 11 日。
④ 姜晓萍：《统筹城乡基本公共服务均等化研究》，《社会科学研究》2012 年第 6 期。
⑤ 中国（海南）改革发展研究院编著：《中国政府改革路线图》，世界知识出版社 2010 年版。

政策设计的预期相比有比较大的差距。即使在农村合作医疗、农村义务教育、农村基本养老保险等少数几项中央特别重视的重点服务项目也存在政策净效用偏低的问题。执行中产生的问题，不仅制约了农村公共服务水平的提升，而且往往还使作为主要执行者的基层政府（县、乡政府）成为农民批评的对象，基层政府的合法性受到质疑。① 可以说，从政治理性出发，我国城乡居民公共产品和公共服务存在较大差距，基层政府都有一定的责任。

我们分析政府提供基本公共服务保障与政府合法性基础，还应当在看到城乡居民享受公共服务与消费公共产品方面存在客观差距的同时，高度警惕公共产品供给与公共服务的地区差距正在扩大的趋势。农村居民享受的公共服务与消费公共产品的地区差距不断扩大，不仅会对实现城乡统筹发展、建设社会主义新农村奋斗目标产生严重的消极影响，而且也将阻碍各级政府（特别是县乡政府）建设科学的治理体系和治理能力现代化进程。

国际上通常采用基尼系数、泰尔指数、变异系数等来衡量一个总体中各个总体单位在某个变量上取值的差异程度。一般来说，当变异系数取值等于或大于100%时为强变异，介于100%—40%之间为中等变异，介于40%—10%之间为低等变异，等于或小于10%为弱变异。根据黄金分割律，变异系数"优""劣"的临界准确值应为0.382。国际上通常将基尼系数为0.45作为收入分配差距的"警戒线"，大于这一数值容易出现社会动荡。我们参照基尼系数"警戒线"标准和变异系数黄金分割线标准，将地区差距变异系数为0.4确定为差距"警戒线"。当公共产品供给与公共服务的地区差距超过这一"警戒线"时，将会引起两方面的社会矛盾：一方面，由于差距偏大而产生"服务劣等地区"居民激发出向"服务优等地区"急剧迁移的强大动力，导致原来"服务优等地区"的公共产品供给超负荷状况并降低整个公共服务质量；原来"服务优等地区"的政府为了保持较高的公共服务水平，会采取各种阻止政策来延缓这种人口迁移速度。另一方面，在"服务劣等地区"，由于居民丧失长期居住信心而变得更加不关心当地公共基础设施建设，地方政府也将更多财力放到具有显著经济效益的竞争性产业发展方面，从而导致公共产品供给和公共服务

---

① 张成林、鲁先锋：《论农村基本公共服务政策的执行》，《理论导刊》2012年第1期。

消费水平更加下降。这种由于公共产品供给和公共服务地区差距变异系数偏大而导致的"两极分化",终将使政府难以提供基本公共服务可持续的保障,甚至动摇基本公共服务保障落后地区的政府合法性基础。

我们采用 2012 年全国各省(市、区)农村部分基本公共服务或公共产品供给数据的变异系数(见表 8 – 12),对不同省(市、区)的农村公共产品和公共服务地区差距进行分析。表 8 – 12 显示,除农村教育外,在所有比较项目中,农村医疗卫生、农村文化、生活环境、生态环境、农业基本生产条件等基本公共服务的地区差距变异系数都超过了"警戒线"。

表 8 – 12　　　　　2012 年农村基本公共服务分区比较情况

地区	农村教育		医疗卫生		农村文化	生活环境		生态环境		农业基本生产条件		
	平均每百个劳动力中的小学程度人数(人)	平均每百个劳动力中的初中程度人数(人)	每千农业人口村卫生室人员(人)	每千农业人口乡镇卫生院床位数(张)	农民人均观看国内演出次数(次/人)	卫生厕所普及率(%)	每个农业人口新增沼气工程(立方米)	自然保护区占辖区面积比重(%)	水土流失治理面积占农用地总面积的比重(%)	每万元农业GDP使用农用机械动力比重(千瓦)	有效灌溉面积占农用地总面积的比重(%)
全　国	26.1	53	1.56	1.71	0.81	71.7	3.09	14.9	17.03	1.96	9.60
北　京	6.3	48.8	1.64	0.00	0.71	97	8.41	8	55.00	1.61	18.93
天　津	16.5	63.2	1.57	1.57	0.28	93.3	8.68	8.1	7.82	3.31	48.63
河　北	18.2	60.4	2.13	1.53	1.07	55.8	1.96	3.6	49.01	3.31	35.19
山　西	21	57.1	2.14	1.61	2.46	52.2	1.21	7.4	52.16	4.38	13.01
内蒙古	26.3	52.1	1.64	1.66	1.09	46	2.74	11.6	12.15	2.26	3.28
辽　宁	22.7	66.6	1.65	1.86	0.13	64.2	1.24	12.4	59.48	1.17	15.13
吉　林	31.9	55.8	1.61	1.43	0.27	75.5	0.43	12.4	22.52	1.81	11.30
黑龙江	29.6	60.4	1.63	1.24	0.19	70.7	2.74	14.9	13.13	2.15	12.59
上　海	18.4	53.2	2.7	0.00	0.75	98	3.14	5.2	0.00	0.88	54.22
江　苏	23.6	53.4	1.87	1.77	0.68	90.9	3.40	4.1	17.75	1.23	58.51
浙　江	29.5	44.5	0.61	0.73	3.34	91.5	6.48	1.5	29.01	1.49	16.96
安　徽	24.3	55.3	1.31	1.51	1.57	59.2	2.21	3.8	20.06	2.71	32.04
福　建	31	47.7	1.46	1.80	1.79	88.5	6.42	3.1	13.84	0.72	9.03
江　西	29.7	51.5	1.65	1.73	0.49	84.4	3.15	7.6	34.05	3.03	13.46
山　东	18.7	57.2	2.71	2.34	0.34	88.3	3.65	4.7	41.34	2.90	43.73

续表

地区	农村教育		医疗卫生		农村文化	生活环境		生态环境		农业基本生产条件	
	平均每百个劳动力中的小学程度人数(人)	平均每百个劳动力中的初中程度人数(人)	每千农业人口村卫生室人员(人)	每千农业人口乡镇卫生院床位数(张)	农民人均观看国内演出次数(次/人)	卫生厕所普及率(%)	每个农业人口新增沼气工程(立方米)	自然保护区占辖区面积比重(%)	水土流失治理面积占农用地总面积的比重(%)	每万元农业GDP使用农用机械动力比重(千瓦)	有效灌溉面积占农用地总面积的比重(%)
河　南	16.5	61	1.86	1.68	1.14	72.9	5.41	4.4	36.73	2.88	42.39
湖　北	23.9	54.1	1.37	2.07	0.71	76.7	2.17	5.1	32.49	1.35	17.40
湖　南	26.3	50.8	1.11	2.20	0.30	64.8	1.79	6.1	15.96	1.73	15.17
广　东	22.1	55.6	1.18	1.47	1.49	88.6	4.53	6.7	9.59	0.88	12.59
广　西	25	57.2	1.04	1.87	0.08	72.8	1.15	6	11.30	1.47	8.63
海　南	18.1	61.4	0.73	1.26	0.51	70	21.37	7	1.37	0.67	9.10
重　庆	30.9	52.1	1.48	2.73	0.50	60.8	2.19	10.3	35.26	1.24	10.16
四　川	33.8	48.7	1.45	2.45	0.35	67.4	6.10	18.5	15.91	1.12	6.28
贵　州	38.1	43.7	1.23	1.50	0.12	43.9	1.22	5.4	23.05	2.36	7.97
云　南	41.2	40.7	1.12	1.41	0.29	58.7	0.14	7.5	19.44	1.74	5.28
西　藏	56.8	6.1	4.01	1.08	0.55	51.5	0.50	33.9	0.06	5.79	0.32
陕　西	21.7	54.6	1.82	1.55	0.91	66.5	0.87	5.7	51.48	1.72	6.91
甘　肃	26.8	45.6	1.34	1.45	0.77	62.6	1.04	16.2	34.53	2.92	5.43
青　海	43.9	28.4	2.44	1.35	0.34	59.2	0.28	30.2	1.96	2.46	0.58
宁　夏	32.2	42.4	1.08	0.81	0.65	64	3.42	10.3	44.35	3.95	11.77
新　疆	29.8	56.9	1.28	1.76	0.44	65.2	1.31	13	0.86	1.49	6.39
均　值	26.93	51.18	1.64	1.53	0.78	71.00	3.53	9.51	24.57	2.15	17.82
级　差	50.50	60.50	3.40	2.73	3.26	54.10	21.23	32.40	59.48	5.12	58.19
级差率	9.02	10.92	6.57	—	41.75	2.23	152.64	22.60	—	8.64	182.84
变异系数	35%	22%	40%	38%	90%	21%	113%	75%	72%	54%	89%

资料来源：国家统计局农村社会经济调查司编：《2013·中国农村统计年鉴》，中国统计出版社2013年版，表中部分数据系根据《2013·中国农村统计年鉴》数据计算所得。

　　表8－12显示，大11项农村基本公共服务比较项目中，每千农业人口村卫生室人员、农民人均观看国内演出次数、每个农业人口新增沼气工

程、自然保护区占辖区面积比重、水土流失治理面积占农用地总面积的比重、每万元农业 GDP 使用农用机械动力比重、有效灌溉面积占农用地总面积的比重等 7 项农村公共服务或公共产品的地区差距变异系数超过 40%，其中每个农业人口新增沼气工程的变异系数超过 100%，有效灌溉面积占农用地总面积的比重、农民人均观看国内演出次数的变异系数接近或达到 90%。自然保护区占辖区面积比重和水土流失治理面积占农用地总面积的比重等两项生态环境指标，其变异系数都超过 70%。值得注意的是，虽然农村教育公共服务的变异系数没有达到"警戒线"，但是，在所有比较的 11 项公共产品或公共服务中，平均每百个劳动力中的小学程度人数和平均每百个劳动力中的初中程度人数的级差却是很大的，级差率分别达到 9.02 和 10.92。西藏平均每百个劳动力中的小学程度人数最多，是北京的 9.02 倍；而辽宁平均每百个劳动力中的初中程度人数最多，是西藏的 10.92 倍。各省（市、区）农村公共产品和公共服务的差距的确非常大。

二 "三步走"的改革路径

早在 20 世纪 80 年代，党的十三大结合邓小平同志反复思考后得出的发展战略理论，提出了到 21 世纪中叶"人民生活比较富裕，基本实现现代化"的"三步走"发展战略。党的十八大报告明确提出："在中国共产党成立一百年时全面建成小康社会，在新中国成立一百年时建成富强民主文明和谐的社会主义现代化国家。"2012 年 11 月，习近平总书记将"中国梦"定义为"实现中华民族伟大复兴，就是中华民族近代以来最伟大梦想"，并把"中国梦"的核心内容概括为实现"两个一百年"奋斗目标，将其作为政治、经济、文化、社会、生态文明"五位一体"建设的指导思想和重要执政理念。为了实现"中国梦"，党的十八届三中全会做出全面深化改革的战略部署，提出了完善和发展中国特色社会主义制度，推进国家治理体系和治理能力现代化的全面深化改革总目标。从"三步走"发展战略，到"两个一百年"的"中国梦"，都将"实现现代化"、赶超世界先进水平作为中华民族伟大复兴的奋斗目标。新世纪的现代化，不仅包括工业化、信息化、城镇化、农业现代化，还要加上国家治理能力现代化，而公共产品供给和公共服务能力现代化则是国家治理能力现代化进程中最基本、最直接、最重要的内容。

我曾经仔细地考察过新中国政府职能转变的路线图，提出"三个三十年"的划分方法。在我的文章中，我提出：新中国从 1949 年成立到1978 年（"改革开放"之前）的三十年里，政府职能架构沿袭了苏联模式，即政府主要履行对经济社会进行计划管理的职能，或者说是一种"超凯恩斯主义"，政府直接行使经济建设职能。从 1979 年到 2008 年的三十年中，中国政府致力于探索和建构市场经济体系，政府的主要职能逐渐从直接的经济建设向宏观调控、市场监管，间接地履行经济建设职能转移，但是经济建设职能仍然是政府最重要的职能。在这之后的三十年，即从 2009 年到 2039 年前，时间甚至可能还要长一些，中国政府的主要职能一定是从宏观调控、市场监管、社会管理和公共服务逐步向社会建设职能为重心，即突出社会管理和公共服务职能去转变。① 今天来看，我们当时对中国改革发展方向的预期是准确的，对改革发展目标的预测也与"两个一百年"的规划蓝图基本吻合。

　　基本公共服务具有动态性特点，应该根据经济社会发展不同阶段的实际要求，制定不同的阶段性目标并依次推进。有学者主张将基本公共服务的目标分为基本目标、中期目标和远期目标。其中，基本目标就是基本公共服务的普及性，中期目标是基本公共服务均等化，远期目标是与基本公共服务相对应的权利均等化。从远期目标看，基本公共服务供给强调以尊重公民基本权利为前提，保障人的生存与发展基本权利的实现与均等化。这阶段财政保障基本公共服务的实现不是一个单纯的财政问题，在某种程度上是经济问题，是社会问题，又是政治问题。现代政府的职责之一是维护整个社会的公平和正义，而基本公共服务是体现这一职责的重要载体，通过政府的作用使基本公共服务对所有公民平等开放，使每一个符合法定条件的公民享有同等生存权利与发展权利。② 也有学者从技术角度考虑基本公共服务的规模水平目标，他们认为，我国现阶段正处于城镇化水平迅速提高、经济快速发展、逐步扩大社会福利覆盖范围及稳步提高各项福利水平的历史进程中。因此，确定公共产品供给发展路径时，要以高水平战略规划指导顶层设计，预留长期发展的动态优化空间，应主推"打出适当提前量的优化建设"，实质性地减轻中长期的财政压力，同时减少公众

----

① 详细的论述，可参阅李燕凌《公共消费结构合理吗?》，《湖南社会科学报》2010 年第 6期。

② 肖建华：《财政保障农村基本公共服务的机制与政策体系》，《宏观经济管理》2013 年第12 期。

不便和不满。要切实利用供给前瞻性，在落实民生改善工程中提升公众满意度。①

本书从新供给经济学出发，按照新的历史时期"两个一百年"规划蓝图要求，对中国政府职能转变"三个三十年"的划分方法及时修正。但我们坚持认为：中国政府的基本职能向"五位一体"协调发展、并向突出社会管理和公共服务职能转变的基本方向不会变。正是基于这种判断，我们提出包括县乡政府农村公共产品供给改革在内的农村公共产品供给和公共服务改革"三步走"路径图（参见图 8 - 6）。我们提出的农村公共产品供给改革路径，是将县乡政府农村公共产品供给放到建设社会主义新农村、统筹城乡和区域发展、全面推进现代化建设、圆满实现"中国梦"的大思维中去设计的。"三步走"改革路径的新起点是夯实"保基本、广覆盖"的社会主义新农村公共产品供给和公共服务体系，在此基础上迈出城乡统筹、地区统筹和高水平全面均等化的"三大步"，到本世纪中叶赶超国际化新水平。

1. 夯实新起点

按照"三步走"改革路径解决农村公共产品供给问题，必须打牢基础、起稳步子。我们提出的农村公共产品供给改革新起点，是指到"十二五"期末的 2015 年，我国基本建成县乡政府农村公共产品"应保尽保、全面覆盖、财政兜底、全面达标"的供给体系。中央财政大幅增加农村公共产品投入，地方财政扩大农村公共产品投入。农村基本公共服务标准体系健全、公共财政投入有力、基本保障水平较高。

2. 第一步——城乡统筹

到"十三五"期末的 2020 年（即中国共产党建党 100 年前），基本实现中央与地方"事权与财责"清晰，地方财政大幅扩大农村公共产品供给和公共服务投入的目标。通过调整中央和地方财政事权及财责，使地方财政的 60%、新增地方财政的 80% 投入到"三农"支出之中。在具体政策方面，积极鼓励社会资本大量进入"三农"领域，从事农村公共事业和社会化服务，积极支持农村公共产品供给和公共服务多元主体治理，形成良好的多元共治环境。

---

① 贾康、苏京春：《对我国基础设施与基本公共服务供给条件前瞻性的分析认识》，《财会研究》2013 年第 1 期。

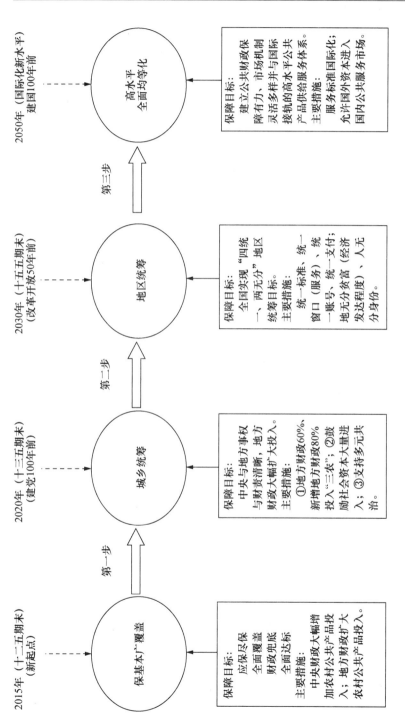

图 8-6 农村公共产品供给和公共服务改革路径图

3. 第二步——地区统筹

到"十五五"期末的 2030 年（即改革开放 50 年前），基本实现全国农村公共产品和公共服务"四统一、两无分"的地区统筹目标。提高农村公共产品和公共服务的统筹水平，实行全国统筹供给和服务。在具体政策措施方面，统一供给标准、统一服务窗口、统一保障账号、统一补偿支付，即实现"四统一"。缩小不同省（市、区）之间、省内不同市（州）和县（市、区）之间的差距，通过扩大一般性财政转移支付的方法，逐渐消除经济发达与不发达地区之间的差距，不同地区的公民之间享受公共产品供给和公共服务的差异率不超过 10%，即实现"地无分贫富"；取消城乡居民的户籍标志区分，城乡居民一律使用公民身份证和统一保障账号，享受公共产品供给和公共服务基金。与此适应的改革是，努力缩小公务员、事业单位和企业从业人员、无业人员等享受公共产品供给和公共服务的差别，各种性质的从业人员之间享受公共产品供给和公共服务的差异率不超过 5%，即实现"人无分身份"。

4. 第三步——高水平全面均等化

到 2050 年（即新中国成立 100 年前），基本实现建立公共财政保障有力、市场机制灵活多样并与国际接轨的高水平公共产品供给服务体系。我们认为，实现公共产品供给和公共服务"高水平全面均等化"是实现中华民族伟大复兴事业的一个重要内容，也应当是"中国梦"的题中应有之义。在具体政策措施方面，这个阶段主要是推动公共产品供给和公共服务标准国际化，并通过对供给体制机制的全面深化改革，允许国外资本进入国内公共服务市场，在供给主体、供给范围和规模、供给质量，推动提档升级，赶超国际水平，不断提高公共产品供给和公共服务的国际化新水平。

在这里，我们还要特别提出，从新供给经济学角度提出解决农村公共产品供给基本问题的"新起点、三步走"路径设计，必须确保有科学文明与运行良好的政治、经济、社会、文化和生态环境，并具备以下三项基本条件：

第一，和平崛起的国际发展环境。没有世界的和平，就不可能有中国的安宁。没有国家之安宁，就根本无法谋求经济社会稳定的可持续发展，更谈不上发展农村公共产品供给和公共服务。我们必须努力创造并维护好一个和睦的国际环境，特别是和平的周边国际环境。

第二，加快城市化水平提质蜕变。现在我国城市化以每年约1%的速度推进，城市建设的质量也存在许多问题，城市化与市民享受的公共产品供给和公共服务需求之间的矛盾特别突出，城市新增居民对公共产品的需求几乎没有纳入城市发展的规划之中，不仅使得城市居民（包括新增农民进城转变成的"新市民"）享受的公共产品和公共服务严重短缺，而且为城市可持续发展留下许多隐患。近百年来，我国学者一直在争论中国的城市化道路问题，一些学者认为，面对数以亿计的中国农民"只有转移到城市中去"，还有学者探讨在农村就地解决数以亿计的中国农民发展问题。[1] 我们认为，由于公共服务资本化客观上成为我国城乡差距扩大的一个内生机制，不加快发展城市化，就几乎无法找到解决缩小城乡差距的有效途径。[2] 因此，实施"新起点、三步走"路径必须在确保每年以超过1%的速度推进城市化的同时，加快城市化速度、提升城市化质量。这样，才有可能到2050年前，使我国接近90%的公民成为城市居民，并享有与国际先进水平大体相当的公共产品供给与公共服务水平。

第三，坚持扩大供给与稳健准入的基本政策不动摇。我国农村公共产品供给问题的形成由来已久，解决问题可谓是"冰冻三尺，非一日之寒"，既急不得、也等不起。虽然我们也认为公共产品和公共服务"市场供给模式"具有其特定优势，但是我们不能因为追求扩大供给而过早提出社会资本全面进入公共产品供给与服务领域，我们强调公共产品和公共服务的非营利性、强调公共财政应当担负起应尽之职责、强调公共财政普惠目标。虽然我们把追求基本公共服务均等化作为重要目标，但是我们不能因为谋求"政绩"而过早提出形式上的、简单的、低水平的均等化策略，我们更强调从实质上解决公共产品供给城乡和地区统筹难题。需要说明的是，我们在这里讲"不过早提出"不等于在每一步发展过程中"不提"，而是有一个侧重点的问题。我们在"城乡统筹"阶段讲社会资本"大量进入"、在"高水平全面均等化"阶段讲"允许国外资本进入"，都有政策侧重点考虑。我们坚持扩大供给与稳健准入的基本政策不动摇，目的是既要积极引入更多的社会投资进入农村公共产品供给领域，以弥补

---

① 李燕凌、汤庆熹：《我国现代农业发展现状及其战略对策研究》，《农业现代化研究》2009 年第 6 期。

② 李燕凌、刘远风：《城乡差距的内生机制：基于公共服务资本化的一个分析框架》，《农业经济问题》2013 年第 4 期。

供给资金不足、搞活供给方式、提高供给效率，又要保持公共产品的非营利性、普惠性。

三 政策架构：五扩三增，普惠共治

我们在"两个一百年"宏伟目标指引下，提出了解决农村公共产品供给问题的"新起点、三步走"路径设计。要实现农村公共产品供给三个阶段的目标，使得"新起点、三步走"的路走得积极、走得稳健，就必须从供给标准、决策、结构、模式和绩效等方面综合权衡，采取一系列有力措施。解决县乡政府农村公共产品供给效率问题是一个系统工程，解决措施涉及政治、经济、文化、社会、生态等方方面面，但是从政策方略而言，有些宏观性、长远性、根本性、原则性的规定或规范必须长期坚持，这就是农村公共产品供给改革政策架构科学的顶层设计。具体来说，我们提出按照"五扩三增，普惠共治"的十条方略进行政策架构。

——扩大农村公共产品供给内容范围。要从农村长远发展、城乡统筹发展、新型城镇化建设的总体要求考虑，全面推动应供尽供、应保尽保。重点要抓住农村劳动力转移就业培训、农民失业保险、失地农民家庭廉租住房建设、农村土地经营保险、农民家庭土地经营权转让保险等事关农民生存与发展人的问题，扩大公共产品供给与公共服务范围，加快实现全面覆盖，加速推进新型城镇化。

——扩大农村公共产品供给主体范围。放开制度供给约束，允许私人部门、第三部门进入更多的农村公共产品供给领域。鼓励社会资金直接投向公共资源稀缺及满足公共服务多元需求的领域，广泛吸纳更多资金参与农村公共产品供给，吸引更多智力资源、管理资源参与农村公共产品供给管理之中。例如，在农村医疗卫生服务领域，可鼓励农村社会办医，优先支持举办非营利性医疗机构。

——扩大一般性财政转移支付的规模。要按照"财政兜底"的总体要求，合理设定县乡政府农村公共产品供给标准，在农村基本公共服务范围内所需的供给资金必须纳入财政预算。在进一步规范专项性财政转移支付前提下，扩大一般性财政转移支付规模，加强财政资金使用监督，确保各项农村基本公共服务全面达标。

——扩大地方财政农村公共产品支出。厘清中央与地方政府对农村基本公共服务的事权与财责，加强地方财政供给农村公共产品与公共服

务的主体功能。地方财政要进一步压缩行政事业性开支、压缩人员费用开支、压缩竞争性行业和项目的经济建设开支，腾出大量财力用于农村公共产品供给支出。尽快使地方财政的60%、新增地方财政的80%投入到"三农"支出、重点是县乡政府农村公共产品供给支出之中。

——扩大城市公共基础设施建设容量。坚持"工业反哺农业、城市带动农村"的方针，更加强调城市带得动、效果好。要把从长远解决农村公共产品供给严重不足的问题，放到城市大发展格局中去考虑，通过扩大城市公共基础设施容量，推动城市吸纳更多转移农民来缓解农村公共基础设施、农民生活基本设施、转移农民医疗服务及其子弟教育等方面的困难。

——增多供给模式。在坚持农村公共产品供给"公共财政支出为主、广泛吸纳社会投资"的基本投入基础上，尽量减少政府生产，积极发展"服务外包"和"购买服务"等市场交易生产方式，创新社会组织并充分发挥社会组织功能，广泛实施有财政补贴的社会自治生产方式，使农村公共产品供给模式更加丰富多样，激励更多供给活力，挖掘更大供给潜力。

——增加监督环节。在坚持农村公共产品供给的公共性、公益性基础上，要兼顾生存性和发展性公共产品的发展平衡，必须加强对农村公共产品供给阶段性目标的适时监督。在坚持放开制度供给约束，积极吸纳多元投入主体参与农村公共产品供给，广泛采用多样化供给模式进行农村公共产品生产的同时，要用最严格的标准保护农民的公共利益、民生发展权益，遵从农村公共产品的非营利性本质要求，对农村公共产品每个供给生产环节加强监督。

——增大责任考核。按照建设责任政府、法治政府和服务型政府的要求，分阶段推进农村公共产品供给改革。各级政府要增强扩大农村公共产品供给的职能责任意义、增大履行职能的原动力。要把扩大农村公共产品供给、提供基本公共服务作为政府合法性基础，自觉增大供给农村公共产品、提供农村公共服务。要建立起包括上级政府、社会组织、广大农民在内的完善的农村公共产品供给考核机制，增大绩效考核结果对政府合法性评价的力度。对于地方政府在规定期限内不能实现农村公共产品保基本达标的官员不得重用、不能升迁。

——加快推进农村公共产品普惠制度。坚持实施农村公共产品供给普惠制的普遍性，非歧视，非互惠等基本原则。不分年龄、性别、民族、居住地、经济收入状况等各种差别，向全体农民提供公共产品财政支持，让公共财政惠及每个农民。在所有的公共产品供给和公共服务领域，建立起基本的农民普惠待遇。政府拥有的庞大国有资产及其收益，要为全民提供普惠式公共服务保障，国有资本要"重点提供公共服务，加大对公益性企业的投入，在提供公共服务方面作出更大贡献"，[①] 特别是在"工业反哺农业"方面发挥重要的财源作用。

——渐近推进农村公共产品多元共治。坚持"政府主导、社会参与、多方投入、多元治理"的农村公共产品供给基本管理体制，在投入、生产、分配全过程，在决策、组织、监督、协调各环节，建立起包括政府、社区、企业、专业合作社和广大农民等多元利益主体在内的共同治理机制。把农村公共产品供给管理放到创新社会管理大格局中，作为社会建设的重要内容，积极推动农村公共产品供给治理体系科学化和治理能力现代化。

"五扩三增、普惠共治"十条政策方略，是从供给端解决农村公共产品供给的重要政策方针、战略性政策指南，是我国实现农村公共产品供给"新起点、三步走"目标的基本政策架构。"新起点、三步走"目标和"五扩三增、普惠共治"政策方略，共同构成提高县乡政府农村公共产品供给效率的顶层设计和"美丽中国"里"幸福农村"公共服务的秀美蓝图。

第三节　五路"实招"

——解决五大基本问题的具体对策

党和政府高度重视农村公共产品供给、注重提高县乡政府农村公共产品供给效率，出台了一系列政策措施，都收到一定成效。党的十六大、十七大以来出台大量"多予少取""工业反哺农业、城市带动农村"的强农惠农政策，《国家基本公共服务体系"十二五"规划》《社会保障"十二五"规划纲要》《全国农村经济发展"十二五"规划》等一系列重要的

---

① 《中共中央关于全面深化改革若干重大问题的决定》，2013 年 11 月 12 日。

发展规划，对扩大农村公共产品供给提供了重要的政策指引。党的十八大、十八届三中全会全面部署深化改革、促进现代农业发展，更是对解决农村公共产品供给问题提出了新的时代要求。根据我国农村公共产品供给的现实状况，落实党的十八大、十八届三中全会精神，从实现"两个一百年"的"中国梦"理想、从建设"美丽中国"里"幸福农村"的要求，放眼"十三五""十五五"甚至确立更加长远的奋斗目标，我们提出"新起点、三步走"目标和"五扩三增、普惠共治"政策方略，致力于解决农村公共产品供给五大基本问题。我们认为在未来五年、十五年、三十五年乃至更长时期内，应当从农村公共产品的供给标准、决策机制、结构优化、模式创新和绩效评估五个基本方面下重力、出实招，采取有效措施。

一　明确农村公共产品供给效率标准

提高县乡政府农村公共产品供给效率的首要前提，是科学地确定农村公共产品供给效率标准。我们认为，明确农村公共产品供给效率标准，必须牢固树立确保基本公共产品供给和基本公共服务是任何政府履行其职能的合法性基础这一基本理念，必须始终把基本公共服务均等化作为农村公共产品供给的理想、目标和现实政策的硬约束，必须充分考虑城市化发展和新农村建设对农村公共产品供给规模及质量具有"提前量"的客观要求。只有这样，我们所确定的农村公共产品供给效率标准才真正具有科学性、具有实用性。

1. 建立县乡政府农村公共产品供给最低保障标准及其责任追究制度

提高农村公共产品供给效率、扩大农村公共产品供给，必须建立一个完善的基本公共服务体系，它包括基本公共服务范围和标准、资源配置、管理运行、供给方式以及绩效评价等所构成的系统性、整体性的制度安排。必须把"明确基本公共服务范围和标准，加快完善公共财政体制，保障基本公共服务支出，强化基本公共服务绩效考核和行政问责。合理划分中央与地方管理权限，健全地方政府为主、统一与分级相结合的公共服务管理体制"作为建立健全基本公共服务体系的基本目标。[①] 分税制财政体制下，我国不同省（市、区）及其内部不同地区政府之间提供基本公共服务的财力水平具有很大差别。撇开同级政府财权差别，各地政府也会

---

① 国务院：《国民经济和社会发展第十二个五年规划纲要》，2011 年 3 月 16 日。

因为经济发展水平不同而拥有不同的财力。从实际情况来看，中央政府应当尽快制定全国性的《县乡政府农村公共产品供给最低保障标准》，并通过规范的财政转移支付来平衡各地区基本公共服务的财力差距，实现"保基本"目标。涉及每个具体公共产品或公共服务标准的确定，我们认为可以考虑以略低于全国平均水平为标准，作为财力一般和财力较弱的政府供给农村公共产品必须坚守的"红线"。建议将实现本地区县乡政府农村公共产品供给最低保障目标，纳入县乡政府"责任政府和服务型政府"建设的基本目标内容，对于不能完成这一目标的县乡政府主要官员实行"责任追究"，对连续两年不能完成这一目标的地方政府实行"集体责任追究"。

2. 建立分阶段实施的农村公共产品供给内容"应保尽保"项目指南

德国《基本法》规定："公民生存条件一致性"，即确定了公民享有公共服务不论在什么地方都应是相同的。城乡基本公共服务均等化是现代文明国家基本的法治遵循。[①] 党的十八届三中全会提出，"加快转变政府职能，建设法治政府和服务型政府"，提供基本公共产品和公共服务是法治政府和服务型政府的基本责任之一。从我国农村公共产品供给实际情况看，逐步在教育、医疗卫生、社会保障、文化娱乐、信息服务、就业指导与培训、保障性住房、道路交通、环境保护、基础设施建设等广泛领域内，实现公共产品"应供尽供"、公共服务"应保尽保"的"广覆盖"目标，是完全必要的。但是，也应当看到，解决中国县乡政府农村公共产品供给效率问题，不能离开中国社会主义初级阶段的基本国情。我们始终要坚持提供农村公共产品与国民经济社会发展水平相适应、与政府财政能力相适应的客观规定性，有目标、有规划地分阶段推进实施。我们始终要坚持农村公共产品和公共服务综合平衡发展，既要考虑重点也要照顾有一般；既要发展生产性农村公共产品，也要发展生活性农村公共产品；既要关注广大农民生存性公共产品供给，也要关注发展性公共产品供给。我们始终要坚持长期目标和短期目标的紧密结合，充分考虑新型城镇化和新农村建设对农村公共产品供给可能带来的"革命性"影响。由于城乡劳动力的流动构成了中心和边缘地区资源交换的不平衡机制，劳动力的流动具

---

① 胡悦、刘彤、刘剑明：《基本公共服务均等化视阈下的政府间转移支付制度》，《中国行政管理》2010 年第 1 期。

有明显的"公共服务移民效应",公共资源的区域间配置格局与劳动力流动的方向基本一致。① 因此,我们必须按照新型城镇化的要求,充分考虑城市化发展速度的"马太效应",在制定农村公共产品供给规划和实施方案时,打足"提前量"、留够发展空间,以防止公共资源低水平重复投入、确保农村公共产品供给长期效益优良。

3. 建立县乡政府农村公共产品与基本公共服务均等化绩效评价标准

从社会价值观念来说,中国必然要倡导均等化,因此公共服务供给必然也要以实现均等化为基本价值取向。而建立县乡政府农村公共产品供给与基本公共服务均等化绩效评价标准,则是实现农村公共产品供给"均等化"目标的重要基础。党的十六届六中全会《关于构建社会主义和谐社会若干重大问题的决定》早就提出,今后要使国家财政新增教育、卫生、文化等事业经费和固定资产投资增量主要用于农村。从农村公共产品供给现实来看,我们认为国家新增的公共产品财政支出又主要应投向县乡范围农村公共产品。无论是促进农村经济加大农业投入,还是提高农民素质加强农民教育,或者增强农民消费能力扩大农村消费市场以拉动内需,甚至直接提高农民财政补助性收入水平,都要求政府较大规模地扩大公共财政对农村公共产品和公共服务的支出规模。同时,我们还认为,未来的公共服务供给取向,不但要着力解决城乡间和地区间的横向均等化问题,还要解决不同行业、不同领域、不同社会层面的公平正义问题,这样才会有利于和谐社会的构建。② 《国家基本公共服务体系"十二五"规划》提出,"基本公共服务均等化是指全体公民都能公平可及地获得大致均等的基本公共服务,其核心是机会均等"。《国家基本公共服务体系"十二五"规划》中66处提及"农村"公共产品或公共服务,47处提及"基层"公共服务,40处提及公共服务"均等化"。该《规划》明确提出制定基本公共服务标准的要求,即制定"在一定时期内为实现既定目标而对基本公共服务活动所制定的技术和管理等规范"。《规划》要求,"国务院各有关部门要按照职责分工,抓紧制定行业基本公共服

---

① 杨刚强、孟霞等:《基本公共服务与农村劳动力转移的关系研究》,《宏观经济管理》2013 年第 8 期。

② 李杰刚、李志勇:《新中国基本公共服务供给:演化阶段及未来走向》,《财政研究》2012 年第 1 期。

务的具体标准",① 针对我国长期以来城乡二元结构所导致的公共产品供给体制机制差异,从新供给经济学出发,我们特别强调在县乡层面实现公共财政广覆盖。先要实现县乡政府农村公共产品广覆盖,然后才可能提高统筹层次建立全国范围内的基本公共服务均等化,使均等化不仅成为各级政府履行公共服务职能的理念,而且成为政府安排公共财政预算的硬约束。

本书以对我国农村公共产品供给问题的实证分析结果为基础,根据从供给端解决农村公共产品供给问题的"新起点、三步走"目标和"五扩三增、普惠共治"政策方略,综合考虑农村公共产品供给效率标准的上述三项具体措施要求,提出《县乡政府农村公共产品供给绩效评价标准》。我们提出的评价标准从供给主体与决策管理、供给内容两个方面共设置 31 项指标,其中供给主体与决策管理设置 7 项指标,主要是从农村公共产品供给的财政支出责任、多元投入体制建设、公共支出资金运行管理等方面做出相关规范;供给内容设置 24 项指标,包括生活性公共产品和生产性公共产品,这些指标涉及农村教育、医疗卫生、农民养老保险、最低生活保障、扶贫救济、农民就业与劳动力转移等,也涉及农业科技服务、农田水利基本建设、农业机械化、农村生态保护、农业环境污染治理、农村居家保障等广泛内容。我们采用德尔菲方法对这套评价指标进行了权重分配,并根据《中国统计年鉴》数据对各项指标的目标值进行了测算。具体指标设计见表 8 – 13。

二 完善农村公共产品供给决策机制

长期以来,我国在农村公共产品供给决策存在着决策单元缺位、决策程序单一、决策系统简单等严重缺陷。从决策单元来看,政府特别是中央政府的决策作用发挥明显,但地方政府特别是县乡政府、农村公共产品的直接生产者、其他非政府组织、直接消费公共产品的广大农民,几乎没有决策权。从决策程序来看,主要采取"自上而下"的垂直向度决策,而忽视"自下而上"的纵向决策,对于横跨不同区域的公共产品供给问题也缺乏"横向协调决策"机制。从决策系统来看,决策中枢系统权力集中、效率较高,但是决策信息系统不完善、决策咨询系统功能疲软,难以真正发挥决策咨询作用。分税制改革后,城乡二元体制的存在对我国农村

① 参见国务院《国家基本公共服务体系"十二五"规划》,2012 年 7 月 11 日。

表 8 – 13　　　　　　县乡政府农村公共产品供给绩效评价标准

指标类型	权重	指标名称	指标定义	目标值			
				2015	2020	2030	2050
供给主体与决策管理（0.3）	0.05	地方财政"三农"支出占地方财政支出比重（%）	（地方财政"三农"支出/地方财政支出总额）×100%	3	10	35	65
	0.05	一般性财政转移支付中"三农"支出所占比重（%）	（一般性财政转移支付中"三农"支出/一般性财政转移支付总额）×100%	12	20	30	45
	0.05	社会资本对农村公共事业投入比上年增长率（%）	［（当年社会资本对农村公共事业投入－上年数）/上年数］×100%	5	15	40	80
	0.05	政府投资项目施工招标率（%）	各级政府投资建设施工招标的项目占投资建设总项目数的百分比	75	80	100	100
	0.05	农村教育医疗市场交易额占财政投资的比重（%）	（用于农村教育医疗的"服务外包"和"购买服务"财政支出/财政"三农"支出总额）×100%	15	25	55	70
	0.03	农村公共产品筹资"一事一议"率（%）	村级自筹资金建设的公共项目中采取一事一议的项目所占百分比	100	100	100	100
	0.02	公共项目运行管理优良率（%）	公共项目运行管理规范，使用周期长，无违法违纪案件	90	95	100	100
供给内容（0.7）	0.02	义务教育在学率（%）	学龄儿童全免费就读 9 年制义务教育	99	100	100	100
	0.10	农村学校生均财政教育经费（%）	达到同城（县城）义务教育城镇学校水平	65	75	95	95
	0.10	新型农村合作医疗人均筹资额（元）	新型农村合作医疗农业人口人均筹资额	600	1000	2200	6000
	0.02	新农合在政策范围内住院费用支付比例（%）	（住院费用支付额/住院费用总额）×100%	75	90	95	95
	0.10	新型农村养老保险参保率（%）	（"新农保"参保户/农村总户数）×100%	55	60	80	95
	0.02	新型农村养老保险人均年养老金（元）	达到参保条件的农民年平均实际领取养老金数额	1680 元	4320 元	9600 元	14400 元

指标类型	权重	指标名称	指标定义	目标值			
				2015	2020	2030	2050
供给内容 (0.7)	0.02	最低生活保障人员应保尽保率	（享受保障人员/登记最低生活保障人员）×100%	70%	85%	95%	99%
	0.02	最低生活保障人员每月人均保障金	达到低保条件的农民每月平均实际领取保障金数额	220元	380元	680	980
	0.01	贫困人口受救济率	国家规定标准内的贫困人口普遍受到救济	95%	100%	100%	100%
	0.01	贫困人口脱贫率	（当年实现脱贫人口/贫困人口总数）×100%	40%	50%	70%	95%
	0.10	每年新增转移农业劳动力占农业总劳动力比重	（每年新增转移农业劳动力人数/年初农业劳动力人数）×100%	5%	6%	7%	5%
	0.02	转移性收入占农民家庭纯收入的比重	（转移性收入/农民家庭人均纯收入）×100%	8%	13%	30%	40%
	0.02	农业科技进步贡献率达到	按科技部、农业部规定标准统计	55%	58%	70%	85%
	0.02	三网进村入户率	电信、互联网、广电网进村入户	88%	90%	95%	99%
	0.02	财政补助社区生活垃圾处理率	按村集中乡中转县处理的标准定义	85%	95%	95%	95%
	0.02	财政补助清洁钦水率	按行政村的村小组考核深水井或自来水覆盖率	95%	98%	99%	99%
	0.01	财政补助农村困难家庭危房改造率	（农村困难家庭危房改造户数/登记户数）×100%	45%	70%	90%	99%
	0.01	财政补助适宜农户沼气普及率	（使用沼气农户数/登记适宜使用沼气农户数）×100%	50%	55%	65%	85%
	0.01	主要农作物耕种收综合机械化水平	按农机部门统计口径	60%	65%	75%	85%
	0.01	农田灌溉水有效利用系数	按水利部门统计口径	0.53	0.60	0.70	0.75
	0.01	每年新建和改造农村公路	（新建和改造农村公路里程数/上年末农村公路里程数）×100%	3%	4%	3.5%	2%

续表

指标类型	权重	指标名称	指标定义	目标值			
				2015	2020	2030	2050
供给内容 （0.7）	0.01	森林覆盖率达到	按林业部门统计口径	21.66%	26%	35%	40%
	0.01	水土流失综合治理率	按环保部门统计口径	40%	45%	60%	75%
	0.01	重点区域农业面源污染初步控制率	按环保部门、农业部门统计口径	60%	65%	80%	90%

注：①表中共 31 项指标，权重值是课题组按照德尔菲法对全国 50 位专家进行三轮问卷调查的最终结果，赋值时小数点取两位数。②2015 年目标值是根据 1995 年以来的统计数据建立预测模型计算所得，2020 年、2030 年和 2050 年目标数据是课题组按照"五扩三增，普惠共治"原则提出的目标设计值。③本标准主要针对县乡政府设置相关目标，故没有直接设计城市化率目标值，但仍按到 2050 年我国城市化率达到或接近 90% 来估计其他目标值。④表中相关目标考虑了我国城市化率变化情况，故有些指标速度呈先快后慢趋势。

公共产品供给决策的消极影响更为明显，而随着全球化进程、城市化进程和市场经济的快速发展，我国农村公共产品供给决策机制的弊端却越来越显露出来。事实证明，"三农问题"已严重影响到中国经济社会的健康发展，甚至已对农村社会的稳定与和谐构成威胁。因此，必须从决策单元、决策程序和决策体系方面加快农村公共产品供给决策机制改革。

1. 培育和发展农村公共产品供给的多元决策单元体系

党的十八届三中全会决定指出，"全面深化改革的总目标是完善和发展中国特色社会主义制度，推进国家治理体系和治理能力现代化"。培育和发展农村公共产品供给多元决策单元，是构建更加科学的农村公共产品国家治理体系与治理能力现代化建设的重要基础。农村公共产品供给决策单元是能够独立决定一定区域范围内公共产品供给的独立组织能力的区域单元，即公共产品供给由谁决策以及在什么范围内做出决策的决策主体概念。长期以来，在我国农村公共产品供给决策系统中几乎只有政府能够做出供给什么、在什么范围内供给的根本性决策。虽然政府的决策单元呈纵向分布状态，但是，在中央与地方政府权力配置缺乏足够的分权体制条件下，地方政府实际上也难以发挥根据当地实际情况做出农村公共产品供给决策的作用。大量的农村公共产品由中央政府"红头文件"规定决策目标、决策程序和决策执行，中央政府对农村公共产品由谁供给、中央财政与地方财政各承担多少供给资金、由谁具体负责农村公共产品生产等关键问题做出决策。这样的决策单元体系，难以适应决策主体根据实际情况相机决策的要求。

深化农村公共产品供给改革，必须坚持决策目标最大限度地满足农户对农村公共产品的需求，最终实现提高农村公共产品供给效率。农村公共产品既有覆盖全国范围的纯公共产品，也有在一定地区内具有公共性的准公共产品。农村公共产品供给决策目标受农村公共产品供给范围的制约，在其适应的范围内满足农户的需求。只有与之适应的决策单元才能做出最合适的决策，取得最大的供给效率。因此，我们认为，合理划分中央和地方对农村公共产品的供给事权和支出责任，应当将关系全国范围受益的公共产品和公共服务作为中央事权，例如农村计划生育、农村义务教育等，由中央政府直接决策。将部分社会保障、跨区域重大项目建设维护等作为中央和地方共同事权，逐步理顺事权关系，由中央与地方政府构建起科学的多元决策单元体系。将区域性农村公共服务作为地方事权，由地方政府相机决策。中央和地方按照事权划分相应承担和分担支出责任。"中央可通过安排转移支付将部分事权支出责任委托地方承担。对于跨区域且对其他地区影响较大的公共服务，中央通过转移支付承担一部分地方事权支出责任"。[①] 除此之外，我们认为，随着农村公共产品多元投入体系的建立，还应当积极吸纳共同投入农村公共产品供给的其他主体参与决策，建成更加科学的决策单元体系，加快实现决策主体多元化，促进农村公共产品治理能力现代化。

我们认为，从新供给经济学出发，当前推进我国农村公共产品供给决策主体多元化，必须优先考虑培育和发展农村公共产品供给多元决策单元。中国农村有数千年乡村自治历史，许多地域性农村准公共产品供给采取自治决策具有悠久的历史与文化基础。但是，随着市场化、信息化、社会组织化、产业现代化、城市化迅速发展，面对复杂的决策环境，传统的农村自组织难以成为真正独立决定本区域范围内农村公共产品供给的独立决策单元，它们必须学习与其他社会组织、特别是与政府组织共同决策的能力。与此同时，政府组织要更加科学地进行决策以达到最大限度提高农村公共产品供给效率的目的，也要广泛吸纳非政府组织、农民专业合作社、各种形式的农民自组织等，建成一个更加科学的决策体系。

---

① 《中共中央关于全面深化改革若干重大问题的决定》，2013年11月12日。

2. 强化责任完善方式规范程序推进决策科学化民主化

习近平同志指出，"做好领导决策首先要坚持决策的科学性"。在党的十八届三中全会上，习近平同志强调，全面深化改革"胆子要大、步子要稳，其中步子要稳就是要统筹考虑、全面论证、科学决策"。习近平同志也特别强调决策的民主化问题。他指出，"社会主义领导的本质就是为广大人民群众谋利益"，因此，"我们在决策时必须实行广泛的民主，坚持从群众中来，到群众中去的思想路线，认真倾听群众的意见，善于集中群众的智慧"。习近平同志在《关于〈中共中央关于全面深化改革若干重大问题的决定〉的说明》中还把"坚持协商于决策之前和决策实施之中。构建程序合理、环节完整的协商民主体系"，"促进决策科学化民主化"，作为政治体制改革的重要内容。[①] 可见，在农村公共产品供给决策过程中，强化决策责任，完善决策方式，自觉规范决策程序，使每一项决策都体现科学性、坚持民主性，这是构建更加科学的农村公共产品国家治理体系与治理能力现代化建设的首要条件。

长期以来，我国农村公共产品供给决策中不科学、不民主的现象较为严重。突出表现为行政长官凭经验决策，决策手段落后、决策方法简单，决策过程中虽然实行了民主集中制形式，但实质上"民主不充分、集中不负责"，决策权力和决策责任存在脱节现象。在农村公共产品供给决策中的不民主问题更为突出，有些民主决策方面的制度和规定落实得不够好，专家和公众参与重大决策的方式不多、渠道不够畅通，尤其是关系民生方面的决策有时倾听群众的意见不够。[②] 近年来，虽然在农村公共产品供给决策中也强调科学决策和民主决策，制定了一些决策管理制度，但由于科学决策制度受决策中枢系统有意或无意的主观干扰，特别是受"一把手"长官意志的影响严重，难以很好发挥促进决策科学化民主化的积极作用。一些决策管理制度"弹性"有余、刚性不足，对决策程序缺乏严格规范要求，致使决策过程难以实施开放、有效的监督，导致科学民主决策沦为表面形式。因此，我们认为，必须从强化决策责任、完善决策方式、规范决策程序三个方面，积极推进农村公共产品供给决策的科学化和民主化。

---

① 习近平：《关于〈中共中央关于全面深化改革若干重大问题的决定〉的说明》，2013年11月15日。
② 唐铁汉：《努力推进领导决策的科学化民主化》，《领导文萃》2013年第4期（下）。

强化农村公共产品供给决策责任。在农村公共产品供给决策过程中统筹民主决策与科学决策，以科学决策为理论基础，以农民群众利益最大化为导向，充分发挥决策咨询专家作用，把科学性寓于民主性之中，同时把民主性建立在科学性基础之上。要建立严格的决策责任制度，实行决策责任追究，使农村公共产品供给决策既能充分代表农民群众的真实利益，体现决策的合法性，又能尊重客观规律，保证决策质量，降低决策成本，确保决策的合理性，从而提高农村公共产品供给决策的效率和管理水平。

完善农村公共产品供给决策方式。要充分利用先进的决策工具、采取灵活有效的决策方式，促进决策手段现代化，不断提升农村公共产品供给治理能力现代化。要积极探索采取形式多样的电子政务、媒体民意调查、网络协商等方式，鼓励农民在农村公共产品供给决策中的网络参与，提高决策民主化水平。要充分发挥新媒体作用，加强群众监督、舆论监督对农村公共产品供给决策的监督作用，以保证农民在农村公共产品供给决策中的话语权。

规范农村公共产品供给决策程序。通过决策程序的法治化，确保决策民主化。在农村公共产品决策过程中积极推动协商民主。公共决策的程序合理性主要保障非程序化决策的科学性，内容合理性主要保障程序化决策的科学性。① 因此，要建立严格的农村公共产品供给决策程序规范、制定科学合理的供给内容标准，并严格按照具有法定效力的农村公共产品供给标准进行供给决策，以确保农村公共产品供给决策的程序合理性和内容合理性。

3. 统筹兼顾双向决策，促进政府与农民双层目标一致化

任何公共产品供给主体都有其自身的供给决策目标，并有其特定的决策向度功能。由政府提供农村公共产品，必然产生政府"自上而下"的政府供给决策向度。但是，农民是农村公共产品消费的主体，他们有自身的利益诉求，客观上存在对农村公共产品供给"自下而上"决策向度的潜在动力。建立科学的农村公共产品供给决策体系、推进农村公共产品供给治理能力现代化，必须统筹兼顾农村公共产品供给"自上而下"和"自下而上"两个决策向度的决策功能，有效规避和化解政府与农民对农村公共产品供给的短期目标的矛盾，推动实现二者长期目标一致化。

---

① 吕俊杰：《政府决策科学化和民主化的制度创新研究》，《学术论坛》2013 年第 1 期。

　　从现实情况看，我国农村公共产品主要有政府供给与农民乡村自治供给两种基本投资方式和生产组织方式。乡镇以上各级政府及各级行政单位提供的农村公共产品，客观上都具有一定的效用外溢性。这就客观上要求我国建成农村公共产品从中央到省、市、县、乡（镇）五级政府多级供给的"自上而下"垂直决策向度。我国现行的"自上而下"形式的政府决策机制一定程度上体现了政府对农村公共产品供给的长期效率，而我国所缺乏的"自下而上"的决策机制可以真切实际地体现农民对公共产品的真实需求，更多地表现为公平，两者之间不能有所偏颇。[1] 与此同时，我们还应当加快改革现有农村公共产品供给决策的"单中心"决策主体"自上而下"决策向度，改革农村公共产品供给决策权、供给权、生产权过度集中于单一行政层级政府的决策向度，兼顾同一行政层级不同行政区的决策目标，建成横向协调的决策向度，形成纵向垂直决策与区域横向决策相结合的协调型决策向度。

　　近几年来，农民在乡村准公共产品供给决策中正通过参与"一事一议"而发挥着决策功能。但现在的农村公共产品供给决策仍然带有浓厚的计划经济色彩，农村公共产品所供之"事"、农民所"议"之策，都不同程度受到上级"红头文件"限制，并不能完全反映农民对公共产品供给的真实决策意愿。在乡村公共产品供给中不仅存在"搭便车"问题，而且农民"理性无知"造成"一事一议"低参与率，也使得扩大乡村准公共产品供给成为难题。因此，必须彻底改革农村公共产品供给决策向度，要从充分满足农村群众对公共产品需求的角度扩大"自下而上"决策向度，加强农民主权意识、加快培育农民参与农村公共产品供给决策的意愿、提高农民参与决策的能力，构建反映农村公共产品需求状况的民主表达机制，提高农民在"一事一议"决策中的主体地位，引导农民通过农民合作组织积极地参与农村公共产品供给决策过程，最大力度地优化农村公共产品供给决策向度体制。

三　优化农村公共产品供给结构

　　当前我国农村公共产品供给结构性失衡的突出表现在于，农村公共产品的供给总量仍然满足不了广大农民的基本需求，农业基础设施供给短

---

　　[1]　中国社会科学院农村发展研究所课题组：《"十二五"时期中国农村发展若干战略问题分析与思考》，《中国农村经济》2011年第1期。

缺、先进适用的农业科技供给不济、农村医疗卫生设施落后、农村义务教育供给不足等。在上述农村公共产品供给不足的情况下，仍然有一些农村公共产品供给相对过剩：首先，臃肿的政府机构本身就是一种过剩的公共产品，一些乡镇的在编人员远远超过实际在岗的公务人员。其次是与政府政绩、利益有关的农村公共产品，地方决策者往往会根据自身的利益而非农民的需求来提供公共产品，热衷于投资看得见摸得着的硬件产品，这种公共产品往往容易考核出政绩、短期见效果。最后，是农村公共产品供给不能反映农民的需求偏好，而且农民通常无法对此进行约束，缺少监督机制。农村公共产品匮乏已经成了不争的事实，由谁来提供以及怎样提供农村公共产品已经成为改善农村公共产品供给结构绕不开的大问题。新供给经济学所强调的农村公共产品供给规模，不仅是数量规模概念，而且强调不同供给主体、不同供给内容和不同供给层次的结构规模，强调农村公共产品供给结构的优化效应，即由于农村公共产品供给结构中不同组成部分之间的相互数量关系，可能形成不同的供给整体效应，一个合理的供给结构可能产生最理想的供给效益。优化农村公共产品供给结构，是从供给端解决县乡政府农村公共产品供给效率问题最直接的重要举措。

1. 加快建设农村公共产品"一主多元"供给主体结构

不同的供给主体在农村公共产品供给中扮演着各自不同的角色、发挥着各自不同的功能，它们之间的相互关系影响着农村公共产品供给主体体系整体功能的发挥，对农村公共产品供给效率产生极其重要的影响。

现阶段我国农村公共产品供给还存在很多不完善的地方，供给主体的选择、各个主体的供给责任划分是其中的突出问题之一。新中国成立以来，我国农村公共产品供给主体的制度变迁分为三个时期：人民公社时期、家庭联产承包责任制时期、农村税费改革时期，每个时期的供给主体都会有一些变化，但主要是公共部门和农民自身。随着市场经济的不断发展，我们认为，应当加快建设农村公共产品"一主多元"供给主体结构：坚持以公共财政为主供给农村公共产品，鼓励社会资本广泛进入农村公共产品供给领域，支持农民专业合作社和农户参与农村公共产品供给自治，积极适应市场在资源配置中发挥决定作用条件下农村公共产品供给的新环境，充分调动包括政府供给、市场供给、农村社区供给、非营利组织供给、农民自筹供给等多种供给主体的积极性、创造性。在建设农村公共产品"一主多元"供给主体结构中，必须特别强调"政府投入大幅增加，基本公共服务预算支出占财政支出比重逐步提高。基本公共服务国家标准体系和标准动态调整机制逐步健全，各项制度实现全覆盖。创新公共服务供给方式，实现提供主体和提供方式多元化"。① 必须特别强调鼓励社会资本投向农村建设，允许企业和社会组织在农村兴办各类事业。② 必须特别强调依靠法律与制度明确各个供给主体的职责范围，保护它们依法利用各自掌控的有限资源，适应新的市场经济条件要求，根据农村公共产品的需求结构及变化进行优化配置与供给调整。

2. 迅速实现扩规模扩范围扩品种，以丰富供给内容结构

尽管农村公共产品供给结构方面的矛盾大、问题多，但是，针对目前我国农村公共产品供给规模小、范围窄、品种（项目）少的基本状况，我们认为，当务之急还是迅速增加各类公共产品供给数量、改善供给比例构成。

从扩大农村公共产品供给规模来看，要突破农村公共产品资源瓶颈，改革财政税收政策，以增加政府财政收入，加大对农村公共产品建设的投入，更重要的是要创新农村公共产品供给机制，实现农村公共产品的多元化供给，使农村公共产品资源配置更有效率。我们建议加快探索发行农业发展国债、"三农"发展国债和农村公共产品专项国债（例如"农村教育国债"），特别是建立健全地方政府债务管理体系，探索建立地方政府发行债券制度，发行规模应能基本保证缩小相应的城乡居民公共产品供给和公共服务差距的需要。

从扩大农村公共产品供给范围来看，既要充分考虑从广度上扩大农村公共产品供给，又要充分考虑从深度上扩大农村公共产品供给。在扩大农村公共产品供给广度方面，要加快实现公共财政投入从以生产性公共产品向生活性公共产品的重心转移。农村生活性公共产品的供给有利于实现农村生活的现代化，与城市公共产品供给相比，在广大农村地区解决基本的生活问题显得更为重要。向农村提供生活性公共产品也是城市文明向农村延伸的桥梁，是广大农民平等分享改革发展成果的有效手段，能够从一定程度上改变农民的贫穷落后风貌。

从扩大农村公共产品供给品种来看，主要应考虑缩小城乡居民公共产

① 参见国务院《国家基本公共服务体系"十二五"规划》，2012年7月11日。
② 《中共中央关于全面深化改革若干重大问题的决定》，2013年11月12日。

品供给与公共服务差距，加快实现城乡居民基本公共服务均等化。在教育方面，可探索高等学校对农村生源全面减免学费的政策。在医疗卫生方面，建议扩大大病保险范围。在就业方面，增加农村转移劳动力岗位培训项目。在住房保障方面，可探索对失地农民提供保障性住房。在文化娱乐方面，进一步扩大农民集中居住区文化娱乐设施建设、支持农民文化娱乐群众团体建设。在科技服务方面，加强农业科技服务与推广体系建设，加大农村社会化服务机构的财政支持力度。扩大对农村社区建设的财政支持渠道，创新农村社会管理。

3. 充分发挥中央与地方积极性，合理调整供给层次结构

合理调整农村公共产品的供给层次结构，应当根据各供给主体提供农村公共产品所形成的受益范围来协调各主体之间的层次关系。从我国具体国情看，在划分好中央及地方各级政府事权的基础上，应迅速加大财政对农村公共产品供给的投入，特别是要加强地方政府的财政投入力度。中央政府主要提供事关农村全局的大型生产性农村公共产品建设，各级地方政府负责相应区域的农村公共产品建设，并且要特别关注能改善民生的生活性公共产品的投入。目前我国农村消费市场存在着严重的需求不足，其实质还是由于农村公共产品供给不足致使农民消费潜力难以发掘，必须通过扩大与生产性农村公共产品相配套的生活性农村公共产品供给，以迅速提高农民整体的消费能力。在这方面，我们特别建议在农村大力发展太阳能源公益建设项目。由于我国南北方、东西部的自然环境条件差异较大，受使用沼气的条件制约许多农村发展沼气能源困难较大。太阳能源建设更具有广泛的适应性。从生产层面而言，中央政府可在加强农村市场建设基础性工程方面着力，为降低农产品生产成本、减少运输成本、销售成本等农业经营成本提供公共服务。还可以通过提供农业生产的专业化、规模化、商品化、产业化和市场化服务，达到促进农业增效、农民增收的目的。要继续实行种粮农民直接补贴、良种补贴、农资综合补贴等政策，新增补贴向粮食等重要农产品、新型农业经营主体、主产区倾斜。加大农机购置补贴力度，完善补贴办法，继续推进农机报废更新补贴试点。强化农业防灾减灾稳产增产关键技术补助。[①] 在这方面，我们还特别建议中央财政增加农产品销售长途运输补贴、大型农产品市场建设投资等。

---

① 《关于全面深化农村改革加快推进农业现代化的若干意见》，2014年1月19日。

发挥地方政府提供区域性农村公共产品积极性，主要应当准确分析多层次供给者之间所存在的委托—代理关系，理清地方政府作为农村公共产品供给的资金提供者、具体生产者和管理监督者的角色关系。由于有时各个供给层级与最终的受益者之间存在利益不一致的情况，在多重委托—代理关系中，各级政府也表现出协调不畅的情况，影响区域性农村公共产品供给的效益，挫伤地方政府供给农村公共产品的积极性。因此，各个供给层次之间需要相互磨合，推动各供给主体为不同层次农村公共产品供给协同合作。

四　创新农村公共产品供给模式

扩大农村公共产品供给，不仅涉及农村公共产品供给资金投入，而且涉及具体农村公共产品的生产经营。有效扩大农村公共产品供给，必须根据不同类型农村公共产品的基本特征，合理调整农村公共产品供给与生产配合方式，创新农村公共产品供给模式。从农村公共产品供给资金投入来源与具体生产经营方式看，我们侧重于从生产经营方式来区分农村公共产品供给模式，将农村公共产品供给模式主要区分为政府垄断、市场配置、社会自治和混合供给等四种基本模式。在我国县乡政府农村公共产品供给模式变迁中，政府垄断模式一直占据主要地位。政府垄断模式主要由中央和地方政府负责农村公共产品供给资金投入，由隶属于政府的相关行政部门或事业单位直接组织具体农村公共产品生产经营，它们之间以一种委托—代理关系进行农村公共产品供给，从而形成长期以来较为固定、典型的供给模式。这种政府垄断模式缺乏问责机制、真实需求表达不足，致使农村公共产品消费者难以问责公共产品供给决策者和直接生产者，必须全面深化改革，加快农村公共产品供给模式创新。

1. 发挥政府供给模式主导作用，保障基本公共服务供给

政府垄断模式又可直接称之为政府供给模式。党的十八届三中全会决定指出，"政府的职责和作用主要是保持宏观经济稳定，加强和优化公共服务"，并将公共服务放在"加强地方政府公共服务、市场监管、社会管理、环境保护等职责"的首位。① 政府是县乡政府农村基本公共产品和基本公共服务的主要供给者，必须通过明晰中央和地方政府各自职责，使农村基本公共产品和基本公共服务供给得到保障。《国民经济和社会发展第

---

① 《中共中央关于全面深化改革若干重大问题的决定》，2013 年 11 月 12 日。

十二个五年规划纲要》明确要求："围绕推进基本公共服务均等化和主体功能区建设，完善转移支付制度，增加一般性特别是均衡性转移支付规模和比例，调减和规范专项转移支付。推进省以下财政体制改革，稳步推进省直管县财政管理制度改革，加强县级政府提供基本公共服务的财力保障。"① 由于财力一般和财力较弱省（市、区）财政增收能力更弱于财力强和财力较强省（市、区），其工业反哺农业、城市带动农村的能力和速度都相对较弱；因此，中央政府的财政转移支付更应向财力一般和财力较弱省（市、区）的农村公共服务项目倾斜，重点增加县乡政府农村公共产品供给一般性转移支付规模。地方政府财政要按照事权范围和相应的财政配套要求，加大对农村公共产品供给的投入力度。各级政府要在保障农村公共产品供给和基本公共服务供给中发挥主导作用。建议将能否实现县乡政府农村公共产品供给最低保障标准，作为衡量各级政府主要领导行政作为和农村公共产品供给绩效的重要标准，落实政府责任、实施问责制度。

2. 发挥市场供给模式辅助作用，丰富非基本公共服务供给

市场配置模式又称市场供给模式。从国际经验来看，市场供给模式主要在非基本公共服务供给领域发挥作用。它在我国农村公共产品供给中发挥重要的辅助作用。《国民经济和社会发展第十二个五年规划纲要》将"引入竞争机制，扩大购买服务，推进非基本公共服务市场化改革，放宽市场准入，鼓励社会资本以多种方式参与，增强多层次供给能力"作为创新公共服务供给方式的基本举措。② 随着我国全面深化经济体制改革的不断深入，市场在资源配置中将发挥决定性作用，政府供给农村公共产品必将适应市场经济发展需要。除基本公共服务外，市场配置资源将在非基本公共服务供给领域发挥决定性作用，并成为政府供给模式的重要辅助模式。目前我国农村公共产品供给中，市场供给主体责任边界划分不清，市场主体承担了个别应当由政府供给的农村公共产品生产经营责任，而可以交由市场主体供给的少数农村公共产品又由政府供给。农村公共产品供给"市场失灵"问题也较突出，引致供给低效率或无效率现象较为严重。我们建议，针对那些既承担有基本公共服务职能又承担有非基本公共服务职

---

① 参见《国民经济和社会发展第十二个五年规划纲要》，2011年3月16日。

② 同上。

能的公共产品供给领域（例如公立医院、公办学校、农业科技推广等），要积极鼓励市场投资主体选择多种形式、分阶段参与到供给中来。我们也建议，根据不同阶段农村基本公共产品和基本公共服务的政府供给目标及财力水平，对于那些具有一定程度拥挤性的准公共产品和公共服务，广泛探索采用 BOT、BTO 或 BST、BOOST 等多种生产经营模式，引入市场机制、完善补贴政策、用好特许经营权，充分发挥市场机制活力。

3. 发挥社会自治供给模式补充作用，吸纳更多供给资源

社会自治供给模式亦称社会自愿供给模式。按照党的十八届三中全会决定精神，"正确处理政府和社会关系，加快实施政社分开，推进社会组织明确权责、依法自治、发挥作用。适合由社会组织提供的公共服务和解决的事项，交由社会组织承担"，[①] 我们应当加快促进农村非营利组织发展，增加农村准公共产品供给。我国农村非营利组织主要包括社会中介组织、社会团体、民办非企业组织和社会团体等，例如生猪协会、蔬菜协会等农民自行组建的专业合作社，也包括农民自行组建的各种群众性文艺团体等。这些非营利组织不以营利为追求，自己出资、自己建设，向组织成员或社会提供一定的公共利益服务。农村公共产品社会自愿供给模式在公共产品供给中具有自身明显优点，既可以克服政府垄断供给"政府失灵"导致的供给低效率弊端，又可以克服完全由市场供给可能产生的"市场失灵"。农村社会自愿组织在政府和市场之间协调沟通，可以避免政府对由社会组织提供的农村公共产品供给过度的行政干预，可以广泛吸纳农村社会力量和农民热情参与农村公共产品供给、参与社会管理，集聚更多农村公共产品供给资源，包括人力、物力、财力和智力，拓宽农村公共产品供给资金渠道，完善具体农村公共产品生产经营管理。因此，我们建议：尽快出台支持农村社会自治供给的相关政策，坚持以参与者的自愿性和组织的非营利性为根本标志，立法保障农村社会组织建设并规范其在农村公共产品、公共服务中的供给活动。县乡政府要指导、鼓励并帮助农民积极创新农村社会组织形式、广泛参与农村公共产品供给、发展农村社会自治供给模式，为扩大农村公共产品供给提供更加广泛和丰富的社会资源。

4. 发挥混合供给模式平衡作用，促进公共产品灵活供给

混合供给模式也称多中心供给模式，它是农村公共产品供给中一种十

---

① 《中共中央关于全面深化改革若干重大问题的决定》，2013 年 11 月 12 日。

分重要的创新模式。公共产品混合供给是受市场化潮流影响但与完全市场化供给有所不同的一种供给模式。在政府供给严重不足的情况下，农村地域广大、人口远比城市稀疏，因此，农村公共产品供给对市场提供者缺乏吸引力。近年来，虽然各级政府都不同程度地实施农村公共产品供给市场化改革，但是，在政府对农村公共产品和公共服务实施合同外包、购买服务等市场交易活动中，由于缺乏完全竞争作为保障，因此，这种改革的效果也颇受争议。我国农村虽然有自愿供给某些公共产品的历史传统（例如农民社会救济、家庭式养老），但缺乏社会自组织支撑也是不争的事实。所以，农村公共产品社会自愿供给模式的发展困难不容忽视。根据我国农村公共产品供给的现实情况，我们认为，发挥混合供给模式平衡作用对于促进农村公共产品灵活供给十分必要。因此，我们建议：加快政策研究，解除制度约束，放开制度供给，积极建立农村公共产品混合供给模式。这种供给模式可以统筹兼顾政府提供农村公共产品、公共服务的公共目标，私人部门按市场交易方式提供农村公共产品、公共服务的利润目标，同时发挥社会自愿供给作用、激活农民"参与式"供给积极性，将政府、私人部门、农民自治组织和农民放在农村公共产品同一领域中，分别提供合适比例的资金或服务。在这种供给模式中，政府提供的服务更加关注公共部门的职能职责和实现公共利益价值目标，市场供给主体所提供的服务更加关注利润和效益，农村社会自治组织更加关注区域内的社会利益，农民在充分表达个体利益的同时关注社区利益，四种主体相互参照、相互比较，使农村公共产品供给既不损害公共价值，也符合成本效益原则。我们特别建议在有条件的农村，选择一些农民特别需要、社会特别关注、市场主体有较强供给动力的准公共产品或公共服务项目，实施包括有政府、私人部门、农民在内的多中心混合供给模式。

五　提升农村公共产品供给绩效

解决农村公共产品供给问题，最根本的在于提升农村公共产品供给效率。新供给经济学强调供给的重要性，认为供给是决定农村公共产品供求关系发展的关键。但是，农村公共产品供给资源毕竟有限，扩大农村公共产品供给必然以提升农村公共产品供给绩效为前提。在明确农村公共产品供给效率标准、完善农村公共产品供给决策机制、优化农村公共产品供给结构、创新农村公共产品供给模式的同时，我们必须运用科学的方法对农村公共产品供给进行绩效评价，并通过绩效评价标准动态监测发现供给过程中存在的问题，加强对各个供给主体的绩效目标实施动态管理。我们必须牢牢抓住影响农村公共产品供给绩效的关键问题，从扩大农村公共产品供给的资金保障着手，重点加强财政转移性支出效率改进，寻求提高农村公共产品供给效率的关键路径。我们必须统筹兼顾农村公共产品多元供给主体的目标利益，努力促进农村公共产品供给的生产性绩效、消费性绩效和社会效益协调发展，从而最大限度地实现农村公共产品供给综合绩效。只有采取这些措施，才能从供给端解决农村公共产品供给的基本问题。

1. 加强绩效评价标准，动态监测实施绩效目标管理

要按照公平、效率、规范、统筹发展的基本原则，从供给目标、供给决策、供给生产和公共产品管理等环节，制定分阶段实施的县乡政府农村公共产品供给绩效评价标准。我们立足于从供给端解决农村公共产品供给问题，提出了农村公共产品供给"新起点、三步走"目标和"五扩三增、普惠共治"政策方略，从供给主体与决策管理、供给内容两个方面共设置 31 项指标，提出了《县乡政府农村公共产品供给绩效评价标准》。必须看到，农村公共产品的新供给必将创造新的需求。随着社会主义新农村建设和现代农业建设的快速发展，县乡政府农村公共产品供给目标必将呈现动态发展新特征、产生新要求。因此，我们要适时建立有受益农民参与的农村公共产品和基本公共服务绩效评价监测体系。监测的内容应当包括农村公共产品供给财政支出项目的主要实施内容、资金数量、责任人、目标要求、完成期限和验收记录等，使农村公共产品和基本公共服务成为政府绩效评价的重要内容。我们建议，加快建立各级政府公共服务评价机制，严格落实县乡政府农村公共产品和基本公共服务最低保障标准。要严格实施各级政府对农村公共产品和基本公共服务的供给绩效问责制度，严格规范县乡政府农村公共产品和基本公共服务供给的统计考核、审计和监察，把各级政府农村公共产品和基本公共服务绩效评价结果作为考核各级政府领导政绩的重要手段，作为配置财政、税收等公共资源的重要依据。

2. 提高财政转移性支出效率，确保可持续扩大供给

我国自 1994 年实行分税制改革以来，逐步形成中央与地方权责相对稳定的公共财政体制。中央政府财政收入高度集中。例如，在我国最重要的增值税中，中央财政占 75%、地方财政只占 25%。总体来说，地方财政收入比重在国家财政总收入中约占 50%。但在财政支出方面，中国却是世界上分权程度最高的国家之一，地方政府的支出比重高达 80% 以上。

地方政府财政收入与财政支出比重的缺口高达 30%，如此巨大的支出缺口只能由财政转移支付资金解决。中央财政转移支付承担着农村公共产品和基本公共服务的主要支出责任，但是，县乡政府却掌握着农村公共产品和基本公共服务真正的事权。这种财责和事权的分离，往往成为农村公共产品供给决策失效的重要原因，也成为中央对地方转移支付效率不高的根本原因。2001—2006 年《全国地市县财政统计资料》中 2854 个县级行政区的财政一般预算和基金预算数据显示，一般性转移支付对基本公共服务的收入供给弹性仅为 0.022。也就是说，一般性转移支付增长 1 个百分点，只会带来基本公共服务支出增长 0.022 个百分点，这个效果是微不足道的。① 可见，必须采取有力措施提高财政转移性支付效率。

我们认为，解决中国农村公共产品供给效率问题关键在于扩大供给，基本方法是统筹城乡发展，加快实现农村公共产品和基本公共服务均等化目标。实现这一目标的重要保障就是可持续地扩大农村公共产品资金供给，最有效、最基本的措施就是要保证财政转移支付规模，特别是要加大一般性财政转移支付对农村公共产品的供给。所以，努力完善转移支付制度，改进财政转移性支出效率，发挥其实现公共服务均等化的终极目标，也就成为提高农村公共产品供给效率的关键路径。为此，我们建议：按照公平、效率和法治的基本原则加快建立财政转移支付制度，加大一般性财政转移支付，清理与规范专项性财政转移支付。全面深化税收体制改革，合理调整税收返还、原体制补助或上解、公式化的财力性转移支付补助、专项转移支付补助和年终结算补助或上解政策，增强财政转移支付具体方式的科学性和透明度，强化财政转移支付预算管理和决算监督，努力促进相同区域内部各地区之间农村公共资源有效配置和财政能力再分配，不断提高公共服务均等化程度、提高农村公共产品供给效率。

3. 统筹兼顾多元利益，实现农村公共产品供给综合绩效

我国农村公共产品供给中，政府、私人部门、社会自治组织、农民等多种主体将长期共存，各个主体都必须遵从公共利益目标，同时也有各自的利益诉求。只有建立一个兼顾不同主体供给目标的多元利益相融机制，形成各利益主体相互协同的供给环境，才可能实现农村公共产品供给生产

性绩效、消费性绩效、社会效益的综合绩效最大化。为此，我们建议：在农村基本公共产品和基本公共服务领域，坚持"政府主导"供给模式，充分体现公共财政公平性原则的客观要求，强化县乡政府对农村公共产品供给最低保障标准的落实，追求实现公共服务均等化目标；在农村非基本公共产品和非基本公共服务领域，放开准入限制，积极构建"政府引导、市场运作"供给模式，在充分尊重供给主体利润和利益目标的同时，加强农村准公共产品供给的"非营利性"监督，努力使农村公共产品供给政治、经济、社会、文化、生态效益协同发展；在地域性较强的农村准公共产品和公共服务供给中，鼓励社会资本大量进入，吸纳农民自愿参与，探索构建"政府指导、市场辅助、社会补充、农民参与"的多中心供给模式或社会自愿供给模式，统筹兼顾多元供给主体的利益目标。我们认为，在追求实现农村公共产品供给综合绩效过程中，还应当充分考虑农村公共产品供给目标的阶段性和层次性要求，坚持按照"新起点、三步走"的规划，统筹实施农村公共产品供给城乡发展、地区发展、国际化发展目标。为此，我们建议：全面实施"五扩三增、普惠共治"各项政策，从农村公共产品供给的生产性绩效、消费性绩效和社会效益各方面，全面提升县乡政府农村公共产品供给效率。

第九章　研究展望

　　经济学意义上的效率通常指经济资源的投入产出之比。更准确地讲，是指经济资源配置的目标实现程度，即满足需求的有效供给程度。公共产品具有非竞争性和非排他性基本特征。公共产品的成本很难通过市场交易获得回报。从这个角度理解，解决公共产品供给效率问题，最根本的就是要在明确公共产品需求目标的前提下，着力扩大公共产品的有效供给。中国的农村公共产品供给效率问题更是如此。长期以来，中国的农村公共产品需求空间很大，城乡公共产品的供给极不均衡，农村公共产品供给严重不足。目前中国县乡政府仍然是农村公共产品最主要的供给主体，也是决定农村公共产品供给效率的关键。因此，解决中国农村公共产品供给效率问题，关键在于从供给端解决县乡政府农村公共产品供给效率标准、供给决策、供给结构、供给模式和供给绩效机制等影响供给效率的基本问题。新供给经济学理论认为，只有加快扩大农村公共产品供给规模水平、提高供给质量，才可能从根本上加强农村公共产品供给效率的基础，提高县乡政府农村公共产品供给效率。本书正是基于新供给经济学理论，牢牢把握住农村公共产品供给效率标准、供给决策、供给结构、供给模式和供给绩效机制五大基本问题，坚持从供给端分析农村公共产品供给效率，坚持深化农村公共产品供给体制机制改革，坚持规范研究与实证研究相结合方法，坚持国家层面顶层设计与县乡政府层面紧密互动，并以可持续发展的要求开展了县乡政府农村公共产品供给效率问题研究。然而，理论研究如广阔大海之深邃，实践探索如崇山峻岭之陡峭，我们的研究还远未止步。

第一节　农村公共产品供给的标准化建设

　　2014 年中央一号文件提出"开展农村公共服务标准化试点工作"。县乡政府供给农村公共产品是地方政府的基本职能之一，也是服务型政府建设的题中应有之义。但是，不同地区的县乡政府由于其自身财力的差异，其提供农村公共产品的能力不一样。这也往往成为县乡政府农村公共产品供给不足的重要理由。县乡政府农村公共产品供给标准问题应运而生，这是我们今后不得不面对的现实困难，也是理论与实践研究的重大课题。加快建立农村公共产品供给标准体系刻不容缓。

研究县乡政府农村公共产品供给最低标准，是提高县乡政府农村公共产品供给效率最基础、最重要的工作之一。县乡政府农村公共产品供给最低标准是指，在提供公共服务的过程中，确保不同辖区任何县乡政府均等化供给农村公共产品的一系列最低保障目标：它是对县乡政府规范化供给农村公共产品的刚性约束，是县乡政府追求远大政治目标的指导性文件，是中央政府、省级政府和社会公众监督其行政作为合法性的基本规范之一。没有县乡政府农村公共产品供给最低标准，农村公共产品供给效率研究的工具性价值必将大打折扣。从县乡政府农村公共产品供给执行过程看，研究县乡政府农村公共产品最低标准必须准确把握其执行标准和法定标准。执行标准是衡量县乡政府提供农村公共产品效果的规范性要求，可以通过技术测量来确定。法定标准是规范农村公共产品供给决策、财政预算、财政支出、绩效评价等供给过程的法律规范。目前我国无论是在执行标准方面，还是在法律标准方面，都还缺乏高度重视，其研究空间十分广阔。

公共产品供给标准的选择取决于法律和政治体系。党的十八届四中全会做出全面推进依法治国的决定，在全面深化农村改革的农村经济社会转型期，深入研究县乡政府农村公共产品供给标准，无疑是一项功在当代、利在千秋的宏伟工程。然而，如何依据宪法规定将县乡政府农村公共产品供给标准体系建设纳入立法程序，如何根据不同农村公共产品属性及其特殊功能建立专业性标准，包括确立具体农村公共产品供给的各项经济指标和技术规范细节等，都是亟待研究的新问题。

县乡政府农村公共产品供给最低标准的制定取决于很多复杂的因素，这些因素既有县乡政府自身的经济、政治与社会环境条件，也包括县乡政府的分权程度。中央政府通过一般性财政转移支付和专项财政转移支付对县乡政府供给农村公共产品提供的财力支持，以及县乡政府供给农村公共产品的事权范围，是确定县乡政府农村公共产品供给的基本规范。公共产品供给对私人投资具有吸取效应和挤出效应两种效应，当地经济市场化水平、非公有经济发展程度，也是影响制定县乡政府农村公共产品供给标准的重要因素。除此之外，还有一些因素也会对制定标准产生客观影响。但是，这些因素对制定标准究竟会产生什么样的影响，产生多大的影响，已有的研究还十分匮乏。我们的研究对此给予了高度关注，但是，我们对此还缺乏深入研究。

制定县乡政府农村公共产品供给最低标准的方法仍然在探索之中。通常人们认为，应由中央政府以法律的形式详细制定公共产品或公共服务投入、产出的专业性标准。近年来，我国一些政府部门已着手制定相应的农村公共产品供给执行目标的指标和标准，这些标准包含在基本公共服务各种规划、发展纲要之中。但是，有三个重要问题仍然需要进一步讨论：一是县乡政府农村公共产品供给的目标。对于这个问题，我们在前面的研究中有所涉及，我们认为，县乡政府供给农村公共产品具有三个重要目标：政治回应性、资源配置效率、社会效率。这三个目标之间存在何种内在的必然联系，仍然值得我们深入探究。二是县乡政府农村公共产品供给的决定因素。理清这些决定因素对农村公共产品供给的影响，是规范县乡政府农村公共产品供给过程的前提。在县乡政府农村公共产品供给工作标准、技术标准和管理标准制定过程中，这些决定因素发挥着各种制约作用。三是县乡政府农村公共产品供给的绩效考核。就县乡政府农村公共产品供给而言，这些考核指标和标准主要是效果和产出指标，其中效果指标重点是指农村公共产品投入的规模水平和质量水平指标，当然也包括一些技术性指标。值得关注的是，我们讲农村公共产品供给绩效，不能单纯地使用"效率"核算方法去编制相应的供给标准。因为，从中国农村公共产品供给内容看，县乡政府除了保证基层政府行政管理、农村基层公共事业管理（农林水气象事业）等基本公共管理的供给支出外，供给的其他主要农村公共产品包括农田水利基本建设、农业科技服务与推广、农村教育、医疗卫生、养老保险、社会救济、扶贫攻坚、农村生活环境改善、农村环境保护等。这些农村公共产品供给在农村经济、社会、文化和生态文明进步发展过程中，发挥着广泛的生产性、消费性和社会性综合绩效作用。因此，我们必须考虑县乡政府农村公共产品供给的综合绩效标准。

研究县乡政府农村公共产品供给标准建设，最终需要落实标准的应用问题。近年来，我国从中央政府到地方政府先后制定了一些类似的标准，在国家"十二五"规划和2020年中长期规划中，涉及县乡政府农村公共产品供给的标准性规范已有不少。但是，标准的科学性缺乏足够的公信力，标准的权威性缺乏政治约束力，标准的执行缺乏法律约束力。这其中既有技术性问题，也有执政理念和治理能力疲软问题。从技术角度看，硬的农村公共产品建设标准相对较容易制定，但是，软的农村公共产品建设标准其专业性更强。这些问题在农村义务教育、农村医疗卫生服务、农村文化建设等领域表现得尤为突出。一个标准化的农村完全小学，其校舍建设标准容易落实，但是，学校的师资标准及其落实规范就很难制定。从执政理念看，农村公共产品供给的技术效率与行政效果经常会发生冲突。例如，按照公共服务均等化的要求，农村义务教育布点应当满足广大农村适龄学生的需要。但是，这与农村集中创办标准化学校的教育改革现状相比，显然相悖。农村医疗卫生服务领域的标准化建设滞后，充分反映出县乡政府农村公共产品供给治理能力落后现状，民营医疗卫生资源的利用潜能远未得到挖掘。如何破解这些难题，需要我们从理论到实践不断深入探讨。

第二节　公共产品供给能否换取土地流转

时下有一种学术观点认为，今日中国农业现代化之必然途径是实现土地的规模化经营，不打破土地家庭承包经营制度下的"细碎化"状况，农业的土地生产率就无法提高，现代农业也无法推进。基于这样的认识，持这种学术观点者提出，可以通过农民大量转移即实施快速城镇化，在城市为转移农民提供充足的保障性住房、子弟义务教育、农民工异地养老和医疗保障等公共产品或公共服务，最终推动农民放弃数量极少（据统计人均只有中国计量单位1亩多耕地）、价值产出率较低的农村土地，以利于农村土地的集中经营，实现土地边际规模效益和农业产业化，进而为现代农业发展扫平障碍。

至少到目前为止，这种学术观点尚缺乏实证研究支持。不过，持这种学术观点的声音却有愈来愈强的趋势。2015年，中央城镇化工作会议作出了加快我国城镇化进程的决定，国务院常务会议陆续出台取消原有城乡居民户籍差别的政策，长期以来，附着在农民身上的不平等公民待遇正在取消。这无疑是依法治国进程中令人可喜的一大进步，农民获得了宪法规定的与城镇居民的平等地位。国务院在取消城乡居民户籍登记差异的政策中，反复强调不能以农民放弃承包经营土地使用权、放弃宅基地权利为进城条件。这与我们 2015 年在农村的调查情况是相符的。2015 年上半年，我们在湖南部分县乡调查时，农民和县乡基层干部都有反映，目前农村公共产品供给状况有较大改善，新型农村合作医疗、农民养老保险等比之城镇居民养老保险、医疗保险更加实惠，农村生态环境美好、生活环境优良，农业经济发展迅速，农民温饱问题基本得到解决。一些农民担心，在这样的状况下，取消农民与城镇居民户籍差别会不会是剥夺农民家庭承包土地经营权、剥夺农民宅基地用益物权、取消农民已经获得的社会保障利益的前兆呢？农民与县乡基层干部的担忧未必成真，但是，以扩大公共产品供给换取农民土地的学术观点，是否会发酵最终演变成政策问题？我们深感忧虑。如何从理论上厘清这个问题，似应引起更加广泛而深入的讨论方可解疑。

我们认为，这里有三个问题仍需进一步深化研究：

中国农民的土地多功能性问题。中国农民今日所拥有土地的家庭承包经营权，确立了农村土地不仅是农民从事农业最重要的农业生产资料，是农民赖以生存的生计支撑，而且也是农村最基本的社会保障基础，是几千年家庭式养老保障的重要经济来源。然而，过度分散的土地家庭承包经营模式，又是快速提高农业土地生产率、劳动生产率的主要障碍，甚至可以说是现代农业发展的现实瓶颈。这又从另一个方面决定着，这种以土地为根本的家庭式养老模式，终究难以实现质与量的重大突破。农村土地资源的经济性功能与社会保障功能交织在一起，既对农村社会稳定起到平衡器作用，同时，分散经营的制约又是扩大城乡差距的内生变量。维护和促进农村社会稳定发展，必须依赖县乡政府不断扩大农村公共产品供给。这种供给所产生的绩效，一定程度上将会被不断扩大的城乡差距所抵消。因此，农民能不能较快地向城镇转移并实现市民化，根本的困难在于土地。农民依赖土地不仅仅是农耕文化情感问题，也不再是大多数农民的生计问题，因为农业经营收入在农民家庭纯收入的结构中正在快速降低。更大的问题是农村社会保障问题以及以满足农民需求为特征的农村公共产品供给问题。如何以土地换社保、以土地换取基本公共服务均等化，可能是解决这一问题的现实途径。

　　农村公共产品供给的财政潜力有多大？在我国近三十年城镇化进程中，从总体上讲，城市建设用地走过了一条粗放式道路，"摊大饼"模式几乎成为各大中城市难以摆脱的"魔咒"。在城市"摊大饼"过程中，城镇近郊的农业用地被政府以征地的名义和极低廉的补偿价格转变为城市建设用地。土地不仅没有成为城镇化建设的稀缺资源得到足够的价值补偿，而且成为城镇化建设所需其他资金的重要来源，几乎所有的城镇都依赖"土地财政"来维持城市建设规模的快速发展。在农民维权矛盾日益尖锐化、农村土地产权越来越受到法律保护之后，人们开始反省"征地拆迁＋摊大饼"的土地流转模式应付出的历史代价。这之后，以保护农民利益、改善农民公共产品供给、推动城乡基本公共服务均等化为主要目标的政策工具不断进入实践序列。农村土地产权也在"市场在资源配置中发挥决定性作用"的宏观政策环境中不断受到尊重并获得有力保护。然而，当城镇化建设中城市"土地财政"被土地市场化竞争冲击之后，政府可用于"以土地消耗换取 GDP 增长"的发展模式势必受到阻滞，农民将从土地增值中获得多得多的回报。这样，又会形成一个新的"怪圈"：政府越是扩大农村公共产品供给（例如改造农村道路交通状况），农民越是惜地不迁，城镇发展所需用地越是昂贵，政府促进城镇化的成本就越高，财政压力也越大，从而政府可用于进一步扩大农村公共产品供给的财政潜力就越小。如何在市场发挥决定性作用条件下，寻找城镇化中土地资源合理利用与农村公共产品供给的均衡点，也应成为县乡政府农村公共产品供给效率问题研究的新领域。

　　中国农民会终结吗？孟德拉斯先生曾经写过一本书，书名叫《农民的终结》。李培林先生翻译了此书并向我推荐阅读。孟德拉斯断言：法国与英国类似，都有过急骤的工业革命，发生过"羊吃人"的"圈地运动"。因而农民被迫离土离乡并完成从地域转移向职业转移的"革命"，最终实现了历史性的"农民终结"（农民不足全国人口的 5%）。针对中国国情，李培林先生解释，只要高度重视基本公共服务均等化，扩大农村公共产品供给，中国完全可以避免重蹈"羊吃人"之覆辙。我赞成李培林先生的基本观点，在城镇化进程中必须扩大县乡政府农村公共产品供给，从根本上推动实现公共产品城乡统筹发展。事实上，单纯讨论中国农民会不会终结的问题，没有什么现实价值。在具有相同农业传统的东亚国家，日本农民从占国民的 70% 降至不足 3% 只经历了不到 40 年时间，韩国实施"新村运动"将这一速度加快到只花了 30 年时间。据统计，中国目前只有不足 50% 的农民，20 年后农民会不会只有不足人口总量的 5%？这么大规模的农业人口迁移到城镇之中，其数量超过了整个欧洲的人口，按照城乡统筹要求来加强农村地区的公共产品供给，可能才是最需要研究的课题。

第三节　农村公共产品供给的市场化局限

刘国光先生曾经讲过一句很精辟的话："让市场到它该发挥作用的地方去（发挥作用）。"我认为，农村公共产品供给的市场化存在明显的局限性。我当然赞成让市场在资源配置中发挥决定性作用，但同时还要更好地发挥政府的作用。但是，充分发挥市场配置资源的决定性作用，并不等同于市场可以在所有的资源配置中都会自动地发挥决定性作用。在农村公共产品供给领域恰恰应当更好地发挥政府的作用。

提出这样的命题给我们留下了很广阔的讨论空间。首先，农村公共产品供给的市场主体是谁？其次，市场主体可以在哪些农村公共产品供给领域发挥作用？再次，市场主体能够在农村公共产品供给中发挥什么样的作用？最后，在农村公共产品供给领域发挥市场主体作用的同时，如何更好地发挥政府的作用？这些问题可以说是全面深化农村改革进程中研究县乡政府农村公共产品供给效率的新课题。

党的十八届三中全会提出，要在农村公共产品供给和公共服务领域加快建立多元投入体系，有条件的地方要积极引入民营资本进入农村公共服务领域。十八届三中全会的决定，为我国拓展农村公共产品供给资金渠道、扩大农村公共产品供给，从供给端解决县乡政府农村公共产品供给效率问题，指明了一条宽阔大道。但是，市场经济追逐的目标是利益至上，市场供给主体是利益交易主体，市场决策机制是利益驱动机制。如果说农村公共产品供给资源是稀缺的，那么，我们就必须遵从资源节约原则，服从供给的投入产出规律。如何在农村公共产品供给与生产活动中选择市场主体、培育市场主体、发展市场主体，如何平衡农村公共产品供给的公共利益与市场主体的私人利益，如何既使市场主体供给农村公共产品充满活力，又保证市场主体供给农村公共产品在有序的治理环境中健康发展，这些都是当前迫切需要研究的重大问题。在农村公共产品供给模式创新中，市场生产方式受到越来越多的关注并在实践中得到采用。县乡政府农村公共产品供给的市场生产方式，它强调的是效率，是少投入多产出。然而，并非所有的农村公共产品都适用市场生产方式，也非所有经济社会都适用市场生产方式来供给农村公共产品。我们的研究在这方面进行了尝试，并且取得了实证研究支撑。但是，更一般的规律还有待于进一步探讨。

从功能性质区分，农村公共产品包括经济性公共产品和非经济性公共产品。通常人们认为，市场主体在经济性公共产品供给领域能够更好地发挥作用。但是，越来越多的事实证明，市场主体深入经济性农村公共产品供给领域导致了这类公共产品的公共性流失现象。也有研究认为，市场主体进入非经济性农村公共产品供给领域后，同样导致了公共产品的公共性流失问题。究竟是公共产品供给与市场主体之间存在着天然的互斥性而不相容，还是我们在农村公共产品多元化供给体制机制建设中没有更好地发挥政府的作用？从提高政府对农村公共产品供给治理现代化能力的要求看，这是我们必须破解的新难题。

农村公共产品供给完全市场化的观点是错误的，市场主体参与农村公共产品供给具有一定局限性，但我们绝不能因噎废食。国内外有成功经验可资借鉴，关键在于如何科学进行顶层设计、促进基层互动、提高农村公共产品多元供给治理能力现代化水平。解决县乡政府农村公共产品供给效率问题，必须全面深化农村改革，积极推动农村公共产品供给体制机制创新。这也许正是本研究之未竟之虑，也给我们在农村公共产品供给研究领域留下新的课题。

科学研究的目的不仅在于发现世界的本质规律，更重要的还在于让人们掌握这些规律并为人类造福。研究中国县乡政府农村公共产品供给效率问题，最终必须落实到扩大农村公共产品供给这个根本主题上去。2007年我在《农村公共产品供给效率论》的研究展望部分提出，如何认识农村公共产品供给效率不仅是一个算法问题，更是一个中国学者的良知问题，是一个科学态度问题。在这本书的结尾我曾经写过这样一段话："从税费改革以来，我国财政支农支出连续通过三个'两年平台'实现了'三级跳'，五年间翻了两番。因此，根据我国现有的财力及其发展趋势，我预计2010年国家财政支农支出可跨上1万亿元这个历史的、伟大的新台阶，从而让农民欢欣鼓舞，令'三农'学者欣喜若狂。我愿为此鼓与呼!"遗憾的是,我的预期没有实现。但是,今天我们仍然有信心。因为,党和政府高度重视"三农"的政策方针没有改变,财力和国力日趋强盛的势头没有改变。党的十八届三中全会以来,农村正在全面深化改革,把中国人的饭碗牢牢端在自己手里,积极稳妥地推进农村集体土地经营权流转,取消城乡居民户籍制度差别,加快推进农业现代化,坚持把"三农"作为公共财政支出重点,健全城乡发展一体化体制机制,推进城乡基本公共服务均等化。可以说,扩大农村公共产品供给的利好接踵而至。我们仍然有理由相信,中国县乡政府农村公共产品供给效率所存在的问题,只会是发展过程中的问题。一个能够创造令广大农民满意并且高效率的农村公共产品供给体系,必定会在"美丽中国"和"幸福农村"建设中变成伟大现实!

参考文献

[1] 陈锡文、韩俊、赵阳：《中国农村公共财政制度》，中国发展出版社2005年版。

[2] 黄利会：《中国农村生产性公共产品的供给效果及政策保障机制》，湖北人民出版社2011年版。

[3] 樊胜根等：《增长、地区差距与贫困——中国农村公共投资研究》，中国农业出版社2002年版。

[4] 樊胜根、张林秀：《WTO和中国农村公共投资》，中国农业出版社2003年版。

[5] 贾康主编：《新供给：经济学理论的中国创新》，中国经济出版社2013年版。

[6] 李燕凌：《农村公共产品供给效率论》，中国社会科学出版社2007年版。

[7] 曾福生、李燕凌、匡远配：《农村公共产品供给均衡论》，中国农业出版社2006年版。

[8] 李克强：《农村公共产品供给与农民发展》，中国社会科学出版社2013年版。

[9] 罗兴佐：《农村公共物品供给：模式与效率》，学林出版社2013年版。

[10] 宋洪远等：《中国乡村财政与公共管理研究》，中国财政经济出版社2004年版。

[11] 石义霞：《中国农村公共产品供给制度研究》，中国财政经济出版社2011年版。

[12] 滕泰：《民富论：新供给主义百年强国路》，东方出版社2013年版。

[13] 鄢奋：《农村公共产品供给的问题与对策》，社会科学文献出版社2011年版。

[14] 朱金鹤：《中国农村公共产品供给：制度与效率研究》，中国农业出版社 2009 年版。

[15] 赵海燕：《基于需求的农村公共产品供给体制研究》，中国农业出版社 2013 年版。

[16] ［美］乔·B. 史蒂文斯：《集体选择经济学》，杨晓维等译，格致出版社等联合出版 2014 年版。

[17] ［美］保罗·克雷·罗伯茨：《供应学派革命"华盛顿决策内幕"》，上海译文出版社 1987 年版。

[18] ［美］萨瓦斯：《民营化与公私部门的伙伴关系》，周志忍译，中国人民大学出版社 2002 年版。

[19] ［美］詹姆斯·M. 布坎南：《民主财政论》，穆怀朋译，商务印书馆 2002 年版。

[20] ［美］埃莉诺·奥斯特罗姆：《公共事物的治理之道》，余逊达、陈旭东译，上海三联书店 2000 年版。

[21] 陈锡文、韩俊、赵阳：《我国农村公共财政制度研究》，《宏观经济研究》2006 年第 5 期。

[22] 冯海发：《对十八届三中全会〈决定〉有关农村改革几个重大问题的理解》，《农业经济问题》2013 年第 11 期。

[23] 冯兴元：《县乡财政管理体制：特点、问题与改革》，《农业经济问题》2010 年第 1 期。

[24] 高彦彦、周勤、郑江淮：《为什么中国农村公共产品供给不足?》，《中国农村观察》2012 年第 6 期。

[25] 郭泽保：《地方治理视域下的农村公共产品供给》，《行政论坛》2008 年第 3 期。

[26] 韩俊：《新农村建设钱从哪里来?》，《瞭望》2006 年第 5 期。

[27] 贾康、孙洁：《农村公共产品与服务提供机制的研究》，《管理世界》2006 年第 12 期。

[28] 贾康、徐林、李万寿、姚余栋、黄剑辉、刘培林、李宏瑾：《中国需要构建和发展以改革为核心的新供给经济学》，《财政研究》2013 年第 1 期。

[29] 孔祥智、郑力文、何安华：《城乡统筹下的小城镇公共产品供给问题与对策探讨》，《林业经济》2012 年第 1 期。

[30] 李秉龙、张立承、曹暕：《中国贫困地区县乡财政不平衡对农村公共物品供给影响程度研究》，《中国农村观察》2003 年第 1 期。

[31] 李大胜、范文正、洪凯：《农村生产性公共产品供需分析与供给模式研究》，《农业经济问题》2006 年第 5 期。

[32] 李燕凌、欧阳万福：《县乡政府财政支农支出效率的实证分析》，《经济研究》2011 年第 10 期。

[33] 李燕凌、曾福生：《农村公共产品供给农民满意度及其影响因素分析》，《数量经济技术经济研究》2008 年第 8 期。

[34] 李燕凌、刘远风：《城乡差距的内生机制：基于公共服务资本化的一个分析框架》，《农业经济问题》2013 年第 4 期。

[35] 李丽、蔡超：《基于贫困脆弱性视角的农村公共产品供给研究》，《财政研究》2014 年第 1 期。

[36] 林万龙：《中国农村公共服务供求的结构性失衡：表现及成因》，《管理世界》2007 年第 9 期。

[37] 刘国光：《关于政府和市场在资源配置中的作用》，《当代经济研究》2014 年第 3 期。

[38] 刘天军、唐娟莉、霍学喜、朱玉春：《农村公共物品供给效率测度及影响因素研究》，《农业技术经济》2012 年第 2 期。

[39] 刘祖云、韩鹏云：《乡村社区公共产品供给模式变迁：历史断裂与接合——基于乡村秩序演进的理论视角》，《南京农业大学学报（社会科学版）》2012 年第 1 期。

[40] 骆永民、樊丽明：《中国农村基础设施增收效应的空间特征》，《管理世界》2012 年第 5 期。

[41] 苗艳青、杨振波、周和宇：《农村居民环境卫生改善支付意愿及影响因素研究》，《管理世界》2012 年第 9 期。

[42] 钱克明：《加入 WTO 与我国农业政策调整和制度创新》，《农业经济问题》2002 年第 1 期。

[43] 宋洪远、吴仲斌：《盈利能力、社会资源介入与产权制度改革——基于小型农田水利设施建设与管理问题的研究》，《中国农村经济》2009 年第 3 期。

[44] 谭秋成：《农民为什么容易受政策歧视?》，《中国农村观察》2010 年第 1 期。

[45] 滕泰、冯磊：《新供给主义经济理论和改革思想》，《经济研究参考》2014 年第 1 期。

[46] 王延中、江翠萍：《农村居民医疗服务满意度影响因素分析》，《中国农村经济》2010 年第 8 期。

[47] 卫龙宝、张菲：《农村基层治理满意程度及其影响因素分析——基于公共物品供给的微观视角》，《中国农村经济》2012 年第 6 期。

[48] 解垩：《"挤入"还是"挤出"？——中国农村的公共转移支付与私人转移支付》，《人口与发展》2013 年第 4 期。

[49] 辛波、牛勇平、严兵：《农村公共产品供给的理论基础与政策选择——基于"无嫉妒主义"公平观念的角度》，《经济学动态》2011 年第 9 期。

[50] 徐双敏、陈尉：《取消农业税费后的农村公共产品供给探析》，《西北农林科技大学（哲学社会科学版）》2014 年第 1 期。

[51] 杨刚强、孟霞等：《基本公共服务与农村劳动力转移的关系研究》，《宏观经济管理》2013 年第 8 期。

[52] 叶兴庆：《论农村公共产品供给体制的改革》，《经济研究》1997 年第 6 期。

[53] 郁建兴、高翔：《农业农村发展中的政府与市场、社会：一个分析框架》，《中国社会科学》2009 年第 6 期。

[54] 阮荣平、刘力：《中国农村非正式社会保障供给研究——基于宗教社会保障功能的分析》，《管理世界》2011 年第 4 期。

[55] 尹恒、朱虹：《县级财政生产性支出偏向研究》，《中国社会科学》2011 年第 1 期。

[56] 张义方、路征、邓翔：《欧盟农村公共产品治理经验及启示》，《经济体制改革》2013 年第 3 期。

[57] 张军、何寒熙：《中国农村的公共产品供给：改革后的变迁》，《改革》1996 年第 5 期。

[58] 张茅：《县域医疗卫生改革发展的探索与实践》，《管理世界》2011 年第 2 期。

[59] 赵树凯：《县乡政府治理的危机与变革——事权分配和互动模式的结构性调整》，《人民论坛·学术前沿》2013 年第 21 期。

[60] 赵京、杨刚桥、汪文雄：《政府农村公共产品投入对农业生产效率

的影响分析——基于 DEA 和协整分析的实证检验》，《经济体制改革》2013 年第 3 期。

[61] 周密、张广胜：《"一事一议"制度的运行机制与适用性研究》，《农业经济问题》2010 年第 2 期。

[62] 朱钢：《我国财政支农规模问题分析》，《中国农村经济》1998 年第 10 期。

[63] 朱钢：《农村税费改革与乡镇财政缺口》，《中国农村观察》2002 年第 2 期。

[64] 朱玲：《政府与农村基本医疗保健保障制度选择》，《中国社会科学》2000 年第 4 期。

[65] 朱玉春、唐娟莉、罗丹：《农村公共产品供给效果评估：来自农户收入差距的响应》，《管理世界》2011 年第 9 期。

[66] 贾康：《"新供给经济学"有破有立的创新诉求》，《企业家日报》2013 年 10 月 12 日。

[67] 滕泰、冯磊、彭振洲：《从供给侧推动中国改革》，英国《金融时报》2013 年 6 月 28 日。

[68] 张茉楠：《从供给着手构建中长期稳增长机制》，《经济参考报》2014 年 4 月 30 日。

[69] 王方、段豫川：《农村公共产品供给体系的构建与完善》，《光明日报》2013 年 7 月 8 日。

[70] 李伟：《如何优化农村公共产品供给?》，《光明日报》2014 年 2 月 16 日。

[71] 李燕凌：《公共消费结构合理吗?》，《湖南社会科学报》2010 年 6 月 16 日。

[72] 刘靖：《新农村建设背景下政府保障农村公共物品有效供给的对策研究》，博士学位论文，吉林大学，2010 年。

[73] 董明涛：《农村公共产品供给机制创新研究》，博士学位论文，天津大学，2011 年。

[74] 张俊：《1949 年以来中国农村公共产品供给经济思想研究》，博士学位论文，上海社会科学院，2010 年。

[75] 谢洲：《农村公共产品供给一事一议财政奖补制度研究》，博士学位论文，西南大学，2012 年。

[76] Afonso, S. F., Assessing and Explaining the Relative Efficiency of Local Governmen, *The Journal of Socio - Economics*, 2008 (5): 1946 - 1979.

[77] Antonio Afons, Sonia Fernandes. Assess in Gand Explaining the Relative Efieieney of Local Government, *The Journal of Socio - Economics*, 2008, Vol 37: 1946 - 1979.

[78] Baicker K., The Spillover Effect s of State Spending, *Journal of Public Economics*, 2005, 89: 529 - 544.

[79] Besley, Timothy, Stephen Coate. Centralized Versus Decentralized Provision of Local Public Goods: a Political Economy Approach, *Journal of Public Economics*, 2003, 87: 2611 - 2637.

[80] Bucovetsky S., Public Input Competition, *Journal of Public Economics*, 2005, 89: 1763 - 1787.

[81] Cooper T., Hart K., Baldock D., *Provision of Public Goods through Agriculture in the European Union*. Report Prepared for DG Agriculture and Rural Development, Institute for European Environmental Policy: London, 2009.

[82] Cai, Hongbin, Daniel Treisman. Does Competition for Capital Discipline Governments? Decentralization, Globalization, and Public Policy, *American Economic Review*, 2005 (6): 817 - 830.

[83] Dalehite, E. G., Determinsnts of Performance Measurement: An Investigation into the Decision to Conduct Citizen Surveys, *Public Administration Review*, 2008.

[84] Dowding K., T. Mergoupis. Fragmentation, Fiscal Mobility and Efficiency, *Journal of Politics*, 2003, 65 (4).

[85] ENRD. Public Goods and Rural Development. EU Rural Review, the Publications Office of European Union, Brussels, Belgium, 2011 (07).

[86] Frug, G. R., Fragmentation of Local Governance in America. *Journal of Urban and Metropolitan Affairs*, 2010 (10): 78 - 81.

[87] Geys B., Looking across Borders: A Test of Spatial Policy Interdependence Using Local Government Efficiency Ratings, *Journal of Urban Economics*, 2006 (3): 443 - 462.

[88] K. Arrow, A Difficulty in the Concept of Social Welfare, *Journal of Po-*

litical Economy, 58: 328 – 346.

[89] Kessides, Ioannis N. , *Reforming Infrastructure: Privatization, Regulation and Competition*, World Bank, 2004.

[90] King, S. and Sheffrin, S. M. , Tax Evasion and Equity Theory: An Investigative Approach, *International Tax and Public Finance*, 2002 (4): 505 – 521.

[91] Lockwood, B. , *The Political Economy of Decentralization*, In Handbook of Fiscal Federalism, edited by Ehtisham Ahmadand Giorgio Brosio, 2006, 33 – 60, Cheltenham, U. K. : Edward Elgar.

[92] Lewis, B. D. , D. Pattinasarany. Determining Citizen Satisfaction with Local Public Education in Indonesia: The Significance of Actual Service Quality and Governance Conditions, Growth and Change, 2009, 40 (1): 85 – 115.

[93] Michael New. Limiting Government through Direct Democracy: The Case of State Tax and Expenditure Limitations, *Policy Analysis*, 2001, Vol. 13, no. 420.

[94] Oates, W. E. , On the Evolution of Fiscal Federalism: Theory and Institutions, *National Tax Journal*, 2008, 61 (2): 313 – 334.

[95] Tsai L. , Strategies of Rule or Ruin? Governance and Public Good Provisions in Rural China, paper presented at the International Symposium, Villager Self – government and Rural Social Development in China, September 2 – 5, Beijing, 2000.

[96] Vossler, C. A. , Kerkvliet, J. , A Criterion Validity Test of the Contingent Valuation Method: Comparing Hypothetical and Actual Voting Behavior for A Public Referendum, *Journal of Environmental Economics and Management*, 2003 (45): 631 – 649.

[97] Wagstaff A. , Lindelow M. , Gao J. , Xu L. , Qian J. , Extending Health Insurance to the Rural Population: An Impact Evaluation of China's New Cooperative Medical Scheme, *Journal of Health Economics*, 2009 (28): 1 – 191.

后　记

　　《农村公共产品供给问题论——基于新供给经济学的效率问题再认识》是我主持的国家社科基金鉴定优秀成果著作。该课题研究历时五年，结题成果数次修改，终以50万字专著付梓，心尤感哉。

　　农村公共产品供给是一个重大的、颇具复杂性的问题。十几年来，我一直困扰其中，始终坚持研究，从未停止过探索。早在2006年，在我的合作著作《农村公共产品供求均衡论》中，我曾经对农村公共产品供求关系有过讨论。不过，当时学界对这一问题的研究并未引起足够重视，学者们对这一问题的关注重点在于农村公共产品供给决策体制机制不完善，自上而下的决策机制是农村公共产品需求难以真正得到满足的根本原因。后来，我从需求侧深入研究农村公共产品供求问题，特别是从农民对农村公共产品需求满意度视角，对农村公共产品供给效率展开研究，完成了自己的博士论文《农村公共产品供给效率论》研究。我在中国社会科学院博士后流动站的研究工作，进一步完成了农村公共产品供给效率评价方法的归纳总结。正是在中国社会科学院农村发展研究所长达三年的学习研究，我实现了对农村公共产品供给问题研究的认识升华，在朱钢先生的引导下我转而开始关注农村公共产品供给侧的研究。

　　《农村公共产品供给问题论》的研究背景是中国经济分权和政治集权相结合的政府权力配置条件下，县乡政府提供绝大多数农村公共产品的现实国情。全面取消农业税后农村公共产品需求约束弱化与农村公共产品供给严重不足的矛盾日益突出。本书的主要研究内容是从供给侧对县乡政府农村公共产品的供给目标、供给决策体制、供给结构、供给模式和供给绩效等供给效率基本问题展开理论与实证分析。本书基本观点认为：从中国现实经济周期来看，县乡政府农村公共产品供给正处于新供给形成阶段并有向供给扩张阶段转进的迹象。在这个阶段，中国农村公共产品供求关系表现出四大特征，即县乡政府提供大量农村公共产品新的供给、县乡政府农村公共产品新供给自动创造新需求、大量农村公共投入转变为要素报酬引致新需求、县乡政府农村公共产品新供给促进需求再升级。这个阶段的农村公共产品，供给对需求产生强烈的牵引作用，有时会出现供给短期大于需求（或称为"被供给"）的现象，供给与需求动态均衡的打破仍属于农村公共产品经济增长过程中的阶段性、局部性问题，其与技术扩散和公共产品供求周期密不可分。生产的过剩是相对的，阶段性和局部性领域的供需矛盾可以随着公共资源逐步向新的公共产品或公共服务领域配置而消解。也就是说，县乡政府农村公共产品供给效率主要还是由供给来决定。本书最终提出解决当前中国农村公共产品供给效率问题应当立足于供给侧结构性改革，并明确提出建立"应保尽保、全面覆盖、财政兜底、全面达标"的供给体系和"新起点、三步走"改革路径以及"五扩三增，普惠共治"的政策架构，强调扩大农村公共产品供给内容范围，扩大农村公共产品供给主体范围，扩大一般性财政转移支付的规模，扩大地方财政中的农村公共产品支出，扩大城市公共基础设施建设容量。增多供给模式，增加监督环节，增大责任考核，加快推进农村公共产品普惠制度，渐近推进农村公共产品多元共治等。令人欣慰的是，本书中的许多观点，特别是政策建议，完全符合党的十八届五中全会中有关国民经济与社会发展"十三五"规划指导意见的精神，符合最新的中央经济工作会议和中央农村工作会议精神，符合国务院《关于积极发挥新消费引领作用，加快培育形成新供给新动力的指导意见》的精神，符合人们期待已久的新供给改革"供侧改"的发展大趋势。

回顾自己在农村公共产品供给领域的研究历程，学界同仁给予了重要帮助。朱钢先生引导我从供给侧研究问题，曾福生教授、匡远配教授、李立清教授在我早期研究中提供了许多支持。中山大学马骏教授、中国社会科学院张军研究员，从农村财政体制改革方面提出了富有建设性的意见。我在新加坡南洋理工大学访问学习期间三次拜访黄有光先生，黄老认真仔细地指出了书稿中许多错误，受益匪浅。张晓山研究员、贾康研究员曾极力推荐此书，并写下热情洋溢的评语，特别是中国社会科学院农村发展研究所所长魏后凯研究员百忙之中为本书作序，勉励后学之精神，令我感动。在课题研究过程中我得到过调研地县乡干部、农户的鼎力支持，本书写作中参考引用大量文献。中国社会科学出版社王曦博士以及编辑们为本书的出版付出辛勤劳动。在此，我要对他们表示最诚挚的谢意！

2016 年元月 8 日于长沙勺水斋